SECTO
MALI
AIR MAIL
State of Israel
מדינת ישראל
DUBLIN CITY
MOPTI
Bienvenue à Mopti
Vahe Shahinian
Grand-prix ATT
2009
Việt Nam
SYRIA
15.07.1992
SINGAPORE
APPROVED
GALERIE

Brújula
para el mundo contemporáneo

DIANA URIBE

Brújula para el mundo contemporáneo

Una guía para entender el siglo XXI

AGUILAR

Brújula para el mundo contemporáneo

Una guía para entender el siglo XXI

Dirección general
Diana Uribe

Dirección editorial Penguin Random House
Gabriel Iriarte

Edición y coordinación editorial
Juan Sebastián Sabogal Jara

Investigación y escritura
Alejandra Espinosa Uribe

Investigación y asesoría
José Arturo Jiménez Viña

Apoyo de investigación Medio Oriente
Patricia Osorio

Diseño e ilustraciones
Paula Andrea Gutiérrez R.

Diagramación
Nohora Betancourt V.

Realización de mapas
Jaime González

Corrección de estilo
Guillermo Díez

Grabación, edición y mezcla
Llano Digital Estudios - LD / Ing. Juan Guillermo Llano García

Apoyo general
Milena Beltrán

Primera edición: noviembre, 2018
Primera reimpresión: diciembre, 2018
Cuarta reimpresión: junio, 2019

Penguin Random House Grupo Editorial, S. A. S.
Cra 5A No 34A — 09, Bogotá — Colombia
PBX: (57-1) 743-0700
www.megustaleer.com.co

Impreso en Colombia-*Printed in Colombia*

ISBN: 978-958-5425-89-7

Compuesto en caracteres DCC-Ash, Bembo y Roboto
Impreso en Editora Nomos, S. A.

Penguin
Random House
Grupo Editorial

Para Alejandra y Santiago,
mis hijos, compañeros de letras
y de vida; a Richi, siempre en la memoria,
sus pasos están en los caminos de este libro.

Agradecimientos

Este libro es el resultado de un trabajo de más de 20 años. Es el resultado de las historias retrospectivas de los pueblos que originalmente fueron concebidas para la academia, para las universidades y que luego se transformaron en las investigaciones para los medios de comunicación. Este libro atraviesa toda mi vida, porque narra hechos que tuve que cubrir como periodista en el momento exacto que sucedieron, como la invasión a Iraq en el 2003 o la Guerra en el Líbano.

Estas páginas son la cosecha de muchísimos años estudiando cada una de estas historias de manera retrospectiva; son el hilo conductor de toda mi vida, la ruta a través de la cual he intentado explicar el mundo y la historia. Hay mucha gente que me ha acompañado en este camino, y en este libro particularmente.

Siempre me acompañó Richi, mi esposo, que estuvo conmigo muchos años; siempre, en todo, él está presente. En el camino están mis hijos Alejandra, quien es la coautora de este proyecto y responsable de las páginas aquí escritas, y Santiago, a quienes les dedico este libro. Ahora, en estos tiempos agradezco muchísimo a Arturo Jiménez, quien estuvo totalmente firme en la investigación de este libro. A Patricia Osorio, en toda la parte del Medio Oriente, que nos aportó su experiencia de academia y de vida. Agradezco a Douna Tongrongou por sus aportes al capítulo de África. A Víctor de Currea-Lugo, quien nos prestó su conocimiento y su bibliografía, porque muchas de las investigaciones sobre Siria están basadas en sus libros y en su experiencia en terreno. A Sultan Joseph Altamimi, que nos aportó su tesis sobre Siria en la cual compara la crisis de 1982 de esa nación con la crisis actual. A Luis Miguel Castaño, que lleva mucho tiempo estudiando las diferentes vertientes que mueven los caminos europeos en lo económico y en lo bancario. A Liliana López, que nos dio luces en los terrenos boscosos de la economía para poder entender episodios claves de toda esta narrativa. Y a Milena Beltrán por toda su ayuda.

Este libro es el conjunto reunido de trabajos, experiencias y viajes, de haber conocido Siria cuando era un país hermosísimo, lleno de esplendor y de maravillas; de haber conocido el Líbano, haber visitado esos pueblos. Este libro son las memorias después de haber caminado el islam de punta a punta, porque esto también es haber viajado a Irán y a Uzbekistán, conocer Turquía, Mali, Burquina Faso, el mundo y el islam africano. Aquí hay muchas millas, mucho tiempo de libros y de estudios. Muchos relatos. Todo lo anterior se junta para que este libro sea posible.

A todas las personas que me han acompañado en la ruta, a los estudiantes con los que empezaron todas estas historias, les agradezco todo lo que han puesto en mi camino, y particularmente a las personas que colaboraron para la elaboración de este libro con sus conocimientos y con sus historias: un agradecimiento muy grande por esta brújula con la que queremos darles a ustedes una guía para entender el siglo XXI.

Contenido

Introducción

Este libro está hecho para entender varias cosas. Un título alternativo podría ser "el principio de la película" porque nos interesa contarles el origen de muchos de los sucesos de hoy desde la perspectiva amplia que la historia nos puede dar. Surge de la necesidad de darles un contexto a las noticias que inundan nuestras vidas con un sentido de amenaza y catástrofe que es difícil de sacudir, pero veremos que no hay necesidad de ser tan alarmistas, aunque sí críticos. Si partimos de un noticiero para entender el mundo en el que vivimos seguramente tendremos la sensación de que estamos en la peor de las eras, que el mundo va a colapsar y que no hay nada para remediarlo. Del espanto podemos pasar rápidamente al pesimismo, al cinismo, o peor, a la ira. Pero no hay necesidad de dejarnos llevar por la zozobra porque muchos de los fenómenos de hoy tienen unos orígenes específicos y al entenderlos podemos interpretar nuestra era. Vamos a recorrer la historia de numerosos pueblos para llegar al hoy, y en el camino nos encontraremos siempre con contradicciones, complejidades, esperanzas, desilusiones y logros, todo a la vez. Esta obra es un relato caleidoscópico que va desde las idas y vueltas de la democracia, los horrores del siglo XX, los paradigmas cambiantes de la economía mundial, hasta la globalización, la guerra contra el terror, ISIS, Putin, Trump y Brexit. Contaremos los orígenes de las noticias que definen la actualidad de los últimos años, tales como la tendencia nacionalista de derecha que se ha fortalecido en varios países, las primaveras árabes, la crisis de refugiados a nivel global, la crisis económica del 2008, la guerra en Siria, todo esto y más estará en nuestro relato. Esta obra no se trata de demostrar cuán ruin es el mundo en que vivimos ni tampoco vamos a decir que todo anda bien. Ni vivimos en el mundo perfecto ni en el peor mundo posible. Pero si queremos entender y, ojalá, resolver los desafíos de nuestros días para darle sentido a nuestra realidad más amplia necesitamos herramientas para poder hacerlo: entender los procesos y la complejidad de los fenómenos que caracterizan nuestras vidas. El mundo nunca ha sido posible de explicar a partir de una sola visión. Las cosas no son simples y las explicaciones ramplonas no nos van a hacer entender la realidad; por el contrario, estas la harán más incomprensible. Por eso es importante rescatar el detalle, las contradicciones, los procesos que conforman nuestro mundo.

Sin duda este es un proyecto ambicioso porque cubre muchas eras y pueblos de la humanidad. Nuestra ambición mayor no es solo entender el origen de muchos fenómenos, sino interpretarlos desde una visión crítica que siempre tenga en cuenta el respeto, la libertad y la igualdad como antídoto al odio y la destrucción del otro. La brújula que va a guiarnos a lo largo de esta travesía será siempre el gran relato que hemos articulado en estos últimos siglos: los derechos humanos, la guía que tenemos para poder construir sociedades igualitarias.

Para esta aventura hemos creado el diálogo de los audios y el texto. Ambos se nutren mutuamente, hay cosas que desarrollamos más en el texto y otras que se explican más en el audio; cada uno tiene su tono particular, y la gracia es que sea lea, se escuche y, sobre todo, se disfrute para que al final la unión entre oralidad y escritura nos haga entender el mundo en el que vivimos. Este libro sigue un esquema que empieza por reconstruir la historia de Europa y muchos de los presupuestos del mundo occidental de manera crítica, para llegar hasta la historia de la crisis económica del 2008 y el proyecto de la Unión Europea, que sufrió un duro golpe con el Brexit y está altamente cuestionado en la actualidad. Luego nos adentraremos de lleno en el Medio Oriente, también reconsiderando muchas nociones que hemos interiorizado sobre esta tumultuosa región que ha estado en el foco de la atención internacional desde hace varias décadas y, como veremos, varios siglos. Pasaremos así a un breve repaso de las grandes luchas políticas que caracterizaron el siglo XX, y cómo en la actualidad las viejas lecturas del mundo entre capitalismo y socialismo parecen agotarse; en ese apartado daremos especial atención a los caminos de China y Rusia. Para no caer en el pesimismo propio de otras narrativas —y también para mostrar que la complejidad del mundo implica lo positivo y lo negativo—, vamos a contar todo lo que sí hemos logrado en el último tiempo y cómo los derechos humanos han dado forma al mundo en que vivimos. Y por último hablaremos de los desafíos que afrontamos a futuro como humanidad, entre ellos, la necesidad de plantear una nueva relación con el medioambiente ante las amenazas del cambio climático y la sobreexplotación de la naturaleza.

Lo bueno de hablar del mundo de hoy es que nos da la oportunidad para hablar del ayer y ojalá aprender lo que nos depara el mañana. Este libro intenta desbaratar muchas nociones un poco reduccionistas sobre la historia reciente, sobre los actores internacionales y sobre los discursos que les dan forma a nuestras sociedades. No vamos a encontrar ni buenos ni malos, ni presentaremos "verdades absolutas". Vamos a matizar porque es en la amplitud del espectro que podemos desmontar las visiones de exclusión, rechazo y odio que están cobrando protagonismo en nuestros días. Este libro es una propuesta contra el discurso de odio. Nuestro propósito es que logremos mirar el mundo en toda su extensión y amplitud, con sus contradicciones, logros, avances, retrocesos, y qué mejor manera de ver toda la complejidad que somos sumergiéndonos un poco en la geopolítica internacional.

Las líneas y el audio a continuación cuentan relatos específicos de regiones del planeta cuya historia desconocemos, por lo que su actualidad nos puede parecer confusa hasta que empezamos a entender el origen de muchas de sus problemáticas. Hay también relatos que nos tocan a todos por igual, como la economía, la globalización, nuestra relación con el planeta, nuestra búsqueda por ampliar la capacidad de empatía y poder reconocernos como humanidad. En general este libro se centra en lo pequeño y en lo grande, desde la historia de personajes, de regiones, de países, hasta los discursos que le han dado forma a la realidad desde hace siglos. En el fondo de todo estamos nosotros, nuestra humanidad común.

Así que siga usted nomás.

Europa y el paradigma de "Occidente"

Hoy muchos se apresuran a decir que estamos en crisis o que algo pasa en el mundo. Sin duda, en los últimos años estamos presenciando un momento, que no sabemos cuánto dure o a dónde nos lleve, en el cual con frecuencia escuchamos discursos de odio, discriminación, xenofobia y racismo que vienen seguidos de medidas autoritarias que amenazan la pluralidad política poniendo en duda los derechos humanos. Este tipo de problemas nos han acompañado durante mucho tiempo y hoy parecen más vigentes que nunca a lo largo y ancho del planeta. Vivimos en un mundo donde recién acaba de suceder una crisis económica, en donde continúan los totalitarismos, la xenofobia se reivindica, las decisiones geopolíticas se toman a partir de un discurso de miedo y hay un conflicto entre ideas de cooperación supranacional e ideas de soberanía nacional.

El fundamento de estos fenómenos puede ser local, como las animosidades entre países europeos, aunque también obedece a contextos mucho más amplios que nos afectan a todos por igual, como los modelos económicos que nos rigen y la globalización. Si entendemos el origen de cómo está estructurado nuestro mundo, en gran parte desde la Segunda Guerra Mundial, y en qué medida se han planteado los debates sobre la igualdad humana, podemos aprender las lecciones sobre derechos humanos y respeto al otro que nos dejó el siglo XX, que hoy parecen olvidarse. Debemos retomar estos referentes éticos porque si el odio se vuelve protagonista puede llevarnos por una senda que ya hemos transitado en la historia, que ha dejado solo destrucción y muerte. Así que miremos la historia más reciente de Europa y el Medio Oriente, lugares que protagonizan los titulares y el foco de atención de la política mundial, para entender un poco más las noticias.

La Europa actual está conmocionada por elecciones en donde cada vez más se abre espacio a posturas xenófobas, anti-Unión Europea, y en algunos casos, como Polonia y Hungría, antidemocráticas. La historia de Europa es fundamental para entender el mundo contemporáneo, porque fue allí, en esa pequeña península de la masa euroasiática, en donde desde hace un par de siglos se forjaron las ideas que varios países como Francia, Inglaterra, Alemania, Holanda expandieron, muchas veces a las malas, por el resto del globo. Algunos conceptos que hoy en día en la mayoría del planeta se consideran como estándares de organización y visión de la realidad se originaron en Europa. Las formas modernas de democracia, los derechos humanos, los Estados-nación, el socialismo y el capitalismo hacen parte de esos conceptos, que duraron en pugna durante dos siglos. Durante varias centurias Europa creó una forma de ver el mundo y la aplicó en su expansión planetaria desde el siglo XV pero en particular durante el XIX. Así, la manera en que muchos de nosotros vemos el mundo tiene una influencia europea, porque se nos ha enseñado la historia del dominio de Europa y, más recientemente, Estados Unidos. La suma de estos dos lugares se ha identificado como el "mundo occidental", y la historia que ha pasado allí desde el siglo XIX muchas veces se denomina "modernidad".

Comencemos por Europa, cuna de totalitarismos, racismos y pensamientos excluyentes, pero también lugar de origen de nobles ideas. Contemos la historia del siglo XX, que llevó a Europa donde está hoy; allí daremos especial atención a la Unión Europea, a la economía, a las idas y vueltas de la democracia, la globalización y el Estado-nación, y a la larga lucha aún pendiente por respetar y garantizar los derechos humanos.

Hoy miramos a Europa y vemos que el proyecto de Unión Europea está en crisis. Hay muchos sectores políticos en Europa en contra de la Unión que se suman a una tendencia global hacia posturas discriminatorias. En las pasadas elecciones francesas, en mayo del 2017, la candidata Marine Le Pen llegó a la segunda vuelta sobre una plataforma en donde se destacaba el discurso nacionalista y xenófobo, que reivindicaba la soberanía nacional y clamaba por salir de la zona euro. En las elecciones alemanas del 2017 al Parlamento, por primera vez desde 1933, un partido de ultraderecha, sobre una plataforma xenófoba que criticaba una mayor integración europea, se convirtió en la tercera fuerza política del Parlamento alemán. El 23 de junio del 2016, en el Reino Unido se realizó un referendo en donde ganó, con el 51% de la votación, la opción para salirse de la Unión Europea después de una campaña que incluía un discurso sobre controlar la inmigración, en referencia explícita a los miles de refugiados que intentan llegar a Europa. Este hecho se conoce como Brexit (uniendo en inglés la palabra *Britain*, Bretaña, con *exit*, salir), el cual no tiene precedentes dentro del proyecto europeo. Todo lo anterior parece consumar una crisis que se ha venido forjando desde hace ya varios años.

Una de las situaciones que dio origen a estos debates que ponen en riesgo la unidad europea fue la crisis económica del 2008, cuando se revelaron los problemas estructurales del proyecto europeo. La magnitud de esta coyuntura causó una crisis política que sacó a flote la animosidad entre los Estados miembros y las instituciones europeas. Y así, el impacto de la terrible situación económica evidenció lo débil que era la unión entre Estados. A esto se le se le sumó la llegada masiva de refugiados que huían de países del Medio Oriente, Asia y África, que se tomó los titulares y se volvió un tema protagonista a partir del 2015, aunque la migración había comenzado desde años anteriores. Ante esto, la respuesta europea volvió a dividirse, y esta coyuntura, unos años después, ha fomentado las posturas xenófobas y los discursos nacionalistas. Ante esta situación, en la actualidad cada vez está más presente el debate entre la idea de *soberanía nacional* (que defienden los euroescépticos, es decir, control estatal sobre todo tipo de políticas) y la cooperación supranacional —el modelo actual de la Unión—, que implica ceder soberanía para acordar cosas en común que apliquen a todos, tales como tarifas del comercio, legislación y, sobre todo, una ciudadanía común.

Por eso hablamos de una crisis que no solo afecta el proyecto europeo sino las ideas que lo constituyen como la *cooperación internacional*, *la paz* y la *igualdad entre personas*. Esta es la base detrás de que los ciudadanos de cualquier país de la Unión tengan los mismos derechos en cualquier país miembro, que se ven coartados en un clima de xenofobia, en donde peligrosamente se usa la excusa de la seguridad para torpedear los derechos de las personas. No solo el proyecto de la Unión hace agua, sino que varios de los valores que Europa ha defendido —y también olvidado— durante su historia, como la democracia y la igualdad, están siendo cuestionados, en lo que parece ser una oleada de posturas discriminatorias. Lo que sorprende más es el clima de tolerancia frente a este retroceso, que parece ser una tendencia en el mundo entero.

Por eso siempre es bueno revisitar la historia para entender por qué se crearon proyectos como la Unión Europea, qué pasó en la historia de ese continente cuando se dio rienda suelta a la discriminación y a los nacionalismos exacerbados, y cuáles son los fantasmas que Europa carga y que no ha visto ni confrontado demasiado. Hay que cuestionar cuándo se exacerban discursos maniqueos o nacionalistas que dicen defender ciertos valores. Esta crisis política mundial se caracteriza por una xenofobia rampante y otros discursos de odio que durante un tiempo estuvieron lejos de la esfera política, pero hoy regresan después de una crisis económica mundial. La última vez que hubo una crisiseconómica de esta profundidad fue en la época de entreguerras, (1918-1939), en donde también quedó en entredicho la democracia y se alzaron discursos nacionalistas que llevarían a la Segunda Guerra Mundial. Hoy, el mundo europeo que nació después de esta destrucción parece olvidar su pasado. Por eso siempre es bueno recordar las idas y vueltas de Europa y el origen de la Unión, que —muchos claman— está en crisis. Así como también es importante que recordemos que hay faros, los derechos humanos, que nos pueden guiar en la incertidumbre y que han tenido que ser luchados a lo largo de la historia.

Dos grandes ideas europeas que transformaron al mundo fueron la *libertad* y la *igualdad*. Hay dos hechos importantes que marcaron la historia y abrieron la puerta para que todos los seres humanos fuéramos considerados iguales: la Declaración de Independencia de Estados Unidos, de 1776 —en donde se proclamó que "es un hecho autoevidente que todos los seres humanos han sido creados iguales"— y la Declaración de los Derechos del Hombre y el Ciudadano de la Revolución francesa, en 1789, donde dice: "los hombres nacen y permanecen libres e iguales en derechos", y entre sus derechos están la libertad, la propiedad, la seguridad y la resistencia a la opresión. Para alcanzar estos objetivos se crearon los derechos civiles, políticos y sociales. Y así, con esta semilla de libertad comenzó una nueva era en la humanidad. La idea de la libertad fue central en el pensamiento del siglo XIX en economía, en política, y en la nueva organización de sociedades bajo la figura del Estado-nación. La Revolución francesa rompió siglos de historia en donde los privilegios y las libertades eran exclusivos de la aristocracia, y el resto de la humanidad era considerada inferior por naturaleza. Así, fue en Europa donde comenzó la idea de que todos los humanos somos iguales entre nosotros y tenemos los mismos derechos. Esta fue una profunda transformación en el pensamiento de los humanos porque nos enseña el camino por seguir: a partir de respetar y reconocer los derechos humanos podemos relacionarnos como especie, entendernos, respetarnos mutuamente y garantizar la libertad de todos. Este es el antídoto para todas las guerras y las desigualdades. Esta es la meta que, doscientos años después de ser proclamada, lamentablemente no ha sido cumplida. Porque una importante parte de la historia del mundo moderno es la historia de la larga lucha por la igualdad de las personas, que durante demasiadas veces ha sido pisoteada y olvidada. Hoy, frente a una Europa que reivindica discursos abiertamente xenófobos, y a un Estados Unidos —la nación más influyente del último siglo— en donde su presidente fue elegido sobre una plataforma de discriminación, y frente a las guerras y el hambre que producen una migración de refugiados que son dejados a su suerte en condiciones miserables, nos toca siempre acordarnos de que tenemos una guía, que todavía no ha sido cumplida a cabalidad. Y que, si nos olvidamos de los derechos humanos, revisitamos el horror que la historia ya nos ha enseñado.

Desde su proclamación, los derechos han sido de unos pocos y se han requerido movimientos sociales durante generaciones para expandir el alcance de la igualdad. Por lo que el mundo occidental, con todos los grandes aportes que ha hecho al pensamiento, siempre ha tenido un lado que contradice sus mismos principios. Y ese lado, en Europa, muchas veces no se ha querido ver. Allí se han originado esperanzas y se han realizado horrores por igual.

Porque si bien en Europa se declaraba la igualdad entre todos, muchas veces el sentido de "todos" no era incluyente. El caso francés nos sirve de ilustración: en la primera Declaración de los Derechos del Hombre y el Ciudadano, las mujeres quedaron por fuera de esa noción, y fue Olympe de Gouges quien, tres años más tarde, en 1791, declaró los Derechos de la Mujer. Pero fue hasta 1944, es decir, ciento cincuenta y tres años después, que las mujeres en Francia lograron el derecho al voto después del esfuerzo de generaciones. La igualdad de las mujeres ha sido una larga lucha durante siglos para alcanzar desde derechos políticos —como el voto— hasta sociales —como la igualdad salarial y la no discriminación—, una batalla que aún continúa. Por fuera de ambas declaraciones, en su momento, también quedaban todas las personas esclavizadas, ya que en ese entonces varios países europeos comerciaban seres humanos, arrancados de sus tierras en el continente africano y llevados en cadenas hasta América. La igualdad para las personas esclavizadas en Estados Unidos tampoco se dio con la Independencia, y sería una larga lucha por la libertad y los derechos de todas las personas afroamericanas, que culminaría en 1964 con el Acta de los Derechos Civiles, y en 1965, con el Acta de los Derechos del Voto. Aunque aún continúa esta búsqueda por lograr una sociedad que no discrimine a las personas por su color de piel, con movimientos como *Black Lives Matter* (Las vidas afro importan), la consigna que ha agrupado la movilización en contra de la persecución policial injustificada de personas afroamericanas.

La preponderancia de Europa en los últimos siglos —que ha contribuido de gran manera a configurar el mundo en el que vivimos— se debe a que fue allí en donde se produjo la Revolución industrial en el siglo XIX, la cual tuvo a Inglaterra como su epicentro. Esto produjo un revuelo que transformó el mundo al darle la ventaja científica y tecnológica al mundo occidental, gracias a avances en el desarrollo agrario, en los medios de transporte y las comunicaciones. Así se consagró lo que sería el inicio de una economía mundial de mercancías y fuerzas de trabajo. A rincones apartados del mundo llegaron productos elaborados en fábricas (el gran invento de esta era) de Inglaterra, transportados en barcos a vapor (otro invento que aceleró los tiempos de navegación) y en trenes (que empezaron a conectar ciudades y países entre sí). Es decir, se consagró una economía que involucró muchos lugares del mundo y que por tanto se volvió planetaria, y en el proceso comenzó a hacer del mundo un lugar mucho más interconectado. Antes, el planeta era bastante más amplio, muchas personas de una región no podían ni imaginarse lo que sería o pensaba el otro lado del mundo. La Revolución industrial fue lo que inició la interconexión planetaria, que hoy en día está en su forma más avanzada con lo que llamamos la *globalización*. Este fue el inicio de una pretensión de dominio europeo de todo tipo sobre el mundo, desde el dominio político y económico hasta el filosófico, que hizo que nuestra manera de ver la Tierra fuera la europea.

Esta interconexión económica durante el siglo XIX se vio sustentada bajo el colonialismo, el legado de horror y desigualdad que también tiene la historia occidental. La conquista planetaria tuvo en dicha época a Inglaterra, Francia, Alemania, Holanda y Estados Unidos como principales protagonistas. Durante ese siglo se produjo una expansión que continuó hasta el XX y que hizo que la mayoría del planeta quedara colonizada por alguna potencia occidental. Esta conquista planetaria fue brutal, horrenda, y es uno de los mayores crímenes que ha cometido el mundo occidental porque, como veremos, es también el origen de casi todos los conflictos que aquejan a Medio Oriente y África, lugares que fueron conquistados, donde se impusieron regímenes desiguales, estructuras arbitrarias, fronteras designadas y decididas por las potencias, y en donde las personas locales fueron asesinadas, torturadas y privadas de tener derechos, los derechos que los occidentales clamaban eran de todos.

Esta interconexión económica durante el siglo XIX se vio sustentada bajo el colonialismo, el legado de horror y desigualdad que también tiene la historia occidental.

En el momento de mayor auge intelectual, científico y político europeo se construyó el mito de que la civilización era la europea/occidental, lo racional era lo europeo/occidental, y todos los demás —es decir, todas las otras personas sobre el planeta y todas las otras cosmovisiones no europeas— eran inferiores, y su

corolario era que debían ser civilizados. Este pensamiento solo ha producido destrucción y hoy en día continúa aquejando al planeta. Este pensamiento —forjado durante siglos y heredero de la conquista de América, en donde en nombre de una fe se produjo un genocidio que arrasó con casi todas las personas que vivieron aquí durante milenios— está íntimamente relacionado con varios de los conflictos en el África y Medio Oriente. Solo que el colonialismo, que es del siglo XIX, se efectuó excusado bajo un discurso científico, no religioso. Fue entonces en nombre de la civilización que se produjo el asesinato de cientos de miles de indígenas, mientras Estados Unidos conquistaba el Oeste del país. Y fue también en su nombre que entre 1884 y 1886, en la Conferencia de Berlín, las potencias europeas del momento creyeron que tenían el derecho de sentarse a trazar líneas en un mapa y dividirse el África entre ellas, dividiendo culturas, imponiendo su forma de gobierno, su lengua y, muchas veces, su religión. Para 1898, Abisinia (actual Etiopía) y Liberia eran los únicos territorios no sometidos por una potencia extranjera en toda África. Estas conquistas se excusaron bajo la retórica de la civilización vs. barbarie, una idea que hoy vuelve a estar peligrosamente en auge en medio de la islamofobia que atraviesa toda Europa. Cuando en la actualidad escuchamos discursos que reivindican valores europeos supuestamente en peligro, recordemos siempre que Europa no ha visto muchas veces la contradicción en el hecho de que, en nombre de la civilización, ellos mismos han cometido la barbarie. Hasta el día de hoy, en la historia no se enseña mucho sobre el colonialismo, y menos aún en los países europeos involucrados. Durante la descolonización se teorizó y debatió casi por primera vez la colonización, pero todavía falta mucho para que las instituciones, la historiografía y la opinión pública europeas miren de manera crítica el pasado colonialista y se enseñe en las escuelas. En Francia, por ejemplo, hoy sigue siendo un tema incómodo. Esta construcción europea de ser los únicos en poseer la verdad, la civilización y la ciencia justificó el colonialismo, la apropiación de tierras ajenas, y hoy estructura el racismo y dinamita la idea misma de los derechos humanos y la igualdad de las personas porque se basa en la premisa de seres superiores y seres inferiores. Europa se ha construido —en su historia y su papel hegemónico en el mundo— como algo superior al resto, y hasta el día de hoy todavía no ha logrado enfrentar su racismo. Aun a pesar de que en el siglo XX el horror colonialista y racista alcanzó el corazón de Europa y nos enseñó a todos a lo que podemos llegar creyendo en la idea de unos seres superiores y unos inferiores llevada a su límite extremo: el Holocausto.

Porque el proyecto de la Unión Europea, tal como la conocemos, nace de las cenizas de Europa, del momento en que el totalitarismo conquistó toda Europa y el racismo fue llevado a su última consecuencia: el genocidio de una población juzgada inferior. Del mundo después de la guerra se construyó un orden que continúa hasta hoy, que, con sus defectos, igual se hizo para alcanzar la paz.

Pero antes devolvámonos al contexto anterior a la Segunda Guerra Mundial pues tiene aspectos perturbadoramente parecidos al mundo de hoy. En los años de entreguerras, Europa y el mundo sufrieron la mayor crisis económica de la historia: la Gran Depresión. Muchos economistas y expertos señalan que la crisis global del 2008 tiene igual magnitud e impacto; a pesar de que no se habla mucho de esta, fue la crisis económica del 2008 la que desestabilizó Europa, y es una de las razones por las que se producen fenómenos nacionalistas y xenófobos a nivel mundial, ya que existe una vieja alianza entre crisis económica y acusar a los extranjeros de ser el origen de esta: en medio de sociedades azotadas por la pobreza o el desempleo siempre se ganan votos y la gente cree encontrar razones creando un chivo expiatorio al cual culpar de todos los problemas. Eso fue lo que pasó en Alemania después de la Primera Guerra Mundial, uno de los principios que le dio forma al nazismo.

Problemas de ayer y hoy: democracia, crisis económica y racismo en Europa

En medio de un auge de nacionalismos estalló la Primera Guerra Mundial en 1914, que involucró a numerosos países europeos debido a los sistemas de alianzas que tenían entre sí. En ese momento estalló la rivalidad que se venía gestando entre Alemania —cuando se volvió un Estado-nación, en 1870— y Francia, que la veía como un vecino incómodo. Alemania, en el centro de Europa, se aseguró de gestar alianzas que la protegieran principalmente de Francia y Rusia, los dos grandes imperios que la rodeaban. Estas alianzas, más las rivalidades entre Rusia y el Imperio austrohúngaro por el control de los Balcanes, fueron la base de los dos bloques que se enfrentaron en la guerra. Por un lado la Triple Alianza (conocida como poderes centrales durante la guerra) —Alemania, el Imperio austrohúngaro e Italia (que a la hora de la guerra cambió convenientemente de bando)— y por el otro la Triple Entente (conocidos como *los aliados*) —Inglaterra, Francia y Rusia—. Cuando estalló el conflicto, otras alianzas involucraron al Imperio otomano del lado las potencias centrales, junto con Bulgaria y Rumania, hasta que eventualmente la mayoría de Europa estaba en guerra. Los motivos de por qué estalló la conflagración todavía no quedan muy claros, pero su detonante fue el asesinato del archiduque Francisco Fernando, heredero del Imperio austrohúngaro. El ambiente que se vivía en los años previos era de un nacionalismo y cultura bélica exacerbados, por lo que la mayoría de la población apoyó la guerra, ya que desde hacía treinta años Francia, Alemania, Italia, Rusia e Inglaterra, entre otros, habían comenzado su expansionismo mundial, considerado como algo positivo. Las consecuencias serían gravísimas. La guerra y la dimensión del conflicto fueron una sorpresa para todos, que creían que duraría poco y se extendió cuatro años. En su momento se le llamó *la Gran Guerra* y reveló la capacidad de destrucción a la que se podía llegar con los avances tecnológicos. Sin embargo, en cuanto estrategia, la guerra era anticuada. Esta combinación generó una terrible matanza condensada perfectamente en las trincheras, lugares donde los soldados convivieron con enfermedades, ratas, amputados y cadáveres. Los soldados eran reemplazados por nuevos soldados y los heridos eran llevados en trenes, en un círculo vicioso de muerte. Al final, nueve millones de personas murieron.

La guerra terminó en parte gracias a Estados Unidos —que se involucró desde 1917— y la retirada de Rusia, en donde en ese momento triunfó la Revolución bolchevique. El final de la guerra cambiaría el mapa del mundo hacia más o menos lo que conocemos hoy, y se producirían cambios importantísimos en Medio Oriente, ya que la guerra aceleró la caída del Imperio otomano. A partir de esto el ánimo colonialista entre Francia e Inglaterra bosquejó lo que de manera arbitraria es hoy el Medio Oriente. De todo esto hablaremos en detalle en el siguiente capítulo.

Después de la Gran Guerra, los países que emergieron con la disolución de varios imperios en Europa adoptaron la democracia como sistema político. En esto, Estados Unidos cumplió un papel fundamental. La democracia venía vigorizada por el apoyo del entonces presidente de Estados Unidos Woodrow Wilson, un personaje fundamental hasta el día de hoy en el pensamiento estadounidense, y cuya política explica bastante el comportamiento de Estados Unidos en el siglo XX. Tras la guerra se perfiló la hegemonía del país norteamericano a nivel mundial, ya que había ayudado a la victoria de los aliados y era el principal acreedor de los países que habían pedido prestado para costear el conflicto. Para el nuevo orden del mundo después de la guerra, Wilson planteó y buscó crear una comunidad mundial compatible con los ideales democráticos de Estados Unidos, al sugerir la creación de un nuevo orden internacional para evitar las guerras. Su política se conocería luego como *idealismo wilsoniano*, idea que retomaremos a su debido tiempo, pero que versa sobre el concepto de *hacer del mundo un lugar apto para la democracia*, atado a la noción de que es la misión de Estados Unidos garantizar que esto suceda, ya que es una nación indispensable en la geopolítica. Es una suerte de hijo de la idea occidental decimonónica de llevar la civilización al mundo. Algo así pensaba Wilson, y la idea se ha retomado a lo largo del tiempo. Esto se ha creído durante varias etapas en el siglo XX, y sobre esta idea volveremos en nuestro relato porque, como todo, tiene sus bemoles, y en su nombre, o bajo esta concepción, se justificará la invasión a Iraq en el 2003.

Siguiendo otro planteamiento de Wilson, tras la guerra también se creó la Sociedad de las Naciones, que sería el precursor de la ONU. Así se intentó por primera vez un organismo supranacional para garantizar la paz mundial. Wilson creía en la importancia de la democracia, en el papel de Estados Unidos para protegerla, pero también en instituciones internacionales que pudieran establecer unas reglas del juego para que los países se relacionaran entre sí y evitaran entrar en guerra. Lastimosamente, desde su fundación, la Sociedad de las Naciones se vio terriblemente estructurada, ya que el Congreso de Estados Unidos no apoyó la iniciativa, por lo que este país nunca fue parte de esta organización. Mientras que Wilson quería establecer una preponderancia internacional de Estados Unidos, el Congreso de ese país no compartía esa iniciativa.

Así, con la democracia como sistema aceptado por la mayoría, y con la recién creada Sociedad de las Naciones, en 1918 los dirigentes declararon que el fin de la Gran Guerra era el fin de todas las guerras, y la inauguración de un nuevo orden mundial basado en la paz y la cooperación internacional. Este orden, sin embargo, duró muy poco porque los países no aprendieron las lecciones de la destrucción. Tardarían tan solo veinte años en volver a un conflicto que superaría con creces las dimensiones y el horror de la Primera Guerra. Muchas de las razones que llevaron a otra guerra planetaria fueron los tratados que se hicieron después de la Gran Guerra, abanderados por Estados Unidos, Inglaterra, Francia e Italia. Aunque Wilson defendía la democracia y también la autodeterminación de los pueblos, no se erradicó el concepto de *colonialismo* sino que en muchos tratados las colonias o los territorios de los imperios que perdieron la guerra fueron puestos bajo "mandato" de las potencias ganadoras. Otra forma de colonialismo en donde las decisiones políticas y administrativas se tomaban bajo la dirección imperial europea. Estos tratados fueron realmente desastrosos, impusieron sus dictámenes sobre los perdedores y tenían un ánimo de conquista en los territorios del Medio Oriente, y de revancha en territorios europeos, como en el caso de Alemania, donde —bajo el tratado de Versalles de 1919— se estipuló que perdía sus colonias, parte de su territorio, su ejército, y debía reparar monetariamente a las otras potencias.

Entonces después de la Primera Guerra teníamos una Europa en su mayoría democrática, que sin embargo no aprovechó para solucionar el tema del colonialismo. Y es aquí donde comienzan unas similitudes entre esta Europa de los años veinte y treinta del siglo XX y la Europa de hoy: un continente en democracia sufriría una crisis económica de tal magnitud que daría rienda suelta al totalitarismo y al racismo. Esto, en menores proporciones, parece ser lo que puede estar sucediendo hoy. Aunque no es que hoy Europa haya virado de la democracia al totalitarismo, no está de más recordar que ya una vez sí pasó. Los Estados creados bajo el modelo de la democracia que antes habían sido imperios —como Austria, Hungría y la República Alemana—, para 1940 eran regímenes totalitarios y solo existían seis Estados democráticos en toda Europa. ¿Qué había pasado en tan poco tiempo? La Gran Depresión, una crisis económica que comenzó en 1929 y puso el mundo y la economía patas arriba. Es importante ver cómo una crisis económica dio paso a un nacionalismo exacerbado, a un totalitarismo y a la xenofobia, cuando se pensaba que nunca habría más guerras. Además, la Gran Depresión hizo colapsar el modelo de un sistema económico que articuló el mundo durante décadas, que curiosamente es el mismo —adaptado a las realidades actuales— que nos gobierna hoy y que entró en jaque también en el 2008.

La Gran Depresión significó el fin del sistema financiero liberal que rigió el mundo desde el inicio del capitalismo del siglo XIX.

Este sistema estaba apadrinado por Inglaterra, el país donde se produjo la Revolución industrial, potencia imperial durante el siglo XIX y entrado el siglo XX. En el sistema liberal el paradigma era el librecambismo, liberalismo o *laissez-faire*, que en francés significa *dejar hacer*. Esta teoría es muy parecida al paradigma económico de hoy en día, que se llama precisamente *neoliberal* porque es el nuevo liberalismo. En el centro de este paradigma está la interpretación de las ideas por Adam Smith, pensador inglés que propuso que los individuos actuando independientemente por la búsqueda de un aliciente económico son mejores jueces que cualquier otro órgano. Él creía que los intereses individuales se terminan conciliando con el bien común, ya que los individuos proveen los servicios que los otros desean. Así, el mercado, la economía, tiene un orden natural de demanda y oferta que se ve entorpecido si algún ente extraño se involucra, como por ejemplo, el Estado. El liberalismo está rotundamente en contra de la interferencia estatal en la economía; según esta teoría, la existencia de subsidios, regulaciones o tarifas a ciertos bienes o productos entorpece el intercambio natural, que —ellos dirían— tiene un orden orgánico y beneficioso. Este era el paradigma en pie antes de 1929. Wall Street era para entonces un epicentro económico mayor que la City en Londres, por lo que la Primera Guerra Mundial había dejado a Estados Unidos enriquecido, por ser el acreedor de una Europa endeudada.

Pues bien, sumado al liberalismo en el mundo, antes del año 29 había un sistema global de intercambio, una medida de valor según la cual las monedas de cada país tenían su respaldo, y que era el estándar de intercambio entre países. Este respaldo de todas las monedas era el oro, llamado *patrón oro*. Se había acordado este metal y no alguna moneda en particular, ya que la capacidad de los bancos centrales de imprimir dinero podía poner en riesgo la conversión estándar para todas las monedas, por lo que era necesario tener un soporte material que no estuviera controlado por ningún banco en particular La crisis del 29 fue el momento en que esta convertibilidad al oro se rompió. Se rompió porque los países entraron en crisis cuando Wall Street entró en crisis. Recordemos bien esta conexión porque curiosamente —o no— es el mismo principio de la crisis económica global del 2008.

¿Y qué es lo que ocurre realmente en Wall Street? La importancia de esta zona en Nueva York, sede de la bolsa de valores estadounidense, radica en ser el epicentro mundial del sector financiero hasta el día de hoy. En economía hay una división entre lo que se llama el *sector real* y el *sector financiero*: el primero es el de las industrias, la agricultura y los servicios, mientras que el sector financiero son los bancos de crédito, de inversiones, las aseguradoras y la finca raíz. En este último sector existen los llamados instrumentos financieros: los préstamos, las deudas o las acciones de una empresa. Antes del 29 hubo un auge de nuevas formas de instrumentos financieros que significaron un crecimiento rápido y maneras de invertir que aportaron muchas ganancias. Ya retomaremos las similitudes con el 2008, año en el que pasó lo mismo. En esos años, si en 1921 invertías 15 dólares semanales, para 1941 tendrías 80.000, una ganancia de 64.400 dólares de la época, lo que serían hoy más de un millón de dólares. Así, el mercado financiero vivió un auge y un optimismo que produjeron mucha riqueza hasta que en 1929 el mercado se desplomó y la riqueza desapareció, porque era especulativa, porque la apuesta era una conjetura que probó no ser cierta. De los bancos desaparecieron de repente 40 mil millones de dólares. Esto produjo una crisis que afectó el sector real y generó un desempleo sin precedentes. El capitalismo ha tenido crisis económicas cada cierto tiempo desde sus propios inicios, de las que siempre sale airoso; cada país ha tenido sus crisis y el mundo también, pero nunca hasta entonces había habido una crisis de tal magnitud. Aunque muchos pensaron que la economía se recuperaría, el desempleo siguió. En cuatro años, 5.755 bancos cerraron en Estados Unidos y la producción industrial cayó en un 50%. La crisis se expandió y afectó a casi todos los países del mundo industrializado, pero de manera particular a Estados Unidos, Europa, y un poco menos a Latinoamérica y Asia. Generó un desempleo global, los precios de productos cayeron y los países entraron en recesión, es decir, en un período de declive económico en donde toda la economía se contrajo.

Esta fue en su momento la mayor crisis del mundo capitalista. Para manejar el impacto, una de las tácticas que se utiliza en economía es la devaluación de la moneda, pero los gobiernos no podían hacerlo, para mantener la convertibilidad al patrón oro. Fue tal la crisis que los países se salieron del patrón oro para intentar imprimir más dinero: el Reino Unido lo hizo en 1931, y Estados Unidos, en 1932.

El nivel de pobreza, la clausura de negocios y la depresión que siguió originaron cambios políticos fundamentales. En 1932 Franklin Delano Roosevelt fue elegido presidente de Estados Unidos e instauró una serie de medidas que se agruparon bajo el nombre del "New Deal" el Nuevo Trato, en donde se introdujeron regulaciones a los bancos y se buscó generar subsidios. La crisis afectó la idea liberal de que el mercado se autorregula solo, y para solucionarla muchos gobiernos fueron elegidos sobre plataformas proteccionistas, es decir, que apoyaban la interferencia estatal para distribuir los recursos y proteger el comercio nacional. El impacto de la crisis fue tan grande que cambió el paradigma económico del capitalismo. Y transformó profundamente la política. Porque mientras que en Estados Unidos Roosevelt era elegido intentando crear un paradigma de alivio social, la crisis propició el ascenso de Adolf Hitler en Alemania, un país tan afectado por la recesión que la tercera parte de la población activa había quedado desempleada.

Así, durante los años treinta el totalitarismo conquistó en Europa los espacios democráticos. Hitler y Mussolini fueron elegidos democráticamente y progresivamente instauraron regímenes autoritarios sobre un discurso antiliberal y xenófobo. Uno de los argumentos más utilizados en su momento fue el miedo bolchevique. Y es que desde la creación de los partidos socialistas en el siglo XIX siempre hubo cierto recelo político con el socialismo y la transformación del *statu quo*. La Revolución rusa fue la esperanza para muchos partidos socialistas de un cambio posible, y el terror para muchos regímenes y democracias ante una inminente revolución interna. Durante los años veinte se usó el argumento del peligro bolchevique para ganar elecciones, frenar avances políticos, pero aun así hubo gobiernos socialistas en países europeos. En la década de los treinta, sin embargo, en plena crisis, el argumento del peligro bolchevique se utilizó para instaurar autoritarismos, y un fenómeno nuevo que sería el fascismo, un totalitarismo en donde países quedaron bajo un partido único, la abolición efectiva del pluralismo político, con un mensaje radical nacionalista y una exacerbación de lo militar. El fascismo como vía política se vio legitimado en Alemania e Italia con aliados como Hungría, Rumania y Bulgaria, países que habían caído también bajo regímenes dictatoriales. En el caso alemán, este discurso se montó sobre el racismo contra todas las personas judías, llamado *antisemitismo*. Un discurso que Hitler no se inventó, sino que había sido tolerado en toda Europa desde el siglo XIX.

La larga tradición de antijudaísmo en Europa es tan antigua como la Inquisición, durante la cual también se persiguió a todas las personas judías. Solo que, a diferencia de un conflicto religioso, en la Europa moderna se construyó el discurso étnico de los judíos como una raza inferior. En Francia, en 1894 sucedió lo que se conocería como el *caso Dreyfus*, en donde se demostró —en el país pionero en autoproclamar la igualdad de todos los ciudadanos, en el país que se jactaba de ser la cuna del derecho moderno, donde se había despedido a un general del ejército, de apellido Dreyfus— el antisemitismo. Por la misma época en Rusia se llevaron a cabo pogromos, es decir, disturbios, linchamientos y asesinatos alrededor de la causa antijudía, en zonas de lo que son hoy Ucrania y Polonia, territorios entonces rusos. Muchas de las causas de estas persecuciones fueron también el señalamiento de un pueblo siguiendo una teoría de conspiración, por supuesto inventada, que ponía a los judíos detrás del asesinato del zar Alejandro II. Décadas más tarde Hitler convirtió este discurso discriminatorio en su plataforma política.

¿Pero qué permitió que regímenes como el de Mussolini y Hitler aparecieran? La crisis económica dio vía libre a una deslegitimación de la democracia, pero fue la mezcla también del culto a la muerte que dejó la Primera Guerra, el nacionalismo como fundamentalismo étnico y el *racismo*, es decir, la idea subyacente del colonialismo europeo, lo que explica el nazismo. Hitler trató al resto de Europa como Europa misma había tratado a los demás pueblos del mundo desde el siglo XV, a partir de la conquista de América. El nazismo fue una conquista expansionista, bajo la misma idea del *derecho de dominación de ciertas poblaciones* y la *inferioridad de millones de personas* juzgadas como inferiores, sin historia, salvajes y diferentes, los apelativos que se utilizaron contra los judíos, como en su momento otros usaron contra los indígenas americanos, los árabes, los africanos y los afrodescendientes. Así fueron la conquista de América y el colonialismo del siglo XIX. Así se consideró a todos los judíos polacos, rumanos, rusos, a todas las personas que fueran homosexuales, a los gitanos y a los socialistas, que fueron exterminados sistemáticamente en fosas comunes y en campos de concentración.

La Segunda Guerra Mundial ha sido el episodio más siniestro de la historia de la humanidad. Parte del mundo quedó materialmente destruida, mientras que el racismo alcanzó su forma más extrema Se señaló y excluyó del seno de las sociedades europeas a los judíos, como los culpables de todos los males de una sociedad, y esta idea se preparó de manera tal, mediante la propaganda continua, que llevó a la planeación y el exterminio sistemático de seres humanos de forma eficiente y científica. Este horror no hubiera sido posible sin todos los siglos de exterminio y destrucción excusados bajo una ideología de superioridad europea. Este fue un momento en la historia en el cual se constató el nivel quizás más bajo de la degradación humana. Fue el primer gran conflicto planeado científicamente, en donde ciencia, técnica y economía fueron puestas al servicio de la guerra, y en donde en cuestión de meses —desde Francia hasta Ucrania, desde las islas griegas hasta los países escandinavos— gran parte de Europa estaba bajo ocupación nazi. El único país no conquistado fue Inglaterra. España, Suiza y Suecia se declararon neutrales.

Hitler había sido elegido presidente en 1933, y durante los siguientes años no ocultó su política expansionista y racista. En 1938 se anexó a Austria, con aprobación del gobierno austriaco del momento. Luego invadió Checoslovaquia y en 1939 invadió Polonia, en alianza con la Unión Soviética. Porque Polonia se resistió a la invasión, Inglaterra y Francia declararon la guerra por las alianzas que tenían con Polonia. Al siguiente año, el Tercer Reich invadió Holanda, Bélgica, Dinamarca, Noruega y Francia. Así, para 1940 el Tercer Reich controlaba casi toda Europa y estaba preparado para negociar con Inglaterra, pero Winston Churchill, el primer ministro inglés, se negó a pactar con Hitler y resistió en un momento en que la guerra parecía perdida. Fue entonces cuando los japoneses, aliados del Eje, atacaron Pearl Harbor, una base norteamericana, y Estados Unidos entró en la guerra. A esto se le sumó que en 1941 Alemania traicionó la alianza con la Unión Soviética y la atacó, lo que provocó que los soviéticos se unieran a los aliados. Fue gracias a los dos frentes, a la lucha incansable de los rusos que resistieron la invasión alemana, a la resistencia francesa —un movimiento que se organizó durante la ocupación en el país galo—, más la combinación de fuerzas estadounidenses, canadienses e inglesas en el desembarco de Normandía, que el Tercer Reich perdió la guerra. La guerra estuvo en el Pacífico y el Sureste Asiático —en la lucha contra el expansionismo japonés—, y en África, Medio Oriente, en los territorios ocupados por las potencias europeas. El conflicto dejó millones de desplazados internos. Cincuenta millones de personas murieron en las batallas bajo bombardeos, asesinadas, masacradas, y de inanición. La mitad de las víctimas eran civiles. Seis millones de judíos alemanes, austriacos, polacos, húngaros, rumanos y franceses fueron exterminados en fosas comunes y en cámaras de gas. Millones de gitanos y personas homosexuales, socialistas, anarquistas o comunistas también mu-

> Millones de gitanos y personas homosexuales, socialistas, anarquistas o comunistas también murieron en los campos de concentración.

rieron en los campos de concentración. Fue el momento en que se usó por primera y única vez en la historia de la humanidad una bomba nuclear contra población civil.

La historia de la Segunda Guerra Mundial también es la historia de cuando la democracia quedó cuestionada en Europa por una crisis económica, circunstancia que fue el caldo de cultivo para que surgiera una forma de nacionalismo y racismo extremos que llevaron al continente a uno de los mayores genocidios y al conflicto de mayor escala en la historia de la humanidad. Europa tuvo que llegar a este nivel de barbarie para que de sus ruinas comenzara el sueño de crear un continente en paz. De aquí nace el concepto de la *Unión Europea*. El mundo, pero especialmente Europa, tuvo que vivir esta destrucción para que por fin se pensara a escala global la necesidad de respetar los derechos humanos de una vez por todas.

Los ideales nacidos de las cenizas: el mundo después de la Segunda Guerra mundial

De este conflicto, sumado a la carnicería de las trincheras de la Primera Guerra Mundial, surgieron las grandes y crueles lecciones del siglo XX, pues nos enseñaron los niveles de destrucción a los que somos capaces de llegar mediante el totalitarismo, el racismo y la guerra. Estas lecciones no las podemos perder de vista nunca, porque parece que 1945 está lejos de nosotros y sin embargo no hemos logrado resolver estas tres cuestiones fundamentales.

Fue en los juicios de Núremberg —los tribunales en donde se juzgaron los crímenes de guerra nazis—, en 1946, donde se usó por primera vez el término para dar nombre a la magnitud de la tragedia: *genocidio*. La planeación o ejecución de la eliminación sistemática de un grupo motivada por raza, etnia o religión. En donde se planteó por primera vez que había crímenes tan grandes y tan crueles, que eran en contra de nosotros mismos como especie: *los crímenes contra la humanidad*.

Después de la Segunda Guerra Mundial se produjeron muchos cambios que nos ayudan a entender el mundo en el que vivimos hoy: que se hable de derechos humanos, la influencia de Estados Unidos a nivel mundial en política, cultural y económica; la integración europea; la legitimación de la democracia a nivel mundial como modelo político. Hasta el mismo mapa del mundo actual viene de los años siguientes a la guerra, cuando muchos de los países en el mundo lograron sus independencias por la caída de los imperios europeos, devastados por el conflicto y por la nueva legitimación de los derechos de las naciones y la autodeterminación.

El horror de la guerra marcó un punto en donde los gobiernos de muchos países pudieron ver claramente el poder de destrucción al que podemos llegar, y por ello decidieron crear un foro mundial para evitar las guerras y mantener la paz. Y así nació la ONU. Creada en 1945 en San Francisco (Estados Unidos), cincuenta Estados de todo el mundo se reunieron y acordaron crear un organismo basado en los derechos. Su carta fundacional nos habla de ese mundo después de la guerra, en donde realmente se vio con nitidez la necesidad de respetar los derechos humanos porque todos cargaban el trauma de la destrucción. Este momento de la historia no puede ser nunca olvidado, porque nos enseña sobre las lecciones aprendidas por los que vivieron la mayor de las guerras. La ONU se creó para salvar a las generaciones futuras del flagelo de la guerra, como dice en su carta fundacional. Y para ello se creó un organismo internacional, en donde se reafirmó la fe en los derechos humanos, en el valor y la dignidad de cada persona, hombres y mujeres y naciones grandes y pequeñas. Y para asegurar un mundo de derechos, la ONU cumple el papel de establecer las condiciones legales de leyes internacionales que nos rijan a todos con el objetivo de proteger la dignidad de las personas, lo que comúnmente se conoce como el *derecho internacional*. Es decir, se acordaron unas reglas básicas para relacionarnos basadas siempre en los derechos humanos. Así que tenemos esas guías que desde entonces han logrado avances significativos. Por el respeto a los derechos y la igualdad de naciones se abrió la puerta al reconocimiento legal de las luchas por la descolonización que transformaron el mundo después de la guerra, con la independencia de numerosos países que acabaron con siglos de dominación. En 1948 la ONU adoptó la Declaración Universal de los Derechos del Hombre, el último paso para que la idea de la *igualdad*, garantizada a través de los derechos de las personas, fuera reconocida a nivel global. Y es por el respaldo de la ONU que se continúa avanzando en los derechos de todas las personas. Una vez más, tenemos la guía para encontrarnos y resolver nuestros conflictos por medios no violentos.

Hoy en día, sin embargo, la ONU no logró cumplir su cometido de evitar las guerras, aunque se podría decir que por esta institución se ha evitado una Tercera Guerra Mundial. La ONU no ha sido eficiente previniendo y respondiendo ante innumerables conflictos en el mundo. Esta organización tiene bastantes problemas estructurales como la falta de un mecanismo claro para aplicar las resoluciones que se adoptan. Además, como foro mundial, también mantiene largos conflictos irresueltos, por el poco ánimo de sus miembros de resolverlos o el veto de muchos de sus miembros a resoluciones que nos acerquen a un mundo más democrático, con respeto al medioambiente, que concrete la ampliación de los derechos humanos. Y abundan en su seno contradicciones, como en sus miembros. Un problema de la ONU es su Consejo de Seguridad, que está compuesto por quince miembros, de los cuales cinco son permanentes: los cinco países ganadores de la Segunda Guerra —China, Estados Unidos, Reino Unido, Rusia y Francia—, que tienen poder de veto. La presencia de Inglaterra y Francia nos habla del orden de la Segunda Guerra; en los años siguientes dejarían de ser imperios, pero en su momento eran importantes. Hoy en día hay países que tomaron la delantera en economía y peso político, como Alemania, que sin embargo no es miembro del Consejo de Seguridad porque fue el gran perdedor de la guerra.

No obstante es importante que rescatemos a la ONU porque se basa en la idea de que como especie tengamos principios colectivos, lo que abre la ventana para poder vernos los unos a los otros. Aunque los orígenes de estos principios son occidentales, son el antídoto contra los crímenes que Occidente también ha cometido. Y con todas sus fallas estructurales, la ONU ha logrado elevar las expectativas respecto al hacer de las naciones y las reglas para convivir. Aparte del Consejo de Seguridad y la Asamblea General, la UNESCO, la Organización Mundial de la Salud y la Agencia de la ONU para los Refugiados (ACNUR) son mecanismos internacionales que velan por los derechos y apoyan el tremendo esfuerzo de las ONG, organizaciones no gubernamentales, en pro del respeto a la dignidad de las personas por todo el mundo.

No perdamos de vista que muchas de las cosas que damos por sentado de la realidad en la que vivimos existen gracias al ánimo de recomponer el mundo de la destrucción de la Segunda Guerra Mundial. Estos años también significaron cambios importantes en la geopolítica, ya que ocurrió un relevo de potencias hegemónicas. El fin de la guerra marcó el declive de los imperios europeos, ya que Inglaterra y Francia quedaron en ruinas por los bombardeos y la desolación de la contienda. Después de más de un siglo en donde los modelos por seguir fueron el inglés y el francés, el mundo después de la guerra dejó a Estados Unidos como el país de mayor importancia, con la economía más grande. En su territorio, después de todo, no se libró la guerra. Fue el país con menos bajas de soldados y sin muertos civiles, a diferencia de la destrucción en Asia y Europa. Las armas, la comida, el transporte, toda la industria del conflicto, pusieron a la economía estadounidense a trabajar, y esto produjo un crecimiento que marcó la salida, por fin, de la Gran Depresión. Por esta posición ventajosa es que comienza la influencia estadounidense planetaria, que sigue su estela hasta el día de hoy. Estados Unidos durante su historia como país no solía involucrarse mucho en los asuntos del mundo, creían que era mejor aislarse y trabajar en la expansión territorial y la unión del país. Aunque no es que estuvieran fuera de la esfera geopolítica, durante mucho tiempo se limitaron a influir y a veces invadir a América Latina —Cuba y Puerto Rico—, o a apoyar y provocar la independencia de Panamá de Colombia. Así que los latinoamericanos sí hemos tenido una larga historia con Estados Unidos como vecino poderoso. Pero para el resto del mundo, ellos estaban en lo suyo. Y fue siguiendo ese lineamiento de mantenerse aislados, la razón por la cual el Congreso en la era Wilson, durante la Primera Guerra Mundial, no aprobó unirse a la Sociedad de las Naciones. Pero después de la Segunda Guerra Mundial asumió plenamente su papel como la nación más poderosa del mundo y empezó su dominio global, en donde se diseñó también un nuevo sistema monetario internacional alrededor del dólar.

La guerra recuperó económicamente a Estados Unidos, pero los economistas de la época aprovecharon para trazar un plan a fin de organizar la economía del mundo y conjurar todos los males de la Gran Depresión. Recordemos que para este momento, la vida de muchas personas en Europa y Estados Unidos había consistido en vivir la Primera Guerra Mundial, la Gran Depresión y la Segunda Guerra Mundial. Habían visto los extremos del hombre y buscaron aprender, dentro de lo posible, las lecciones para no repetir estas angustias. Había entonces un ánimo de que era necesario recomponer el mundo, y, así como se creó la ONU, se crearon otros modelos en donde se cambió el paradigma económico, lo que permitió que en la mayoría de Europa se cumpliera por fin el gran sueño de garantizar igualdad y bienestar social para sus ciudadanos.

En julio de 1944, 730 delegados se reunieron en Bretton Woods (Nuevo Hampshire), para trazar un plan de un nuevo modelo económico que regiría al mundo capitalista. El presidente Roosevelt fue quien convocó a delegados de varios países partiendo de la idea de que el capitalismo no podía ser manejado efectivamente a nivel nacional, sino que era un tema que competía a todas las naciones del mundo. En Bretton Woods se buscó trazar un nuevo parámetro de intercambio ante el colapso del patrón oro con la crisis del 29. Estados Unidos no llegaba con un interés altruista a la reunión, y vio la oportunidad de organizar la economía mundial alrededor de sus intereses, ya que tenía el poder de decisiones sobre los otros porque era la única nación acreedora, junto con Suiza, de la guerra y su economía se había recuperado con la industria militar. El resto de países europeos, donde se originó el capitalismo moderno, llegaban en plena guerra y hechos trizas. Por lo que fue más o menos fácil, aun cuando tomó tres semanas de negociación, crear un modelo económico, en donde el dólar estadounidense se convirtió en el estándar de intercambio de todas las monedas. Estados Unidos, como garante, acordaba mantener un intercambio fijo entre el dólar y sus reservas de oro, por lo que en teoría cualquier país podía cambiar sus dólares por oro si quisieran. Este sistema de convertibilidad se llamó el sistema Bretton Woods, que tuvo una breve vida y aseguró un poder e influencia desmesurados para la moneda estadounidense, lo que garantizó su hegemonía mundial.

Fue en Bretton Woods donde se creó también el Fondo Monetario Internacional (FMI), pensado para ser el prestamista de emergencia a cualquier país que tuviera problemas económicos. Y también se creó el Banco Mundial, que comenzó como el banco de inversiones que apoyaría inversiones productivas en las zonas devastadas por la guerra. Estas dos instituciones siguen en pie, y el FMI volverá a nuestra historia siempre en tiempos de crisis, y no precisamente generando equilibrio o bienestar económico, aunque esa fuera su misión originaria.

Estados Unidos, entonces, siendo el ganador del paseo, empezó a diseñar un sistema mundial en donde podría continuar su

crecimiento y la sobreproducción que le había dejado abast
el conflicto. Así, diseñó un plan que durante las siguientes a
nistraciones el gabinete continuaría, adaptándolo a las realic
y los contextos que surgieran. Este plan tenía a Estados Ur
como el líder del capitalismo y el libre mercado, mediar
financiación para la reconstrucción y ayuda económica de
quier país que quisiera, pero especialmente Europa y A
cambio, Estados Unidos se beneficiaba porque con la plata
tada los países invertían en reconstruirse económicamente,
ello tenían la capacidad de importar productos estadounic
Es decir, Estados Unidos exportó su capital a sus proteg
manera de inversión, lo que estimuló el consumo de pro
norteamericanos. Además, toda la inversión en distintos
garantizaba un equilibrio mundial que evitaría un crisis
mica. Esta fue una de las razones detrás del diseño de ur
cambio global con Estados Unidos como padrino. Así fu
menos la lógica detrás de los economistas llamados *New*
o sea los del Nuevo Trato que habían intentado solventar
económica de 1929. Fue dentro de este contexto que
el Plan Marshall para reconstruir a Europa, que alcanzó
de 12 mil millones de la época, repartida entre Reinc
Francia, Italia y la República Federal Alemana. De esta l
reconstruir el mundo con dinero estadounidense es qu
reconstrucción alemana y japonesa.

Porque inicialmente los vencedores de la guerra qu
los perdedores pagaran con creces. Después de la guerra
día devolver a Alemania a un estado pastoril, y durante l
a Alemania y en los años siguientes, los aliados desmar
se llevaron las fábricas alemanas. Pero la política de rec
mundo económicamente tenía un foco especial en Jap
mania, cuyas economías, si se restauraban, podían servi
al dólar como monedas secundarias para no depender
mente de este y disminuir el riesgo de una crisis. ¿Po
economías? Al estar destruidas podían ser reestructura

parámetros estadounidenses. Lo único que permitió que se cambiara de opinión sobre el destino del futuro japonés y alemán fue que muy rápido, junto con este diseño global de abrir mercados y llevar capitales al mundo, se creó una doctrina política apoyada en lo económico, en donde se dividió el planeta entre los grandes vencedores de la guerra: la Unión Soviética y Estados Unidos. Y esta división se planteó como un problema moral y político entre dos modelos: el del libre mercado y democracia, abanderado por Estados Unidos, y el de la solidaridad de los pueblos y el comunismo, liderado por la Unión Soviética. Aunque se pintó la división entre la libertad y el totalitarismo, entre el bien y el mal. Los soviéticos, por su lado, lo ponían en términos de la solidaridad contra la opresión imperialista. De este orden y cómo llegó a su fin hablaremos en detalle en el tercer capítulo.

A Europa la Guerra Fría la dividió en dos, tras la construcción del Muro de Berlín, en 1961. Este fue el hecho que consagró la división que se había originado en la repartición de zonas de influencia entre los aliados al finalizar la guerra. La parte que les quedó a los soviéticos se volvió la República Democrática Alemana, mientras que las partes de los otros aliados se unieron, y esta fue la República Federal Alemana. Esto frenaría durante cinco décadas la unión completa europea. Pero, a la vez, el padrinazgo económico de Estados Unidos y la retórica de la Guerra Fría hicieron que la Alemania Federal estuviera en el bloque capitalista y democrático. Así se zanjó la idea de desbaratar al país recién derrotado, cosa que ya se había hecho en Versalles después de la Primera Guerra, y recordemos lo que pasó después. Japón también quedó dentro del bloque capitalista, y así, ambas economías de los antiguos países del Eje se recuperaron y durante los siguientes años crecieron de manera acelerada.

El Plan Marshall también implicó una unión económica para poder distribuir las ayudas, que además beneficiaba la idea estadounidense de un mundo más equilibrado con una Europa fuerte; esta fue la semilla que inició una integración económica europea, con la

creación en 1948 de la Organización Europea para la Cooperación Económica. Esta ayuda estadounidense garantizó el crecimiento europeo y la era de mayor bienestar social en los países occidentales industrializados. Detrás de abrir mercados, llevar capital y productos a otros países a costa de muchísima inversión estaba la idea de dirigir y planear la economía para evitar un descalabro como la crisis del 29. Por eso —aprendiendo de las lecciones del 29, y porque durante la guerra las economías de los países necesariamente se habían centralizado en la distribución de recursos—, el paradigma económico dejó de ser el liberalismo, que se había hundido con la Gran Depresión y pasó a ser una suerte de planificación económica que involucra al Estado. Y sería esta visión de la economía la que llevaría a Europa y Estados Unidos a la cúspide de la riqueza y el bienestar social del mundo desarrollado desde que comenzó el capitalismo. Una era que los economistas llaman "La Era Dorada", que duraría dos décadas.

Este cambio de paradigma involucró ideas John Maynard Keynes, un economista inglés que vivió las tumultuosas primeras décadas del siglo XX y que planteó que siempre hay un nivel de desempleo que no se corrige solo, y que es responsabilidad del gobierno hacer algo activamente (como por ejemplo, obras públicas) para generar empleo. Esto se vincula a la idea de que el gobierno debe administrar, distribuir los recursos y generar empleo.

A esta tendencia en la economía se le sumó el sentido de deber moral que los Estados tenían con sus sociedades para evitar conflictos y también para recompensar a estas sociedades que habían sufrido la devastación absoluta. Esta es la base del Estado de bienestar, implementado desde los años cincuenta, que cambió el rostro de Europa. Después de la guerra los países europeos dejaron el paradigma de librecambismo e intervinieron estatalmente la economía. En Francia se nacionalizaron el sistema bancario, los transportes, la producción energética y las comunicaciones. En Inglaterra, la electricidad, las comunicaciones y la siderurgia. Se aumentó el gasto público para garantizar la enseñanza gratuita, la cobertura al desempleo y los fondos de pensiones. La idea del liberalismo económico de no intervenir quedó sepultada por los horrores de la crisis del 29. Así, los Estados europeos se dedicaron a reparar a la sociedad y generar una seguridad social garantizada.

La lección que habían dejado las tres décadas anteriores era que las desigualdades y la inseguridad económica llevaban a la guerra. Por eso era deber y responsabilidad de los Estados garantizar unas condiciones de vida e igualdad a toda la sociedad, tales como la salud, la educación y el empleo. Había un consenso general en tener políticas sociales que evitaran los problemas que habían llevado el mundo a la guerra. Esto generó un tejido social más cohesivo y disminuyó drásticamente la desigualdad. Hizo que por primera vez en la historia se llegara a un bienestar material sin precedentes en el mundo occidental desarrollado, y a partir de ahí se ampliaron aún más los derechos para las personas, porque fue en medio de este bienestar que se libraron las luchas contemporáneas del feminismo, el movimiento LGBT, y donde se comenzó a hablar de medioambiente. También, en muchos países se hicieron reformas sociales que consolidaron los derechos buscados durante décadas por los sindicatos. Aunque el Estado de bienestar es un fenómeno muy europeo, la idea de que el Estado debía tener unas garantías con sus ciudadanos se extendió por el globo, así como la intervención estatal en la economía para la distribución de recursos y la generación de empleo.

Esta era dorada del capitalismo en Estados Unidos es la época en la cual se consagra la idea del "estilo de vida americano", con sus respectivos suburbios y cercas blancas. Un momento en que las condiciones de vida eran muy altas gracias al trabajo continuo de las industrias estadounidenses, que proveían de bienes a todo el mundo capitalista. Fue una era de optimismo, en donde se pensó que el progreso material era imparable y que cada generación viviría mejor que la de sus padres. En Europa, además, fue gracias al Estado de bienestar que se arraigaron profundamente los sistemas democráticos, ya que consolidaron conquistas sociales. El crecimiento económico, además, fue la base de una unión, en donde, en vez de guerras, existiera la cooperación europea. Y así empieza la historia de la Unión Europea actual.

La Unión Europea: el sueño de una sociedad igualitaria

De la devastación del continente europeo quedó una lección que por un tiempo estuvo bien aprendida: la derrota moral del nazismo y, con ello, lo que representaba, el totalitarismo, es decir, la falta de pluralidad política y de garantías sobre los derechos de las personas. Por eso sobrevino una era de respeto incondicional a las instituciones democráticas, es decir, a la separación de los poderes Ejecutivo, Legislativo y Judicial. Siguió un momento en que partidos socialistas y conservadores tuvieron un consenso en respetar la democracia y en garantizar la seguridad social de la ciudadanía. Además, en medio de la Guerra Fría, parte de Europa inició su integración económica defendiendo los valores del mercado, aunque, recordemos, bajo la idea de la intervención económica para garantizar el bienestar social. A diferencia de la Primera Guerra Mundial, para la segunda posguerra hubo un verdadero compromiso democrático, y eso fue lo que consolidó la democracia en esa parte del mundo, porque la democracia se tiene que nutrir y respetar para que exista y se genere una tradición que la mantenga. En Europa, la crisis económica del 29 revirtió la democracia, y fue solo hasta el final de la Segunda Guerra que este momento se dio. En otras partes del mundo, lastimosamente, aún está por darse. La historia nos enseña que la democracia siempre puede quedar en entredicho si lo permitimos.

Uno de los signos más importantes en la Europa Occidental de las décadas de los años cincuenta, sesenta y los primeros años de los setenta fue que lo partidos de ultraderecha quedaron deslegitimados, sin autoridad política y moral. En ningún país europeo existía en ese entonces una fuerza electoral de ultraderecha y era impensado que alguna obtuviera apoyo, dado que había un rechazo a los discursos nacionalistas extremos, ya que el nazismo y el fascismo demostraron las consecuencias de creer en tales proyectos. Ahora, en el 2018, uno de los signos más asustadores es el retorno de estos discursos, y que cosechan victorias electorales. Los viejos fantasmas de Europa parecen reaparecer porque estamos lo suficientemente lejos de haber vivido el suicidio de la razón de la Segunda Guerra Mundial, y puede que a los europeos se les olviden sus tortuosos caminos, que al menos los llevaron a una estabilidad política, compromiso con la democracia y rechazo a las posturas extremas.

Porque hay una materia que quedó pendiente en los años inmediatos a la guerra y que amenaza con aflorar en Europa ante las dificultades. Aunque la lucha contra el totalitarismo se dio, la lucha contra el racismo no. Aquí, de nuevo, hay vínculo que nos habla de la necesidad aplazada de analizar de manera crítica el colonialismo. La Segunda Guerra, que confrontó a los europeos con sus prácticas de racismo y conquista, tuvo una curiosa manera de ser recordada. En un principio, todos, en medio de la destrucción, querían tener seguridad y superar el pasado. Esto dio paso a grandes ideas como el Estado benefactor y el respeto a la democracia, pero también evitó que hubiera una confrontación real de los europeos con su racismo. Los juicios de Núremberg juzgaron solo los crímenes de guerra cometidos por los nazis, y no se habló de lo que habían hecho los nazis antes de que estallara el conflicto ni del clima de antisemitismo que reinaba en Europa desde el siglo XIX. En 1938, antes de la guerra, se realizó una conferencia en Évian (Francia), en donde 37 países buscaron ponerse de acuerdo para ampliar los cupos de inmigración a fin de acoger los ciudadanos judíos que eran perseguidos bajo el Tercer Reich; esto fue antes de la guerra y antes de la Solución Final, la orden que sentenció a muerte a todas las personas judías. En la conferencia, todos los países se negaron, salvo Dinamarca y Holanda, sintomático de la mentalidad europea. Como les habíamos contado, el antisemitismo y el racismo hacían parte del paisaje occidental, y durante cientos de años fueron tolerados y permitidos. No fue un invento del nazismo, este solo llevó esas prácticas al extremo de la aniquilación científicamente planificada. El clima político de antes de la guerra toleraba el racismo, pues todavía los imperios europeos tenían colonias, en donde su dominación era autojustificada por su supuesta superioridad. Por ello, la guerra misma tuvo el carácter de detener la expansión de Hitler, pero no de salvar al pueblo judío. En los juicios de Núremberg se conoció la verdad de los campos de concentración que dejó aterrado al mundo, pero el despojo de los derechos civiles de todas las personas que fueran judías, su confinamiento en partes específicas de ciudades, —como por ejemplo el gueto de Varsovia—, y la política de llevarlos al Este a destinos desconocidos, que serían los campos de concentración y exterminio, eso sí era de conocimiento público, durante los años previos y durante la guerra.

Los campos de concentración quedaron intactos para el final de la guerra, a pesar de que desde 1942 las cúpulas militares de los aliados conocían sobre el exterminio judío, sabían que había millones de muertos y que millones de personas más estaban en riesgo. Sin embargo, no hubo ninguna política expresa para salvar a millones de personas judías. Cuando asociaciones judías y de refugiados pidieron a los aliados que bombardearan campos de concentración como Auschwitz para destruirlos, los aliados respondieron que estaban ocupados en otras operaciones con objetivos estrictamente militares. Estos ejemplos nos sirven para señalar que la Segunda Guerra tiene un legado oculto: el del abandono absoluto de millones de ciudadanos europeos judíos, gitanos, homosexuales, o anarquistas, socialistas, republicanos. El legado de la tolerancia a la deshumanización de seres humanos. Además del conocimiento de los aliados, en todos los países ocupados hubo complicidad para entregar los ciudadanos judíos a las autoridades nazis. Esta política fue tolerada por la mayoría de países europeos bajo ocupación, y, aunque existieron las conmovedoras historias de quienes se rehusaron a cooperar, participaron en la resistencia, rescataron y protegieron familias judías, ellos eran la heroica minoría. De la complicidad de autoridades y ciudadanos europeos en la persecución de judíos no se trató al final de la guerra. En las ansias de olvidar y superar una herida muy honda de destrucción, la mayoría de países de la Europa continental construyeron el mito de que la resistencia había sido absoluta. Hungría, Eslovaquia y Rumania sepultaron su participación del lado del Eje. Otros simplemente rescataron las figuras de los héroes de la resistencia y callaron sobre la complicidad de las autoridades. De esta complicidad solo se empezaría hablar décadas después, cuando una generación preguntó a sus padres sobre su papel en la guerra. Pero el problema de olvidar y continuar es que no se trató de erradicar la noción misma de *racismo*, la aceptación de la deshumanización del otro, aun cuando el siglo XX nos mostró a dónde lleva esta idea corrosiva. Y es precisamente porque no se ha resuelto y criticado este pasado, esta complicidad, esta aceptación del racismo mediante el colonialismo y durante el nazismo, que ante cualquier incertidumbre, cualquier crisis o coyuntura, el racismo vuelve a este continente. Esto es lo que está sucediendo hoy en día, el racismo no resuelto retorna a Europa con la llegada de refugiados.

Sin embargo, hubo lecciones que sí fueron aprendidas. No todo quedó sepultado o pendiente. También existió el ánimo de crear un mejor futuro que sepultara la idea de la guerra, la destrucción y el totalitarismo. Eso es lo que dio origen a la Unión Europea. Por primera vez en su historia, Francia y Alemania —que habían estado en conflicto y tensión permanente desde 1870— acordaron que era mejor negociar y ser socios, que volver a destruirse mutuamente. El ministro francés Robert Schuman declaró que la reconstrucción de Europa se debería hacer a través de la solidaridad, ante la necesidad de zanjar la animosidad histórica entre estas dos naciones. Junto con Jean Monnet, negociante y banquero francés, lideraron la creación de la Comunidad del Carbón y el Acero, en 1951 (CECA). Este fue el primer paso para un modelo de Unión

Europea: la idea de una cooperación económica con miras a crear un mercado común quitando las aduanas para el comercio e introduciendo subvenciones a productos. La CECA estaba compuesta por seis países: Francia, Alemania, Italia, Luxemburgo, Holanda y Bélgica. Estos últimos ya habían comenzado un antecedente de unión económica llamado Benelux, que simplemente se unió a la CECA. Fue fundamental y muy simbólico en la creación de una nueva Europa, que los antiguos enemigos acérrimos se sentaran a proponer que la paz era posible mediante una cooperación económica.

Siete años más tarde, en 1957, se ratificó el Tratado de Roma, en donde se creó la Comunidad Económica Europea. Lo que significó la culminación de los avances hacia una integración económica y un mercado común, que no solo involucraban el carbón y el acero sino todo el comercio entre estos países. Esto representó una unión aduanera, es decir, el comercio de productos en donde no había aduanas entre sí, sino a terceros. Algo así como comerciar como si fueran un solo país. Esta Comunidad tenía otros organismos que se fusionaron en 1967, y ahí se empezó a conocer como Comunidad Europea.

Inicialmente la Comunidad eran los mismos países de la CECA, y solo después ingresaron Reino Unido, Irlanda y Dinamarca, en 1973. Las condiciones para ingresar eran tener economías similares y sistemas políticos democráticos. Unas condiciones importantes, ya que estimularon el avance a la pluralidad política y el respeto de derechos en los países que quisieran unirse. Estas fueron las bases para una unión continental, pero en ese momento no era posible realizarla porque el mundo estaba atrapado en la Guerra Fría, bajo

En 1957 se ratificó el Tratado de Roma, en donde se creó la Comunidad Económica Europea.

una lógica de bipolaridad. La misma Europa estaba dividida en dos, entre Europa Occidental y Europa del Este. Así, esta comunidad se mantuvo económicamente, pero la unión política se planteó como un objetivo a futuro.

Poco a poco, más países se fueron uniendo a lo largo de los años setenta y ochenta, y cuando el proyecto iba consolidándose se planteó la defensa de cuatro libertades fundamentales: la libre circulación de mercancías, de servicios, de capitales y de trabajadores. O sea que los productos, el trabajo, el dinero y las personas pudieran circular libremente, como si se tratara de un único y gran país. Estas cuatro libertades parecían culminar y ser el éxito del proceso europeo de lograr la libertad y la igualdad, la idea que, como vimos, viene ocupando el pensamiento europeo desde hace ya ratico. En el Acuerdo de Schengen, de 1985, se designó un área que comenzó a suprimir las fronteras comunes de ciertos países de la Comunidad, y con el Acta de la Unión, firmada en 1987, se avanzó en estos objetivos. Pero la verdadera culminación de una unión continental solo fue posible cuando se terminó la Guerra Fría, con la caída del Muro de Berlín y la desintegración de la Unión Soviética. Esto dio vía libre a que Europa se construyera como un continente unido que podía ser un modelo en democracia y derechos para el resto del mundo, y podía ser una potencia a nivel mundial.

El proyecto fue consolidado el mismo año en que la Unión Soviética caía desplomada. En 1992 se firmó el Tratado de Maastricht, en donde se creó la forma que conocemos hoy: la Unión Europea. Este fue el punto de inflexión en donde los países decidieron ceder cada vez más la soberanía nacional, a favor de políticas comunes europeas. La década de los noventa fue el momento de mayor optimismo del proyecto europeo, mientras se trazaban las ideas de un nuevo experimento económico y político de unidad supranacional, cuyos alcances no estaban del todo perfilados. La idea era comenzar a tener políticas comunes en muchos temas y garantizar las cuatro libertades fundamentales. El proyecto de la

Unión Europea tenía como pilares contar con un ámbito comunitario para compartir políticas en temas de aduanas, de legislación y de comercio; una política exterior y de seguridad común y cooperación judicial. Sin embargo, siempre se dejaron espacio para no intervenir en todos los temas y un margen de maniobra que cada Estado mantuvo sobre sus políticas internas.

Después de la unión de políticas aduaneras vino la unión de fronteras, y luego, la unión monetaria, que entró en circulación en enero del 2001 bajo la forma de una única moneda: el euro, que muchos de sus miembros aceptaron, aunque otros no. Se planteó entonces la Unión Europea como un proyecto de unidad comercial, política y social, con unas instituciones democráticas supranacionales que tuvieran la representación de todos los países vinculados, que son el Consejo Europeo, conformado por los jefes de los 28 Estados, la Comisión Europea, que sería la rama del Ejecutivo, y el Parlamento y el Consejo, que son el Legislativo. Desde los años noventa, cada vez más países se fueron uniendo y hubo especial atención en aceptar a los países que habían estado en el bloque soviético, para superar así la división europea.

La Unión Europea entonces tiene su propia moneda, el euro; cuenta con una política aduanera conjunta para todos sus miembros y garantiza la libre circulación de sus ciudadanos por todos los países. Las cuatro libertades fundamentales se lograron. Las fronteras, en términos prácticos, dejaron de existir y una generación de personas creció pudiendo viajar libremente por el continente, estudiar o trabajar en cualquier país que quisieran que estuviera dentro de la Unión, y así, el proyecto de ciudadanía europea parecía ser cierto. Hay una primera generación de europeos en contacto con muchas más culturas y con una perspectiva del mundo más amplia, que además tienen un sinnúmero de oportunidades. La base de una unión supranacional tiene la posibilidad de acercar mundos y culturas, que en Europa, por ejemplo, habían estado en conflicto desde hace miles de años. La integración europea desde su inicio ha logrado la estabilidad de Europa Occidental, que no ha estado en guerra desde 1945. Este proyecto tiene una base democrática y ha logrado legislaciones importantes en derechos y medioambiente. Es un proyecto, dentro de todo, importante que planteó un modelo posible para la unión entre países y culturas, que acercó en la igualdad de derechos y oportunidades a 500 millones de personas.

Esas son las cosas buenas, que son muy buenas. Pero también, la Unión desde sus inicios tuvo sus contradicciones, y desde la crisis del 2008, al parecer, estas se volvieron insostenibles. Aun desde los noventa, en medio del furor de planear un proyecto pionero y de paz, la guerra volvió a las puertas de Europa con el desmembramiento de la antigua Yugoslavia, que vivió en guerra durante varios años. En esta región, conocida como *los Balcanes*, se exacerbaron los nacionalismos, se revivieron los odios étnicos, y el conflicto degeneró en masacres y genocidios. Una vez más, sobre la perversa idea de la superioridad de una raza o religión sobre otra. Las guerras yugoslavas también fueron una prueba para la ONU. La situación más recordada al respecto fue su fallida intervención en Srebrenica: en un área bajo supuesto aseguramiento de los cascos azules, los serbiobosnios llevaron a cabo la matanza de 8.000 personas bosniacas (bosnios musulmanes). La respuesta internacional falló rotundamente, y la entonces recién creada Unión Europea no fue la excepción, ya que no logró acordar una postura común para frenar el conflicto vecino. Así se evidenció un problema que desde entonces parece estar siempre presente en la Unión Europea: la falta de una política exterior común, que supuestamente es uno de los pilares de la unión. Aunque se ha intentado avanzar en el tema y la Unión quiso incorporar nuevas medidas después de las guerras de los Balcanes, hoy en día esta fue el punto de quiebre con la llegada de refugiados: no hubo una política exterior común ni una respuesta común.

Otro problema que evidenció las claras limitaciones del proyecto europeo fue el debate sobre el ingreso de Turquía, en medio de las ampliaciones de la Unión. Desde 1999 se aceptó la candidatura de Turquía a la Unión Europea, pero no se concretó su membresía en el 2004, cuando diez países se unieron en la mayor ampliación hasta la fecha. Al año siguiente comenzaron las negociaciones formales para el ingreso de Turquía, y entonces Austria y Chipre se opusieron. Luego en el 2007 se aceptaron más países, y otros más en el 2013. Pero Turquía se siguió quedando afuera. Las oposiciones de Grecia, Chipre y Austria tienen como base una animosidad histórica. Chipre está dividido en dos lados, uno griego y uno turco, y es el lado griego el que pertenece a la Unión Europea. Grecia, cuando se constituyó como país moderno en el siglo XIX, lo hizo sobre un discurso que privilegiaba el legado cristiano y rechazó a la población turca con la que había compartido territorio durante milenios. Turquía también hizo lo mismo cuando se formó como Estado nacional durante la Primera Guerra Mundial, en donde también expulsó toda la población de orígenes étnico y cultural griegos, para darles preeminencia a los turcos musulmanes. Austria recuerda sus viejas épocas cuando era el Imperio austrohúngaro y su vecino era el Imperio otomano —del cual Turquía es hijo—, que durante siglos libraron guerras por la conquista del territorio.

Pero aparte de estas disputas políticas, el ánimo en general de los demás países fue el de crear excusas y demorar la entrada de Turquía. Unos decían que el libre flujo de personas turcas traería una crisis de inmigración. El problema implícito del veto a la entrada de Turquía es el hecho de que se trata de un país de mayoría musulmana. Al negarle la entrada a Turquía durante años, Europa falló otra vez en sus promesas de respetar la igualdad de derechos, libertad y democracia. De nuevo, los derechos que articulan la noción de la Unión parecían ser solo para ciertas personas, que no incluían a los musulmanes. Porque Turquía sí cumplía con las condiciones para entrar a la Unión, y si se tratara de un límite territorial, Turquía hace parte de la UEFA y participa en Eurovisión, en donde sí es reconocido como parte del continente europeo. Recordemos que Turquía es el puente entre la península donde quedan Europa y el resto de Asia. Es un país, además, fundado sobre los preceptos europeos modernos. Desde su concepción en medio de la Primera Guerra Mundial, fue creado como un país laico, que adoptó el alfabeto latino e incluso concedió el voto a las mujeres décadas antes de que Francia lo hiciera. Así que Turquía tenía las credenciales para cumplir las condiciones de unirse a Europa. Durante muchos años, el ingreso a la Unión Europea fue una prioridad de la política turca, lo que promovió, por ejemplo, una negociación de paz con los kurdos, minoría que ha estado en conflicto con Turquía, y de los cuales hablaremos en su debido momento. Pues bien, hoy en día, después de quince años de negociaciones, Turquía parece haber descartado las ansias de querer complacer los estándares europeos y se está produciendo el movimiento opuesto, un retroceso a todo lo logrado: el proceso con los kurdos se abandonó y el líder turco, Recep Tayyip Erdoğan, ha optado por la islamización del país, en detrimento de la tradición laica turca. Además desde el 2017 se han incrementado las violaciones a los derechos humanos, y está en riesgo de caer en un régimen totalitario. La vida política de Turquía obedece a numerosos factores, pero sí es necesario señalar que la Unión Europea, sin una política clara de qué es o no europeo, les dio una bofetada a todos los turcos y musulmanes y perdió la oportunidad de establecer un puente entre culturas, con su rechazo constante, al demorar el ingreso turco.

¿Pero quiénes son los europeos o qué significa serlo? En la expansión de la Unión Europea, Europa se ha ido construyendo como entidad más amplia. Inicialmente eran los mismos países hegemónicos que definieron lo que era la cultura europea desde el siglo XIX —Francia, Alemania, Italia, Inglaterra, Holanda, Bélgica—, pero poco a poco fueron aceptados países del antiguo bloque socialista, e incluso de la antigua Yugoslavia, como en el caso de Eslovenia. Así que la Unión Europea en realidad ha construido una noción de una Europa continental más amplia. Pero esta ampliación pareció encontrar su límite con un país musulmán. La Unión Europea, lo que tiene claro en unión aduanera no lo tiene en la creación de una identidad europea común, y el mensaje que dio al demorar el ingreso de Turquía es que al parecer la identidad europea es solo blanca y de legado cristiano. Podía haber creado la identidad a partir de unos valores de respeto a los derechos, a la democracia, y su conclusión lógica: a la diversidad. Pero el ingreso pendiente de Turquía volvió a sacar a la luz los temas culturales, étnicos y religiosos como definitorios de una identidad europea, y volvamos a repetirlo, porque este tema es muy delicado y la historia nos da luces sobre a dónde nos lleva: es peligroso cuando países europeos reivindican su identidad a partir de rasgos étnicos y religiosos, blancos y cristianos, porque tiene un historial que nos hace dudar de sus buenas intenciones. Negar la posibilidad de que la Unión acobije a un país de mayoría musulmana también es una traición a la población inglesa, belga, francesa y alemana, y de demás países europeos, que también es musulmana, y a todos los ciudadanos de ascendencia africana dentro de la Unión, que por extensión no tendrían cabida si la Unión se autodefine *blanca* y *cristiana*. Con el tema de Turquía, pues, volvió a aparecer este fantasma del racismo europeo. El tema no fue tan debatido y se mantuvo un poco al margen de la opinión pública, pero evidenció un problema latente que hoy en día está siendo expresado abiertamente ante la llegada de los refugiados, debido a la tolerancia de posturas xenófobas.

Así que en sus primeras décadas como Unión salieron a flote los límites en política exterior, al no reaccionar ante el conflicto en los Balcanes, y en la discriminación velada a Turquía, que mina el discurso de democracia, el respeto a los derechos y a la igualdad sobre el que se conformó la Unión. Además, se perfiló un problema de identidad: se discriminó a Turquía por ser turcos y musulmanes arrojando dudas sobre un racismo latente, pero sin que hubiera una definición clara de la identidad europea.

En todos los años en que lleva existiendo la Unión se crearon símbolos —un himno, una bandera, unas instituciones democráticas europeas—, pero no se ha logrado establecer una noción o identidad de *ser europeo*. ¿Y cómo se construye una identidad? Pues

> Así que en sus primeras décadas como Unión salieron a flote los límites en política exterior, al no reaccionar ante el conflicto en los Balcanes, y en la discriminación velada a Turquía

bien, cuando los países modernos, que llamamos *Estados-nación*, se conformaron, muy temprano se dieron a la tarea de lo que algunos llaman "nacionalización", es decir, implantar unos referentes sobre los cuales construir una identidad común y reforzarlos en la vida diaria a través de instituciones. Ese es el papel de tener un himno, una bandera, y la escuela ha servido para crear esta noción de *identidad*. Todas estas nociones se crearon en el siglo XIX, junto con la idea de *Estado-nación*. Cantamos el himno en el colegio, nos enseñan sobre la historia lineal de nuestro país, y así vamos creando un lazo unido a la cultura de nuestros padres y las tradiciones a nuestro alrededor. Pues bien, la Unión Europea se quedó a medias entre ser un proyecto supranacional o ser solo una cooperación regional. Es más que una unión aduanera porque busca instaurar unos principios, garantizar unos derechos y crear una ciudadanía común, y además tiene unas instituciones democráticas europeas. Pero al parecer no logra ser un gran país, un proyecto de construcción de identidad a partir de la multiculturalidad europea, porque sus ciudadanos siguen creciendo en países donde se enseña la historia nacional, donde los símbolos son los nacionales y se presta atención a la vida pública, social y cultural nacional. Así que no logra cuajar bien la idea de una identidad europea porque no se han hecho esfuerzos deliberados de trascender los relatos de los Estados-nación. A la Unión Europea le falta un gran relato que la articule, que podría ser el de un proyecto nacido de las cenizas que dejó la destrucción de la guerra, a partir de la cual se buscó crear una igualdad, paz y una ciudadanía multicultural y diversa respetando los derechos humanos y la igualdad entre todos, para superar así siglos de guerras, de conflictos religiosos y étnicos. Pero no hay esfuerzos para construir este relato, y ante la falta de identificación de los ciudadanos con la noción de *Europa*, ante la primera crisis se pueden poner en entredicho la razón y el porqué del proyecto de la Unión.

Como pasó y está pasando. La crisis que desató y sacó al aire todos los trapitos sucios de la Unión fue la crisis económica global del 2008. Ya les hemos dado el avance de que esta era la causa de la crisis actual europea, pero también es el malestar detrás de muchos otros fenómenos que estamos viviendo en la actualidad. Algunos expertos creen que esta crisis es de la misma magnitud que la crisis de 1929, y que, como aquella, pone en jaque toda la concepción del sistema económico liberal. ¿Pero cómo así el sistema liberal? ¿No habíamos quedado en que este se había acabado en el 29, el paradigma había cambiado en Bretton Woods y el mundo occidental vivía una era de bonanza económica y bienestar? Sí, durante treinta años fue así. Pero la Era Dorada llegó a su fin. Para entender por qué debemos volver a 1971 —año en que el sistema Bretton Woods colapsó, y donde comenzó a gestarse un nuevo/viejo paradigma político y económico que es el que rige nuestro mundo contemporáneo—, pongámonos a hablar un poco de economía.

Los enredos de Wall Street, el neoliberalismo y la crisis del 2008

Durante la Era Dorada, Estados Unidos vivió la cúspide del bienestar material, un momento en que también se ampliaron los derechos humanos como fruto de las largas luchas sociales de los años sesenta. Este paradigma —resumido en las grandes empresas automotrices como la Chrysler, que generó muchísimo empleo y poder de adquisición— está siempre presente en la mentalidad estadounidense, que vio su bienestar desbaratarse. En Europa, la era de mayor riqueza se vio reflejada en el Estado benefactor, el estándar de las condiciones de vida que garantizan la igualdad entre ciudadanos y el bienestar social. Sin embargo, esta era vio su fin en 1971, y fue entonces cuando, al parecer olvidando los días del 29, curiosamente se retomó el mismo paradigma que había llevado al mundo a una crisis sin precedentes.

Como habíamos contado, el Sistema Bretton Woods —cuando la medida de convertibilidad mundial era el dólar— funcionó con la premisa de que Estados Unidos lideraba todo el mundo capitalista dando préstamos e inversiones, llevando su capital de dinero a Europa y Asia, garantizando un crecimiento económico en estas dos regiones, que a su vez se devolvía a Estados Unidos en la compra de productos y bienes estadounidenses. Este sistema —que favoreció a Estados Unidos, pero que también se reflejaba en el crecimiento de zonas económicas en otras partes del mundo— trajo estabilidad mundial, acompañada con la visión de intervención y planificación estatal, y también garantizó unas condiciones dignas para los ciudadanos de los países más industrializados. Pero el sistema funcionaba solo si Estados Unidos era una nación en superávit, en donde siempre tendría más riqueza y más producción de las necesarias para llevar a otros países. Sin embargo, el gasto militar tras la carrera armamentista contra la Unión Soviética implicaba destinar unas sumas ridículas de dinero en el desarrollo de tecnología militar para una guerra de disuasión, es decir, en donde el armamento no se usaba sino que servía solamente para intimidar al otro. A esto se le añadió el gasto de la Guerra de Vietnam, y estos dos factores se unieron para volver a Estados Unidos una nación en déficit, lo que impactó el precio de los productos y el valor de la moneda.

Esto puso una presión extra a los demás países porque el valor de su moneda y, con ello, el precio de sus productos y salarios tenían que incrementarse para mantener la conversión constante con el dólar, en un mundo lleno de dólares. En 1967, el Reino Unido devaluó su moneda y se salió del sistema Bretton Woods. En medio de una presión constante en los años siguientes sobre el respaldo de dólares con oro, que era la promesa del sistema Bretton Woods, el entonces presidente de Estados Unidos, Richard Nixon, anunció el 15 de agosto de 1971 el fin del sistema Bretton Woods. Estados Unidos se había vuelto una nación en déficit y, en vez de cortar sus gastos, resolvió terminar el sistema para poder devaluar la moneda.

Así se acabó el sistema de convertibilidad mundial. Siguió entonces una crisis que impactó más a Europa y Japón, los principales beneficiarios de la ayuda estadounidense. Los países productores de petróleo, reunidos en la Organización de Países Exportadores de Petróleo (OPEP), que tenían su riqueza en dólares, vieron que de un día para otro su dinero costaba una fracción de lo que valía antes, por lo que decidieron disminuir la producción de petróleo para que subieran los precios. Esto se unió a motivos políticos, que provocaron un embargo a fin de criticar el apoyo estadounidense y europeo a Israel en 1973, año en que sucedió la llamada *Guerra de Yom Kippur*, también llamada *Guerra de Octubre*, entre Israel y los países vecinos, que en el audio explicamos en detalle. Con la subida de precios de petróleo, rápidamente se incrementaron los precios de producción de la plata, el plomo y el estaño, entre otros. El bienestar económico europeo y estadounidense se había vuelto paulatinamente muy dependiente del petróleo, pero Estados Unidos tenía sus propias reservas, mientras que Europa no, por lo que el embargo ahondó la crisis económica europea que había iniciado el fin del sistema Bretton Woods. Por añadidura se puso en evidencia también la dependencia de un modelo de bienestar material basado en energía barata. A este período se lo llamó *la crisis energética*, y, así como después del 29 se cambió de paradigma económico en busca de estabilidad social y bienestar material, el fin de Bretton Woods inauguró una nueva era, que vería su consagración en la década siguiente: la era del neoliberalismo económico. Más de una generación después de que los economistas diseñaran un sistema económico que contempló la estabilidad social, pareció olvidarse la lección de garantizar un bienestar. El nuevo lema fue *la eficiencia*.

Porque la lógica que siguió una nueva generación de economistas inspirados en otros economistas que también habían vivido el horror del siglo XX, como el austriaco Friedrich Hayek, explicaba que el gasto público era ineficiente y costoso. Economistas como Hayek se situaban en el extremo opuesto a Keynes, aunque las razones de elaborar una teoría económica eran las mismas: explicar el desasosiego económico y los turbulentos años de la Gran Depresión que condujeron a Europa al fascismo. Solo que la conclusión de Hayek era que habían sido los gobiernos socialistas en Austria, que habían intentado introducir una estructuración económica, los que habían llevado a la catástrofe posterior. Por lo que Hayek veía como un riesgo la intervención estatal en los asuntos económicos, y por ello se debían entregar los asuntos económicos al libre mercado, con el fin de que los servicios se ofrecieran en una franca competencia. La teoría es que las empresas, en la búsqueda de la eficiencia, van a hacer un mejor trabajo que el Estado al proveer servicios. Así nació lo que se llamaría la *Escuela de Chicago*, con economistas como Milton Friedman a la cabeza, una generación de teóricos que se encargaron de cambiar el paradigma económico keynesiano. La economía no iba de maravillas en los años previos y posteriores al final de Bretton Woods y durante la crisis energética. Aunque las causas de que se detuviera el crecimiento que se había experimentado durante décadas son muchas —y no se ha logrado un consenso sobre las razones específicas—, la teoría que empezó a primar fue que había sido por el gasto estatal, ya que los Estados tenían una deuda muy alta. Entonces se señaló el gasto público como algo insostenible, ineficaz y costoso, por lo que había que cortarlo y devolverle la confianza al poder autorregulador del mercado. Esto significa que los servicios sociales que proveía el Estado debían reducirse, atacando entonces el concepto mismo de *Estado benefactor*. Asimismo se enfatizó en la necesidad de la primacía de la empresa privada y la liberación de restricciones que afectan el orden natural del mercado. O sea, cortar el gasto público, mantener el déficit en cierto margen, despojar al Estado de cualquier intervención económica y, con ello, otorgarle poder y confianza a la empresa privada; creer en el poder autorregulador del mercado y buscar siempre la eficiencia son básicamente los pilares de este pensamiento económico. Se llamó *neoliberalismo* porque reencauchó la idea original del liberalismo económico de los siglos XIX y XX, y entró definitivamente a la vida política en los años ochenta con Margaret Thatcher, como primera ministra inglesa, y Ronald Reagan, como presidente estadounidense. Thatcher realizó una radical privatización de empresas estatales de minería y transporte, entre otras. Esto generó una era de zozobra y protesta en Inglaterra, condensada de manera perfecta en la estética y visión del mundo punk. Si el movimiento social y cultural de la era del Estado benefactor era el *hippismo* —contagiado del optimismo de un crecimiento imparable y un futuro mejor para todos, con el eslogan "Paz y amor"—, la visión social y cultural una generación más tarde fue la de "No futuro" de los punks. Porque este cambio de paradigma económico conlleva necesariamente cambios en los paisajes culturales, políticos y sociales del mundo entero.

Hoy en día el mundo capitalista entero está dominado por este paradigma, un mundo que es mucho más amplio que el de hace treinta años, porque en el entretanto sucedió otra cosa importante en estas décadas en que se fraguó el paradigma neoliberal: se cayeron el Muro de Berlín y la Unión Soviética. La Guerra Fría había sido una disputa política y económica entre dos modelos y dos potencias, pero con el desmoronamiento de uno quedamos con el triunfo del capitalismo, y, en este caso, el neoliberalismo. Este modelo salió victorioso y se mantiene absolutamente vigente, ahora a escala global. La Unión Europea, que también nacía para esta fecha, adoptó el modelo neoliberal en temas económicos. El Fondo Monetario Internacional se rige bajo estas reglas, que llevó a cabo en los setenta, ochenta y noventa refinanciando deudas en países de América Latina y África, cuyas tasas de interés habían subido de manera exorbitante, dado que los países occidentales que habían otorgado esos préstamos ya no tenían tasas de interés fijas. Pero a cambio de otorgar más deudas se obligó a muchos países latinoamericanos y africanos a desmantelar todo tipo de gasto público. La obsesión de cortar el gasto público se volvió un mantra y una vara muy estricta, que hizo que la poca cobertura de servicios básicos que tienen nuestros países latinoamericanos y países africanos esté puesta en entredicho y deba ser privatizada. Todo el mundo se ha volcado a la privatización, pero al menos los países industrializados ya habían garantizado muchos servicios como la educación, la salud, las pensiones, el desempleo. En Latinoamérica todavía no lo habíamos ni logrado y ya estaban desmontando rapidito lo poco que había.

Mientras esta teoría se iba gestando durante la década de los setenta, Estados Unidos realizó un cambio económico importante para continuar siendo la mayor economía del mundo hasta el 2016, año en que China, por primera vez, lo superó. Hizo exactamente lo opuesto a lo que había estado haciendo durante los últimos treinta años. Como sus deudas eran de un tamaño inimaginable, debían reducir todos los gastos para intentar llegar a una estabilidad. Pero eso hubiese ido en contra de ser la gran potencia, los chachos del paseo que mandaban la parada y que venían siendo desde el fin de la guerra. Así que, en vez de perder una hegemonía económica y, con ello, política, lo que pasó fue que siguieron manteniendo el mismo nivel de deuda, pero financiaron sus déficits con el dinero del resto del mundo. O sea, la economía siguió, el crecimiento siguió y todo siguió intacto, sin hacer mayores modificaciones, pero volviendo a Wall Street un lugar privilegiado para que el resto del mundo llevara sus capitales a Nueva York y, a cambio, Estados Unidos consumiera los bienes del mundo.

El dólar siguió teniendo un valor enorme porque muchísimos tenían reservas de dólares. Así que este privilegio hizo que muchos países y empresas decidieran ir a Wall Street a invertir esos dólares. Los bancos de inversión de Wall Street no guardaban la plata en una bóveda. Recordemos que este es el sector financiero, y lo que hacían era invertirla en varias figuras para generar más plata, incluidos, por ejemplo, los bienes raíces, más préstamos para personas, casas, carros, etcétera. O sea, el flujo de capitales extranjeros y externos entraba a la sociedad a modo de préstamos, y así, la economía estadounidense podía continuar con un nivel de gasto altísimo sin necesidad de reducirlo para cubrir el déficit nacional. Esto pareció funcionarle al país norteamericano y muchos se entusiasmaron copiando el modelo, intentando crear centros atractivos para capitales externos por doquier.

El país norteamericano pasó de ser el exportador para el mundo a ser el importador de cuanta vaina. Esto obviamente impactó la industria local norteamericana. Fábricas enteras se cerraron o se trasladaron, hubo despidos masivos y la seguridad social estadounidense decayó pero fue reemplazada por el empoderamiento del mundo financiero, que otorgó créditos para mantener la capacidad de adquisición de la población, por lo que en apariencia la población mantiene estándares de vida muy altos, pero a un costo también muy alto de endeudamiento. Esto se unió a que los salarios reales fueron congelados y se mantienen en el mismo valor de 1970.

La eficiencia dio origen a otro formato de negocios: en búsqueda de la eficiencia en los costos, y unidas a la ola de importaciones, se crearon figuras como Walmart, el conglomerado más importante del planeta que introdujo un modelo típico de este nuevo mundo económico en el que vivimos: abaratar todos los costos a través de la importación de productos a un precio muy bajo, usualmente con prácticas desiguales en los países productores, venderlos muy baratos y en cantidad. A este tren se subieron casi todas las empresas del mundo, desde la industria automotriz hasta la textil, llevando su producción a países donde la mano de obra era más barata, y muchas veces opera bajo condiciones paupérrimas que pasan por encima de los derechos laborales que se han ido conquistando desde el siglo XIX. Muchas empresas hacen lo mismo pero venden sus productos a precios muy altos llevándose unas ganancias increíbles, como Apple. Sobre esta realidad volveremos cuando hablemos de China y su papel en esta historia.

Este cambio implicó desmontar mucha de la industria local estadounidense, y eso ha producido una nostalgia en muchos sectores de la población que añoran el tiempo en que tenían trabajos garantizados y un bienestar material sin precedentes. Esta nostalgia la aprovechó muy bien la reciente campaña de Donald Trump, que les hablaba a los hijos de los trabajadores industriales que llevan décadas en un estancamiento económico y están endeudados. Trump prometió renegociar tratados de libre comercio, e incluso imponer tarifas aduaneras, es decir, ponerle algún tipo de control al neoliberalismo, en una apuesta electoral para intentar hacer sentir a muchos que se podía volver a renacer la industria norteamericana y, con ello, los trabajos que representaba. Claramente es algo que Trump no va a poder hacer, y puede que ni siquiera esté en realidad interesado en hacerlo. Aunque ha tomado medidas en este sentido, el Congreso se ha mostrado en contra y puede surgir un conflicto político entre el proteccionismo y los acuerdos internacionales. Después de todo, el neoliberalismo ha acelerado la integración económica global, y ello conlleva una interdependencia económica entre países, una de las caras de lo que se llama comúnmente *globalización*.

A propósito, no sobra detenernos en qué es exactamente la globalización, un fenómeno que se aceleró con el neoliberalismo y con la caída de la Unión Soviética. Como dijimos antes, la integración económica global ha venido produciéndose desde tiempos muy antiguos; hay algunos que dicen que comenzó con la ruta de la seda o con el esclavismo, el tráfico de humanos a escala intercontinental durante la colonia. Sin duda ha habido expresiones de la idea de intercambios a escala global, pero hoy en día vivimos en su mayor auge. La globalización comprende muchos fenómenos más allá del económico, pero sigue unos principios que defiende el liberalismo: la libre circulación de bienes, capitales, personas y, hoy en día, información. Si les suena familiar es porque la Unión Europea también tiene este eje en su constitución. Por ende, es un movimiento hacia la integración planetaria desde muchos puntos de vista. Desde el económico está presente en el flujo mundial de capitales, que, por ejemplo, terminan en Wall Street, en la interconectividad bancaria, en los grandes conglomerados que tienen operaciones en decenas de países y en el comercio planetario. Esto se traduce en una internacionalización de productos, es decir, hoy a lo largo y ancho del planeta se puede acceder a los mismos productos, por ejemplo, un celular Samsung. La escala de operaciones de Samsung es planetaria; esto solo es posible con un intrincado sistema de intercambio comercial mundial y, válgase la aclaración, es algo nuevo en nuestra historia. La globalización también implica la liberalización de capitales; esto es algo propio del neoliberalismo y consiste en que el dinero fluya entre países y bancos sin restricciones fronterizas o controles de cambio excesivos. Esto posibilita, por ejemplo, que sucedan fenómenos como los paraísos fiscales, en donde los flujos de una empresa pueden ir a parar en un lugar que no tenga impuestos, muchas veces con la motivación de evitar pagar impuestos en el país donde se originaron los capitales. Pero también la globalización permite una mayor integración de estándares. Es decir, la integración permite una estandarización de normas que aplican a muchos países por igual, por ejemplo, en la producción de una fábrica.

En un nivel de pensamiento, la globalización también vuelve ciertos discursos universales, continuando el dominio occidental del mundo, que desde hace dos siglos ha exportado su pensamiento como la medida de lo universal. Hoy en día acordamos a grandes rasgos unos valores políticos y éticos, que, precisamente porque todo el fenómeno moderno de capitalismo es europeo, hace que esos valores sean muchas veces de origen occidental. Esto puede tener sus contradicciones. Pero también nos permite imaginar un mundo en donde al menos se pueda coincidir a nivel mundial en la vinculación de todos como especie, para lograr respetar los derechos humanos y la igualdad entre todos. La globalización también tiene la capacidad de generar fenómenos en donde se entienda y valore la diversidad cultural y de pensamiento al articular el mundo como una unidad que respete las diferencias, pero parecemos estar lejos de llegar a este escenario y se necesita un compromiso para lograrlo. Hay muchos escenarios de diálogo planetario y de enriquecimiento cultural que nos abre la globalización, como también hay muchos otros escenarios en donde se tiende a la estandarización cultural, con la medida occidental como único referente. La globalización es un complejo entramado de factores, y tampoco es que sea homogénea en todo el mundo. El Samsung no está presente en absolutamente todos los rincones de la Tierra.

La integración económica de esta era de globalización se alimenta del diseño de atraer capitales extranjeros impuesto por Wall Street y copiado por otros, pero también implica que una crisis en un lugar se puede extender a escala planetaria. Por eso, lo que comenzó como una estratagema de Wall Street —sustentada en la confianza infinita en modelos teóricos económicos y motivada por el ansia de generar aún mayor ganancia— hizo que se tambaleara el mundo, que se resquebrajara la Unión Europea y que el modelo entero neoliberal demostrara sus peligros.

Wall Street es la meca del sector financiero y, como les explicamos, atrae muchísimo capital de otras partes. Desde el fin de Bretton Woods y el auge del neoliberalismo, Wall Street ha manejado cada vez más dinero; allí ocurren las operaciones financieras que se realizan entre bancos o aseguradoras, y los agentes que supervisan o gestionan estas transacciones se quedan con un porcentaje. El nivel de ganancia de estos agentes quedó muy bien condensado en una película como *El lobo de Wall Street*, en donde el estilo de vida de los trabajadores de Wall Street era sinónimo de Ferraris y yates. Como les contamos, Wall Street se ha visto favorecido desde que el bienestar material de la Era Dorada continuó solo bajo la forma de endeudamiento. Aunque los discursos de economistas desde los ochenta planteaban que se estaba viviendo un momento de prosperidad y pujanza económicas, esto no se veía reflejado en la vida de millones de personas en Estados Unidos. La única medida real que expresaba la grandeza económica para el ciudadano promedio estadounidense se volvió la adquisición de una casa. Esto se sumó a que los bancos estimularon los préstamos para créditos hipotecarios. Los precios de las casas se valorizaron, lo cual se interpretaba como una buena señal, y cada vez más los bancos generaron préstamos en un *boom* del mercado de bienes raíces. Tener una casa propia se volvió la única manera concreta de continuar con la idea del sueño americano y de un estándar de vida muy alto. Además, los bancos se inventaron otras maneras de seguir otorgando préstamos después de adquirir una casa, como un préstamo para remodelarla o para comprar un carro.

Generar préstamos era el objetivo principal de los bancos porque las deudas son parte de los llamados *instrumentos financieros*, que son los que mueven las transacciones en el sector financiero. Recordemos que las deudas, las acciones y los derivativos son los instrumentos financieros. Los *derivativos* son contratos entre dos partes basados en el valor de algo, como un préstamo hipotecario, que a su vez representa el valor de una casa, y normalmente tienen un carácter especulativo. Está el préstamo, pero también está el seguro, por si el préstamo falla, o la opción e intercambio, si esto o aquello sucede sobre ese préstamo original: estos son los derivativos. Fue a partir de emocionarse con los derivativos que se produjo una explosión de riqueza en Wall Street (como también sucedió en el 29). En el 2003, por cada dólar de ganancias había 1.80 dólares de derivativos. En el 2007, por cada dólar de ganancias había 12 dólares de derivativos. La relación entre el dinero real y la especulación sobre algo creció en cuatro años en un 640%. Y en algún punto de esta historia, en medio de un auge de riqueza en Wall Street, los bancos decidieron romper la única regla de oro: prestarle plata a gente que no tenía cómo pagar.

La estratagema era otorgar préstamos a gente calificada como "riesgosa"; en otras palabras, personas que no tenían la plata para pagar el préstamo. Se les daba el préstamo con una tasa de interés altísima, y si sucedía lo obvio —que la persona no pagara, porque, de nuevo, no tenía cómo—, entonces el banco simplemente se quedaba con la casa que valía mucha plata porque estábamos en un *boom* de casas. Pero el punto de quiebre en esta historia es que los bancos no se quedaban con estos préstamos dudosos en sus libros de contaduría esperando a que la gente no pagara, porque no era negocio. Los bancos vendían este préstamo a alguien. Pero nadie compraría un préstamo malo. Así que había que disfrazarlo. Y este disfraz tiene un nombre muy elaborado: *Collateralized Debt Obligations* (obligaciones de deuda garantizadas, o CDO, por su sigla en inglés). Mediante un proceso llamado *titularización*, los bancos cogían y agrupaban varias deudas, en este caso hipotecarias, las dividían y las multiplicaban. Hacían varias cosas muy complejas para al final vender un paquetico que incluía porcentajes de préstamos buenos, regulares y malos, y a estos últimos se los llamaba *subprime*. Todo esto es el reino de los derivativos. Y los vendían en forma de bono a alguien. El que más bonos emitió y al que se responsabilizó de haber creado el modelo fue Lehman Brothers, una compañía global de servicios financieros de Estados Unidos.

El cálculo de todos los préstamos junticos y sus debidos porcentajes era bastante complejo y muy pocas personas en Wall Street lo entendían, pero arrojaba unos índices de ganancia altísimos. ¿Y quién les garantizaba entonces que era un buen cálculo o bono? Las llamadas agencias de *rating*, que daba su sello de garantía, y así, el bono podía ser comprado y vendido, y todo el mundo estaba tranquilo de que representaría unas ganancias infinitas. Esta estrategia causó furor. Y no solo la proyección de ganancia era enorme sino que había otros beneficios en estos bonos, como que los bancos no tenían que incluirlos en su capitalización. Los bancos usualmente tienen un dinero guardado en una bóveda, por si algo llega a pasar y se necesita. Pero como estos bonos no aparecían como capitalización, entonces no se contaba la plata con la que se compraban. Los CDO eran buen negocio para los bancos porque ellos se quedaban con los intereses, que también luego podían ser intercambiados o ser el soporte de algún otro préstamo. Eran tan buenos, que los bancos pedían préstamos para comprar más bonos, y muchas empresas que producían cosas, como General Motors, empezaron a invertir en CDO. Se llegó al punto en que el brazo financiero de General Motors se volvió el más lucrativo de toda la compañía. En medio de esta dicha, los bonos se volvieron ya no solo depositarios de valor, sino también una forma de intercambio.

Es decir, tal inversión se compraba o se sustentaba con un CDO, y tal compra se apoyaba en muchos CDO. Además, como para estar seguros, también existían los CDS (Credit Default Swaps, algo así como intercambio ante la falta de pago del crédito), otros bonos que también se intercambiaban, vendían y compraban, que eran el seguro de los CDO, o sea que, si por casualidad fallaba alguno de los pagos hipotecarios dentro del CDO, el CDS te pagaba un seguro.

Pero volvamos al hecho inicial: la mayoría de estos CDO estaban sustentados sobre préstamos, y los bancos que los desembolsaron inicialmente sabían que no se iban a pagar. ¿Así que por qué todo el mundo participaba en un juego de especulación sobre algo que tenía muchas chances de fallar? Había complicidad en los bancos que titularizaban todo, agrupando préstamos malos con préstamos buenos. Además las agencias de *rating* muchas veces eran el punto de inicio de la carrera de las personas que luego serían contratadas por los bancos de inversión, por lo que se produjo un conflicto de intereses, ya que las agencias de *rating* querían mantener una buena relación con los bancos inversionistas, y entonces les daban *rating* Triple A, el más alto, a bonos con préstamos malos. Para colmo, en un punto era la moneda corriente de todo el sector financiero, y había mucha presión sobre las personas encargadas de la matemática detrás, ya que si criticaban el modelo podían arriesgar su carrera al decir algo que los altos ejecutivos, y prácticamente todo el mundo, no querían escuchar. Todo esto se juntó de manera trágica, pero basado en la idea subyacente de lucrarse de personas que no tenían los recursos. Hacer riqueza a costa de los pobres.

Pero lo que posibilitó que se creara un sistema defectuoso y complejo de derivativos que se volvió la moneda corriente de

Wall Street fue la progresiva liberación de regulaciones del sector financiero. Con el cambio de paradigma económico, las reglas del mundo financiero se ven como estorbos para el libre mercado, por lo que muchos países han desmontado las regulaciones. Estos preceptos están sustentados en la confianza del mercado, que solito se va a corregir. Recordemos que las medidas de regulación de los bancos fueron implementadas después de la Gran Depresión, en los años treinta, porque dejar vía libre a la especulación había fallado y el impacto de la crisis había durado quince años y llevado a una guerra mundial. Es realmente curioso que se retomara un paradigma que falló y que se descartaran las medidas aprendidas de esa lección. Desde los ochenta se han quitado progresivamente las regulaciones a bancos, y la administración Clinton fue una de las que más contribuyó en este proceso. Por eso no había ninguna traba para que los bancos crearan este ardid y circulara por doquier.

Sin embargo, más allá de todos los factores que se juntaron, los que hicieron posible que los CDO continuaran inundando el mercado financiero y se produjera una confianza infinita en este modelo fueron las teorías y los modelos detrás que sustentaban y comprobaban matemáticamente la perfección de los CDO, basados en los paradigmas neoliberales.

O sea, aparte del terrible fallo humano, del conflicto de intereses, de la codicia de querer generar más dinero, hay un modelo teórico detrás, un paradigma de pensamiento en el que todo el mundo creyó ciegamente, que, a fin de cuentas, era el soporte detrás de estos instrumentos financieros. Hubo tres certezas que sustentaron el mercado financiero: que toda la información está disponible en los precios, y que los agentes reaccionan con optimismo o cautela, o sea las posiciones se compensan, el mercado se mantiene siempre estable y, por definición, no erra. A esta idea también le pusieron un nombre elaborado que se llamaba EHM (Efficient Market Hypothesis, la hipótesis del mercado eficiente). La otra era la REH (The Rational Expectations Hypothesis, la hipótesis de expectativas racionales), que propone que no se puede teorizar el comportamiento humano porque si el humano conoce la teoría sobre su propio comportamiento, entonces va a afectar y modificar su hacer. Esta noción quita de los modelos económicos el comportamiento humano, sobre la base de que no se puede teorizar. Lo que se creyó fielmente durante todo el *boom* de los derivativos era que el comportamiento humano es aleatorio, las causas no están relacionadas entre sí y no se pueden computar. Y para terminar, la última teoría era la BCT (Business Cycle Theory), que cree fundamentalmente que los mercados y la economía tienden al equilibrio. En el diámetro opuesto a Keynes, que decía que siempre había un nivel de desempleo que había que sanar mediante una planificación consciente, este modelo cree que el nivel de desempleo se corrige solo, y si hay desempleo es porque no hay incentivos para trabajar. La visión, a grandes rasgos, es que el capitalismo, visto desde lo macro, es un *continuum* que sufre choques externos pero que tiende siempre al equilibrio. En resumen, el mercado tiene toda la información disponible para mantenerse estable, el comportamiento humano no se puede factorizar, apenas si se debe tomar en cuenta solo como un componente aleatorio, y en general, el capitalismo siempre va a tender al equilibrio. Estas teorías eran la base del raciocinio de miles de personas en Wall Street, y lo que posibilitó creer en los CDO. Hasta que a todo el mundo le llegó su día.

En septiembre del 2007, Citigroup, uno de los bancos más importantes del mundo, anunció pérdidas de 40 mil millones de dólares. Poco después, los bancos congelaron los préstamos interbancarios, y otros bancos anunciaban que no podían calcular sus bienes. De un momento a otro, como también sucedió en el 29, el valor de los derivativos se esfumó y los bancos terminaron en pérdidas. Resulta que los CDO comenzaron a representar pérdidas porque la gente, vaya sorpresa, dejó de pagar. Obviamente dejaron de pagar los créditos porque no tenían cómo desde un principio. Pero esta situación se volvió desastrosa porque, aun cuando el banco simplemente tomara la casa, esta ya no valía lo mismo, puesto

> En septiembre del 2007, Citigroup, uno de los bancos más importantes del mundo, anunció pérdidas de 40 mil millones de dólares.

que todo este optimismo había a su vez generado una burbuja inmobiliaria que explotó. Y súmele a esto que, al no teorizar los comportamientos, no se consideraba teóricamente posible que un fallo de un crédito estuviera relacionado con otro fallo de otro crédito —recordemos que los paqueticos mezclaban muchos créditos—. Pues al explotar la burbuja, el precio de las casas cayó y las personas no tenían cómo venderlas para sanear el crédito porque ni siquiera les alcanzaba para cubrir el valor original de la casa. Así que se produjo una oleada de créditos que no fueron pagados y que estaban relacionados entre sí por el hecho de que todos habían caído en una burbuja. Esto era teóricamente imposible, es decir, no podía pasar en las computaciones de los agentes inversionistas de Wall Street. Pero pasó. Y además no solo en Estados Unidos. La idea había sido copiada en todas partes: Portugal, España, Reino Unido e Irlanda también habían generado sus propias burbujas, y habían dividido y vuelto a agrupar créditos buenos y malos, e igualmente sus burbujas explotaron. Pero todo no termina ahí: recordemos que el diseño mundial desde el final de Bretton Woods, sumado a la globalización, hacían que muchísimos capitales extranjeros llegaran a Wall Street a invertir. Eso, más la integración económica de muchas regiones del mundo, hizo que todos los bancos del planeta tuvieran en sus arcas bonos que pasaron de ser la panacea a no valer nada, a ser *bonos basura*.

Pero recordemos que había unos seguros, los CDS, por si los pagos de los créditos fallaban. Pues en el momento en que todos los CDO fallaron, las aseguradoras debían millones de dólares y no tenían cómo pagarlos porque, para colmo de males, muchos seguros estaban respaldados a su vez por bonos CDO. Así, la aseguradora de Lehman Brothers, AIG, pronto se fue al carajo.

MBIA, otra aseguradora, reportó pérdidas de 2.300 millones de dólares. En enero del 2008, el Banco Mundial anunció que una gran crisis se avecinaba. La magnitud de la crisis fue creciendo como una bola de nieve. Así, se comenzó tempranamente a inyectar dinero a los bancos. Esta sería la tendencia durante toda la crisis: en vez de dejar a los bancos quebrar, la posición de la mayoría de gobiernos fue inyectarles grandes sumas de dinero, lo que serían rescates, para poder recuperar la capacidad de que los bancos establecieran sus finanzas teniendo un cierto margen de dinero. Inyectarles muchísima plata a los bancos, que habían caído en una trampa nociva y con aires de estafa, se justificaba sobre la base de que si los bancos quebraban habría una crisis mucho más amplia, ya que sostienen la economía y la producción mundial mediante créditos. Por eso, durante los siguientes cuatro años se les daría plata y más plata a los bancos, bajo la idea de evitar un mal mayor. A mediados del 2008, Reino Unido y Estados Unidos estaban inyectando miles de millones de libras y dólares a los bancos ingleses y estadounidenses para intentar salvarlos. Aun así rodaron las cabezas: Lehman Brothers anunció pérdidas de casi 4 mil millones de dólares pero no fue rescatado. El 15 de septiembre del 2008 se declaró en bancarrota. Esto aumentó aún más la crisis.

Durante el 2008 entonces se quebró un modelo que probó sus defectos. Los mercados no se autorregularon, los modelos teóricos estaban errados. Y durante un instante se rompió la regla de oro del neoliberalismo: *la no intervención estatal*. Los bancos centrales de cada país empezaron a desembolsar miles de millones de dólares, euros, libras, para rescatar a sus bancos, interviniendo la economía. Los gobiernos centrales comenzaron a realizar préstamos con un interés que en un momento llegó a 0, y aun así los bancos no salían a flote. Así también se rompió el otro gran mantra del neoliberalismo, el de *la eficiencia de la empresa privada*, y se nacionalizaron empresas. Las agencias más importantes de hipotecas, Fannie Mae y Freddie Mac, en Estados Unidos fueron nacionalizadas. Reino Unido nacionalizó el banco Bradford y Bingley. Y General Motors, que se había desmandado con los CDO, también fue nacionalizada.

La nacionalización se veía como último y desesperado recurso, pero en países como Islandia hubo un enfoque absolutamente diferente. Los bancos islandeses habían atraído muchísimo capital europeo y manejaban muchas más sumas que el país mismo, por lo que si Islandia decidía rescatar a los bancos a toda costa arriesgaría entrar en quiebra. Así que en este país lo primero que se hizo fue nacionalizar y culpabilizar las malas prácticas bancarias. Cosa sensata que, sin embargo, el resto del mundo decidió obviar, en el intento desesperado de rescatar bancos.

Eran muchos bancos de distintos países los involucrados; aunque inicialmente se creía que era un problema del mundo anglo-celta, poco a poco todo el planeta se dio cuenta de que numerosos países también habían invertido en CDO. Esto se fue destapando durante los siguientes meses, y entonces para el 2009, los bancos centrales de los países, es decir, los que manejan el dinero de la nación, destinaban los recursos nacionales a rescatar bancos. Pero era tal el nivel de pérdidas de los bonos basura que, intentando salvar a los bancos, los Estados mismos se quebraron.

Irlanda, que anunciaba en el 2008 que ningún banco quebraría y garantizaba el valor de todos los bonos, dos años más tarde entró en bancarrota. En el país celta había ocurrido en menor proporción algo similar a lo que sucedió en Estados Unidos, ya que desde los años noventa había buscado posicionarse como centro financiero para atraer capitales extranjeros. Inglaterra y Estados Unidos anunciaron para finales del 2008 que entraban oficialmente en recesión. Para el 2009 estábamos en una crisis global que había afectado al sector real y los bancos centrales de los países. En un año la bolsa de valores de Nueva York perdió el 31% de su valor total. El Fondo Monetario Internacional estimó que la crisis costaría 51 millones de trabajos en el mundo. Por primera vez desde 1945, la economía mundial entró en negativo. Cuatro millones de personas perdieron su trabajo en Estados Unidos y 250.000 familias tuvieron que abandonar sus casas.

Todos los países cuyos bancos estaban afectados se comprometieron a salvar los bancos y siguieron dando rescates durante los años siguientes. Lo hicieron dando préstamos con un interés muy bajito y a largo plazo, o comprando los bonos basura CDO para que mantuvieran un valor aparente y se pudiera estabilizar la situación. En Europa, sin embargo, más allá de los ánimos de unión, a cada país le tocó rescatar a sus propios bancos y entonces, necesariamente, los países que tenían mayores déficits, a punta de intentar rescatar a los bancos, se quebraron. Ahí afloró el hecho de que las economías de la Unión Europa no eran todas lindas ni perfectas, aun cuando había unos requisitos que debían compartir para ser parte de la Unión. Y entonces lo que era una crisis financiera, es decir, de los bancos, se volvió una crisis económica, es decir, de bancos, Estados, sector real y todo el mundo, hasta que llegó el momento en el que fue necesario rescatar a los países que se habían quebrado intentando salvar a sus bancos. Esto fue lo que pasó en Grecia. Y ahí sí, la crisis económica en Europa se convirtió en una crisis política.

En el 2009 Grecia anunció que la deuda del país en realidad alcanzaba el 12%, cuando el requisito para pertenecer a la Unión era mantener el déficit en el rango del 3%. El gobierno griego de entonces reveló que durante años, en Grecia las administraciones habían maquillado las cifras económicas con ayuda de los bancos estadounidenses de inversión Goldman Sachs y JP Morgan. La economía griega era heredera de décadas de dictadura de una junta militar, un sistema de alta corrupción y evasión de impuestos a manos de una oligarquía griega que controlaba muchísimos sectores y negocios.

El anuncio de Grecia puso en vilo a todo el mundo porque la primera medida que los Estados toman cuando entran en crisis es devaluar la moneda, para así poder recuperar un margen de competitividad y estabilidad. Pero como Grecia era parte de la zona euro, entonces no podía solventar su crisis devaluando la moneda porque la moneda de toda Europa se devaluaría, y esto no les convenía a todos los países. Sobre todo a los que no estaban en recesión. Así que los países de la Unión acordaron darle préstamos a Grecia para que tuviera liquidez y pudiera salir de la crisis, pero se impusieron unas restricciones bastante duras al país heleno.

El rescate de Grecia sembró la división dentro de la Unión, ya que en el momento de pedir ayuda económica nació la posición de muchos países, como Austria y Finlandia, y que luego se extendería en la opinión pública europea, de que era culpa de Grecia estar sumida en una crisis por mentirosa y porque sus ciudadanos no eran diligentes y trabajadores como sí lo eran otros pueblos, como el alemán. De este modo, una crisis financiera originada en Wall Street por las malas prácticas y la creencia ciega en un modelo se convirtió en un tema de caracteres nacionales con tintes de discriminación.

Así se desvió la atención del problema real, y más bien salió a la luz una postura poco solidaria entre países de la Unión Europea. Grecia negoció hasta tres planes de rescate con la Comisión Europea, el Banco Central Europeo y el Fondo Monetario Internacional, trío que se conoció como *la Troika* (palabra rusa que simplemente quiere decir tríada), bajo unas condiciones muy estrictas que implican cortar subsidios, pensiones, seguros, y reducir el gasto público, en detrimento de la sociedad griega, que, bajo estas condiciones, quedó endeudada durante los siguientes treinta años. Mientras que el paradigma de la autorregulación no se cumplió y el esquema que sustentaba los derivativos fracasó y llevó a todo el mundo a una crisis, al igual las condiciones de la Troika siguieron imponiendo el libreto neoliberal. El pensamiento neoliberal, curiosamente, no fue modificado a raíz de la crisis; fue un momento en que se pusieron en duda los fundamentos, pero muchos bancos lograron salir airosos y, de hecho, continuaron en el mercado de los derivativos. Sin embargo, economistas opinan que el sistema se acabó en el 2008 y que es inevitable un nuevo orden, aunque no sabemos cuál ni cuándo va a comenzar.

Durante cinco años, del 2010 al 2015, se negociaron planes de rescate con tasas de interés altísimas para Grecia, en medio de una crisis en donde, recordemos, los bancos también estaban en quiebra. La economía estaba tan afectada y atada de manos por no poder devaluar la moneda, que estaba prácticamente garantizado que el país no lograra cumplir con los pagos de los rescates, que tuviera que pedir más rescates y quedara atrapado en un círculo vicioso. Además, los dos primeros rescates, que llegaron a la suma de 130.000 millones de euros, no lograron sacar al país de la recesión. En Grecia hubo protestas masivas, y en las elecciones del 2015 ganó un gobierno de izquierda radical sobre la plataforma de suspender pagos a la Troika. Este partido convocó un referendo en donde se le preguntó al pueblo griego si aceptaba las condiciones de rescate de la Troika. Por una contundente mayoría el pueblo las rechazó. Sin embargo, a pesar del resultado, el Gobierno terminó cediendo y negociando un tercer salvavidas.

La crisis griega planteó por primera vez una discordancia económica en la Unión Europea. Aunque fue el país más afectado y el que generó el mayor debate, otros países como España, Portugal e Italia vivieron condiciones similares. Por primera vez en la Unión se temió que un miembro se saliera; ahí se acuñó el término *Grexit*, un año antes del Brexit. La salida se consideró para poder volver al dracma, la moneda griega anterior al euro, así fuera devaluado, porque podría traer un alivio para la sociedad que la moneda no tuviera un valor tan alto como el euro. Aunque al final la salida no se dio, las sociedades griega, española e italiana quedaron atadas por estrictas condiciones para mantener los déficits a raya. Las medidas impuestas para condicionar los rescates o préstamos a estos países atacaron lo que restaba de keynesianismo en estos países. El desempleo subió enormemente, sobre todo en la juventud; las pensiones y los subsidios fueron modificados numerosas veces, empobreciendo a la población. Políticamente se dividió la Unión entre el sur y el norte europeo, ya que la opinión de las naciones acreedoras, en su mayoría del norte, era que, por el carácter derrochador de estos pueblos mediterráneos, los países que sí tenían buenas economías tenían que gastar enormes recursos en ayudarlos. Por lado y lado quedó un resentimiento hacia una idea borrosa de Europa. Grecia vio su economía y sus decisiones políticas subyugadas al dictamen de la Troika, situación en la que se vio bloqueada la capacidad de influir de los ciudadanos griegos en las decisiones del país, ya que, aun cuando votaron un referendo, este no tuvo ningún efecto y se negoció un tercer rescate.

Por otro lado, que el dinero nacional se usara para rescatar a otro país generó un resentimiento en los países acreedores. En un proyecto nacional es normal que una zona que tenga mejores condiciones económicas e industriales subsidie a una zona empobrecida o que no tenga una economía regional fuerte. Esto a nivel nacional se acepta porque la idea común de nación hace que uno esté perfectamente de acuerdo con que muchos recursos se inviertan en zonas empobrecidas. A nivel europeo, esto fue lo que pasó con la crisis económica, pero el hecho de que haya generado tanta animosidad reveló que la Unión Europea está lejos de lograr crear una colectividad. El ciudadano alemán que no veía con buenos ojos ayudar a la nación griega no siente un vínculo o identificación con Grecia o con una ciudadanía europea común. De nuevo, volvemos a la falta de integración de una narrativa común real entre ciudadanos.

La visión de la Unión Europea como un yugo internacional económico sobre los ciudadanos no es una apreciación correcta sobre la respuesta a las crisis financieras, porque no fue a nivel europeo —es decir, a través de las instituciones democráticas europeas como la Comisión Europea, el Parlamento y el Consejo— que se tramitó la respuesta a la crisis. En otras palabras, la poca unidad no inició ni siquiera por un resentimiento entre ciudadanos, sino que comenzó en el momento en que, en vez de empoderar a los organismos democráticos europeos, los gobiernos adoptaron una propuesta intergubernamental para solventar la crisis. La Unión Europea cuenta con instancias democráticas a nivel europeo, pero la primera reacción de los Estados fue no pasar por estas instancias para, en cambio, negociar desde una posición nacional, en ningún momento pensando en un bien común europeo. A la cabeza de todo esto está el Eurogrupo. Aunque su nombre dice euro, no es una institución democrática europea, es un club de ministros de Economía y Hacienda de los países miembros, en donde se toman posturas sobre temas sin pasar por el debate del Parlamento europeo o por la socialización dentro de la Comisión. El Eurogrupo, legalmente, no responde a nadie. La Comisión Europea lo hace ante el Parlamento europeo, que es elegido por ciudadanos europeos. Es decir, una instancia en donde todos los ciudadanos de todos los países miembros podrían haber tenido una presión y un poder de decisión política.

El Eurogrupo fue el que mandó la parada en la respuesta a la crisis y creó un fondo para rescatar bancos y países, llamado *Mecanismo Europeo de Estabilidad* (MEDE), que proveía los rescates y, con ellos, las condiciones de estos. Por eso había una abrumadora superioridad de las decisiones alemanas y francesas, ya que eran sus bancos los prestamistas. Y por ello, las condiciones afectaron a países enteros yendo en contra de una solidaridad o un proyecto de unidad común. Condiciones que no podían ser cuestionadas o debatidas, como sí podrían haber sido a través del Parlamento y la Comisión. Dentro del Eurogrupo no se piensa en la zona económica del euro, sino en la agregación de economías nacionales. Esta respuesta dejó deslegitimadas a las instituciones democráticas europeas, que de por sí la gente a duras penas conoce. Para muchos ciudadanos, las decisiones respecto a la crisis quedaron agrupadas en la noción borrosa y lejana que los ciudadanos europeos tienen de estos organismos, aun cuando la respuesta y la política económica pasaron por alto al Parlamento europeo. Fue una respuesta entre naciones —no entre una Unión— lo que se dio ante la crisis económica. Así, con la crisis económica del 2008 no se plantearon soluciones comunes a un problema común sino soluciones entre naciones dejando de lado cualquier noción de *ciudadanía compartida*.

Y al igual, la vaga idea de la Unión Europea llevó del bulto ante muchos ciudadanos y la opinión pública.

Esta respuesta del Eurogrupo, aplicando sus condiciones sin debate, fue aún más equivocada porque atacó el principio mismo que comenzó toda la unión en 1951: garantizar una cooperación económica y estabilidad mutua. Si se critica al proyecto por nunca haberse puesto de acuerdo en cuanto a los alcances de la unión política, al menos todos el mundo tenía claro que era una unión económica. Pero la crisis terminó volviéndose un problema de si el griego era más propenso a gastar, en una estrechez de miras sobre el motivo real de la crisis, que estaba en Wall Street y en los alcances de la integración global, y no en los libros de contaduría griegos. Este debate pareció sepultar cualquier noción de *solidaridad*.

También quedó claro que una unión monetaria tiene varios defectos si no hay una unión fiscal. Aunque hay muchos que opinan que podía haberse aprovechado para crear unas políticas fiscales unidas, estas voces son minoritarias, y la integración económica se quedó así, con todos sus defectos en pie. En vez de optar por una integración mayor, las dudas de qué modelo era la Unión Europea —si era una federación, una confederación o una liga de Estados— parecieron más inclinadas hacia la última opción, pero lo que sí quedó demostrado es que nunca estuvo claro qué tanto querían unirse los Estados entre sí, y también se notó la falta de una pedagogía en la educación civil para vincularse e identificarse con el proyecto común. Además, la coyuntura de estructuración económica buscó desmontar lo que quedaba del Estado benefactor europeo, quitando una conquista social que se había logrado aprendiendo las lecciones de la devastación continental.

Teniendo esto en cuenta, todas las reacciones subsiguientes a la crisis económica se han mantenido en esta tendencia de poca cohesión y escasa claridad sobre qué es, precisamente, la Unión y cuáles son sus deberes y alcances. Pero ahora con la aterradora presencia de partidos nacionalistas que encuentran el apoyo entre sociedades que sufrieron un golpe económico que fragmentó y evidenció la poca cohesión del proyecto europeo.

Fue a partir de esta crisis económica que comenzaron a abrirse espacios políticos para los discursos euroescépticos y nacionalistas, ya que todo el dinero gastado en rescatar bancos implica un esfuerzo de los Estados acreedores que se refleja en el recorte del gasto público, y esto afecta los derechos de la población. Y los países en déficit, que estaban al borde de la quiebra, ahora viven bajo estrictas condiciones para responder a los rescates, de nuevo reflejados en la población. Esto ha generado malestar desde entonces. Todo el mundo, en cierta medida, salió perdiendo y se abrió la puerta para que muchos sintieran que no tenían una capacidad de influencia bajo el proyecto europeo.

Durante los años posteriores al 2008 hubo un viraje político hacia el cuestionamiento abierto de la Unión. En el 2013, en medio de esta coyuntura, en Alemania se fundó el partido que cinco años después ocupa la tercera fuerza política en el Parlamento alemán, un partido de ultraderecha, con posiciones xenófobas, antisemitas y antiislámicas. Ese partido obtuvo victorias en el 2014 en las elecciones al Parlamento Europeo, a los que se les sumó una inmensa mayoría de diputados euroescépticos, es decir, políticos que participan en un mecanismo en el que no creen y al cual no apoyan. Así es bastante difícil que se logre mayor unidad. La crisis económica fue lo que les abrió las puertas a todos los discursos de odio y sacó a flote una vez más el racismo pendiente de Europa. Ya sabemos y tenemos un ejemplo muy claro de lo que pasa en Europa cuando una crisis económica afecta a una población. Como sucedió después de 1929, ahora se repite el mismo proceso. Se tiende hacia la xenofobia, y el discurso del odio hacia el otro termina volviéndose el tema central de la política. La xenofobia busca un chivo expiatorio para culparlo de los problemas; esta es una nefasta herramienta política usada en todas las latitudes del planeta que elige un objetivo para generar miedo. Esta línea de pensamiento puede llegar hasta el extremo de la negación de la humanidad de otra persona.

En Europa, la excusa para sembrar el miedo y desviar la atención de los problemas económicos y estructurales se encontró muy rápido, porque desde el 2015, el sexto año desde la crisis económica, en una Unión Europea dividida y con Grecia como tema central, la llegada masiva de decenas, de cientos de miles de refugiados huyendo de la guerra y buscando asilo en Europa se incrementó y ocupó las noticias. Así, se superpusieron dos crisis.

La reacción de la Unión Europea frente a los refugiados ha sido quizás uno de los mayores crímenes de nuestro tiempo, al negar un derecho de asilo a cientos de miles de personas. Los europeos niegan el asilo cuando ellos por mucho tiempo fueron los refugiados, ya que durante el siglo XIX millones de europeos huyeron de las hambrunas que asolaron el continente y emigraron. Después de la Primera Guerra Mundial y la Segunda Guerra Mundial, otros millones fueron acogidos en distintos países. Pero hoy, los principios de defensa de la democracia —que garantiza los derechos de las personas, las Convenciones sobre Refugiados y el derecho universal de asilo declarado en la misma Francia en 1789— no son respetados, una vez más. Los derechos que Europa crea como medida de lo universal y civilizado vuelven a ser convenientemente olvidados.

En el 2015, Hungría comenzó a cerrar su frontera con Serbia adoptando una política estricta con los refugiados. Bajo el acuerdo de la liberación de fronteras internas, el modelo que quedó dentro de la Unión Europea es que los países que tienen las fronteras externas a la Unión son los encargados de hacer todos los controles fronterizos. Pero resulta que estos son los países que fueron profundamente afectados por la crisis económica, como Hungría, Grecia e Italia, por lo que no están en condiciones de enfrentar la magnitud de la situación y, por el contrario, entre sociedades afectadas por recortes y desempleo, el clima nacional es un caldo de cultivo para enardecer el nacionalismo y el discurso de odio contra el otro.

Mientras Hungría levantaba muros de alambres de púas, Austria y Alemania pusieron en duda la libre circulación de personas, es decir, una de las cuatro libertades fundacionales de la Unión Europa. La Comisión Europea, respaldada por el Parlamento, presentó a principios de año una política de la acogida de 40.000 refugiados, que no fue ratificada por los ministros de cada Estado miembro, mientras que en marzo de 2015 se reunieron los jefes de los veintiocho Estados miembros para resolver la crisis. De nuevo, prevaleció el enfoque intergubernamental, desautorizando las instituciones democráticas europeas.

Las imágenes de barcos naufragando, de miles de personas en mar abierto, fueron tomando los medios de comunicación y las redes sociales. Se necesitó visibilizar la magnitud del éxodo para crear una progresiva presión social, a fin de garantizar los derechos de los refugiados. El momento de inflexión fueron las imágenes de Aylan Kurdi, un niño sirio de 3 años que apareció ahogado en las playas de las costas del Mediterráneo, en septiembre del 2015.

Gracias a esta tenue pero importante presión, los Estados miembros aceptaron el plan de acogida inicialmente propuesto por la Comisión. Finalmente el acuerdo contempló la acogida de 120.000 refugiados. Su presidente, Jean-Claude Juncker, declaró: "Este no es momento para asustarse, sino para tomar medidas. Lo más importante debería ser la dignidad humana". Porque eso es lo que está en juego.

Para distribuir mejor la respuesta ante los miles de solicitantes, los jefes de los Estados acordaron repartirse las cuotas de inmigrantes de manera equitativa y ajustada a las proporciones de cada país. Sin embargo, no se tomó ninguna medida que hiciera que este plan propuesto por la Comisión tuviera un carácter vinculante u obligatorio. Así que, de forma muy desfachatada, los países simplemente se negaron a cumplir su parte, y otros lo hicieron aceptando muy pocas personas, y no la totalidad de lo acordado. Como último recurso, las instituciones europeas pueden abrir procesos disciplinarios en contra de quien se niegue a respetar las políticas adoptadas dentro de la Unión, que van desde multas hasta despojar de derechos de votación dentro del Consejo Europeo a los países que incumplan los acuerdos. Esta última situación nunca se ha presentado en la historia de la Unión, pero podría estar cerca ante las claras diferencias en una política común, y que incluso esto sea una posibilidad es síntoma de la poca cooperación política entre países dentro de la Unión.

En todo caso, el plan de acogida sigue siendo demasiado limitado: 130.000 personas pueden ser acogidas, pero solo en el 2015, cerca de un millón de personas habían llegado a las costas del Mediterráneo. Europa no ha estado a la altura de las circunstancias ante una tragedia humanitaria y el mayor desplazamiento planetario desde la Segunda Guerra Mundial a causa de guerras; las divisiones europeas evidenciaron la falta de un compromiso real por la defensa de los derechos de todos los seres humanos. Así, Europa puede regresar a los viejos discursos que aún no hemos logrado superar de odio y desconocimiento de la humanidad. Esta puede ser una época en donde de nuevo se olvide la importancia de los *derechos humanos* en el continente donde se originó el concepto y donde su permanente olvido a lo largo de la historia solo ha dejado un legado de genocidio.

La política de acogida y distribución de cuotas causó una nueva división dentro de la Unión. Si la crisis económica abrió una brecha entre sur y norte, la llegada masiva de refugiados evidenció una fractura entre este y oeste. Aunque fueron muchos los países que sembraron dudas sobre la acogida de refugiados, al final se respetó la decisión del plan de acogida propuesto por la Comisión, a pesar de que no ha sido implementado en su totalidad. Pero países como Polonia, República Checa y Hungría, en el este de Europa, se negaron abiertamente. Fue entonces cuando se comenzó a hablar de un conflicto entre los dictámenes de Bruselas y las decisiones nacionales.

Hungría es un gran ejemplo de cómo las repercusiones de la crisis financiera, sumada a la crisis de refugiados, han provocado profundos cambios políticos. Allí, el primer ministro Viktor Orbán, en el poder desde el 2010, ha bosquejado cambios importantes que amenazan la idea de una democracia liberal, con sus respectivas

> Si la crisis económica abrió una brecha entre sur y norte, la llegada masiva de refugiados evidenció una fractura entre este y oeste.

independencias de poderes y garantía de las libertades de las personas. En sus discursos, Orbán habla de una "democracia iliberal", lo que es un contrasentido. Pero además ha implementado toda una estructura social y cultural buscando crear un nuevo Estado en Hungría, en donde se reivindica un carácter étnico y cristiano húngaro, modificando y creando instituciones que validan esta tendencia de exacerbación de un carácter nacional, y limitando los fondos para otras formas de cultura que cuestionen estas visiones. La influencia de su partido, el Fidesz, se ha extendido en distintas áreas de la sociedad húngara. En sus discursos, Orbán ha declarado que el sistema liberal murió con la crisis del 2008, y asume su papel como líder húngaro en una nueva era. El viejo truco de un peligro inminente y una conspiración, que revitaliza los fantasmas del nazismo, vuelve otra vez al ruedo, esta vez señalando a los refugiados como un peligro, y a George Soros, filántropo húngaro-estadounidense, de patrocinar una conspiración para inculcar valores externos y foráneos dentro de la nación. Orbán es quizás uno de los políticos que ha declarado abiertamente un proyecto político bajo el mismo esquema que hemos visto de entreguerras: el nacionalismo exacerbado, el discurso xenófobo y la conspiración. La respuesta dentro de la Unión ha sido tímida, por ponerlo suave. Aunque se abrió un proceso disciplinario contra Hungría, Polonia y República Checa por negarse a respetar el sistema de cuotas de refugiados, no hay una discusión pública sobre las razones que llevan a Hungría a retomar los referentes racistas y discriminatorios, ni el peligro que esto conlleva.

Por su parte, en Polonia, en el 2015 el partido conservador y católico llamado Ley y Justicia, y abreviado a PiS, por su sigla en polaco, ganó por una abrumadora mayoría y desde entonces ha implementado una reforma a la justicia que pone en peligro la independencia de las Cortes, ya que incrementa la influencia del Ejecutivo en las decisiones judiciales. Además, recientemente puso en marcha una reforma a la libertad de prensa, al poner el nombramiento de los directores de la televisión y radio públicas a cargo del Ejecutivo, aumentando el control estatal sobre los medios de comunicación. Este tipo de políticas dentro de la Unión van en contra de compartir principios comunitarios basados en la democracia y el compromiso con los derechos humanos. Y nos hablan del creciente clima de euroescepticismo precipitado por la crisis del 2008 y de divisiones políticas profundas entre países europeos. Y por si fuera poco, las medidas dentro de las instituciones democráticas europeas para contrarrestar este coqueteo con las posturas nacionalistas y xenófobas son vistas como mayores imposiciones externas sobre las decisiones internas de los países. El debate sobre los derechos humanos está siendo sepultado por el debate entre la soberanía y los sistemas internacionales, lo que nos hace perder de vista las razones originales para defender los derechos de todos después de siglos de destrucción.

En cuestión de un año, del 2015 al 2016, el clima político se había corrido otro poco hacia el irrespeto y desconocimiento del otro. De un acuerdo para recibir una fracción de los refugiados que llegaban se pasó a violar abiertamente el principio del derecho de asilo que defiende la ley internacional, al negociar un acuerdo con Turquía, la misma que hacía unos años no clasificaba como Europa, para la devolución de todos los refugiados que cruzan fronteras europeas a partir del 20 de marzo del 2016. En esto sí se lograron poner de acuerdo los Estados miembros de la Unión: en cerrar fronteras. Todos los refugiados serían devueltos de Grecia a Turquía, aunque todos mantendrían el derecho a que sus peticiones fueran consideradas para alcanzar el estatus de refugiado. A cambio, la Unión Europea tramitaría la acogida de hasta 72.000 refugiados sirios presentes en Turquía, liberaría las restricciones de visa a los ciudadanos turcos dentro de la Unión Europea y ayudaría económicamente a Turquía desembolsando 6 mil millones de euros para costear la acogida de todos los refugiados. De cierto modo, la Unión Europea le está pasando el problema de lidiar con cientos de miles de personas vulnerables a Turquía ofreciendo a cambio dinero y beneficios, aceptando un porcentaje muy bajo de refugiados que además, al darles preeminencia a los sirios, discrimina a todas las personas de otros países que también huyen de la destrucción y arriesgan su vida en el intento.

La Unión Europea había logrado políticas muy claras en cuanto al respeto a los derechos humanos, y al formular este trato con Turquía se pone en peligro el debido proceso, como la apelación y la asesoría a las que tienen derecho las personas que buscan el estatus de refugiados. Además, bajo las mismas leyes internacionales a las que se acoge la Unión Europea, que siguen los preceptos que se formularon cuando los refugiados eran los europeos que huían de la destrucción de la guerra, se puede devolver a un tercer país a una persona que busca el refugio, solo si este país es considerado un lugar seguro.

Turquía no tiene las condiciones para garantizar el estatus pleno de refugiados a todas las personas, ya que este marco legal incluye la protección y la garantía de que todos los refugiados no estén en situaciones de vulnerabilidad; esto en un país que progresivamente se ha volcado a la censura y el autoritarismo, y en donde no se reconocen enteramente como refugiados a las personas que no sean sirias.

Todo este terrible manejo de una crisis humanitaria, en donde, como decía el presidente de la Comisión Europea, está en juego la dignidad humana, ha sido aprovechado y utilizado como herramienta política y como propaganda de partidos ultranacionalistas y conservadores. Y ha volcado la opinión en distintos países europeos hacia la xenofobia de manera tal, que muchos gobiernos en Europa que creen en el proyecto europeo y defienden los derechos y la pluralidad se han visto contagiados por esta tendencia, destapando los fantasmas racistas de todo el continente. En vez de debatir abiertamente sobre la responsabilidad histórica con los derechos humanos, los progresistas tímidamente los pasan por alto y los ultranacionalistas los atacan de un modo directo. Todos al final comparten la responsabilidad de usar la seguridad o la soberanía nacional como excusa para dejar morir a cientos de miles de personas ahogadas en el Mediterráneo o atrapadas por redes de trata de personas en Libia.

Brexit: crónica de una división anunciada

Esta instrumentalización política de una tragedia humanitaria se vio con claridad en la campaña del 2016 del Brexit. La presión política que están ganando los partidos conservadores en Europa hizo que David Cameron, que se presentaba a las reelecciones, le prometiera al sector conservador de su propio partido que negociaría los términos de la vinculación del Reino Unido a la Unión Europea, una jugada política para asegurarse los votos de los sectores más conservadores y euroescépticos que venían legitimados por la coyuntura de las dos crisis. En 2015, Cameron aseguró una nítida victoria e inició conversaciones sobre las condiciones de vinculación de los derechos de trabajadores de la Unión dentro del Reino Unido. La negociación no contemplaba cambios drásticos y debía ser ratificada por el Consejo y la Comisión europeos, pero finalmente no llegó a buen puerto. Cumpliendo su promesa, David Cameron convocó el referendo sobre si pertenecer o no a la Unión, aunque liderando la campaña de permanecer.

En el debate del Brexit se hicieron visibles los conflictos que han causado la crisis económica y la subsiguiente respuesta desarticulada dentro de la Unión. El argumento que se usó para salirse de la Unión se escucha también en Polonia, Hungría y Francia, y es la contradicción entre europeísmo y nacionalismo. Por las imposiciones de unos gobiernos sobre otros, por la poca consolidación de una narrativa común, la crisis económica creó la sensación dentro de

los países de la Unión de no controlar los recursos nacionales, de gastar dinero en otros, lo cual vendría a reivindicar el Brexit.

Pero el tema central de esta división nacionalismo vs. europeísmo es solo un aspecto de una conflicto más amplio de nuestro mundo contemporáneo. La crisis económica sacó a la luz muchos de los malestares que plantea la globalización, porque en el mundo también está presente un conflicto entre la internacionalización de la economía, el empoderamiento de un sector privado transnacional, una pronunciada desigualdad planetaria y el papel mismo que los Estados-nación tienen ante estos fenómenos. El neoliberalismo, vinculado con la globalización, ha producido el empoderamiento de una élite de riqueza y un mundo desigual, en donde el 0,7% de la población controla el 46% de la riqueza mundial. Los ricos cada vez están más ricos, como dice la canción. No en vano se produjo el movimiento social Ocuppy Wall Street en el 2011, bajo la consigna "nosotros somos el 99% restante". El fenómeno de los conglomerados, en donde muchísimas marcas y empresas están agrupadas y son de un solo dueño, es uno de los rasgos del liberalismo, como lo fue también en los años veinte antes de la Gran Depresión, lo cual fomenta la acumulación de la riqueza en pocas manos. Además, con el ánimo de privatizar todo, en aras de la eficiencia, hay un claro empoderamiento de empresas que son multinacionales, es decir, que operan en varios países y que se salen de la lógica de un solo país. Por su carácter privado no tienen por qué rendirle cuentas a nadie y generan una pérdida del poder de influencia de las personas en las decisiones que afectan sus vidas.

Además, el papel del Estado como administrador y garante de derechos quedó cuestionado cuando se quitó de la ecuación. Esto puede generar que la gente no se identifique con el Estado-nación y comparta códigos culturales mucho más amplios. Y también puede generar un fenómeno de rechazo al sistema político democrático, por no tener ningún papel y estar sometido al dictamen de un sinnúmero de empresas privadas y acuerdos internacionales.

Detrás del rechazo a Hillary Clinton en las pasadas elecciones estadounidenses estaba este discurso: Clinton fue alguien a la que se vio, y que la campaña de Trump presentó, como incapaz de influir concretamente, y atada a los dictámenes de bancos o empresas, todo empaquetado bajo la idea de representar al *establishment*. Así, se propone recuperar otra vez el protagonismo del Estado-nación en su peor versión: a través de una identidad muchas veces excluyente. Esto, por ejemplo, es lo que pasa en Hungría, y algo similar vimos en las elecciones de Estados Unidos. Esta es una idea que los partidos nacionalistas saben aprovechar para lograr victorias electorales, y hoy en día es un eje que los articula. Los Estados-nación han perdido su centralidad como distribuidores de recursos y hasta como referentes de una identidad nacional; vemos que la crisis ahondó estos problemas y produjo un resurgimiento de querer recuperar la identidad nacional, volver a lo conocido y frenar un fenómeno de internacionalización del mundo que, sin embargo, es imparable.

Los nacionalismos cosechan victorias bajo discursos de proteccionismo pero en la práctica no pueden desmontar toda la integración económica planetaria. Parece ser que el fenómeno de la globalización entra en contradicción con los Estados-nación. El papel poco relevante del Estado bajo este paradigma económico se cuestionó de manera generalizada con la crisis económica, que mostró todas las desigualdades y todos los problemas de una integración global. Así, se han generado tendencias que reivindican posturas nacionalistas de romper este modelo y "hacer a América grande otra vez", como dice Trump, que prometía recuperar la industria nacional. Sin embargo, para países occidentales desarrollados sería imposible devolverse en este punto, por lo avanzada que está la integración global. Asimismo, el rechazo a la globalización hace que se señalen como parte del problema instituciones como la ONU, que, por el contrario, podría ser un organismo que ayude a plantear el mundo más integrado en el que vivimos, que dé luces y garantías para proteger a las personas. El malestar que produce la

globalización atada al neoliberalismo curiosamente se manifiesta en la reivindicación de la xenofobia, de la pureza nacional o de un pasado glorioso, a pesar de que el pasado no es nunca tan glorioso y el nacionalismo a través de la historia ha dejado una estela de muerte. Este parece ser el trasfondo de muchos fenómenos de hoy en día, sobre todo en los países más industrializados como Estados Unidos y la Unión Europea. Y este, a una escala micro, es uno de los fundamentos sobre los que se basó el Brexit, o salida del Reino Unido de la Unión Europea.

El lema para salirse de la Unión era "retomar el control", que articuló una campaña que enfatizó el control sobre el gasto de los recursos, la política de migración y las fronteras. Es decir, revertir todas las ideas de políticas comunes de la Unión, con énfasis en frenar la libre circulación, que ahora se presenta como un peligro ante la llegada de inmigrantes. Otro punto de la campaña era la inminente entrada de Turquía a la Unión, retomando el viejo argumento ya usado desde principios del siglo que la unión con países con menor riqueza produciría una inevitable emigración hacia países más industrializados. Aquí hay una peligrosa mezcla de instrumentalizar el miedo a través de la discriminación a los refugiados —que se ven como un peligro externo y de seguridad— y la aporofobia, es decir, un rechazo a los pobres, aunque en este caso sean países. También se buscó capitalizar sobre las sensaciones que dejó la crisis económica, pintando a Inglaterra como la que salvaba al euro de todos sus defectos y creando el mito de que toda la plata que Inglaterra aportaba a la Unión Europea prácticamente la botaba, y si se salía podía invertirla en escuelas o casas. Se planteó el esquema de manera muy clara, dejando a la Unión Europea como una institución encargada de despojar a Inglaterra de su soberanía, la cual representaba solo gastos y nada de beneficios para el Reino Unido. Se dejó de lado toda idea de solidaridad, cooperación y acuerdos comunes que representa la Unión Europea, marcando la pauta de que para el 2016 estas ideas estaban desacreditadas por la suma de problemas dentro de la Unión y el aprovechamiento electoral de estos problemas.

Dos años después de la campaña del Brexit se conoció, gracias a uno de los trabajadores de la empresa, que una firma especializada en uso de datos había recogido la información de usuarios de Facebook sin su permiso. Los estados publicados, los likes y mensajes privados de las personas se utilizaron para diseñar perfiles basados en la información de cada usuario, a fin de diseñar noticias falsas que, dependiendo del usuario, cambiaban de tono o mensaje, atacando los miedos de cada uno. Estas noticias eran pautadas para que los usuarios empezaran a creer información que no era cierta que influenciara su decisión política. Para dar sustento a estas noticias se creó un entramado de páginas web con información falsa que tenía una mayor capacidad de influencia sobre las personas porque estaba diseñado a la medida de sus miedos. Este escándalo se conoce bajo el nombre de *Cambridge Analytica*, la firma detrás de este diseño de campaña política. En el 2018 se supo que esta firma y sus afiliadas habían participado en la campaña del Brexit y de Donald Trump. De esta manera, a la tendencia de fanatismos característica de los nacionalismos se le sumó una herramienta tecnológica que usó los datos privados de millones de personas sin su consentimiento para diseñar mensajes fanáticos y falsos. Este problema —en una era en donde el acceso a internet y las redes sociales está extendido— hace que falsa información llegue y se comparta de forma muy rápida a millones de personas influenciando la opinión de las personas sobre suposiciones y mentiras. Este fenómeno no es exclusivo de Cambridge Analytica; lo que hizo esta empresa fue recoger la información de usuarios y diseñar algoritmos para crear perfiles y así poder diseñar mensajes falsos personalizados. Pero el uso de las noticias falsas para influenciar la opinión de las personas en tiempos electorales también se ha producido en elecciones en Latinoamérica y otras latitudes.

La opción de salirse de la Unión ganó por un estrecho margen y sembró una división generacional. La primera incipiente generación europea —los jóvenes— votó por permanecer, ya que muchos estaban conscientes y habían vivido los beneficios de una ciudadanía europea. En los países que conforman el Reino Unido junto con Inglaterra ganó la opción de quedarse: Escocia, Irlanda del Norte, Gibraltar, así como en Londres. Las generaciones mayores, sin embargo, manifestaron su rechazo entre la confusión y los discursos de odio, retomando la vieja distancia de Inglaterra con Europa, que se había sumado a la Unión económica muchos años después de su creación y que nunca adoptó el euro ni se suscribió al Acuerdo de Schengen. Inglaterra, que siempre mantuvo una distancia prudente con el proyecto europeo, un día finalmente se salió.

Pero la salida tiene un precio: desmontar la integración lograda durante cuarenta años, las legislaciones comunes, los derechos de todos los ciudadanos del Reino Unido que viven en otros países de Europa y los derechos de los ciudadanos europeos que viven en el Reino Unido. Negociando todo esto es en lo que andan ahorita. Los resultados del referendo precipitaron la renuncia de David Cameron, y Theresa May tomó el papel de Primera Ministra. Buscando liderar las negociaciones llamó a elecciones, y aun teniendo la mayoría en el Parlamento sufrió un gran revés que puso en vilo todas las negociaciones, ya que May no obtuvo una mayoría clara y se tuvo que aliar con el partido ultraconservador unionista de Irlanda del Norte. Hay gente que cree que salirse del entramado normativo de la Unión es tan complejo que ni siquiera se va a dar el Brexit. La Unión Europea, sin embargo, quiere hacer de la salida un ejemplo para prevenir más salidas, imponiendo unas condiciones duras que marquen la diferencia clara entre los beneficios de pertenecer a la Unión y de no hacerlo. Pero también hay posturas más conciliatorias, como efectuar una negociación en donde se mantengan ciertos beneficios mutuos. En esas anda ahora la Unión, y la fecha de salida programada del Reino Unido es marzo del 2019. Ahí sí, amanecerá y veremos.

A grandes rasgos, podemos decir que todo lo anterior es lo que pasa en la Unión Europea. Una crisis económica global ha precipitado las contradicciones internas que tenía el proyecto, que nunca se planteó los alcances reales de la integración y quedó a

> Inglaterra, que siempre mantuvo una distancia prudente con el proyecto europeo, un día finalmente se salió.

medias entre ser solo un club de amigos o un proyecto político supranacional que prometió llevar al continente la igualdad de derechos de casi 500 millones de personas y la unión de políticas. Ante un gran impacto económico, una vez más Europa trastabilla volviendo a su legado de racismo y xenofobia para expresar el descontento social. Es importante que recordemos toda la destrucción que ha vivido el mundo durante siglos y que vivió Europa durante el siglo XX, cuando se toleraron discursos de odio. Las similitudes de esta Europa de hoy con la de entreguerras hacen que se pasen por alto las grandes conquistas en la democracia y los derechos que se lograron después de la Segunda Guerra Mundial. La crisis del 2008 atacó lo poco que quedaba del Estado benefactor europeo, por lo que vemos que conquistas de estabilidad política y social se han debilitado por el nuevo paradigma económico que nos rige, y esto causa un mayor malestar social. Muchos problemas dentro de la Unión nos hablan de contextos globales más amplios en los que todos vivimos, como el neoliberalismo, las contradicciones de la globalización y la soberanía nacional, los órdenes e instituciones internacionales. En esta historia hay una combinación de causas y contextos que es importante que tengamos en cuenta, pero lo que siempre nos puede guiar es el referente ético de los derechos humanos para vernos, para relacionarnos, que necesita ser defendido para no retroceder en la larga lucha por la dignidad.

La llegada masiva de familias enteras huyendo de la guerra también nos plantea debates éticos que no podemos dejar pasar. La reacción europea a esta coyuntura ha mostrado todo el racismo, que sustenta la xenofobia, que ha configurado la historia europea y que sale otra vez amenazante para poner en riesgo la capacidad de conmoverse y solidarizarse con otro ser humano; por eso está en juego algo que nos incumbe a todos como especie. En este punto es fundamental hablar también sobre por qué se está produciendo un desplazamiento global, la relación entre este fenómeno y los argumentos intolerantes, en donde la seguridad prima por encima de los derechos de las personas. Los motivos que varios gobernantes han utilizado para justificar el rechazo y la xenofobia son la seguridad porque hay un tema transversal en nuestro mundo contemporáneo que sustenta los discursos de política exterior de la Unión Europea, aun cuando se atente contra derechos humanos. Hay una idea geopolítica que configuró nuestro modo de ver el mundo contemporáneo que atenta directamente contra cualquier lección de respeto y dignidad humana. Porque el discurso contemporáneo que ha dividido al mundo y que se esgrime en la Unión para seguir reivindicando el racismo —que es a su vez la razón por la cual millones de personas huyen y son estigmatizadas— es la guerra contra el terrorismo.

La Medialuna fértil

y otros pueblos del "Medio Oriente"

ПОЧТА СССР
1983
1200 ЛЕТ
Мухаммед аль-Хорезми
1918

Los líderes de la Unión Europea rechazan refugiados con la excusa de que entre los millones de personas que llegan al continente pueden colarse terroristas. Viktor Orbán, el primer ministro húngaro, dice que los refugiados son "el caballo de Troya del terrorismo". A esta idea se le sumó Donald Trump, en enero del 2017, semanas después de su posesión, cuando firmó una orden ejecutiva que prohibía la entrada a Estados Unidos de personas de Yemen, Libia, Irán, Irak, Siria, Somalia y Sudán, para evitar supuestos ataques terroristas. Países de donde proviene la mayor cantidad de refugiados, y cuya población es de mayoría musulmana. La orden incluía frenar el programa de reasentamiento de refugiados por 190 días y prohibir los refugiados sirios de manera indefinida. En tiempos de campaña, Trump incluso había prometido "una total y completa prohibición a la entrada de musulmanes a Estados Unidos". ¿Qué nos dice el hecho de que públicamente, en países supuestamente democráticos como Estados Unidos y la Unión Europea, se justifiquen las políticas xenófobas sobre refugiados que pasan por encima de los derechos de las personas? ¿Cuál es la conexión entre terrorismo y personas de Libia, Irán, Somalia? Los refugiados están huyendo del terrorismo y sin embargo, de manera trágica, son sospechosos de ser terroristas, única y exclusivamente por ser musulmanes.

Este es uno de los elementos que más define nuestra actualidad: la asociación imperante entre islam y terrorismo. Una asociación que es posible por la estructuración de un discurso antimusulmán que se ha venido fraguando desde hace tres décadas y que ha afectado de manera muy honda, en todas las latitudes del planeta, nuestra manera de ver y entender las coyunturas actuales que suceden en el Medio Oriente. Corremos el riesgo —siguiendo la construcción que han hecho la política, las noticias de medios europeos y estadounidenses, replicadas en nuestros medios— de dejar de ver a otros seres humanos y asociarlos solo con el terror. Esta, tristemente, es una de las realidades de nuestro mundo contemporáneo: la *islamofobia*. Los viejos fantasmas del racismo vuelven a estar presentes. Cuando dejamos de ver a un ser humano y solo lo asociamos con unas características negativas, retomamos el mismo camino de la conquista de América, el colonialismo, el sistema Jim Crow, el *apartheid*, el Holocausto, que tantos males nos han traído como especie.

Aprendamos a mirar de nuevo. Desmontemos toda la carreta que venimos escuchando a diestra y siniestra desde el 2001, para poder entender todas las complejidades que aquejan a Medio Oriente, y poder ver en su diversidad, complejidad, grandeza y tragedia una región que ha sido asolada por diversas coyunturas desde 1918. Vamos a contar una historia con dos objetivos en la mente: el primero, desaprender el imaginario negativo que nos impide entender todos los sucesos de las últimas décadas en el Medio Oriente, y para ello, nuestro segundo objetivo es entender qué ha pasado en esta región para que hoy veamos en las noticias terrorismo, ataques suicidas, el Estado Islámico o la guerra en Siria.

Los viejos trucos que se han utilizado para justificar el racismo o la xenofobia, que muchas veces tiene componentes racistas, consisten en generalizar sobre personas o culturas, verlas luego de manera negativa y, al final, incompatible. Trump, el ejemplo más claro que lleva el discurso del odio y el racismo como plataforma política, generaliza bajo una visión negativa al plantear que todas las personas que sean de Libia o Somalia, por ser musulmanas, son terroristas y por ello incompatibles, peligrosas, justificando así la prohibición de la entrada a millones de seres humanos que tienen vidas, creencias y contextos distintos, y que son agrupados bajo una única categoría negativa. Frente a esto siempre hay que estar atentos, porque es una manera eficaz de hacer campaña política y de enardecer un discurso de odio. Una de las generalizaciones más comunes que vemos repetida por políticos y noticias es la idea de que Medio Oriente es el islam, que todos son árabes y que son malos porque todos son fanáticos, radicales y violentos. Esta es la visión que articula la islamofobia y que se ha apoderado de la esfera pública. Sobre este discurso se han montado muchos para ganar poder en un clima político que favorece el racismo, la xenofobia y el nacionalismo.

Para bajarnos de estas nociones que confunden y nos impiden ver la compleja realidad de la región llamada Medio Oriente, comencemos por hablar de ella y del islam, para desmitificar algunas creencias que imperan hoy en día que tienen como fondo el racismo y la islamofobia.

Con frecuencia vemos que se repite la idea de asociar el islam con el extremismo y la violencia, así que comencemos por contar que el islam no es una sola cosa ni es exclusivo del Medio Oriente. El islam es una religión en la que creen más de 1.800 millones de personas en el mundo, está presente en 54 países y cuatro continentes, en donde la mayoría de la población es musulmana, esto sin contar los países en donde la población musulmana es minoría. Si miramos un mapamundi desde Senegal hasta Indonesia, desde Uzbekistán hasta Somalia, en el Cuerno de África, está presente el islam. Es la segunda religión con mayor cantidad de creyentes en todo el mundo. Es una fe monoteísta y comparte el legado de Abraham, como el judaísmo y el cristianismo. Nació en la península arábiga, en La Meca, ciudad que todavía existe y está ubicada en lo que hoy es Arabia Saudita o Arabia Saudí, pero en los trajines de la historia la religión se ha esparcido por todo el globo. Así que cuando hablamos de islam tenemos que tener en cuenta que es una religión compartida por innumerables culturas, por personas que tienen distintas lenguas, historias, de distintos países y hasta de distintos continentes. Por ejemplo, figuras tan diversas como Muhammad Ali, Cat Stevens, Zinedine Zidane, Mesut Özil, Ice Cube y Franck Ribéry son musulmanes. Por eso resulta simplista reducir el islam a una sola cosa. Es una religión, y como tal es un conjunto de prácticas, tradiciones, creencias que tienen, como sus creyentes, muchísimas versiones que han variado a través de los siglos. Así que el mundo musulmán es muy amplio. Pero además, dentro del propio islam hay distintas vertientes. Las dos corrientes principales del islam son la suní y la chií, siendo la suní la mayoría, con alrededor del 80% de los creyentes.

Las divisiones entre las dos vertientes se remontan a los primeros tiempos del islam, cuando se disputó la herencia del profeta, Mahoma. Los chiíes defendieron la herencia de Alí, el yerno de Mahoma, mientras que los suníes defendieron al consejero de Mahoma como heredero del legado del profeta. Esto fue una división política en su momento para ver quién estaría en el poder y cuál era el legado verdadero, lo cual también conllevaría diferencias religiosas con el tiempo. Los suníes establecieron una jurisprudencia, y las interpretaciones dentro del sunismo son más volcadas a la lectura estricta del Corán, el libro sagrado del islam. Mientras el chiismo tiene un componente que ha dado pie en ciertas corrientes al esoterismo y el sincretismo.

Pero además de esta división hay varias tendencias internas dentro del sunismo y el chiismo. La rama principal del chiismo, llamada *duodecimana*, cree que el decimoprimer descendiente del profeta está oculto y volverá antes del Juicio Final, y es mayoría en Irán, Azerbaiyán, Bahréin, Irak y Líbano. Los chiíes en Turquía son de otra corriente, la aleví, que mezcla el sincretismo de otras creencias y tiene un carácter no jerárquico. Mientras que en Yemen los chiíes son zaidies, una rama distinta que disputa la herencia del profeta exclusivamente a través de su hija Fátima.

Esto es para nombrar solo algunas, porque existen más corrientes chiitas.

Por otro lado, los suníes en el mundo contemporáneo tienen cuatro escuelas de jurisprudencia, es decir, cuatro grandes corrientes sobre la interpretación de la *sharia*, que es la ley divina revelada en el Corán por Dios. Sobre cómo interpretarla hay posiciones que van desde una postura laxa que da espacio al consenso social, como la escuela hanafi, presente en Pakistán, India y el Cáucaso, hasta una visión estricta que descarta cualquier otra fuente del derecho que no sea el Corán, como la escuela hanbalí. De estas escuelas, a su vez, también salen sus distintas vertientes, como el wahabismo, una corriente rigorista creada en el siglo XVIII en la península arábiga que sale de la escuela hanbalí. Y es esta corriente, el wahabismo, la que ha tomado un protagonismo descomunal en el panorama político del Medio Oriente, sobre todo en las últimas décadas. Detrás de la legitimación de esta visión radical del islam está el papel de Arabia Saudí en la historia contemporánea.

Así que el islam es una religión muy amplia que cubre muchas tendencias, desde unas posturas estrictas hasta el misticismo, como por ejemplo, la de los sufíes, presentes en Turquía. Estas tendencias del islam a veces no se reconocen entre sí o están en disputa. En la actualidad estamos presenciando la legitimación de las corrientes más rigoristas del islam en el Medio Oriente, a través del wahabismo, y también está muy vigente la noción de mezclar la política con el islam —que llamaremos *islamismo y su versión extrema*—, la lucha armada —que llamaremos *islamismo radical*—.

Así que existe la religión, practicada por miles de millones de personas, en países donde se respetan las costumbres, pero donde los partidos políticos o el Estado no están entremezclados necesariamente, como Malasia, Senegal, Mali, Kenia, por nombrar algunos. Pero también existen Estados en donde la religión guía los preceptos de organización social de manera muy estricta siguiendo corrientes específicas dentro del islam, como en Arabia Saudita o Irán. Estos dos países tienen su propia historia de cómo vinieron a ser y son los dos protagonistas del Medio Oriente contemporáneo.

Ahora hablemos de *Medio Oriente*, otra noción un poco vaga: no queda claro en dónde empieza o en dónde termina. Hay gente que dice que Irán es del Medio Oriente, aunque podría defenderse que Irán queda más en Asia. Y hay otros que meten a Afganistán, aunque esté claramente en Asia Central. Otros incluyen a Egipto en Medio Oriente, aunque quede en África. Esto nos habla de lo artificial de la categoría, construida desde Occidente: Medio Oriente, después de todo, está hablando de lo que hay a medio camino entre Europa y el oriente lejano, que serían India y China. La mayoría de las personas que viven en la región del Medio Oriente ni siquiera se identifican como parte de ella. Así que siempre es bueno desnaturalizar las ideas que tenemos de cómo nombramos, incluso la geografía, ya que muchas están influenciadas por el pensamiento y la historia occidentales.

Podemos decir que en la vaga noción de *Medio Oriente*, construida desde el autodenominado Occidente, hay dos grandes regiones: el Magreb, que en árabe significa *el lugar por donde se oculta el sol*, y el Máshreq, que significa *el lugar por donde sale el sol*. El Magreb es toda la región del norte de África que tiene una influencia de pueblos bereber, culturas nómadas del desierto del Sahara, y que hoy en día abarca países como Libia, Marruecos, Argelia, Mauritania y Túnez. Mientras que el Máshreq es el mundo al oriente de Egipto, que a veces incluye al propio Egipto y lo que hoy son Sudán, Yemen, Arabia Saudita, Omán, los Emiratos Árabes Unidos, Israel, Palestina, Jordania, Siria, Líbano e Irak.

Pero también podemos hablar de la Creciente Fértil o Medialuna Fértil, que es toda la región donde se originó la civilización como la conocemos desde hace más de 10.000 años. Hablamos de toda el área que, vista en un mapa, parece una medialuna, desde el antiguo Egipto hasta Irak, lo que eran Asiria, Fenicia y Mesopotamia. En esta región nacieron la agricultura, la escritura, la rueda, la irrigación, y luego sería la cuna del derecho, con el código de Hammurabi, de 1754 a. C., uno de los códigos más antiguos sobre la ley y organización social. Luego vinieron la astronomía, el álgebra, las matemáticas, que llegaron a su máximo esplendor bajo los califatos Omeya y Abásida. La Medialuna Fértil es la cuna de la civilización; allí nacieron algunos de los primeros grandes imperios. También se originaron las religiones monoteístas con mayor número de fieles en la actualidad, o las *religiones del libro*, como el judaísmo, el cristianismo y el islam. Es una región que tiene más de 10.000 años de historia de civilizaciones y culturas que se influenciaron mutuamente. Para hablar también de Turquía en nuestra definición de Medio Oriente, podemos referirnos a la Anatolia, toda la gran península que conecta a Asia con Europa y en donde vivieron los asirios, los hititas, y luego los griegos.

La historia de la Creciente Fértil, el Magreb y Anatolia es la del cruce de caminos, la de la mezcla de culturas antiquísimas. Por allí pasaron numerosos imperios y culturas: a los acadios y babilonios —dos mil años antes de Cristo— los sucedieron los imperios persa, griego, romano, bizantino, y los califatos Omeya y Abásida, que difundieron el islam y el árabe por toda esta región, y luego el Imperio otomano, que duró desde el siglo XII hasta el XX, con el final de la Primera Guerra Mundial.

Esta vasta región, cuna de civilizaciones, también tiene una gran variedad de paisajes: montañas, desiertos, grandes ríos como el Tigris, el Éufrates y el Nilo, que dieron vida a imperios, y también la salida al Mediterráneo, en donde se formaron las primeras ciudades de la humanidad como Biblos y Alepo. En el Mediterráneo, a través del intercambio entre las grandes ciudades que se establecieron allí, se produjo un diálogo continuo entre culturas como la griega y la persa. La misma herencia griega, recuperada por la historia occidental como el origen de su legado, no se puede dividir del intercambio y las influencias con los pueblos persas, egipcios y fenicios del Mediterráneo que inspiraron a muchos pueblos griegos. Así que tengamos en cuenta la complejidad, la historia, la diversidad de toda esta región, en donde habitaron grandes imperios a lo largo de la historia también y donde hoy habitan diversas culturas.

Si tomamos el Medio Oriente, incluida Anatolia, más todos los países de la Medialuna Fértil, no hablamos únicamente del mundo árabe, porque resulta que en todas estas regiones no hay solo árabes. La civilización árabe se originó en la península arábiga; allí fue donde nació el islam, que se extendió por todo el Medio Oriente gracias a la expansión de los califatos Omeya y Abásida, y luego a través del Imperio otomano, que llegó a dominar desde los Balcanes —en lo que hoy es Europa— hasta lo que hoy es Irak. Por eso el idioma árabe se extendió por toda esta región, ya que es considerada en el islam como la lengua divina. Pero el pueblo árabe como tal es solo uno entre muchos otros que habitan el Medio Oriente. Otras culturas fundamentales las conforman los turcos y los iraníes; estos últimos tienen un origen persa y hablan farsi. En el Magreb están los bereberes, pueblos del desierto con su propio legado cultural milenario. Pero también están los azeríes, kurdos, asirios, arameos, drusos y judíos. Así que tampoco caigamos en generalizar "el mundo árabe o los árabes" porque de este modo dejamos de ver la riqueza cultural de muchos pueblos que no son culturalmente árabes, aunque, por ejemplo, hablen la lengua.

En la Medialuna Fértil tampoco todos son necesariamente musulmanes. La riqueza religiosa de esta zona hace que haya también cristianos, como los maronitas en Líbano, que datan desde las Cruzadas, o los coptos en Egipto, que son una de las primeras comunidades cristianas en el planeta aún presentes hasta el día de hoy; así como también judíos, muchos de los cuales ya estaban, y otros comenzaron a llegar a la zona desde el siglo XIX. O también existen los drusos, una comunidad que vive en Líbano que mezcla las tradiciones y creencias de las herencias filosóficas griega y musulmana y creen en la reencarnación. El Medio Oriente es una región que contiene muchas lenguas, culturas y tradiciones, con la preeminencia de la lengua árabe y la religión musulmana.

La historia de la Creciente Fértil, el Magreb y Anatolia es la del cruce de caminos, la de la mezcla de culturas antiquísimas.

Pero no todos los musulmanes son árabes, como es el caso de los turcos, persas y kurdos.

De esta región es de la que hablaremos: de la Creciente Fértil, el Magreb, y hablaremos también de Anatolia, que es donde queda la actual Turquía; de Afganistán y Pakistán, que hacen parte de Asia Central, y del Hiyaz, que es donde están los lugares sagrados de La Meca y Medina. Así que nuestra definición de Medio Oriente será amplia; lo que une el relato de todos estos pueblos es la fractura que se produjo desde el siglo XIX, en el caso de Afganistán y el Magreb, pero que se concretaría en 1918 con la caída del Imperio otomano, en el caso de la Creciente Fértil. Porque en ese momento se rompieron las estructuras políticas y administrativas que durante milenios se mantuvieron de una u otra forma en toda la región, y se impusieron desde Occidente unos modelos arbitrarios bajo la forma de Estados-naciones. La historia del siglo XX del Medio Oriente es la de una región inmersa en la búsqueda por construir un relato propio en medio de una estructura inventada por las potencias occidentales imperiales, Francia e Inglaterra después de la Primera Guerra Mundial. Y luego, en medio de un juego de influencias e intereses entre Estados Unidos y la Unión Soviética después de la Segunda Guerra Mundial.

El colonialismo: el origen de muchos problemas

El Imperio otomano duró casi setecientos años, desde 1299 hasta 1923 y abarcó parte de Europa, toda Anatolia, la Medialuna Fértil, el Magreb y el Hiyaz. Fue una gran estructura administrativa que, a pesar de su extensión, respetaba de una u otra forma las autonomías locales y las culturas que hacían parte del Imperio. Los otomanos eran turcos, y también son llamados *turcomanos*, y en la historia medieval de Europa se los llamaba simplemente *turcos*. Este imperio existió durante más de seis siglos, absorbió y conquistó todo el legado del Imperio bizantino (el Imperio romano oriental) y se expandió a través de los siglos entrando en disputa con el Imperio austrohúngaro, en Europa, y con el Imperio safávida, en Irán. La época dorada de los otomanos terminó hacia el siglo XVII, cuando los imperios occidentales empezaron a ganar las guerras, en parte gracias a la adopción de tecnologías y tácticas militares superiores. Otro factor fundamental que inauguró la progresiva decadencia de toda la región bajo dominio otomano fue la conquista de América, ya que el Medio Oriente dejó de ser el cruce histórico de civilizaciones, cuna del comercio y de intercambios culturales, cuando el mundo comenzó un nuevo comercio trasatlántico y Europa se volvió una potencia que conquistó las Américas. Ahí pierde su importancia el Mediterráneo, que había presenciado miles de años como el epicentro de las civilizaciones europeas.

Así que con los siglos y las batallas contra el Imperio austrohúngaro que culminaron en derrotas militares, desde 1683 el Imperio otomano fue decayendo hasta ganarse el elocuente título del "anciano enfermo de Europa". Durante sus últimos siglos se caracterizó por la corrupción de sultanes, la preeminencia de una clase militar de origen extranjero, llamada los *jenízaros*, que empezó a tener un poder descomunal, y la imposibilidad de una expansión que le diera más recursos al Imperio. A pesar de su claro declive, la estructura del Imperio se mantuvo durante la era en que Francia, Inglaterra y Rusia comenzaron a su vez a volverse imperios desde el siglo XVII, ya que mientras Europa se transformaba, el Imperio otomano muchas veces sirvió como territorio neutro que hacía las veces de tapón ante las expansiones de las potencias europeas. Sin embargo, también sirvió como el escenario en donde las monarquías occidentales empezaron a jugar y apostar según sus intereses para fomentar la fragmentación, y así disputarse sus territorios. Esta táctica es muy vieja y ha aquejado a toda la región del Medio Oriente desde hace siglos, ya que desde el siglo XVIII Francia, Rusia e Inglaterra comenzaron a fomentar las divisiones internas dentro del Imperio otomano para obtener la salida al Mediterráneo apoyando grupos étnicos, culturas o comunidades con creencias particulares para que se levantaran en contra de la estructura administrativa otomana. Siempre tengamos presente esta táctica de dominación a través de terceros, según los intereses de las potencias del momento, porque hoy, trescientos años después de que empezaran estas intrigas entre Inglaterra, Francia y Rusia por los territorios del Imperio otomano, seguimos en las mismas, todavía bajo una influencia continua de las potencias occidentales europeas en la política nacional de los países de la región.

Las potencias europeas fomentaron la división interna del Imperio en la independencia de Grecia, que se formó como Estado-nación en 1821, separándose del Imperio otomano y en el proceso rechazando los grandes legados musulmán, bizantino y otomano que tenía, en aras de crear un relato de identidad recuperando exclusivamente el pasado helénico de la Antigüedad. Veremos que en el proceso de construcción de casi todos los Estados-nación y de la mayoría que brotaron de los territorios del Imperio otomano, siempre se erige un relato excluyente, basado solo en un aspecto cultural y rechazando otros, lo que hace que se nos olviden los intercambios culturales antiquísimos que han tenido todas las civilizaciones, en especial las mediterráneas y la de la Medialuna Fértil.

Durante varios siglos el Imperio otomano fue perdiendo pedacitos de territorio de donde nacieron nuevos países que adoptaron el modelo de moda del momento, que es el que existe actualmente: el Estado-nación. Un invento europeo que entró en furor en el siglo XIX. Las formas de ordenamiento político han sido muy variadas en la historia de la humanidad: han existido ciudades-Estado, reinos pequeños, reinos grandes, imperios, y en el siglo XIX se creó en

Europa la idea de Estado-nación, es decir, un país con unas instituciones administrativas centrales delimitado por una frontera, cuyos ciudadanos comparten una identidad común basada muchas veces en un pasado compartido. En un Estado las instituciones, además de mantener el funcionamiento del país, tienen un papel central en construir y reforzar la idea de unidad dentro de sus ciudadanos. Esta organización política es la que predomina en el mundo en que vivimos, por lo que la historia de los vaivenes de los Estados nacionales de Medio Oriente nos abre muchos interrogantes sobre este modelo, sus alcances y sus limitaciones. Cuestionamientos que, de distintas maneras y por otras razones, también hemos visto que hacen parte de los problemas de la Unión Europea.

Hay dos formas de articular la identidad del Estado-nación que se pueden dividir entre el modelo francés y el alemán. La primera sería la de una unidad a través del contrato social. Este modelo fue inaugurado e inventado por Francia y es una parte importante en la que se basa la democracia, ya que se acuerda una identidad colectiva de seres iguales entre sí basada en el respeto a la institucionalidad, los derechos y los deberes de los ciudadanos que se adhieren a la entidad del Estado. Una idea que expuso Jean-Jacques Rousseau en su obra *El contrato social*, en donde todos acuerdan respetar la misma institucionalidad y crear una ciudadanía compartida. En estos principios se inspiraron Simón Bolívar y San Martín en las gestas de independencia latinoamericanas.

Otra manera de articular el Estado-nación, que no necesariamente excluye el contrato social, es el nacionalismo consagrado por el modelo alemán en el siglo XIX. En 1870, Alemania se creó como Estado-nación en su versión más o menos actual a través de Otto von Bismarck. En este proceso, que se conoce también como *reunificación*, varios reinos se unieron con el Imperio prusiano y formaron una nación sobre la premisa de la unidad cultural germánica. Así se construyó un relato de unidad a través de un pasado e identidad compartidos. Este pasado a veces es reconstruido o imaginado, dando importancia a una única cultura, por lo que puede dar pie a nacionalismos que reivindican la legitimidad de una sola etnia (como de hecho pasó en Alemania con el nazismo en el siglo XX), mientras que el modelo del contrato social abre las puertas a un reconocimiento entre todos los seres como iguales. La división entre ambos modelos puede plantearse como *demos* vs. *etnos*. *Demos*, basado en la palabra griega "para ciudadanos", implica el acuerdo político entre ciudadanos que pueden ser de cualquier origen. Etnos implica la legitimidad de un grupo cultural que se identifique en función de su religión, idioma, cultura, origen o etnia. Estos dos modelos han sido adoptados por todos los países del mundo para la construcción de la identidad nacional, en donde se da preeminencia a una u otra idea, y hoy vivimos en un mundo de Estados nacionales, no de ciudades-Estado ni de imperios.

En América Latina, con las independencias en el siglo XIX, se construyeron Estados-nación de manera voluntaria, y nuestra historia en parte ha sido la larga travesía de construir un pasado e identidad colectivos que reconozcan todas nuestras influencias históricas. América fue el primer continente fuera de Europa en donde se creó y avanzó en la idea de esta forma de organización política, y es y ha sido un laboratorio de creación de identidad común desde los tiempos en que la idea se originó. Los Estados-nación, recordemos, son una invención más o menos reciente, y por ello siguen siendo una idea en construcción.

La historia del Medio Oriente, en cambio, es distinta, porque las estructuras políticas de vastas entidades territoriales (recordemos los sucesivos imperios que existieron) presentes durante más de siete mil años fueron reemplazadas por la de Estados-nación, y no de manera voluntaria ni conquistando la independencia, como en el caso de América, sino impuestas de manera arbitraria por Francia e Inglaterra, los dos grandes imperios del momento. La larga disputa entre potencias europeas por el control del territorio del Imperio otomano apoyando a unos y sembrando división aquí y allá culminó finalmente con la Primera Guerra Mundial, cuando el Imperio otomano luchó del lado de las potencias centrales, que perdieron. Y al ser derrotado se desbarató de manera definitiva después de siglos de decadencia.

La caída del Imperio otomano inauguró una era ininterrumpida en la que Medio Oriente se volvió un escenario de las querellas y disputas de potencias occidentales, en donde sus estructuras políticas se vieron sometidas y convertidas al modelo europeo, lo que se tradujo en la búsqueda de muchos pueblos por alcanzar una autonomía y crear un relato de identidad propio que ha adoptado bastantes formas en los últimos cien años. Y por esto mismo fue a partir de este hecho que comenzó la historia reciente de conflictos generalizados en la región.

En 1916, en plena guerra, Francia e Inglaterra, a través de los diplomáticos Mark Sykes, del lado inglés, y François Georges-Picot, del lado francés, negociaron a escondidas un acuerdo para dividirse, literalmente, toda la región bajo dominio otomano de la Medialuna Fértil y el Hiyaz. Como ya habían hecho las potencias occidentales (recordemos que en 1886, en la Conferencia de Berlín, se repartieron África), lo volvieron a hacer en 1916 trazando líneas sobre un mapa sin siquiera conocer los contextos y realidades culturales de esta zona rica en historia, es decir, crearon países en un escritorio. De nuevo retomamos la idea del colonialismo. La expansión europea y las ansias de dominación mundial bajo una única visión occidental, pasando por encima de pueblos enteros y autoproclamándose superiores al resto del mundo, hicieron que Inglaterra y Francia creyeran que tenían el derecho a repartirse una tierra que no era de ellos. Esta es la semilla de los conflictos actuales en la región porque impuso una estructura administrativa ajena y dividió la región de la Medialuna Fértil, que siempre había estado más o menos unida manteniendo su autonomía y sus características culturales, pero nutriéndose también de las influencias imperiales de turno.

Del colonialismo europeo se originaron todos los Estados-nación actuales del Medio Oriente. De manera arbitraria se trazaron líneas que dieron nacimiento a las fronteras de los actuales Siria, Líbano, Jordania, Irak, Palestina, cada uno perteneciendo a una potencia occidental. El acuerdo secreto de Sykes-Picot dejó de ser secreto gracias a la Revolución rusa, ya que el Imperio ruso había supervisado las conversaciones entre ingleses y franceses. Al triunfar la Revolución, los bolcheviques se encargaron de ventilar todos los tratados y salirse de los acuerdos que el Imperio había pactado. Así se dieron a conocer los ánimos imperialistas de primera mano. El acuerdo de Sykes-Picot finalmente no fue implementado: Estados Unidos, entonces bajo la presidencia de Woodrow Wilson, no apoyó que se repartieran los territorios como colonias, cuando una de las causas que habían reivindicado para unirse al conflicto había sido la autodeterminación de los pueblos, en referencia a la invasión de Serbia por el Imperio austrohúngaro. Sin embargo en los siguientes años se armaron y desarmaron acuerdos siguiendo esta misma línea imperialista, y la cuestión de la autonomía se resolvió con un eufemismo: "protectorado" o también "mandato". Es decir, los países quedaron bajo la supervisión política de una potencia europea. Sykes-Picot marca la pauta y consagra ese imaginario dentro de los pueblos de la Medialuna Fértil de haber sido utilizados y repartidos, ya que las reivindicaciones legítimas contra el Imperio otomano de pueblos como los árabes y los kurdos fueron útiles para los intereses occidentales que los apoyaron, mientras al mismo tiempo negociaban la repartición de sus territorios entre europeos.

Durante la guerra, muchos pueblos de la Medialuna Fértil, como los kurdos y los árabes, lucharon por su independencia contra el Imperio otomano con el apoyo de potencias extranjeras. La idea de los árabes, liderados por la familia de los hachemitas, fue crear un gran reino árabe que se extendiera por todo el Máshreq, y creyeron que el apoyo francés e inglés les garantizaba este futuro. Los kurdos, otra cultura presente en Anatolia y el Máshreq, también lucharon contra los otomanos en busca de una nación kurda. Pues bien, el acuerdo de Sykes-Picot demostró la agenda real de los imperios occidentales. Tras finalizar la guerra en los años siguientes se firmaron tratados entre los vencedores, sin consideraciones de los vencidos y de todos los pueblos que lucharon por su autodeterminación en el Medio Oriente. En unos tratados se prometieron unas cosas, y en otros, otras.

En el Tratado de Sèvres se contemplaba, por ejemplo, un país kurdo, y esto significaba la división territorial de Anatolia, repartida también en unas zonas para Italia y Francia. Fue en respuesta a este tratado arbitrario que los turcos comenzaron la guerra por la independencia, liderados por Mustafá Kemal, que sería rebautizado como Atatürk, el padre de la Turquía moderna. Gracias a esta lucha, Turquía fue uno de los pocos países en esta coyuntura imperialista que logró articular un Estado-nación con un relato construido por sus propios ciudadanos. Y se fundó un país muy influenciado por las ideas occidentales, en donde se planteó *un país-una lengua*. A través de las reivindicaciones de una homogeneidad étnica que recuperaba solo el legado turco, durante el proceso de independencia turca se llevó a cabo el genocidio de más de un millón de armenios, una población que habitaba Anatolia que fue señalada por el naciente movimiento de independencia turca. Este es un legado siniestro de la Turquía moderna, en donde poco o nada se debate sobre el tema.

Sin embargo, Atatürk logró consolidar un proyecto de identidad y Estado importantísimo, que explica la preponderancia de Turquía en la región. Él fue uno de los grandes líderes en la his-

Durante la guerra, muchos pueblos de la Medialuna Fértil, como los kurdos y los árabes, lucharon por su independencia contra el Imperio otomano con el apoyo de potencias extranjeras.

toria contemporánea de Anatolia y el Máshreq. Bajo su liderazgo, Turquía se planteó como un Estado-nación moderno influenciado por el pensamiento occidental, de manera tal que en la creación del proyecto turco se adoptaron un modelo laico y una occidentalización. El alfabeto árabe se reemplazó por el latino y se produjo una modernización que incluyó avances en los derechos de los ciudadanos, como el voto de las mujeres, décadas antes de que se lograra en países europeos. Como fue una revolución de oficiales del antiguo ejército otomano, del cual Atatürk hizo parte, el papel del Ejército se volvió preponderante como constructor de nación. Por eso, desde entonces, el Ejército turco tiene una influencia fundamental en la política del país y se considera como el protector del legado laico y modernista de Atatürk. Sobre este legado laico, que en la actualidad va en detrimento, hablaremos más adelante.

La nueva Turquía fue de los pocos países bien librados, ya que logró resistir la repartición europea, en parte por ser el centro administrativo y militar del antiguo imperio. Para los países de la Medialuna Fértil, las fronteras igualmente se trazaron sobre los mapas, con leves modificaciones respecto al acuerdo Sykes-Picot. Así, no solo la creación de los Estados del Medio Oriente contemporáneo es producto del colonialismo europeo; también se montan sobre las traiciones a los pueblos árabes y kurdos. En la práctica, esto se tradujo en que se impusieron unas fronteras entre culturas que quedaron divididas, como los kurdos, y se dividió lo que no tenía fronteras, como el gran desierto de la península arábiga, el desierto de arena continua más extenso del mundo, fracturando la unidad árabe.

Así, por ejemplo, lo que hoy es Irak está construido sobre tres grandes regiones que a lo largo de los milenios se han mantenido casi intactas. Los otomanos las tenían divididas como zonas administrativas, basadas a su vez en regiones distintivas desde la Antigüedad: Mosul, con presencia cultural kurda; Bagdad, de mayoría árabe suní; y Basora, en donde vivían árabes chiíes. En la región de Basora, además, están los lugares santos de los chiíes, pero Irak quedó conformado como un país de mayoría suní. Los gobiernos inglés y francés, en su profunda ignorancia, resolvieron agrupar las tres regiones en un solo país.

En otro tratado, el de San Remo de 1920, se le adjudicó a Francia el territorio de lo que sería Siria. En esta región, los hachemitas, una de las dinastías árabes que lideró las batallas contra los otomanos, proclamaron el reino de la gran Siria en 1920, en busca de un reino árabe, liderados por el rey Faysal, pero los franceses terminaron expulsando los hachemitas de Siria y tomando el control del país. Más tarde dividieron una parte de Siria, que se volvió Líbano, en donde la administración colonial les dio el poder y la atención especial a los maronitas, cristianos presentes desde las Cruzadas.

Así que teníamos un gran imperio de una vasta extensión con legados milenarios y culturales de las civilizaciones bizantina y árabe, y de repente pasamos a tener pequeños países a discreción de Francia e Inglaterra, en donde se utilizó a los líderes regionales según sus intereses. Los hachemitas fueron expulsados de Siria, pero luego los ingleses convenientemente pusieron a Faysal en Irak, su protectorado, donde nadie lo conocía. A Abdalá, otro pariente hachemita, lo pusieron en el trono de Transjordania en 1924, que luego cambió su nombre a Jordania. Así, esparcieron a los hachemitas en países donde no tenían arraigo ni apoyo, y de este modo terminaron siendo los líderes de regímenes favorecedores a las potencias europeas por la misma estructura del protectorado y porque las potencias los habían puesto en el poder. La promesa del gran reino árabe no fue cumplida ni lograda y los hachemitas perdieron el control sobre el Hiyaz, la región de los lugares santos musulmanes de La Meca y Medina que fue adjudicada con beneplácito de las potencias a la naciente Arabia Saudí, de la familia árabe saúd, rivales de los hachemitas.

Así, el mapa que se fue armando en la década de los años veinte y treinta fue de regímenes de distinta naturaleza en la Medialuna Fértil inventados arbitrariamente por las potencias occidentales.

Los países bajo protectorado inglés eran monarquías, como Irak, Transjordania y Egipto, que ya estaba bajo su mandato desde hacía más rato, a causa del endeudamiento que tuvo el país para la construcción del canal de Suez, y que terminó en la adjudicación de todo el país al Reino Unido. Los países bajo dominio francés tenían repúblicas en Siria y Líbano.

Toda esta transformación imperialista produjo una división profunda en el Máshreq porque la dominación colonialista viene acompañada (y esto también pasó en África y es la causa subyacente de conflictos actuales) de una dependencia económica y una relación desigual respecto a la metrópolis imperial. A esto se le suma el empoderamiento de una élite, muchas veces parte de una minoría que favorece su propia tradición (basada en la vieja estrategia de "divide y vencerás"). En Líbano y en Siria, los franceses dividieron los países enfatizando las diferencias étnicas favoreciendo, por ejemplo, a los alauitas en Siria, una minoría de una rama específica chií que a los ojos de muchos musulmanes ni siquiera son considerados verdaderos creyentes. Esta estructura da pie para resentimientos de carácter étnico o religioso. En Siria, el clan de Bashar al-Ássad es alauita, desde 1970 la clase gobernante, que desde entonces ha generado muchísimo resentimiento. Es en la búsqueda por tumbar a esta familia del poder que se origina la guerra actual. La preeminencia de los maronitas en Líbano estalló en conflictos durante los ochenta y noventa, relatados en el audio de este capítulo.

Otro problema fundamental que condiciona todas las políticas de la Medialuna Fértil a ser supeditadas a intereses de otros desde ese momento fue el petróleo, ya que esta región cuenta con las mayores reservas petroleras del mundo, cuya explotación es relativamente fácil, a diferencia de otros lugares del planeta. La Primera Guerra Mundial fue el primer conflicto a gran escala en donde se utilizó el petróleo de manera generalizada. Antes, las fuentes energéticas eran el carbón o el vapor, pero en 1910 Winston Churchill, entonces primer Lord del Almirantazgo, anunció la decisión de cambiar la fuente de energía al petróleo. Los barcos de combustión interna eran muchísimo más rápidos que los barcos a vapor. Con esta decisión se introdujo el petróleo a la industria de la guerra, tras lo cual empezó a estar presente en nuestra vida cotidiana. Esta dependencia del petróleo continúa hasta nuestros días, ya que el petróleo se volvió fundamental para industrias y sectores diversos.

Sin embargo, Europa no tenía petróleo, por lo que durante las primeras décadas del siglo XX, exploradores y luego representantes de las compañías petroleras acordaron tratos con las administraciones locales dentro del Imperio otomano y con los safávidas, en Irán. Bien temprano se hicieron concesiones en Irán a la Anglo Persian Company, hoy llamada British Petroleum. Para este momento, Estados Unidos había sido el país pionero en desarrollar la industria petrolera, explotando sus propios recursos desde el siglo XIX y creando los estándares petroleros. Así nació y de allí viene el nombre de la Standard Oil Company, de John D. Rockefeller que se dividió en cinco empresas distintas, debido a las leyes antimonopolio, que luego adoptaron los nombres de Chevron, Texaco, Exxon y Mobil. Estas cinco, más la Royal Dutch Shell, de Holanda, que luego se llamaría Shell solamente, y British Petroleum se conocieron como *las siete hermanas*, el oligopolio de petróleo que controlaba el 85% de las reservas petroleras hasta 1973, el año de la crisis energética.

Este control se aseguró durante las primeras décadas del siglo XX. En 1909 la entonces llamada Anglo Persian logró una concesión de cien años, de los cuales noventa eran sin regalías para el país iraní. Así que cuando llegó el día en que se cayó el Imperio otomano, que quedó además del lado perdedor, e Inglaterra del lado ganador, pues ahí sí les quedó redondito el negocio. Estados Unidos, en aquel momento, seguía manteniendo un bajo perfil en la geopolítica mundial, por lo que no participó en el reparto, pero todo cambió cuando en 1938 se descubrieron yacimientos de petróleo en Arabia Saudí. Con la concesión en 1945 de la

explotación de petróleo en Arabia Saudí a cargo de la Standard Oil Company estadounidense comenzó un vínculo que nos va a explicar mucho de la geopolítica del Medio Oriente y que le daría un peso sin igual a Arabia Saudí en las políticas del mundo árabe, sobre todo en los últimos cuarenta años. Así que no se nos olvide este dato fundamental.

El petróleo, que fue considerado por los franceses e ingleses como parte fundamental de sus intereses imperiales en el reparto de la Creciente Fértil, continúa hasta hoy articulando las políticas locales a intereses internacionales. Desde la Segunda Guerra Mundial hubo un relevo de los imperios europeos a Estados Unidos y la Unión Soviética en el juego de influencias e intervenciones en la política de la Creciente Fértil.

Después de 1945 los viejos imperios cayeron por la destrucción de la guerra y en este momento se produjo la creación de un primer movimiento de autonomía y proyecto común del Máshreq, en medio del proceso de descolonización a nivel global. Después de la Segunda Guerra Mundial los protectorados llegaron a su final definitivo y se produjeron movimientos nacionales en varios países del Medio Oriente para crear un proyecto político y nacional propio que tomó en cuenta la necesidad de controlar los recursos nacionales.

Como latinoamericanos sabemos por propia experiencia lo difícil que es construir un proyecto político en común. Pues ahora imaginemos la tarea de hacerlo bajo estructuras arbitrarias y artificiales, impuestas por otras culturas que se aprovecharon de divisiones internas. Y a esto súmele el empoderamiento de una élite al servicio de la potencia de turno, lo que se traduce en corrupción, resentimientos étnicos, dependencia económica y falta de autonomía en las decisiones políticas, vinculadas siempre a la agenda internacional por tener importantes recursos energéticos del mundo. De aquí es de donde parten los países actuales del Medio Oriente. Y luego los países occidentales critican a la región por su falta de democracia, cuando las condiciones iniciales planteadas por ellos en su momento, sobre el derecho —que no tenían— a la dominación sobre otros pueblos, no eran precisamente la fórmula mágica para la equidad y la justicia.

Guerra Fría, Panarabismo e Israel

El panarabismo, hacia una identidad común y la creación del Estado de Israel

Por lo que ya teníamos unas fronteras creadas según intereses occidentales, luego súmele monarquías corruptas sometidas también a los intereses de las metrópolis. Todo esto en medio de una relación económica desigual, en donde el petróleo no representaba ganancia alguna para la inversión nacional pero sí sostenía las economías occidentales. Este era el panorama de los nacientes Estados del Máshreq durante sus primeras décadas de existencia. Los movimientos de descolonización que comenzaron en la década de los cincuenta quisieron revertir todo esto, y una de las propuestas más importantes para crear nuevos proyectos nacionales, laicos y con un interés social, fue el panarabismo. Para entender por qué hoy las tendencias en el Medio Oriente parecen darle una preponderancia a la religión tenemos que ver cómo llegó a ser protagónico el islamismo político, en detrimento del panarabismo. En este sentido, mezclar la religión islámica dentro de la política no ha sido siempre la tendencia en la región y obedece a varias coyunturas que veremos a continuación.

El panarabismo fue un movimiento de unidad árabe liderado por Gamal Abdel Nasser y el partido del Baaz, un partido presente en Irak y Siria que alcanzó el poder durante los años cincuenta y sesenta. Liderado por militares, que obtuvieron el poder mediante golpes a las monarquías deslegitimadas impuestas por Occidente, el panarabismo siempre tuvo un tinte antiimperialista y a favor de la autodeterminación. Fue forjado por militares, por lo que el Ejército, inspirado por el modelo turco, comenzó desde entonces a tener una influencia fundamental en la política nacional. A grandes rasgos, fue el primer gran movimiento de unidad árabe tras la fractura de la caída del Imperio otomano. En los países donde había gobiernos panarabistas se buscó generar una mediana asistencia social, tener una economía planificada y recuperar los recursos nacionales que estaban empeñados a empresas occidentales. El panarabismo se inspiró mucho en el socialismo y fue un movimiento estrictamente laico. Esta tendencia de gobiernos laicos se dio no solo en el Máshreq sino también en el Magreb. En Túnez, Habib Burguiba fue el gestor de la independencia ante Francia en 1956, se convirtió en el primer presidente y declaró una república laica con una constitución muy influenciada por las ideas occidentales. De esta línea también salieron personajes como Muamar el Gadafi, en Libia, donde también se depuso a la monarquía con un golpe de Estado en 1969 y se fundó una república. Gadafi nacionalizó el petróleo e inicialmente apoyó y buscó una unión panárabe con el Máshreq. Todos estos cambios políticos definieron las décadas siguientes a la Segunda Guerra Mundial representando un florecimiento de las teorías y los modelos políticos para acabar por fin con el colonialismo y crear un proyecto nacional. El modelo panárabe fue estrictamente laico; tengamos esto en cuenta para no caer en la tentación de pensar que la unión política y religiosa actual que vive el Medio Oriente es producto de un atraso histórico, como muchas veces se piensa.

La era de dominación de Inglaterra y Francia en Medio Oriente se acabó con la Segunda Guerra Mundial. En las décadas que siguieron al conflicto, en todo el mundo bajo el yugo del colonialismo se produjeron movimientos nacionalistas para la independencia.

En la Medialuna Fértil se gestaron movimientos para derrocar los regímenes políticos establecidos por las potencias occidentales. Así se formó un modelo para buscar una autonomía y soberanía reales, en medio de estructuras implantadas.

Sin embargo, este movimiento se dio cuando comenzó otro esquema de dominación global, también de potencias occidentales: la Guerra Fría. Esta nueva retórica en cuestiones prácticas no se diferenció mucho del colonialismo en los asuntos políticos internos de los países del Medio Oriente porque mantuvo la idea de la superioridad y el derecho autoproclamado de intervenir y diseñar el mundo según una visión occidental: fuera el capitalismo o el comunismo (ambos inventos occidentales) interfiriendo, una vez más, en cualquier intento de autonomía. Los países panarabistas no eran comunistas, aunque tuvieran un sustrato socialista de fondo, el cual influenció en todas partes los movimientos de descolonización. Para demarcar la distancia del comunismo soviético, incluso Nasser fue el que lideró, junto con Sukarno, en Indonesia, y Nehru, en India, la creación del Movimiento de los No Alineados, que buscó crear un bloque alternativo a la bipolaridad entre Estados Unidos y la Unión Soviética. Sin embargo, a los ojos de Estados Unidos, el panarabismo se vio con recelo y sospecha por su carácter laico y de economías centralizadas. El Medio Oriente pasó de ser diseñado por un juego de dominación europeo a quedar atrapado, como tantas otras regiones del mundo, en las dinámicas de la Guerra Fría.

Ya que durante casi los siguientes cincuenta años después de la Segunda Guerra Mundial, el mundo estuvo dividido políticamente en una dualidad sustentada en el miedo y el odio al enemigo que se extendió por todo el planeta, en la lucha por la influencia de las dos potencias en distintos países. Una lucha que no sería directa, por eso se llama la Guerra Fría, porque ambas potencias contaban con la bomba nuclear, por lo que la extinción total mutua estaba garantizada. Así, se hizo la guerra a través de conflictos de terceros, justo en el momento en que más de la mitad del mundo se estaba independizando de los antiguos imperios, por lo cual hubo varios frentes en donde las luchas internas quedaron atrapadas en la lucha por la influencia de una u otra potencia. Esta intervención en conflictos ajenos de parte y parte también es un legado colonialista y asimismo causó estragos. En América Latina originó desastres, ya que la rivalidad y el miedo al comunismo justificaron persecuciones políticas, dictaduras y conflictos armados. En su momento garantizó un equilibrio de poder entre Estados Unidos y la Unión Soviética a nivel planetario.

La Guerra Fría es el precedente inmediato que tenemos de la idea de mantener el *statu quo* regional en el Medio Oriente. No importaba si Estados Unidos defendía dentro del discurso binario el mundo libre y la democracia. A la hora de la verdad, para mantener el *statu quo*, y que el comunismo no fuera legitimado como sistema político, en distintos países se fomentaron dictaduras (como también se hizo en Latinoamérica y en el Sudeste Asiático) y se apoyó a regímenes abiertamente antidemocráticos, opresivos o radicales como la monarquía del sah en Irán o las monarquías del golfo Pérsico que están estructuradas bajo una lectura rigorista de la *sharia*, en donde se contemplan dentro de la ley la sumisión permanente de las mujeres, los castigos como la lapidación, y son monarquías absolutistas, todas aliadas al eje occidental.

El panarabismo podría haber sido un momento de inflexión para una decisiva recuperación de la autonomía de toda la región del Medio Oriente. Sin embargo a los viejos imperios europeos los sucedieron los nuevos imperios de Estados Unidos, convertido en la gran potencia mundial, y la Unión Soviética, que también cumplieron un papel en las intervenciones y en considerar el Medio Oriente como una zona estratégica dentro de su propia rencilla mundial. El juego de estrategias y dominación occidental continuó, y para colmo, con el tiempo, los proyectos panarabistas terminaron convirtiéndose en dictaduras militares.

El caso de Irán es emblemático, nos enseña cómo la intervención occidental abortó un proyecto laico y siguió continuando prácticas colonialistas en la región. Irán nunca fue un protectorado propiamente, pero desde la concesión a principios del siglo XX a la Anglo Persian Oil Company los ingleses habían tenido un papel preponderante en controlar la política iraní. La monarquía de los Pahlavi estaba legitimada por Inglaterra y aseguraba su dominio sobre un país que no veía la riqueza de la monarquía y cuyas concesiones petroleras no contemplaban regalías. Un año antes del triunfo de Nasser en Egipto, el sah iraní nombró primer ministro a Mohammad Mossadegh, ante su creciente popularidad y el descrédito de la monarquía. Mossadegh implementó reformas inspirado también por el modelo político secular y nacionalizó el petróleo iraní. Ante esto, en 1953 los servicios de inteligencia británicos, que pidieron apoyo a la CIA, organizaron un golpe de Estado bajo el nombre de la "Operación Ajax" y depusieron a Mossadegh, el cual murió tiempo después en arresto domiciliario. Este golpe involucró intrigas, mentiras, difamaciones diseñadas por la CIA y los servicios de inteligencia británicos, a fin de presionar al sah para sacar a Mossadegh del poder y desacreditarlo públicamente. Tras esto se le otorgaron poderes especiales al sah, que se volvió la pieza por excelencia de Occidente en el Medio Oriente.

El siguiente movimiento para un cambio del régimen iraní se tuvo que producir más de veinte años después, en 1979, y ahí la tendencia fue completamente distinta, del panarabismo laico y secular se pasó a un proyecto político vinculado a la religión islámica. Este cambio de paradigma nos explica mucho de las tendencias actuales en todo el Medio Oriente de darle a la religión una preponderancia y un lugar político. No es, como se nos hace creer, un producto del fanatismo islámico buscar la implementación de proyectos político-religiosos; esta visión no hace sino ahondar los prejuicios y la islamofobia. La islamización política es una tendencia que tiene unas raíces históricas en la Guerra Fría y que se legitimó por el fracaso del panarabismo.

La unidad, pero también la fragmentación del panarabismo, estuvieron muy relacionadas con el conflicto con Israel. Ahora, si repasamos todo lo antes dicho, notarán que hay una gran ausencia: Israel. En nuestro mapa del Medio Oriente elaborado por europeos no apareció. Porque este país se creó después, en este ya de por sí arbitrario y confuso panorama.

Israel y la diáspora judía

Como habíamos mencionado en el capítulo anterior, durante siglos el pueblo judío fue perseguido y señalado en la historia occidental. Desde Rusia hasta España, a lo largo de los siglos se persiguió a los judíos por su religión y luego, desde el siglo XIX, se les consideró seres inferiores en el apogeo del racismo colonialista occidental. Este racismo estuvo presente en todas las esferas de las distintas sociedades occidentales. Fue la aceptación social del racismo lo que permitió la complicidad y la legitimidad del régimen nazi que culminó en el genocidio de millones de personas de distintos países que habían sido expulsadas de sus sociedades en función de su religión.

Mucho antes del nazismo, uno de los movimientos que se dio para responder al racismo y exclusión social a los que eran sometidas todas las personas de la fe judía fue el sionismo, creado a finales del siglo XIX. Theodor Herzl, una de las principales figuras de este movimiento, periodista, diplomático y escritor, se encargó de difundir y establecer una organización sionista, en la búsqueda de crear un Estado judío: un hogar nacional para el pueblo judío. Es decir, tal era el nivel de racismo dentro de Europa que se tuvo que plantear un movimiento para crear un país entero, a fin de huir de la exclusión y persecución constantes y de los recurrentes asesinatos a judíos en todas las latitudes de Europa. Recordemos que esto sucedió en el siglo XIX, que dentro del relato histórico europeo es visto como una era de progreso científico y auge del mundo occidental.

En 1897 se efectuó el primer congreso sionista; distintas personalidades de varios países acordaron buscar el establecimiento de una nación judía. Inicialmente se barajaron distintas posibilidades para establecer el país, desde Canadá y Argentina hasta Uganda y Palestina. Por último se decidió que fuera en Palestina, por la carga simbólica que este territorio representaba, y desde principios del siglo XX varias personas judías comenzaron a comprar tierras a través del recién establecido Fondo Nacional Judío, en territorios entonces otomanos. La colonización judía al principio fue bien recibida, pero a través de los años generó tensiones con la población árabe local.

Al pueblo judío también se le hizo su respectiva promesa en 1917. En la Declaración Balfour, el Gobierno inglés expresó que veía con buenos ojos el establecimiento de un hogar nacional judío en la tierra de Palestina. En el momento de la declaración, Palestina era un territorio otomano donde solo el 3% de la población era judía. Es decir, fue una declaración que dejó entrever los ánimos colonialistas de Inglaterra, ya que pocos años después se creó la Palestina moderna, en la coyuntura que ya vimos de dividir la región como protectorado inglés. En las décadas siguientes se empezó a gestar un conflicto entre la población árabe local, que se vio progresivamente desplazada por los colonos que emigraron en busca del sueño de crear una nueva historia para el pueblo judío. Sin embargo, el éxodo a Palestina era limitado; desde finales del siglo XIX hasta 1914 la emigración de población judía tuvo como destino elegido Estados Unidos, con casi tres millones de migrantes.

Hasta que llegó el Holocausto. Seis millones de judíos murieron, y nos demostramos como humanos el nivel de barbarie al que podemos llegar bajo la convicción de la superioridad de unos y la inferioridad de otros. Pero como habíamos visto, el pueblo judío fue olvidado y rechazado no solo por los nazis, sino por todos los pueblos europeos que colaboraron con las deportaciones, y tal sería el grado de racismo que, aun después de la guerra, todos los sobrevivientes de los campos de concentración quedaron a la deriva. No hubo ningún intento por acoger a los sobrevivientes, y muchos incluso quedaron en campos de refugiados ubicados en los mismos campos de concentración. En los años siguientes sucedió una situación paradójica y que no se explica lo suficiente al tomar en cuenta los actuales conflictos entre palestinos e israelíes. En medio de la conmoción que se produjo cuando se conoció durante los juicios de Núremberg el grado de exterminio cometido por los nazis se volvió una prioridad reparar la situación de todos los sobrevivientes judíos de la guerra. Muchos, ante la falta de acogida de diversos países, comenzaron a emigrar a Palestina y fue entonces cuando empezó una llegada masiva de judíos, lo que produjo tensiones con la población palestina y, a su vez, una lucha contra el control británico. Por último, en 1947 se llevó a la recién creada ONU la petición de partir Palestina en dos Estados, la cual fue aprobada. El 55% del territorio de las fronteras originales creadas en el establecimiento del protectorado de Palestina se volvió Israel, y el resto, dividido en tres zonas no comunicadas entre sí, siguió siendo Palestina. Jerusalén fue declarada capital internacional, dado que es una ciudad sagrada para las tres religiones del libro: el cristianismo, el judaísmo y el islam. Y así, en 1948 se creó el Estado de Israel por mandato de la ONU, teniendo en cuenta el deseo occidental de reparar de algún modo al pueblo judío. Es decir, la reparación por un crimen occidental fue expulsar finalmente a los judíos de Europa y fundar un país en el Medio Oriente.

Lo que nunca se debe olvidar es que el conflicto árabe-israelí tiene causas originadas en Europa, lo cual no se mira con suficiente atención. Para reparar la persecución de siglos en Europa a europeos (porque los judíos eran rumanos, checos, holandeses, alemanes) se decidió, bajo la lógica colonial del derecho autoproclamado de disponer de territorios ajenos, crear un país fuera de Europa. Es decir, garantizando de este modo la expulsión final de los judíos, en cuya decisión no participaron ni fueron consultados los palestinos, a quienes les pertenecían las tierras. De la tragedia del racismo europeo y el colonialismo nació un conflicto que fracturó aún más una zona dividida a discreción de los europeos. La historia del conflicto árabe-israelí no es una historia de orígenes bíblicos, como se ha montado para justificar y mantener el conflicto. No es un conflicto exclusivamente religioso. Es un conflicto político que data de 1948, cuando el racismo de Europa expulsó a los judíos y el mismo colonialismo europeo los puso en tierras árabes que estaban bajo dominio inglés desde 1923.

La confusión sobre este origen y la lucha por la legitimidad de cada posición hace que se involucren muchos hechos. Se dice, por ejemplo, que no había nadie en Palestina y que los judíos simplemente llegaron. Esto se basa en la idea de que los palestinos no se identificaban como tales porque no había un Estado nacional palestino sino una Palestina creada hace poco por el imperialismo inglés y bajo su protectorado. En efecto, no había una identidad nacional porque esta, como lo hemos dicho ya, es una construcción europea del siglo XIX, y toda la región del Máshreq tuvo sus propias organizaciones políticas de grandes extensiones de manera ininterrumpida durante siete milenios. El proyecto de identidad nacional se comenzó a forjar precisamente con el panarabismo, apenas en los años cincuenta, intentando superar todas las dificultades históricas que conlleva la arbitrariedad de las estructuras de los Estados nacionales en la Medialuna Fértil. Entonces, aunque no hubiera una identidad nacional con himnos y banderas a la manera occidental, sí había más de un millón de personas que habitaban unas tierras durante generaciones y tenían un vínculo cultural, una propiedad y un modo de vida, de las cuales más de ochocientos mil palestinos fueron desplazados con la creación del Estado de Israel. Y de inmediato empezaría la primera de muchas guerras árabes-israelíes, ya que los países vecinos no reconocieron la legitimidad de la decisión de la ONU y atacaron al Estado recién creado. Esta creación de Israel sucedió en un momento en el que uno de los grandes paradigmas del mundo occidental, la colonización, se vio rebatido por los movimientos anticoloniales. Es decir, aunque el mundo comenzó a liberarse del yugo colonialista, la creación del Estado de Israel estaba enmarcada bajo la lógica colonialista de disponer de tierras ajenas.

La complejidad de esta coyuntura devino en varios conflictos, en donde ambas partes tienen sus razones en una situación que no se ha resuelto hasta el día de hoy. Israel, a donde llegaban los sobrevivientes de la barbarie occidental, que no tenían a dónde más ir por el racismo, empezó deslegitimado por todos los vecinos. Su respuesta fue defenderse y, en las guerras que vendrían en los años siguientes, atacar para legitimarse. Desde la primera guerra, en 1948, tras sufrir el ataque de los países vecinos, Israel desconoció las fronteras trazadas por la ONU y conquistó territorio palestino, pero como el mundo árabe desconoció la legitimidad del Estado de Israel, es decir, su derecho a existir, Israel ha creado un relato que modula su política diciendo siempre que se está defendiendo y llegando a atacar en nombre de una supuesta defensa.

Hay otro factor fundamental para entender el arraigo del conflicto. Desde un inicio el sionismo consideró un relato de Estado-nación basado en la religión judía como ente unificador. La identidad nacional en Israel se ha forjado a través del mito de su derecho a retornar a Palestina para terminar milenios de diáspora. Esto eleva la creación del Estado de Israel, una coyuntura histórica y política con varios países involucrados, a un problema religioso con connotaciones esencialistas y posturas inamovibles que niegan la existencia de palestinos y los procesos históricos de los últimos siglos.

El conflicto religioso original es el de Europa con el pueblo judío. Hasta 1948 no existían un conflicto ni persecución entre árabes y judíos. Convenientemente se olvida la responsabilidad histórica occidental. Muchas veces, estos países son los árbitros de un conflicto que ellos generaron a través del racismo y el colonialismo que dejan enfrentados a dos pueblos. Otro factor que alimenta el conflicto es el discurso de un Estado-nación vinculado estrictamente a la religión, que, por definición, implica un relato que excluye a toda la población árabe o musulmana que vive en Palestina y en territorio israelí. El conflicto se ha degradado de manera tal, que, cincuenta años después de huir del racismo, hoy en día, a través de las instituciones, los medios de comunicación, el ejército y la policía, en Israel se justifica una política expresamente racista contra toda la población palestina. Los sucesivos gobiernos israelíes no acataron el mandato original de la ONU, y desde entonces han ocupado los territorios de Palestina mediante políticas estatales. Dentro de las fronteras israelíes se construyeron muros desde inicios de este milenio, para separar y dividir a toda la población palestina que habita en Israel. De este modo se instituyen políticas que hacen de los palestinos ciudadanos de segunda clase, segregados de las ciudades y la infraestructura de los ciudadanos judíos. El vínculo entre el Holocausto y la creación de Israel hace que no se puedan debatir las políticas racistas porque se usa con facilidad el argumento de ser antisemita. El papel de países occidentales ha sido apoyar al régimen israelí, por lo que Palestina no ha sido reconocido como Estado oficial en la ONU. Parece haber una culpabilidad occidental todavía manifiesta que luego se volvió una alianza política con Israel y que impide que se solucione un conflicto que ha causado una inestabilidad fundamental en toda la región del Máshreq. Todo esto se monta sobre una plataforma de no reconocimiento del otro de parte y parte. Una discusión sobre el derecho a existir sombríamente se convierte en la posibilidad de la destrucción total del otro.

Los pueblos y gobernantes del Máshreq consideraron la creación de Israel como una invasión y una nueva intervención colonialista al disponer de su territorio para reparar un crimen que los árabes no cometieron sobre un pueblo que no era su enemigo. Cuando los judíos fueron finalmente expulsados de Europa, los países occidentales los reconocieron como occidentales, mientras que durante siglos fueron considerados, junto con los mismos árabes, como una raza y cultura inferiores. Y así Israel se volvió un aliado fundamental en la región de Estados Unidos y, por extensión, de los países europeos, lo que genera más resentimiento dentro de la búsqueda por una autodeterminación en la Medialuna Fértil. Israel recibe una gran cantidad de ayuda financiera estadounidense, y por ello tiene una industria militar muy avanzada, que lo convierte en una potencia bélica. Así, las respuestas en una supuesta defensa de Israel con el tiempo son notoriamente desmesuradas, por su capacidad militar en estricta alianza con Estados Unidos y países europeos. Para los países árabes, Israel es un enclave occidental que fractura cualquier intento de unidad regional.

En las décadas siguientes a la creación del Estado hubo numerosos conflictos entre Israel y Egipto, Líbano y Siria que produjeron guerras en cada uno de estos países. Debido a estas guerras Israel ocupó varios territorios de otros países como Egipto y Líbano. Por eso se llama conflicto árabe-israelí, ya que no implica solo a los palestinos sino a los países que en medio de la intención de construir una unidad regional árabe atacaron y fueron invadidos por tropas israelíes a la vez. En el audio de este capítulo nos metemos de lleno en cada una de estas guerras y sus consecuencias. El conflicto ha producido la primera gran crisis de refugiados en el Máshreq con millones de palestinos desplazados. Ha sido el tema preponderante dentro de toda la geopolítica de la zona y fue una bandera que reunió al panarabismo en la búsqueda de una unidad árabe, pero articulado en torno al no reconocimiento del Estado de Israel, país que tampoco partía de una situación fácil.

Las fronteras originales previstas por el mandato de la ONU no fueron respetadas tras los sucesivos conflictos que empezaron desde la fundación del Estado de Israel. Los países vecinos invadieron territorios palestinos para luchar contra Israel, y, a lo largo de los siguientes conflictos, sucedió lo opuesto, Israel conquistó territorios de otros países. En la actualidad, el Estado de Palestina es reconocido por 137 de los 192 países miembros de la ONU, pero con la salvedad de que los países que no reconocen a Palestina son la mayoría de miembros de la Unión Europea, Estados Unidos, Canadá y Australia, entre otros, países occidentales con un peso fundamental en la estructuración de la geopolítica mundial. En la actualidad el territorio de lo que es Palestina está conformado por la Franja de Gaza y Cisjordania, también conocido como el West Bank. El primero fue territorio que quedó bajo control egipcio, aunque siguió siendo considerado como Palestina. Israel lo invadió durante la Guerra de los Seis Días, en 1967, y luego, tras los acuerdos de Camp David, en 1978, volvió a ser parte de Palestina. Por el otro lado, Cisjordania fue territorio invadido por Jordania tras la fundación del nuevo Estado, en 1948, que después, durante la Guerra de los Seis Días, Israel también invadió. Con los acuerdos de Oslo, en la década de los noventa, parte de la zona pasó a conformar Palestina, aunque los territorios no son continuos. Hoy Cisjordania es un territorio disputado, en donde no hay un acuerdo entre las autoridades palestinas e israelíes sobre los límites, aunque, basados en el mandato de la ONU de 1947, todo el territorio debería ser Palestina. Sin embargo, grandes extensiones del territorio están bajo control israelí, y la política estatal de levantar muros y de fomentar una agresiva estrategia de asentamientos hace cada vez más difícil resolver las disputas territoriales.

La Guerra de los Seis Días representó una victoria significativa para Israel y, como vimos, la conquista de varios territorios. Por ende, también fue una estrepitosa derrota para los países con regímenes panarabistas, y este movimiento comenzó a resquebrajarse hasta que finalmente, con la muerte de Nasser, en 1970, culminaría su era dorada. En la siguiente guerra contra Israel, en 1973, llamada Guerra de Octubre o de Yom Kipur, comenzó el relevo de la tendencia política en Medio Oriente. Del panarabismo de Nasser se pasó al islamismo político, liderado por Arabia Saudita. Esta preponderancia nos va a empezar a explicar muchos de los acontecimientos en el Máshreq desde entonces y es fundamental para entender por qué de pronto parece natural asociar la política y el islam en el Medio Oriente. Un fenómeno que es fácil malentender y que tiene unos orígenes históricos específicos.

La islamización política en Oriente Medio

El panarabismo como proyecto de unidad regional tuvo una corta vida, y la alternativa que se gestó en la búsqueda por un modelo autónomo de identidad comenzó dentro de las dinámicas bipolares de la Guerra Fría y continúa su trayectoria hasta la actualidad. Desde 1973 empezó una tendencia que se desplazó del modelo panárabe, laico y socialista al islamismo político abanderado por Arabia Saudita.

Para contrarrestar el panarabismo, que Estados Unidos y otros actores veían con recelo, se comenzó a fomentar la movilización del islam, a cargo de Arabia Saudita y Pakistán. En este sentido, en 1962 se fundó la Liga Islámica Mundial, en La Meca, y en 1969 se fundó la Organización de la Conferencia Islámica en Rabat (Marruecos), que luego cambiaría su nombre a Organización para la Cooperación Islámica. Estas organizaciones fueron presididas por Arabia Saudita y apoyadas por Estados Unidos. La idea de la Organización de la Conferencia Islámica era formar un eje aglutinador de los países de la región para oponerse a la Liga Árabe, fundada en 1945, que tenía un enfoque antiimperialista, y al Movimiento de los No Alineados, de Nasser, que se oponía abiertamente a Estados Unidos. Así fue como se comenzaron a crear, a través de esta organización, sumada a los esfuerzos de la Liga Islámica, instituciones, redes asistenciales, escuelas, medios de comunicación y demás, para difundir los valores islámicos y la *sharia*. Esta fue la nueva tendencia que empezó dentro de la Guerra Fría y que culmina en nuestros días con un claro arraigo en todos los escenarios políticos de mezclar el islam con la política, que oscilan desde los partidos moderados hasta el islamismo radical. Así que el hecho mismo de que el siglo XXI en el Máshreq y el Magreb sea dominado por un discurso abiertamente religioso que se mezcla con el fanatismo y la lucha armada tiene unos orígenes históricos en el momento en que, para contrarrestar el laicismo (que era asociado con el comunismo por Estados Unidos), se apoyó la construcción de un papel preponderante de Arabia Saudita como líder regional, el cual desde entonces promueve su versión radical de la religión islámica.

No solo se enfatizó en financiar y crear instituciones islámicas que pudieran contrarrestar el panarabismo y los movimientos laicos socialistas como parte de la vieja lucha contra el comunismo (a pesar de que no fuera comunismo) propia de la Guerra Fría, sino que se puso a Arabia Saudita y a las monarquías del golfo Pérsico, también aliadas de Estados Unidos, como el eje articulador de esta nueva política, países que tienen una lectura radical y ortodoxa del islam. Es importante entender que el hecho de que hoy se hable de versiones radicales del islam tiene mucho que ver con el papel de Arabia Saudita en toda nuestra historia. No se trata de que el islam es radical por naturaleza, como se nos ha pintado en estas últimas décadas, argumento que tenemos que manejar con mucho cuidado porque dice más de la construcción islamofóbica que se ha hecho, que del islam mismo. El islam, ya lo comentamos, tiene muchas vertientes y diversas interpretaciones. Pero la que ha tomado mayor legitimidad, precisamente por esta coyuntura de la Guerra Fría, es la visión del islam de Arabia Saudita que comparten las otras monarquías del golfo Pérsico. Este país es financiador y articulador de su visión ortodoxa, que se llama *wahabismo*.

El wahabismo es una corriente islámica moderna. Aclaremos esto bien porque otro imaginario racista, que nos impide ver y entender muchos procesos, es el de que el islam es retrógrado por naturaleza y los países del Golfo (Arabia Saudita, Qatar, Bahréin)

Es importante entender que el hecho de que hoy se hable de versiones radicales del islam tiene mucho que ver con el papel de Arabia Saudita en toda nuestra historia.

viven atrapados en el pasado y no han podido modernizarse. No es que estos países hayan mantenido una continuidad histórica del islam desde su creación y que el islam sea esta versión. El wahabismo se creó en la península arábiga en el siglo XVII como un movimiento reformista dentro de la escuela hanbalí para observar una práctica estricta y crear una ortodoxia dentro de la lectura del Corán. Toma el nombre de su fundador, Muhammad ibn Abd al-Wahhab, que, siguiendo la corriente hanbalí, abogó por una lectura estricta, y planteó la recuperación de los valores conservadores del islam en contra del contagio de la modernidad. Al Wahhab se volvió el teólogo de cabecera de Muhámmad bin Saúd, quien sería considerado el fundador de la dinastía saudí. Como toda interpretación, es tan solo una manera, muy extrema, de leer la *sharia*. El wahabismo con el paso del tiempo se planteó como resistencia a las ideas occidentales de la modernidad, por lo que es una reacción a un período específico en la historia y no una larga tradición inamovible desde Mahoma, como se hace ver con frecuencia.

El wahabismo sería una corriente más entre miles y podría haber pasado desapercibida si no fuera por los vericuetos de la historia y las alianzas entre los países occidentales y la Casa de Saúd. Porque ellos salieron ganando en el reparto colonial de la península arábiga, en detrimento de los hachemitas, que fueron puestos en otros lares. El quedarse con el Hiyaz, gracias a tratados con los británicos tras la caída del Imperio otomano, fue fundamental en el papel de los Saúd porque se volvieron los custodios de los lugares santos del islam: La Meca y Medina. Luego, el descubrimiento de petróleo en la zona y, con ello, la alianza con Estados Unidos para su explotación garantizan hasta el día de hoy el apoyo incontestable del país norteamericano al régimen saudí. La legitimidad del régimen saudí se basa en esta alianza. Una suma cuantiosa de todo el dinero que les aporta el petróleo se emplea en la financiación de la difusión del wahabismo desde que se comenzó a movilizar el islam en los años sesenta. Así que hay unas circunstancias históricas entremezcladas con los repartos y las alianzas convenientes a países occidentales en el devenir del Medio Oriente y en la islamización política bajo la lectura ultraortodoxa de los Saúd.

En 1973 se puede rastrear este relevo político del panarabismo al islamismo en medio de la Guerra de Octubre. En el conflicto fue Arabia Saudita la que llevó la delantera organizando un embargo petrolero a los países occidentales que apoyaban a Israel. Sobre el impacto de este embargo que precipitó una gran crisis económica en medio del final del sistema Bretton Woods hablamos en detalle en el capítulo anterior. Pues de este lado de la historia, también fue importante porque acabó el dominio absoluto de las siete hermanas petroleras, ya que los países petroleros constituyeron la Organización de Países Exportadores de Petróleo (OPEP). Y, a la vez, Arabia Saudita sentó un precedente como nuevo líder regional a través del conflicto con Israel.

Hemos enfatizado bastante el hecho de que Arabia Saudita es el aliado por excelencia de Estados Unidos, junto con Israel, por lo que el embargo petrolero que se produjo en 1973 enfrentó a las dos fichas claves en la región, Israel y Arabia Saudita, perjudicando además a Estados Unidos al incrementar los precios del petróleo. Así, también se puede ver que no toda la región ni sus sucesos están ligados a lo que digan Estados Unidos o sus intereses, todo es un poco más enmarañado que esta explicación. En efecto, aunque las alianzas entre países del Medio Oriente y Occidente nos explican el panorama, a veces no todo se puede explicar en función de esto. Arabia Saudita, por principio, no reconoce el Estado de Israel; solo hasta hoy, 2018, se ha hablado tímidamente de acercarse, pero igualmente Israel y Arabia Saudita son las fichas de Estados Unidos en la región. Este antiguo jueguito de alianzas siempre es complejo y se nos va a enredar aún más cuando lleguemos a hablar sobre el Estado Islámico.

La Guerra de Octubre terminó con un resultado ambiguo para israelíes y árabes, pero, muerto Nasser, es el momento en que Arabia Saudita asume un papel regional. Años después Egipto negociaría una paz unilateral con Israel a manos del sucesor de Nasser, llamado Anwar el-Sadat, que sería un precedente para una cooperación y el reconocimiento de Israel como vecino, pero que a la vez rompió la unidad árabe y no resolvió la situación de desplazamiento y ocupación israelí de territorios palestinos.

El siguiente hito que legitimó la islamización política fue la revolución fundamentalista iraní. En Irán, la dinastía Pahlaví del sah, desde el golpe de Estado a Mossadegh, mantuvo una corrupción altísima. Se trató de un régimen autoritario y despilfarrador furiosamente a favor de la cultura occidental, supeditado a ser el gendarme de Estados Unidos e Inglaterra en la región, junto con Israel y Arabia Saudita. El golpe a Mossadegh abortó y le negó a la sociedad iraní una alternativa política de carácter secular, y fue precisamente lo que preparó el terreno para instaurar otro modelo político. La necesidad de un cambio social se manifestó en una revolución popular para tumbar el régimen del sah, condensando un sentimiento que ya había sido expresado durante generaciones en un país con una clara desigualdad, de muchísima pobreza e intromisión política constante del mundo occidental. La revolución fue un movimiento popular de manifestaciones continuas que fueron reprimidas de manera violenta; el sah declaró ley marcial pero las protestas continuaron y en 1978 fueron furiosamente reprimidas, en lo que se conoció como el Viernes Negro, donde alrededor de 5.000 personas fueron asesinadas por la policía y el ejército iraníes. Sin embargo, esto no hizo sino movilizar aún más el descontento social contra el sah y sus políticas represivas, perfectamente ejemplificadas en el SAVAK, los servicios secretos iraníes, auspiciados por la CIA, que fueron creados después del golpe contra Mossadegh y cuyos miembros torturaban a prisioneros políticos. Después de más de tres años de protestas ininterrumpidas, en su mayoría no violentas, las movilizaciones lograron generar suficiente presión para tumbar el régimen. En la movilización popular hubo presencia de todo tipo de espectros políticos, y la participación de las mujeres también fue fundamental. El sah se fue al exilio, y en ese entonces se invitó al líder espiritual Ruhollah Musavi Jomeini, tras lo cual se produjo un período de transición, en donde terminó ganando la opción de Jomeini sobre los sectores laicos o de izquierda. A diferencia de veinte años atrás, la tendencia política del Medio Oriente se había desplazado de modelos laicos y semisocialistas de corte militar a la preponderancia religiosa. Las mezquitas iraníes se volvieron centros de resistencia y oposición al régimen. Crear un nuevo modelo pionero para la religión, que tenía una connotación propia de la religión autóctona, terminó inclinando la balanza hacia la elección del liderazgo de Jomeini. El 1 de abril de 1979 el pueblo iraní votó en un referendo para la transformación de la Constitución. Así nació un nuevo modelo político que mezcla las instituciones occidentales democráticas con la influencia musulmana en la estructura política.

Irán siempre ha sido un país de mayoría chií duodecimana, por lo que creen en el advenimiento de un imán oculto, llamado el Mahdi. En teoría, este imán sería la autoridad suprema, pero existe el *Vali-ye faqih,* que significa *el guardián jurista.* Es decir, en ausencia del Mahdi está un líder que supervisa la implementación de la jurisprudencia islámica chií. El líder supremo, asistido por un consejo, vigila y controla el funcionamiento de los tres poderes de un Estado de derecho: el Legislativo, el Ejecutivo y el Judicial. Este fue el papel que cumplió Jomeini, como líder supremo, y después de su muerte, en 1989, lo sucedió Ali Jamenei, que continúa en el poder hasta la actualidad. El líder tiene un poder de veto y nombra varios funcionarios públicos, desde medios de comunicación estatales hasta funcionarios de la rama judicial. Este poder, sin embargo, se complementa con las elecciones populares a la presidencia, en donde el líder funciona siempre como jefe de Estado.

La Revolución iraní inicialmente no fue antagonista a las políticas dentro de la Guerra Fría, y Estados Unidos y la Unión Soviética quedaron expectantes a los resultados. Sin embargo, con el triunfo final de Jomeini se produjo una crisis de rehenes, ya que estudiantes seguidores del líder espiritual invadieron la embajada estadounidense en Teherán tomando como rehenes a diplomáticos estadounidenses. Esto consolidó el tinte antioccidental de la Revolución, que no había sido necesariamente su bandera principal desde el inicio, aunque sí estuvo muy presente la crítica a las costumbres occidentales impuestas por el sah. El sentimiento antioccidental se explica por casi cien años de dependencia nacional de los intereses occidentales, ya que hubo movilizaciones desde inicios del siglo XX que apostaron por una transformación política, siempre coartada por el apoyo occidental al régimen del sah o de un modo directo frenada por Estados Unidos, como en el caso de Mossadegh. La crisis de rehenes rompió definitivamente las relaciones entre Irán y Estados Unidos, y además significó el fin de Irán como el bastión británico, y luego estadounidense, en la región. Es por esto que hasta el sol de hoy continúa una enemistad, y siempre se ve a Irán como un régimen oscurantista, dictatorial o malvado: quedó del lado de los enemigos de Estados Unidos. Por ello, escuchamos con frecuencia una retórica antagonista hacia Irán, mientras que Arabia Saudita, que tiene una jurisprudencia más extrema y es una monarquía absolutista en donde no hay partidos políticos ni elecciones, es el amigo del que poco se habla.

Tras la crisis de rehenes, dentro del contexto de la Guerra Fría, tanto la Unión Soviética como Estados Unidos no supieron entender ni enmarcar la Revolución iraní dentro del mundo bipolar. Del lado de la Unión Soviética había una postura ambigua, ya que los soviéticos defendían el cambio político, pero vieron el modelo iraní como una amenaza a las repúblicas soviéticas de mayoría musulmana vecinas. Además se vio con recelo el factor religioso, ausente de los análisis comunistas. No obstante, en la década de los ochenta se produjeron acercamientos que fueron interrumpidos por el colapso de la Unión Soviética. Desde hace más de una década, la Rusia liderada por Putin creó vínculos estrechos con Irán.

En su momento, para la Medialuna Fértil y todo el mundo minoría chií, la Revolución iraní representó una esperanza y un modelo a seguir. Esto marcó la consolidación definitiva de buscar una salida que tuviera en cuenta la religión ante un profundo malestar con las instituciones políticas del mundo occidental, tendencia que aumentaría desde entonces. En el papel de movilizar el islam, sin embargo, se abrió una disputa entre Arabia Saudita e Irán, ambos buscando liderar la política teniendo en cuenta la religión. Enemistados, sin embargo, porque uno es suní y el otro es chií. Desde entonces, siguiendo la táctica favorita aprendida de la Guerra Fría, comenzaron a alimentar una disputa entre sí a través de conflictos de terceros. Por lo que es importante recordar esta fractura dentro del islam en el Medio Oriente contemporáneo en la disputa por la hegemonía política y religiosa.

El recelo hacia Irán como una alteración del juego de dominación mundial entre Estados Unidos y la Unión Soviética afectó a dos de sus países vecinos: Irak y Afganistán. Estos serían los protagonistas de nuestra era, y las políticas estadounidenses del siglo XXI en ambos países generaron tal inestabilidad, que de ahí es de donde parten los fenómenos del Estado Islámico y la crisis de refugiados. Ambas caras de una continua política de intervención occidental, degradación y guerra que han asolado a Irak y Afganistán desde entonces.

En diciembre de 1979 tropas soviéticas invadieron Afganistán. El país asiático había pasado de ser una monarquía a una República en 1973, y desde entonces el Partido Comunista, llamado el Partido Popular Democrático de Afganistán, había sido apoyado por la Unión Soviética. En 1979 el partido se tomó el poder e instauró un régimen frente a la oposición de distintas fracciones políticas y culturales dentro del país. Sin embargo, el líder comunista fue asesinado y reemplazado por Jafizulá Amín, un líder poco popular pero que tenía mayor autonomía respecto a la Unión Soviética. Los soviéticos, para mantener el control del país ante la inestabilidad política afgana y la fuerte oposición, invadieron el país e instauraron un gobierno títere, para contrarrestar, además, la posibilidad de que se gestara un movimiento político islámico apoyado por

Irán. Esta invasión dio inicio a una guerra entre la oposición al régimen comunista y los soviéticos. Así comenzó un conflicto que duraría más de una década y que se volvería el escenario del momento para la disputa soviético-estadounidense. Y fue en medio de estas políticas de bipolaridad de la Guerra Fría que se originó el islamismo radical como lo conocemos hoy en día, porque fue en medio de la Guerra de Afganistán que nació Al Qaeda.

Guerra contra el terrorismo
BREAKING
LIVE
NEWS

Al Qaeda, el terrorismo internacional y la guerra contra el terror

La invasión soviética a Afganistán, la Revolución fundamentalista iraní y la crisis de rehenes comenzaron a poner a Medio Oriente, incluido Afganistán, en la mira de las políticas de Estados Unidos. Suponiendo la avanzada soviética como un acercamiento peligroso al golfo Pérsico, por donde transita la mayor cantidad de petróleo en el mundo, el entonces presidente Jimmy Carter declaró que "cualquier intento de una fuerza externa de obtener control de la región del golfo Pérsico se considerará como un asalto a los intereses vitales de Estados Unidos de América y tal acción será repelida mediante cualquier medio necesario, incluida la fuerza militar". Ahí se formuló expresamente el vínculo inseparable entre el Medio Oriente y la política exterior de Estados Unidos. Carter, aunque fue el primer presidente en incorporar la plataforma de los derechos humanos a la política exterior de su país, a la vez continuó las políticas de dominación global estadounidense. Esta, en la práctica, es una actitud imperialista porque de nuevo volvemos a autoproclamar el derecho de influencia y decisión sobre el destino de los pueblos bajo una actitud de superioridad o deber moral, como fue formulada durante la Guerra Fría para combatir el comunismo y como será formulada luego para combatir el terrorismo. Los hechos incontestables de intervención como el golpe a Mossadegh, más la financiación y el apoyo a las monarquías del Golfo para fomentar la islamización política, nos hablan de una actitud bajo el mismo esquema colonial que habían inaugurado los británicos y franceses. Carter expresó la continuación de esta política en 1980, y desde entonces el Medio Oriente sería atizado aún más, primero como escenario de la última confrontación entre la Unión Soviética y Estados Unidos en Afganistán, y luego, como centro de la política para mantener una hegemonía, ahora mundial, en Irak en el siglo XXI.

En el contexto de la lucha contra el comunismo, para contrarrestar la invasión soviética en Afganistán, Estados Unidos se alió de manera definitiva con Pakistán, país que cumplió un papel fundamental en el nacimiento de lo que sería Al Qaeda. Allí, desde 1978, el régimen de Muhammad Zia-ul-Haq comenzó a su vez una progresiva implementación estricta de la *sharia*, y en el transcurso de su mandato, que duraría diez años, el Ejército y los servicios secretos empezaron a tener una doctrina explícitamente islámica. A su vez se crearon tribunales especiales para administrar la *sharia*. Aquí también se marca la progresiva legitimación de la visión islámica estricta en las instituciones nacionales, que en este caso también fue apoyada por Estados Unidos, ya que el régimen de Zia-ul-Haq gozó de una importante financiación estadounidense.

Una vez más, en medio de la lucha del mundo libre y la democracia, Estados Unidos se había aliado con regímenes opresivos, con la excusa de combatir el comunismo. Por lo que no nos creamos el cuento de que las potencias actúan siempre de manera desinteresada en defensa de grandes valores, ya que hemos visto en nuestra historia que las luchas que se han dado supuestamente en nombre de unos valores se realizan a través de hechos que contradicen esos mismos principios. La historia del colonialismo nos enseñó que en nombre de la civilización se cometieron masacres, genocidios, y se montó un sistema de superioridad racial. Durante la Guerra Fría, que es el momento en la historia que tuvo a Estados Unidos y a la Unión Soviética como las grandes potencias hegemónicas, de nuevo se buscó implementar un discurso global de dominación, ya fueran la democracia, la libertad, o la igualdad. No obstante, por un lado, la Unión Soviética invadió Afganistán, y por el otro, Estados Unidos apoyó financieramente regímenes dictatoriales, como Pakistán y Arabia Saudí. Este fue el escenario en Medio Oriente, pero casos similares se dieron en Indonesia, Centroamérica y América del Sur.

Pakistán se volvió una pieza clave en la lucha indirecta contra la Unión Soviética porque comparte una extensa frontera con Afganistán, pero también una cultura, ya que la etnia pastún está presente en ambos países. En el momento de la invasión soviética se produjo un desplazamiento de más de tres millones de personas que buscaron refugio en Pakistán, muchos jóvenes desplazados llegaron a las madrasas deobandis, escuelas islámicas con una visión rigorista de la interpretación de la *sharia,* aunque no wahabista. La cooperación estadounidense, la presencia de la oposición afgana a la invasión soviética y los vínculos culturales entre vecinos convirtieron a Pakistán en la base para la resistencia afgana contra la Unión Soviética. La oposición contra la ocupación soviética estaba compuesta por un grupo variopinto de fuerzas afganas, pero los servicios de inteligencia pakistaníes, financiados por la CIA, les dieron preeminencia a los combatientes de tendencia religiosa, que se autonombraron *muyahidines*, lo que se traduciría como "guerreros santos". La lucha de los muyahidines, a los cuales Estados Unidos se referiría muchas veces como luchadores de la libertad, duró más de diez años, en un conflicto permanente bajo el esquema de la guerra de guerrillas.

Los muyahidines comenzaron a verse a sí mismos como luchadores contra la ocupación extranjera que tenían el deber moral de combatir para defender las tierras musulmanas. Por lo cual, a la lucha contra la ocupación se le añadieron un tinte moral y un deber religioso. Estos muyahidines fueron entrenados en Pakistán y recibieron armamento, en la que fue para la época la operación encubierta más costosa de la CIA. Arabia Saudita también se encargó de apoyar y financiar estas redes. El conflicto se prolongó durante muchos años, en un estado permanente de guerra y opresión soviética contra la población local. El desgaste de la guerra en Afganistán terminó siendo para la Unión Soviética lo que Vietnam fue para Estados Unidos: una guerra en territorio hostil, prolongada y sin victoria a la vista ante el asedio de guerrillas, que, en últimas, influyó en la caída de la Unión Soviética años después.

En 1988 —en este contexto de apoyo financiero a Pakistán para entrenar y armar a los muyahidines en la lucha contra la ocupación soviética, ayudados por dinero cuantioso de la CIA y Arabia Saudita— se fundó en Pakistán Al Qaeda, que significa, en árabe, *la Base*.

Al Qaeda se volvió uno de los muchos grupos entre los muyahidines que combatieron la ocupación soviética, pero con la importante diferencia de que esta organización fue fundada por Ayman al Zawahiri, un médico egipcio; Abdullah Azzam, un teólogo palestino; y Osama bin Laden, un magnate saudí. Los tres habían combatido junto con los muyahidines contra la ocupación soviética y compartían la visión de expulsar toda influencia occidental, que solo había sido causa de desgracias e intervenciones en territorios musulmanes. El hecho de que fueran de tres países distintos y que terminaran en Afganistán peleando como voluntarios contra la ocupación soviética, nos habla claramente de otro factor que debemos tener en cuenta: con la preeminencia de buscar instaurar un orden religioso y político basado en la religión islámica, las viejas fronteras, trazadas por un orden colonialista occidental, se van diluyendo a favor de una gran comunidad unida por la religión. Pero en este caso, recordemos, la visión de la religión es el wahabismo, dentro del contexto de fomentar esta visión en todo el orbe musulmán, y, además, como el grupo nació entre una guerra de guerrillas, la lucha armada se volvió una bandera. Al Qaeda, en este sentido, fue la primera organización radical que planteó que la lucha contra la influencia occidental en los países musulmanes debía ser internacional.

Por eso siempre hemos escuchado que Al Qaeda está aquí y allá, parece estar en todas partes y su único objetivo concreto es desestabilizar y atacar regímenes que puedan verse como occidentales o foráneos, mediante la acción directa, enmarcados bajo la retórica de estar llevando a cabo una guerra santa. Bin Laden fue el primero en plantear un ejército internacional, y en este sentido se vuelve una referencia para otros grupos extremistas que vendrían. Pero recordemos que hay unos contextos que dieron pie a que se formara un grupo radical de esas características: la financiación de Arabia Saudita, el apoyo de Estados Unidos a través de Pakistán y el hecho de que en su momento se enmarcara y apoyara la islamización política para combatir el comunismo. Además, Al Qaeda se gestó al cabo de casi diez años de guerra continua contra la ocupación soviética. Es decir, nace de un contexto de degradación y lucha indirecta entre las dos potencias globales de ese entonces. Esto, aunado a la fragilidad institucional y corrupción de muchos de los países del Medio Oriente, a los orígenes arbitrarios de todas las fronteras, más el permanente conflicto con Israel —visto como una implantación foránea—, empiezan a sumar a las razones para comenzar a rechazar todo lo que sea considerado occidental como una amenaza y a que sea percibido como el enemigo.

El contexto de regímenes artificiales y corruptos como meras fichas de un juego internacional, la continua pobreza y el conflicto permanente van a agravarse durante los siguientes años, y esto va a dar más pie a que se justifiquen la lucha armada y la visión rigorista del islam, aunadas al rechazo a todo lo que se considere occidental. Pero no perdamos de vista que hay unas condiciones de desigualdad, colonialismo y fragilidad de proyectos nacionales porque son países que fueron creados de manera artificial para ser adjudicados a imperios. Hay una interrupción fundamental en la historia del Medio Oriente con la caída del Imperio otomano, ya que este imperio, aunque no exento de desigualdades y conflictos internos, supo interpretar las continuidades culturales y territoriales, como sus antecesores. Pero las fronteras trazadas por occidentales ignoraron estas realidades, lo que devino en desigualdad, corrupción e inestabilidad política. Por eso es que germina la idea de devolver las cosas a como eran antes del momento en que Occidente llegó a interrumpir las dinámicas políticas de toda la región. Y el hecho de que políticamente esto se vea legitimado con la reivindicación de una visión ortodoxa de la religión también tiene sus contextos, originados en la Guerra Fría y la lucha contra el laicismo, que se vio como sinónimo de comunismo. A esto sumémosle el rol hegemónico de Arabia Saudita, cuyo poder recae solo en el petróleo, y la financiación de todas las monarquías del Golfo para extender la concepción wahabista del islam.

Al Qaeda se gestó al cabo de casi diez años de guerra continua contra la ocupación soviética.

De todo esto saldría una organización como Al Qaeda, pero también saldrían regímenes radicales como los talibanes. En 1989 la Unión Soviética retiró las tropas de Afganistán, y esto se vio como un triunfo para Estados Unidos dentro de la Guerra Fría. Sin embargo, el país asiático siguió sumido en un conflicto entre facciones que se disputaron el poder durante los años siguientes, cuando comenzó también la lucha por un rol hegemónico del islam entre Irán y Arabia Saudí, ya que cada país apoyó distintos grupos armados.

La primera Guerra de Afganistán da inicio a lo que vamos a llamar los *Estados fallidos*. Un Estado que no cuenta con la institucionalidad necesaria para garantizar unas condiciones de vida dignas, desprovisto de lo que serían las vértebras de un Estado,

como los aparatos legislativos, judiciales, ejecutivos, y por extensión con una falta básica de asistencia médica, escolar, social, o un sistema funcional de Policía o Ejército. Todas las estructuras básicas necesarias para que exista un país quedan coartadas entre conflictos de facciones apoyadas por intereses geopolíticos externos. En Afganistán, diez años de guerra contra la ocupación soviética alimentando el conflicto bipolar, a través de terceros con los muyahidines dieron paso a más años de conflicto entre facciones, con la misma presencia de Arabia Saudita, Pakistán e Irán como financiadores de distintas facciones fundamentalistas, a veces enfrentadas entre sí. A esto se le sumó el conflicto entre facciones de distintas culturas que conforman el país, como los tayikos, los uzbekos y los pastunes. Y tal cual este esquema será el que se repetirá en nuestros días, en el mismo país y en otros, como Siria.

En Afganistán, finalmente en 1996 las fuerzas de los talibanes se tomaron Kabul, la capital, e instauraron el Emirato Islámico de Afganistán, que no fue reconocido por la ONU, y solo Arabia Saudita, Pakistán y Emiratos Árabes establecieron relaciones diplomáticas con este. Los talibanes eran en su mayoría los niños de la guerra marcados por el desplazamiento y educados en las madrasas deobandi, las escuelas fundamentalistas pakistaníes que ya mencionamos. Casi quince años después de haber llegado desplazados a Pakistán retornaron a su país para instaurar un régimen opresivo y retrógrado con una interpretación fanática de la *sharia* que se reflejó en la coartación de absolutamente todos los derechos a las mujeres y en el mantenimiento de un férreo control sobre la población mediante abusos. Pero ya esa guerra estaba en el olvido, fuera de los intereses occidentales, la población afgana había sido dejada a su suerte.

La historia de guerra en Afganistán es fundamental para entender las condiciones que dieron origen a Al Qaeda y a los talibanes, fenómenos que inauguraron el establecimiento de una visión radical por el control político cimentado en una visión salafista, que significa *retornar a los antepasados*, recuperando las versiones más ortodoxas de la religión para enfrentar los problemas con-

temporáneos y la intervención occidental. Al Qaeda planteó su lucha como una guerra internacional, y los talibanes establecieron un régimen totalitario. Pero también es necesario saber que esta radicalidad es posible en un país completamente desestructurado a consecuencia de diez años de guerra. Hay una matriz entre guerra y fanatismo sobre unas condiciones de nula institucionalidad que hoy está muy presente en el devenir del Magreb y la Medialuna Fértil. Afganistán se volvió importante en nuestro mundo contemporáneo porque años más tarde sería el primer objetivo en la nueva doctrina geopolítica mundial de la Guerra contra el Terrorismo.

Así como de Afganistán surgió un fenómeno como el de los talibanes —que parece fanático e inentendible hasta que uno mira la historia de conflicto, degradación, guerra, intervenciones, influencia política occidental y tratados secretos—, en Irak hoy en día se originó el Estado Islámico, que cumple las mismas características, solo que bajo la influencia de los métodos de Al Qaeda y un uso manipulador de las redes sociales para transmitir miedo. Irak también tiene su contexto de guerras e intereses occidentales, que la invasión estadounidense del 2003 agudizó.

Paralelo a la Guerra de Afganistán, Irak comenzó en 1980 una guerra contra Irán. Entonces el bloque occidental, abanderado por Estados Unidos, sumado a las monarquías del Golfo, apoyaron a Saddam Hussein, con el que convenientemente se restablecieron relaciones diplomáticas, quebrantadas en el pasado por el hecho de que en Irak, el Baaz (el partido panarabista) estaba en el poder. Hussein decidió atacar a Irán con apoyo de muchas naciones que veían con recelo la Revolución iraní. Más allá de la crisis contra los rehenes no había ningún otro motivo real para antagonizar con Irán, excepto que hubiese cambiado como ficha occidental en la región. Así, los conflictos del Medio Oriente terminan siempre enmarcados en unas lógicas internacionales que pintan y deciden quiénes son los malos y los buenos, según la doctrina del momento, lo que solo produce guerras, devastación, y una desintegración perpetua de sociedades que, ya hemos visto, se

fundamentan en proyectos nacionales muy frágiles, originados en una imposición.

Con Irán comenzaría a usarse la palabra "terrorismo" y a asociarla con la religión islámica, por el carácter político islámico de Irán. Y en esta guerra sucedió un hecho que ejemplifica de manera perfecta la contradicción fundamental y el descrédito de la defensa de grandes valores estadounidenses, ya que, mientras la administración Reagan apoyó a Hussein abiertamente, a su vez inventó una estratagema ilegal y un secreto para venderle armas al Ejército iraní, que era considerado el mayor enemigo entonces, y con el dinero producto de esas transacciones financió a guerrillas de la Contra, en Nicaragua, que eran paramilitares financiados por Estados Unidos que luchaban contra la triunfante Revolución sandinista, que era socialista. Otra prueba de las contradictorias políticas estadounidenses, que nos deben hacer sospechar siempre de sus discursos en defensa de la libertad o democracia.

La Guerra Irán-Irak duró casi una década, y alrededor de un millón de civiles murieron; en esta guerra se utilizaron técnicas brutales como los escudos humanos y armas químicas contra la población civil. No hubo ningún resultado beneficioso, como pasa con frecuencia con las guerras, para ningún bando. Pero sin duda Hussein saldría perdiendo, endeudado con créditos que los países del Golfo le habían dado. En los años siguientes, el Gobierno iraquí presionó infructuosamente para que Kuwait, una de las monarquías del Golfo, condonara la deuda. Hasta que finalmente invadió Kuwait en 1990, y en esa invasión ya las dinámicas geopolíticas eran otras, porque la Unión Soviética definitivamente entraría en su decadencia en medio de reformas. Así, la invasión a Kuwait fue una operación aprobada por el Consejo de Seguridad de la ONU, en donde varios países enviaron tropas y, de manera muy rápida, una coalición internacional expulsó a Saddam Hussein. En tan solo unos años, Hussein pasó de ser el amigo de Occidente al enemigo de Occidente, como les sucedió también a los muyahidines, de defensores de la libertad a terroristas.

De la invasión a Kuwait, también conocida como la Guerra del Golfo Pérsico, quedaron varios asuntos que nos explican el estado de Irak años más tarde, y también por esta guerra se produjo un quiebre entre Arabia Saudita y Al Qaeda. A Irak se le impuso una serie de sanciones internacionales y condiciones estrictas que durante la siguiente década empobrecieron a la población y a la vez empoderaron al régimen de Saddam Hussein como el único ente aglutinante entre estrictas condiciones que coartaron el comercio, las importaciones y exportaciones iraquíes, incluido el desmantelamiento de toda la industria militar a gran escala. Sin embargo, la derrota de Hussein no significó su derrocamiento porque en ese momento la coalición internacional consideró que podría traer desestabilización a la región y se podría producir en Irak una revuelta chií apoyada por Irán, que, recordemos, también son chiíes. La población chií sería luego aplastada y duramente reprimida por Hussein. Los kurdos, que se habían quedado sin su país en los varios tratados colonialistas, quedaron semiprotegidos en una zona de exclusión, aérea por donde el Ejército y las instituciones iraquíes no podían pasar. Así germinó lo que sería un embrión de Estado kurdo.

Es decir, se consideró la opción de derrocar al régimen y se descartó porque traería inestabilidad. Recordemos este argumento porque al gabinete de la administración Bush hijo (el mismo de Bush padre) pareció olvidárseles diez años más tarde, cuando lo derrocaron e invadieron Irak, lo que finalmente trajo inestabilidad a la región.

Por otro lado, la división entre Al Qaeda y Arabia Saudita, su principal financiador, se produjo cuando Estados Unidos estableció una base en el país arábigo para las tropas internacionales que participaron en la guerra contra Irak. Las bases norteamericanas se mantuvieron allí aun después de terminada la guerra. Esto generó un resentimiento en grupos como Al Qaeda, ya que se vio como una invasión extranjera a los lugares santos del islam. Así se produjo una ruptura y se vio a Arabia Saudita como un régimen infiel, títere de intereses occidentales y, por ello, un objetivo más de ataque. Osama bin Laden criticó al régimen y fue expulsado de Arabia Saudita.

En los años siguientes Al Qaeda se dispersó luchando en diversos conflictos que involucraron población musulmana. De Afganistán, muchos se fueron a pelear en las guerras que en ese entonces estallaron en los Balcanes, siendo una de las facciones en defensa de la población musulmana bosnia. Más tarde se fueron a apoyar las luchas independistas de los chechenos, habitantes de Chechenia, territorio de la Unión Soviética que tras su caída siguió perteneciendo a Rusia, pero que desde entonces ha buscado permanentemente su independencia. Además de la lucha armada de guerrillas, Al Qaeda cometió varios atentados durante la década de los noventa; los más famosos fueron contra las embajadas estadounidenses en Dar es-Salaam (Tanzania) y Nairobi (Kenia), en 1998. Así, comenzaron a utilizar la táctica de ataques terroristas. La estructura de Al Qaeda se divide en células separadas que muchas veces no tienen conexión entre sí, pero sí una línea compartida de objetivos. Muchas personas son entrenadas por Al Qaeda y luego cometen ataques de manera no coordinada con el comando central. Este mismo método lo emplearán otras organizaciones radicales, como los ataques del Estado Islámico, y es lo que dificulta localizarlas o prevenir ataques. Además cuentan con células presentes en muchas partes del mundo, y por su carácter internacional también es difícil acabar con ese grupo armado.

El objetivo de una táctica terrorista no es en principio tomar el poder ni conseguir una victoria militar sino obtener poder político, influencia, notoriedad, o avanzar una causa política a través de atentados, crímenes que generen rechazo, odio y miedo. Esta es la visión de Al Qaeda: mediante atentados avanzar en la supuesta causa de atacar todo lo que se considere occidental, foráneo o infiel, para separar lo que ellos consideran que es el islam de lo que consideran es occidental. Al Qaeda y los talibanes fueron las primeras manifestaciones de una versión extrema y divisoria del mundo islámico del mundo occidental. Su visión de mundo es binaria y reduccionista, ya que el mundo islámico es tomado por una sola cosa, bajo una visión fundamentalista de lo que deberían ser el islam y la interpretación de la *sharia*. Son grupos intolerantes que a conveniencia pueden decidir lo que es o no es infiel o musulmán, porque no es que se estén basando en preceptos inamovibles del islam. Es una interpretación, de muchas, que se acomoda a una visión simplista. Más allá de lo que diga el Corán o la *sharia*, los talibanes, el Estado Islámico y Al Qaeda interpretan lo que quieran interpretar del Corán y la *sharia*. Y en esa visión que ellos crean hay un mundo dividido entre el bien —que es todo lo que ellos consideren musulmán verdadero— y el mal —que, según ellos, representa todo lo que se supone es una influencia occidental—. Esta división entre bien y mal claramente no da espacios para la argumentación y es una visión fanática.

Pero lo más grave es que Al Qaeda ha triunfado en su objetivo de separar el mundo musulmán del occidental en términos de bien y mal, porque la doctrina para combatir estos grupos extremistas no dista mucho de su visión maniquea del mundo. El atentado cometido por esta organización contra las Torres Gemelas el 11 de septiembre del 2001 —en donde casi 3.000 personas murieron— inauguró una era, que es el mundo en el que vivimos hoy, en donde se articuló la Guerra contra el Terrorismo, una doctrina que se formula sobre la idea de que el mundo se divide en términos de bien y mal. Y en esa visión forjada por la política estadounidense, el mundo se divide entre los "verdaderos" valores occidentales y todo lo que se considere de influencia musulmana y, por extensión, terrorista.

El atentado contra las Torres Gemelas, a la larga, validó la motivación política de Al Qaeda de dividir el mundo, porque la respuesta a este ataque la formuló el entonces presidente George Bush como una "cruzada contra el terrorismo internacional". Se planteó un conflicto contra un grupo terrorista como una nueva doctrina geopolítica entre los que "estaban con Estados Unidos o con los terroristas" insistiendo en la identificación de Estados

Unidos con el bien, y cualquier antagonismo hacia este país, con el mal. Que, además, al utilizar repetidas veces la palabra *cruzada* planteó una similitud con las Cruzadas, que fueron abiertamente antimusulmanas porque eran los califatos, y luego el Imperio otomano, los que entonces tenían control sobre los territorios donde se originaron las religiones del libro. Así se planteó una lucha con aires de ser contra el mundo musulmán, como si todo lo musulmán fuera malo. Este tipo de construcciones, repetidas las suficientes veces, terminan calando en el imaginario de las personas.

En la formulación de su doctrina, los discursos del presidente Bush alegaron que la civilización misma estaba amenazada, un peligro inminente internacional pendía sobre todos los países. No obstante, los atentados a las Torres Gemelas no marcaron un nuevo momento, en el que de un día para otro de repente el mundo se volvió más peligroso. Al Qaeda como organización contaba con alrededor de mil personas en ese instante y ya había cometido ataques en años previos sin que fueran una cuestión global o el inminente apocalipsis. La zozobra y la sensación de ser algo sin precedentes en parte se explican porque sucedió en Wall St, en el corazón de Estados Unidos. Por eso este ataque impactó tanto, ya que fue la primera acometida foránea en suelo estadounidense desde la guerra contra España, a principios del siglo XX. Tomó a muchos por sorpresa, a todos los que no entendían ni comprendían el complejo contexto y la larga trayectoria que dio origen a una organización extremista. El 11 de Septiembre marcó el comienzo de la nueva doctrina de seguridad internacional abanderada por Estados Unidos, en donde se declaró la guerra a un enemigo difuso, y a través de este discurso se pusieron en práctica estereotipos culturales para asociar el terrorismo con toda la religión islámica. Así inició la era en que dejamos de ver a los practicantes de la fe islámica como personas y se les empezó a estigmatizar y asociar con el terrorismo. La doctrina internacional de nuestro mundo contemporáneo tiene un sustrato racista que nos impide ver y entender las complejidades históricas del Magreb, la Medialuna Fértil, el Hiyaz, que datan de hace solo un siglo, cuando las estructuras occidentales irrumpieron definitivamente en la historia del Medio Oriente. Es a partir de formular la Guerra contra el Terrorismo que, de hecho, el radicalismo islámico se va a expandir y a aumentar, como directa consecuencia de una política articulada sobre el miedo.

¿Y qué es, al fin y al cabo, el terrorismo? Nuestro mundo contemporáneo, a lo largo de diecisiete años desde que se planteó la amenaza internacional islámica, nos hace estar impregnados de la asociación entre terrorismo e islam. Hollywood, la prensa, los políticos, la seguridad aeroportuaria en varios países, ayudan a replicar y mantener la asociación de las personas árabes o musulmanas con el terrorismo, sobre el supuesto de que esta religión tiende más hacia los radicalismos. Por lo que es bueno desnaturalizar esta asociación al entender que el terrorismo, en principio, a duras penas está definido. Las agencias de seguridad de Estados Unidos e Inglaterra comparten una definición —el empleo premeditado de violencia o amenaza de violencia ilegal contra personas o propiedades para lograr objetivos de naturaleza política, religiosa e ideológica, a grandes rasgos—, pero no hay internacionalmente una legislación ni un acuerdo sobre qué es el terrorismo. De hecho, su no formulación hace que todo pueda caer bajo la categoría.

Si nos atenemos estrictamente a la noción de *atentados* para reivindicar una causa política, el terrorismo es bastante viejo. Los primeros anarquistas, en el siglo XIX, emplearon esos métodos. Más recientemente, en los setenta, la lucha armada y los atentados causaron furor por toda Europa, de donde nacieron grupos como la Fracción del Ejército Rojo, conocida como la Baader-Meinhof, o los Weathermen, en Estados Unidos. Si hablamos de regímenes totalitarios, antidemocráticos y fanáticos, esto no es sinónimo del islam. En Camboya —con una versión desvirtuada y fanática del comunismo, un régimen laico y ateo—, los Jemeres Rojos cometieron un genocidio que acabó con casi tres millones de personas. Por lo que no creamos que el terrorismo es islámico por definición. El radicalismo parece estar siempre con nosotros y ha adquirido muchas formas; la de nuestra era tiene un componente islámico porque ya vimos la mezcla de variables que hicieron posible un fenómeno como Al Qaeda. Y solo se volvió preponderante cuando se formuló la nueva doctrina geopolítica.

¿Y a qué nos referimos con una doctrina geopolítica? Recordemos que la caída de la Unión Soviética acabó con la estructura geopolítica global montada desde los años posteriores a la Segunda Guerra Mundial. La Guerra Fría significó la interferencia continua en conflictos en distintas latitudes del planeta y articuló una hegemonía de la Unión Soviética y Estados Unidos en el mundo, peligrosamente reminiscente del colonialismo, por cuanto todos los conflictos y la soberanía de los pueblos quedaron supeditados a una lucha entre potencias. Con la caída de la Unión Soviética, el mundo dio por inaugurada una nueva era de multilateralismo, en donde ya no había dos potencias en conflicto y el resto del planeta en medio de estas. Sin embargo, la guerra contra el terror fue formulada en el 2001 tras los ataques a las Torres Gemelas, lo que en la práctica continuó el dominio estadounidense en la geopolítica y la industria militar. Y una vez más se articularon la política interna y externa alrededor de una categoría de difícil definición o término planteada por un país occidental.

Para colmo, la Guerra contra el Terrorismo como política exterior estadounidense tampoco es nueva. Ya en su momento, Ronald Reagan había declarado la Guerra contra el Terrorismo, formulada en las mismas palabras y con el mismo tono de amenaza inminente, en la década de los ochenta, solo que el sentido que se le dio fue a los "Estados patrocinadores del terrorismo", y el terrorismo, por supuesto, eran solo los movimientos socialistas o comunistas, ya que estábamos bajo la dinámica de la Guerra Fría. Cómo será la arbitrariedad en la definición de quiénes son terroristas, que en su momento Nelson Mandela era considerado como un terrorista por la administración Reagan. La política de Reagan hizo que se justificara aún más, si cabe, el patrocinio a cualquier tipo de política, así pasara por encima de los derechos de los seres humanos más básicos, con tal de que no fueran comunistas. Fue sobre esta política que sucedió el escándalo Irán-Contras, ya que Reagan hizo de Centroamérica el escenario de su lucha. La Guerra contra el Terrorismo terminó desestructurando de manera tal a varios países centroamericanos a través de financiación y apoyo a regímenes corruptos y totalitarios, que dejó un rastro de inestabilidad y crímenes cometidos de los que aún hoy en día esta región no se ha recuperado. Por lo que el precedente mundial de la Guerra contra el Terrorismo nos deja solo inquietudes.

La nueva guerra contra el terror tendría unas consecuencias similares, y, más que del terrorismo mismo o las complejidades de las políticas y las interpretaciones religiosas en el Medio Oriente, nos habla del nuevo orden, de la visión de mundo estadounidense y su búsqueda por mantener una hegemonía mundial que traería consecuencias gravísimas, inestabilidad, desplazamiento, y le daría aún más legitimidad a la radicalización del islamismo político. Esto quedó clarísimo con las invasiones a Afganistán e Irak.

Las invasiones a Afganistán e Irak y la desestabilización actual

En los días siguientes al atentado contra las Torres Gemelas, Bush anunció que la cruzada contra el terrorismo duraría un rato, que su administración tenía una tarea por cumplir derrotando al terrorismo. En la práctica se inauguró una doctrina de seguridad nacional estadounidense, en la que justificó la guerra preventiva. Es decir, el ataque indiscriminado a otro Estado sin haber sido atacado. Porque recordemos que Al Qaeda como organización atacó las Torres Gemelas, sin embargo, Estados Unidos, menos de un mes después de los atentados, invadió Afganistán, un país entero, declarando que los regímenes que dieran cobijo a organizaciones extremistas también serían enemigos. La invasión gozó de la aprobación del Consejo de Seguridad de la ONU, y tropas internacionales participaron en un momento de solidaridad con las políticas de Estados Unidos, a la luz de los atentados. Sin embargo, al derrotar regímenes que supongan una amenaza para la seguridad estadounidense se abre espacio para la pregunta ¿qué se considera y quién define cuál es el peligro? Quedó a merced de un gabinete tomar decisiones de un impacto global que produjeron unas terribles consecuencias en un país ya de por sí devastado por las guerras. La campaña militar en Afganistán —que fue el principio del fin para la Unión Soviética décadas antes—, Estados Unidos la realizó de manera muy rápida, porque además de una avanzada tecnología, de nuevo contó con el apoyo de Pakistán como base. Este país, a su vez, era amigo del régimen talibán, junto con Arabia Saudita, y fue hasta los últimos momentos, por presión estadounidense, que ambos países retiraron su apoyo. Sin embargo, Pakistán comenzó a jugar una partida doble al dar cobijo a los miembros de los talibanes y Al Qaeda, que huyeron cuando las tropas internacionales se tomaron Kabul.

Una vez invadido Afganistán se planteó, además, la idea de llevar la democracia a este país, por lo que, aunque la campaña militar fue breve y Kabul cayó en poco tiempo, tropas internacionales, pero en especial estadounidenses, se quedaron en Afganistán para crear la transición de régimen. Veinte años antes, los estadounidenses habían dejado a Afganistán a su suerte, y los talibanes, que eran apoyados por Washington, se habían tomado el poder. Veinte años después, los estadounidenses se quedaron, y la inestabilidad continúa hasta el día de hoy. En Bonn (Alemania) se diseñó un plan de transición para Afganistán, y sabemos que los tratados, planes o decisiones tomadas en Europa sobre países de otros continentes no tienen un buen historial. Desde el 2001 Afganistán quedó como una suerte de protectorado de las tropas extranjeras lideradas por Estados Unidos, que se encargaron de manejar la seguridad para el régimen de transición. Y el modelo que plantearon en Afganistán lo repitieron más tarde en Irak, y en ambos fracasó rotundamente. Al quitar a los talibanes de la ecuación se creó un Consejo o Asamblea Tradicional, en donde se les dio poder a los líderes tribales, una representación a cada cultura o fracción del país afgano, pero recordemos que para este momento Afganistán llevaba veinte años en guerra y los líderes de cada bando eran prácticamente señores de la guerra, atrapados en una dinámica de conflicto territorial. Así, en vez de nutrir de alguna forma una cultura política —en donde sean las plataformas e ideas de tal o cual partido las que estén en pugna o representación—, se vuelve necesariamente un conflicto étnico porque la política está planteada sobre la división y el poder de cada etnia. Este acuerdo interétnico le da un tenue equilibrio al país, que en cualquier momento simplemente puede estallar porque, en vez de reconocer a la sociedad afgana, la ocupación estadounidense se encargó de otorgar cupos de poder a cada facción en disputa. Y, en esencia, este formato hace que no se pueda construir un relato de nación común, porque estrictamente es una agrupación de culturas que, a partir de cuotas de poder, se mantienen a raya, pero sin alternativa alguna para sanar las heridas sociales que veinte años de guerra, con el ínterin de un régimen opresivo como los talibanes, han dejado en la población.

Las tropas estadounidenses se retiraron en el 2014, es decir, fueron trece años de ocupación, en donde se pasó de construir democracia y transformar en definitiva la "región inestable" del Medio Oriente, con Afganistán incluido, a apenas garantizar una mediana seguridad alrededor de Kabul. Durante la ocupación mediante este sistema de reparto de poder entre culturas se generaron tres fuentes reales de poder: el gobierno de Hamid Karzai, cuya legitimidad solo recaía en ser la ficha puesta por las políticas de ocupación; los señores de la guerra, que son líderes de las etnias pastún, tayikos, uzbecos, que mantienen un poder territorial y se lucran exclusivamente del contrabando, el tráfico de opio y amapola; y por último, los talibanes, que controlan partes de regiones, y también en parte asedian desde Pakistán al gobierno central. Los propósitos iniciales de la invasión fueron dos expresamente: acabar con Al Qaeda y los talibanes, el régimen que les dio cobijo. Ninguno se logró. Los talibanes huyeron a Pakistán y, ante la falta de institucionalidad, pocos años después retornaron a Afganistán, y hoy controlan sectores del territorio y también están presentes en sectores de la sociedad. Al Qaeda huyó a Pakistán y luego se dispersó en distintos grupos vagamente asociados entre sí. Uno de esos grupos llegó a Irak y se convirtió en el Estado Islámico. Por lo que veamos qué pasó en Irak.

Si las políticas de ocupación en Afganistán fallaron rotundamente, el caso de Irak es peor. Esta guerra, cuestionada desde el principio por todos, ha sido uno de los fundamentos para la inestabilidad de toda la región y solo arroja dudas sobre la validez y legitimidad de la política exterior estadounidense.

Lo que en un principio pareció la respuesta al ataque de las Torres Gemelas, con la consecuente invasión a Afganistán, pasó a ser en poco tiempo la formulación de una doctrina para la nueva geopolítica mundial. El presidente estadounidense George W. Bush comenzó a hablar en 2002 del "Eje del Mal", una construcción que supuestamente hacía referencia a países que patrocinaran el terrorismo o tuvieran armas de destrucción masiva. La lista del Eje del Mal era bastante corta y correspondía a los países enemistados con Estados Unidos: Irán, por lo que ya hemos visto; Irak, Cuba y Corea del Norte. Una lista bastante inclinada a agrupar cualquier país que no tenga afinidad con Estados Unidos geopolíticamente, en el caso de Irán e Irak, y los resabios de la Guerra Fría y la lucha contra el comunismo, en el caso de Cuba y Corea del Norte.

En su momento, el gabinete de Bush hijo, que era virtualmente el mismo que había estado en servicio en el gobierno de Bush padre, y el mismo presidente contemplaron la posibilidad de que si los grupos terroristas obtenían lo que se le llamó entonces *armas de destrucción masiva* (es decir, una bomba nuclear o bombas químicas) serían una amenaza incontenible. Esta línea de pensamiento los llevó a creer que era cierto, y muy pronto, recién concebida la invasión a Afganistán, se comenzó a hablar de Irak como un objetivo, que estaba debidamente incluido en la lista del "Eje del Mal". De ahí se saltó en poco tiempo a la idea de que

Saddam Hussein podría aliarse con Al Qaeda, por cuanto ambos eran enemigos de Estados Unidos, y así, proveer al grupo terrorista de armas químicas. Todas estas hipótesis estadounidenses, con el tiempo se demostraría, carecían de fundamento. La unión entre Al Qaeda y Hussein era inexistente, pero asimismo el gabinete se esmeró en demostrar que Hussein era una amenaza. En mayo del 2003 Colin Powell presentó ante el Consejo de Seguridad de la ONU las presuntas pruebas sobre la existencia de armas químicas en Irak, en aras de conseguir una resolución para invadir el país de la Medialuna Fértil.

La existencia de las "armas de destrucción masiva" fue cuestionada desde el principio, tomando en cuenta que Irak estaba bajo un terrible embargo económico y sanciones internacionales desde la Guerra del Golfo Pérsico. El régimen de Saddam Hussein sí había utilizado armas químicas contra la población kurda iraquí, en donde murieron más de 5.000 personas. Eso fue en 1988, cuando Irak era aliado estadounidense por haberse metido en la guerra contra Irán, y en ese momento no se planteó como un gran problema como para que se justificara la invasión de Irak. Después de la invasión a Kuwait, sin embargo, hubo un desmantelamiento del armamento iraquí supervisado por la ONU, y durante los años siguientes inspectores de la ONU vigilaron que Irak estuviera desarmado, hasta 1998, año en que fueron expulsados por Hussein. En cuestión de cuatro años era imposible que hubiera un nuevo armamento, sobre todo porque Irak estaba bajo un embargo. Diez años de sanciones económicas dejaron a la población empobrecida por una disputa geopolítica contra el líder del país, y el país entero terminó pagando. Para colmo, la alianza posible entre Al Qaeda y Hussein fue una hipótesis repetida en medios públicos hasta la saciedad que no tenía ningún fundamento, si se tiene en cuenta que Hussein era de la línea del panarabismo, del partido Baaz, laico, y nunca patrocinó grupos islamistas radicales. Este argumento fue cuestionado por varios países en la ONU y diversos presidentes europeos. El apoyo inicial de la comunidad internacional a la invasión de Afganistán se diluyó con prontitud, ya que no estaba nada claro qué tenía que hacer Estados Unidos invadiendo Irak.

La ONU volvió a enviar inspectores en el 2003 para revisar que no hubiera armamento en Irak, y, en efecto, constataron que no existían armas de destrucción masiva. Estados Unidos respondió acusando a los inspectores de la ONU de ser engañados por las autoridades iraquíes. Poco a poco se modificó el discurso estadounidense, empeñado en montar a Irak como el gran enemigo. De un vínculo entre Hussein con Al Qaeda se pasó luego a la hipótesis de la amenaza que representaban las supuestas armas de destrucción, y por último, a la imperiosa necesidad moral de liberar al mundo de un dictador y sembrar la democracia en Medio Oriente. En este sentido, Saddam Hussein no era el único líder de un régimen dictatorial en su momento; había otros varios como Hosni Mubarak, en Egipto, aliado indiscutible de Estados Unidos o Arabia Saudita, un Estado bastante cuestionado por sus violaciones a las libertades civiles y los derechos humanos, también aliado de Estados Unidos. Además, había otros países que sí tenían armas de destrucción masiva, como Israel, que tiene un programa nuclear activo y que ocupa territorios de otros países desde 1967. Esto no hace sino recordarnos la arbitrariedad de las definiciones de lo que es o no es malo o una amenaza en la geopolítica mundial. Y en este relato hemos visto el complejo entramado de alianzas y los macabros resultados que pueden producir, como Al Qaeda. Por eso se necesita una visión analítica de los fenómenos, entender los contextos y la historia para no comer tanto cuento.

La ONU volvió a enviar inspectores en el 2003 para revisar que no hubiera armamento en Irak, y, en efecto, constataron que no existían armas de destrucción masiva.

Aunque el descrédito y cuestionamiento internacional eran bastante generalizados sobre la posible invasión a Irak, los medios de comunicación estadounidenses fueron instrumentales en generar una atmósfera propicia dentro de la población del país norteamericano para apoyar la invasión. La única fuente sobre las supuestas pruebas de armamento químico o nuclear en Irak del Gobierno era la misma de periódicos reconocidos como el *Washington Post* y el *New York Times.* Se trató de Ahmed Chalabi, iraquí opositor al régimen de Hussein que fabricó un *dossier* sobre supuestos laboratorios móviles para fabricar armas. Estas pruebas fueron entregadas a los servicios de inteligencia británicos y, a su vez, a los servicios estadounidenses. Fueron estos documentos los que el secretario de Estado Colin Powell presentó ante la ONU. En realidad, fueron confeccionados para fomentar el cambio de régimen, y por la motivación personal de Chalabi de formar parte de un nuevo gobierno en Irak. Basados en una sola fuente, la Casa Blanca, los periódicos y la televisión repitieron y crearon una teoría para convertirla en una convicción. Así, la invasión de Irak viene precedida de un deliberado engaño a la opinión pública.

La noción de crear en la opinión pública una atmósfera de inminente peligro o amenaza (que puede ser absolutamente falso) es una táctica muy vieja para garantizar el apoyo al gobierno en el momento de librar una guerra, que Estados Unidos en particular ha usado a lo largo de la historia. La excusa para entrar en guerra contra España a finales del siglo XIX, lo que terminaría en la invasión de Cuba y Puerto Rico, Filipinas y Guam, se alegó a partir de un supuesto ataque al acorazado Maine, que se comprobaría años más tarde fue accidental y no tuvo que ver con España. En 1960, supuestos reportes de la superioridad militar de la Unión Soviética fomentaron un relanzamiento de la carrera armamentista, aunque la superioridad no era verdad. En 1964 el Congreso aprobó escalar el conflicto de Vietnam, lo que inauguró una guerra que involucró el uso de armas químicas por parte de Estados Unidos contra la población vietnamita. Esto se justificó como una respuesta al supuesto ataque a un barco estadounidense en el golfo de Tonkín, y años después se comprobó que no sucedió.

Y aun sin necesidad de mentir, crear un peligro o amenaza inminente para influenciar la mentalidad de la población es una táctica más que común en nuestros días. Este es un elemento característico de la Guerra contra el Terrorismo: la información sobre el peligro es dada por políticos y organizaciones, es replicada sin muchos cuestionamientos por los medios de comunicación y tiene un impacto considerable en la opinión pública. En últimas, hay un interés de montar una agenda política específica que sea apoyada por la sociedad, que apruebe una serie de medidas que a la larga impactan la geopolítica mundial y los derechos humanos. En el caso de la Medialuna Fértil, la cruzada contra el terrorismo ha aquejado toda la región de manera catastrófica al generar más conflicto y más radicalidad afectando los derechos de los ciudadanos. Y en el caso de los países occidentales, esta nueva doctrina viene acompañada de la implementación de medidas destinadas a una supuesta seguridad que perturban los derechos más básicos, como el juicio justo o la no discriminación, por ejemplo, cuando se señala y se margina a una persona dentro de una sociedad por ser musulmán.

Por último, ante la falta de evidencia, el Consejo de Seguridad no aprobó la invasión a Irak. Y Estados Unidos igualmente la llevó a cabo: el 20 de marzo del 2003 invadió de manera unilateral, sin haber sido agredido y justificando su ataque a partir de una amenaza que se comprobó no era real. Esto es grave en muchos sentidos, primero, porque después de la caída de la Unión Soviética hubo un leve consenso en que empezaría una nueva era de multilateralidad y la ONU por fin podría asumir su papel como organismo rector, en donde hubiera acuerdos sobre reglas comunales, ya que no había un mundo bipolar y se podían lograr acuerdos entre todos. El despliegue de tropas en Kuwait se efectuó con aprobación de la ONU, así como la invasión a Afganistán. Podría especularse que el caso de Afganistán estaba justificado por el ataque a las Torres Gemelas, aun cuando todo Afganistán tuvo que pagar por lo que hizo Al Qaeda. Sin embargo, con la invasión de Irak sí quedó claro que se trató de una guerra preventiva. Así que el hecho de entrar a una guerra sí o sí, cambiando de justificación y pasando por encima del derecho internacional, fue un gesto en donde Estados Unidos quedó como un país que no tiene inconvenientes en imponer su agenda unilateralmente, un Estado que crea su política a discreción y la implementa mediante el uso de la fuerza.

Aún hoy se especula por qué tenían tantas ganas de invadir Irak. Unos dicen que todo era una táctica para asegurar las fuentes energéticas y que ambas invasiones eran imperialistas por naturaleza. En efecto, Saddam Hussein, siendo del Baaz, había nacionalizado el petróleo, y Afganistán es un lugar estratégico para el gas y los recursos del Asia Central, que aún hoy en día tienen que pasar por Rusia para llegar a Europa, lo que le garantiza una influencia desmesurada a Rusia sobre los países europeos. Además, la insistencia estadounidense en involucrarse en el Máshreq, que no dista nada del afán colonialista en su momento de Francia e Inglaterra sobre el Medio Oriente, la había formulado, recordemos, en la década de los setenta el entonces presidente Carter vinculando a esta región a los "intereses nacionales" de Estados Unidos. Con la invasión se repartieron concesiones petroleras, e incluso el mismo Ahmed Chalabi logró un puesto como ministro de Petróleo, nombrado por el gobierno de transición en medio de la ocupación estadounidense. Sin duda la guerra es un negocio para muchos; es importante que esto no se nos olvide. En Irak no se desplegaron tropas suficientes para garantizar la seguridad, por lo que se recurrió a contratos multimillonarios con agencias privadas de seguridad, así como contratos para la reconstrucción, muchos de los cuales beneficiaron a miembros del gabinete de Bush. Todas estas razones seguramente influyen, pero la complejidad no se puede reducir a una sola explicación; esta pudo ser una de las razones, pero tampoco explica el tremendo costo y el descrédito internacional que seguiría. Otros dicen que era una manera de reencauchar la Guerra del Golfo Pérsico y terminar con el régimen de Saddam Hussein, según la creencia de que en ese entonces debían haberlo hecho, ya que era el mismo grupo de asesores de Bush padre el que estaba en el gabinete de Bush hijo. También puede ser.

Pero más importante aún es la razón de fondo que sustenta cualquiera de estas posturas: la construcción de una misión estadounidense sobre su autoproclamada superioridad y su derecho de ejecutarla, cueste lo que cueste. Aquí hay una línea que nos vincula de inmediato al colonialismo. A estas alturas queda claro que, a través de la Guerra Fría, y ahora con la Guerra contra el Terror, Estados Unidos tiene un historial de construirse a sí mismo como una nación indispensable en la geopolítica, legitimado por una creencia llamada el "excepcionalismo americano", según la cual se pretende que este país es excepcional en la historia y tiene una misión histórica que cumplir. De ahí parte también la convicción que comparten sus políticos de que esta nación debe abanderar la lucha contra la maldad mediante cualquier práctica, por más ruin que sea. El discurso político estadounidense —utilizado tanto por Truman como por Reagan, Bush y Donald Trump— está construido sobre una dicotomía que identifica a Estados Unidos como el "Bien", y a sus enemigos, como el "Mal", en una visión que parte de una concepción religiosa del *deber ser*. Y de tanto repetir que el mundo es así, la gente termina por creérselo, sin ver la gran y compleja historia detrás de todo.

Así se establece la idea de que lo "bueno y necesario" para Estados Unidos lo es también para el resto mundo. La historia de Occidente nos enseña los peligros de creer que se sabe lo que es mejor para los otros a partir de una supuesta superioridad. Al amparo de esta línea de pensamiento, Estados Unidos declaró su derecho de llevar la democracia y rediseñar Medio Oriente según su visión. En la práctica esto se tradujo en la arbitraria invasión a Irak, que desbarató una sociedad ya de por sí empobrecida. Lo que generó inestabilidad, mayor desigualdad y radicalización.

Ya en su momento se advirtió, en la Guerra del Golfo, sobre las consecuencias que causaría derrocar a Hussein. Los argumentos en contra de la caída del régimen fueron que traería inestabilidad a la región y que Estados Unidos se vería enfrascado en un cuestionable proceso de construcción de nación. Por otro lado, Turquía, aliado asimismo de Estados Unidos, no vio con buenos ojos la desestabilización de Irak, ya que la región de Mosul, de mayoría kurda, podría gestar un proyecto de independencia e inspirar a la población kurda en Turquía, amenazando con la división del país. Además, de igual forma se advirtió que la ocupación extranjera generaría mayor radicalización. Y, en efecto, dicho y hecho, todos estos argumentos se volvieron realidades diez años después de la Guerra del Golfo.

La guerra duró muy poco: en menos de un mes las tropas norteamericanas y de países aliados se tomaron Bagdad. La invasión, sin aprobación de la ONU, sí contó con el apoyo de países amigos a Estados Unidos, pero ojo, ninguno de los 34 países que apoyó la invasión era árabe o de mayoría musulmana. Aquí se abrió otro foco para el resentimiento ante la constante intervención occidental en el destino de la Medialuna Fértil. La invasión utilizó bombardeos aéreos sobre población civil y destruyó la poca infraestructura existente, ya que en la guerra del Golfo Pérsico también se habían efectuado bombardeos. Ni siquiera se sabe el número de muertos iraquíes, que oscilan entre cien mil y un millón, mientras que los muertos estadounidenses se cuentan con precisión: 4.442. Tras la toma de Bagdad, las tropas norteamericanas no levantaron un solo dedo mientras el 80% de las piezas de los museos más importantes de Bagdad, con el legado de las civilizaciones de Mesopotamia y Asiria, fueron saqueadas. La Unesco había alertado sobre la importancia del patrimonio de la humanidad que había en Bagdad antes de la invasión, y sin embargo las tropas de ocupación no hicieron nada. Dieciocho meses después de la ocupación no había suministro de agua, transporte público ni electricidad en la mayoría del país.

Uno de los primeros errores, en la larga lista de desastres que ocurrieron durante la ocupación, fue nombrar como autoridad provisional a Paul Bremer, un estadounidense que desconocía el

Medio Oriente, al frente del nuevo Gobierno iraquí. A la siguiente política que se implementó se la llamó la "desbazificación", es decir, retirar todos los elementos del Baaz, el partido de Saddam Hussein, de la estructura estatal. Aquí es necesario que nos detengamos en cómo se conformaron los Estados en los países que habían sido panarabistas, porque el caso de Irak aplicó también a otros países del Magreb y el Máshreq.

Nos hemos enfocado en la historia de la islamización política y sus debidas coyunturas, pero nos falta contar que otra de las principales causas de la legitimidad progresiva de la islamización política fue que los países panarabistas se terminaron volviendo regímenes personalistas, con líderes corruptos, totalitarios y aferrados indefinidamente al poder. Para el siglo XXI, en la política del Magreb y Máshreq solo quedaban versiones desvirtuadas del panarabismo. Con el descrédito de los años setenta, el movimiento de unidad árabe se resquebrajó, pero muchos de sus líderes continuaron en el poder, y, así, se conformaron regímenes que tenían un partido único, cuyos líderes eran militares, que cada tantas décadas eran derrocados por otros militares. El componente antioccidental y a favor de una vía de autodeterminación se perdió desde que Anwar el-Sadat se volvió aliado de Estados Unidos, y la nacionalización de recursos o control energético también se fue olvidando, en el caso de Egipto, con la progresiva implementación de modelos neoliberales. Parte del panarabismo deformó en dictaduras militares y personalistas estancadas en el poder de manera indefinida, como la de Saddam Hussein.

Irak, como fue también el caso de Egipto, tenía entonces un Estado basado en un partido único y el Ejército como los vehículos de poder del régimen. Estados Unidos, al desbazificar, dejó prácticamente desvertebrado el país porque al disolver el Baaz diluyó toda la estructura administrativa nacional. Quitando el modelo de más de cincuenta años de organización estatal, simplemente se desbarató todo el país. El Ejército, que mantenía el control fronterizo, desapareció, y con él, la estricta división fronteriza. Las instituciones se esfumaron y no hubo un interlocutor sobre el cual montar la transición. Estados Unidos además impuso su modelo de un país federal. Es decir, volvemos a que un país occidental configura un país del Máshreq a su voluntad. En pleno siglo XXI, y si no funcionó desde después de la Primera Guerra Mundial, tampoco lo haría en este caso.

Para supuestamente tener un gobierno representativo, Estados Unidos planteó un país confesional, en donde se le dio prioridad a la cultura o religión: en la presidencia se puso a un kurdo, en la jefatura de gobierno a un chií y en la presidencia del Parlamento a un suní. De nuevo, como pasa en Afganistán, en vez de volverlo un tema de plataformas políticas, que supuestamente es la base de la democracia, se repartieron cuotas de poder en virtud de una identidad específica. Así, la formación de una identidad iraquí queda marginada por completo porque se le da prioridad a ser suní, chií o kurdo. Por un lado, los kurdos a todas estas tenían un incipiente Estado en el norte de Irak, en toda la zona de exclusión, y su política de lograr una autonomía y un Estado kurdo se iba a mantener inamovible, aun participando en el Gobierno iraquí. Con la Constitución federal aprobada en el 2005 se acordó que se realizaría un referendo en el futuro sobre la partición de la región de Mosul y la creación de un país kurdo. Y por el otro lado, de un gobierno laico se pasó a un gobierno donde la religión era la función sobre la cual se era elegido, trayendo las creencias al centro de la política. Lo más grave detrás de estas acciones es la idea de que cualquier potencia puede imponer un modelo de gobierno en otro país. Así se sembró una división aún más profunda que sacó a flote las diferencias entre las tres regiones históricas de Irak, que hoy en día son casi que entidades separadas entre sí ante el desmoronamiento de un proyecto nacional de identidad iraquí.

Hussein había oprimido a la población chií, y cuando se produjo la desbazificación, muchos fueron enviados a la cárcel, donde serían torturados, ya que en este período de la historia se legitimó el uso de la tortura, bajo el pensamiento de hacer una guerra a cualquier costo, pasando por encima del hecho de que se hable de convenciones de guerra y de derechos humanos. Recordemos que las convenciones de guerra y los derechos humanos son las lecciones que hemos aprendido ante la capacidad de destrucción humana, y cuando pasamos por encima de ellos, no hemos aprendido nada. En el 2006, además, fue elegido Nuri al-Maliki, chií, como primer ministro iraquí. Él comenzó una política de marginación y persecución a la comunidad suní iraquí que en la práctica hizo que la nula estabilidad política y la división reciente en el país se convirtieran en una guerra sectaria entre suníes y chiíes.

Así que Irak se tornó en un país sin autoridad, con una ocupación extranjera occidental de ningún modo justificada, extendida a través de los años y sin repliegue a la vista. La comunidad suní se vio marginada por las políticas de Al-Maliki y el Baaz fue disuelto como partido. El vacío de poder, la falta de vinculación de la población con cualquier decisión política, la creciente división legitimada a nivel estatal entre suníes y chiíes, sumados a la destrucción causada por los bombardeos y una población en medio de una guerra sin fin, fueron las condiciones perfectas para que Al Qaeda y otros grupos extremistas llegaran a Irak.

Del mismo modo que en los ochenta la Guerra en Afganistán fue el escenario donde se formaron los grupos islamistas radicales, Irak es la cuna de los radicalismos del siglo XXI. Es fundamental que no se nos olvide y entendamos que todos los grupos radicales, violentos, totalitarios, fanáticos, desde Al Qaeda, pasando por los talibanes y llegando al Estado Islámico, se formaron y legitimaron en la guerra. El radicalismo se nutre de los conflictos perpetuados y de la ocupación extranjera. Del mismo modo que sacar la presencia extranjera soviética de las tierras musulmanas se volvió una misión santa para los muyahidines en Afganistán, Al Qaeda vendría con el mismo cuentico a Irak, ahora bajo ocupación estadounidense.

Cualquiera que fuera la misión estadounidense en Irak, no se cumplió. Fue un fracaso que generó el caldo de cultivo para el radicalismo. Si la meta era sembrar democracia, como alegaron en sus discursos y políticas, Irak es la muestra perfecta que comprueba que la democracia no se siembra ni se construye, sobre todo por extranjeros —porque eso es colonialismo—, y la intervención occidental solo radicaliza y genera más antagonismo. Si la meta era acabar con las armas de destrucción masiva, estas no existían. Asesinaron a Hussein, pero si la meta era frenar una posible alianza con Al Qaeda, se logró exactamente lo contrario: Al Qaeda no existía ni tenía presencia alguna en Irak antes del 2003. En el 2006 se volvió su escenario de batalla ante la marginación suní y la inestabilidad generalizada. Es decir, la guerra contra el terror, de hecho, nutrió el terrorismo.

En el 2004 el exdirector de la CIA George Tenet admitió que la información de la agencia sobre posibles armas de destrucción masiva era inconsistente. Ese mismo año el New York Times se disculpó públicamente admitiendo su parcialización y lamentó la información errada dada al público sobre las supuestas armas. El mismo Bush admitiría los errores cometidos en Irak. El costo de estos errores es muy grande: un país entero desmoronado, sumido en la guerra y en la pobreza por un mal cálculo. Hoy en día convenientemente se olvida la invasión a Irak en la lucha contra el Estado Islámico para ocultar la trayectoria y responsabilidad occidentales en el origen de este grupo radical y en la articulación del odio hacia Occidente por parte de los grupos extremistas islámicos.

Porque desde el 2003 Irak es un Estado fallido. La terrible inestabilidad que siguió a la invasión fue una dura lección para los sectores estadounidenses a favor de construir democracia en

El New York Times se disculpó públicamente admitiendo su parcialización y lamentó la información errada dada al público sobre las supuestas armas.

otros países. La conclusión es que nadie sabe cómo se construye la democracia. En el 2006, la guerra preventiva fue eliminada de la política exterior de Estados Unidos. Obama luego fue elegido presidente y cambió por completo la política exterior, buscando no involucrar tropas estadounidenses en guerras, y entre sus promesas electorales estaba retirar las tropas de Irak y Afganistán. Pero la situación de inestabilidad en ambos países era de tal magnitud, que se prolongó la presencia extranjera, lo que dio pie a más ataques y resentimiento en ciertos sectores de la población local y los grupos extremistas. De remodelar el Medio Oriente y llevar la democracia a Irak las tropas extranjeras terminaron fue intentando mantener un mínimo de seguridad. Para el 2014, Bagdad era una ciudad segregada, en una parte estaban el Gobierno y todas las oficinas de empresas extranjeras; y en otra parte los iraquíes, los ocupados, en una ciudad destruida por los bombardeos. La exportación de petróleo, el único sustento del frágil Gobierno y la economía iraquíes, no favorece de ningún modo a la población.

En Afganistán, la economía depende de la industria militar extranjera y del tráfico de opio, ya que este país produce el 90% del opio mundial. Los programas de asistencia estadounidense para la reconstrucción de ambos países se gastan en proyectos a corto plazo, y de este modo continúan la degradación social y la falta de oportunidades para millones de personas. Son países que mueven mucho dinero, pero en las manos de empresas privadas extranjeras o contrabando, y esta riqueza no ayuda de modo alguno a la población.

Este es el panorama de donde nace en Irak el Estado Islámico, también conocido como ISIS o Daesh. Daesh son las siglas que conforman el nombre en árabe del Estado Islámico: Al-Dawla al-Islamiya al-Iraq al-Sham, que significa *Estado Islámico de Irak y Siria*, o también puede traducirse como *Levante*, conocido como ISIS, EI, Estado Islámico. Este grupo capturó la imaginación y las primeras planas de la prensa internacional a través de sus videos de decapitaciones y su efectiva estrategia de comunicar el terror.

Vamos a darle preferencia al nombre Daesh, primero, para quitarle el nombre "islámico" y así combatir la asociación entre islam y este grupo. Y por otro lado, porque ese es el término que les gusta usar a los países de lengua árabe porque, conjugado de cierta manera, "daesh" suena parecido al verbo "aplastar", y también puede significar *intolerante* o *fanático*, por lo que es una manera de ridiculizar al Estado Islámico, y sus miembros aborrecen esta denominación. Este grupo radical surgió en Irak, pero su expansión, arraigo y conquista tienen también mucho que ver con la desestabilización desde el 2011 de Siria, el país vecino.

Si por el lado de Afganistán e Irak llovía, en numerosos países del Magreb y el Mashreq no escamparía. Las condiciones para la radicalización ya estaban dadas en un ambiente de guerra y ocupación extranjera en Irak y Afganistán. Pero luego serían los regímenes en el poder en distintos países, sumados una vez más al papel de Arabia Saudita en la región y las agendas de varios países occidentales, los que se encargaron de cerrarle la puerta a una alternativa democrática en el convulsionado Medio Oriente. Así se le dieron alas y aún más razones a la lucha extremista armada. Antes de que el Daesh conquistara y formara en la práctica un nuevo país hubo una alternativa histórica para los pueblos del Magreb y Máshreq que fue brutalmente aplastada: la Primavera Árabe.

De lo que aconteció después de la Primavera Árabe es de donde parten los conflictos y lo que termina de explicarnos, junto con las invasiones de Irak y Afganistán, lo que pasa hoy en el Medio Oriente con el terrorismo y los refugiados.

Las primaveras árabes, la contrarrevolución y el Daesh

El 17 de diciembre del 2010, en Túnez, Mohamed Bouazizi se prendió fuego frente a un edificio del Gobierno para protestar por la incautación de su puesto de frutas y los abusos policiales. Este fue el catalizador para que en los días siguientes toda la sociedad tunecina se lanzara a las calles a demandar justicia, derechos y oportunidades. Así comenzó una protesta social que se extendió por todo el Magreb, la península arábiga y el Máshreq. A las protestas que siguieron en los meses siguientes se las llamó la Primavera Árabe, aun cuando muchos de los pueblos que se levantaron no fueron necesariamente árabes. Fue el momento en el cual la gente salió a las calles a exigir sus derechos, a reclamar en contra de la corrupción, de la opresión, de las dictaduras, de la falta de oportunidades, del desempleo, de la pobreza. En Túnez, Egipto, Siria, Bahréin, Libia, Yemen, Marruecos, Jordania y Argelia se produjeron protestas populares y pacíficas para alcanzar un cambio político duradero. Para inicios del 2011 la presión popular y las movilizaciones lograron poner en jaque regímenes estancados en el poder desde hacía décadas. Porque resulta que en medio de esta historia del Medio Oriente como zona estratégica de intereses de unos y otros, los olvidados de este relato son las personas. Toda la historia que hemos narrado está contada como un juego de regímenes, fichas, alianzas, pero es que hablamos de personas, de seres humanos viviendo en sociedades a las que se les niega cualquier salida política o autonomía real, según la geopolítica que esté imperando en ese momento.

Para los medios de comunicación occidentales, la Primavera Árabe fue una sorpresa, y en ese entonces se desplegó un cubrimiento mediático que por primera vez en mucho tiempo no hablaba del Medio Oriente en una continua asociación con la guerra o los radicalismos, sino que mostraba personas, familias, mujeres, hombres de todas las religiones y culturas determinados a cambiar el transcurso de sus vidas. No fue un movimiento repentino e inexplicable. Precisamente hemos visto que la política del Magreb, la península arábiga y el Máshreq durante casi cien años se ha definido según monarquías absolutistas, regímenes militares panarabistas que desembocaron en dictaduras, élites corruptas que solo son legitimadas según su alianza con países occidentales y grupos extremistas armados islámicos. Se ve al Medio Oriente según la figura y tendencia que estén en el poder, y hoy en día, según los radicalismos, pero la Primavera Árabe por fin sacó a la luz el pueblo que hay detrás. Fue un momento esperanzador, unificador, en donde salió a flote una iniciativa común y plural de alcanzar la justicia, el trabajo, la dignidad. Porque estamos hablando de las sociedades que han vivido entre la represión, los conflictos y la falta de oportunidades. Las protestas en las calles no tenían ninguna bandera religiosa, sectaria o étnica. En Egipto, en Túnez, en Bahréin, las únicas consignas era derrocar regímenes y alcanzar la democracia, cambiar los modelos políticos que hasta entonces solo habían coartado el derecho de las personas. Los ciudadanos de numerosos países, todos unidos bajo el relato común de una región atravesada por el diseño occidental, luego por las disputas de poder occidentales y luego por regímenes dictatoriales empotrados de manera indefinida en el gobierno, salieron a reclamar y señalar los problemas reales del Medio Oriente. Contrariamente a lo que se pueda creer, el fanatismo religioso, la división sectaria y los grupos radicales no son los principales problemas sociales de esta región. Todo lo anterior son expresiones de la falta de oportunidades, la desigualdad, el desempleo, la falta de soberanía y el sometimiento a juegos regionales entre poderes. En estos escenarios siempre la población civil es la víctima principal.

Muchos de los regímenes que fueron cuestionados durante las protestas populares eran aliados de países occidentales y, de hecho, habían sido piezas claves en la región para combatir la guerra contra el terror, recibiendo ayuda financiera y militar para mantener a raya el peligro del terrorismo, aun cuando eran dictaduras que llevaban décadas en el poder, como Egipto. Desde Anwar el-Sadat, este país se volvió aliado regional estadounidense recibiendo cuantiosa ayuda militar y financiera, lo cual fortaleció la estructura militar del país, mientras que los derechos de las personas eran atacados. El-Sadat fue asesinado, y lo sucedió Hosni Mubarak, en 1981. Para el momento de las protestas en el 2011, Mubarak llevaba treinta años en el poder, en una dictadura que había incluso prohibido las protestas públicas, pero que, a los ojos del gran juego geopolítico liderado por Occidente, era un régimen moderado que en su momento fue útil para combatir el terrorismo.

En Túnez, Zine el Abidine Ben Ali era el dictador encumbrado en el poder desde 1981, tras el golpe a Habib Burguiba. Este último apareció en nuestro relato cuando comenzamos a hablar del panarabismo. Burguiba lideró la independencia tunecina y creó el modelo laico en el país del Magreb, sin embargo, como sería el caso en otros lugares, también quedó embriagado de poder y terminó imponiendo un régimen estricto y con un fuerte culto a la personalidad, razones que llevaron a Ben Ali a liderar un golpe de Estado para lograr un cambio político que, aunque inicialmente pareció devolver ciertos derechos y libertades a la población, con el paso de los años en el poder cayó en la misma trampa del totalitarismo y la censura. Este era el panorama en Túnez cuando estallaron las protestas.

En Siria, Bashar al-Ássad sucedió a su padre, Háfez al-Ássad, que también llegó al poder mediante un golpe militar. El clan Ássad también se volvió una élite corrupta, con un fuerte culto a la personalidad, que mantuvo su posición antiestadounidense. Muamar el Gadafi, en Libia, habiendo liderado la independencia en 1969, era el único presidente del país desde su formación como república. En todo ese tiempo en el poder Gadafi se terminó inclinando hacia el panafricanismo, más que hacia el panarabismo, y desde comienzos de este siglo se acercó a Europa y Estados Unidos, e incluso se normalizaron relaciones. Gadafi también sirvió de manera conveniente para controlar la inmigración africana a Europa a través de Libia, por lo cual el Gobierno recibió una importante ayuda económica italiana para estos propósitos. Así que nadie era terriblemente malo a los ojos de la geopolítica; todos a la larga eran aliados de alguien y recibían dinero dentro de la lógica de la Guerra contra el Terrorismo, o para frenar la inmigración, aunque fueran regímenes estancados, represivos y abiertamente antidemocráticos.

La Primavera Árabe fue el momento en que las calles se llenaron para cambiar la historia de Medio Oriente, para tomar las riendas de un futuro que no representaba ninguna salida entre estructuras políticas enmohecidas y un mundo cada vez más propenso a la islamofobia. Los regímenes comenzaron a caer y los países occidentales quedaron a la espera de los resultados retirando el apoyo a los regímenes aliados. Días después de que Mohamed Bouazizi diera su vida para protestar contra la injusticia y la opresión policial, Ben Ali y su familia huyeron a Arabia Saudita. El Ejército retiró su apoyo al Gobierno y luego siguió un periodo de transición hasta que el 23 de octubre del 2011 se celebraron las primeras elecciones libres en la historia de Túnez. En Egipto, Mubarak huyó, también marginado por el Ejército, y un año después Egipto también realizó elecciones por primera vez, en el 2012, en donde Mohamed Morsi se convirtió en el primer presidente elegido democráticamente. En Jordania, el Gobierno se apresuró a implementar reformas para responder a la presión popular. La tendencia pareció ser la de una ola democratizadora que por fin les daría una salida real a las personas. Y quizás sembró la semilla de un cambio nunca antes visto en la región. Pero lastimosamente las luchas quedarían una vez más coartadas por un complejo entramado de intereses, por la islamofobia y por las ansias de ciertos regímenes de mantener el *statu quo* regional. Desde entonces, más que nunca, han aflorado unos problemas estructurales en la conformación misma de las naciones en el Magreb y la Medialuna Fértil, que ya en Irak y Afganistán se habían anunciado con la invasión estadounidense.

La Primavera Árabe fue un movimiento interrumpido por lo que llamaremos *la contrarrevolución*. Salvo quizás Túnez y Marruecos, todos los países que tuvieron protestas terminaron en un estado igual o peor que cuando empezaron. Se abortó una salida democrática a los problemas estructurales que afectan a las sociedades del Medio Oriente dejando al parecer solo la huida o la radicalización como alternativas para un cambio.

En todos los países, de una u otra forma se comenzó a aplicar el discurso de la Guerra contra el Terrorismo dentro de las mismas sociedades del Medio Oriente para frenar los cambios políticos y mantener el *statu quo*, desconociendo una tendencia real en el arraigo de las opciones islamistas en la sociedad. Por ejemplo, en Egipto y Túnez, los primeros presidentes elegidos de manera libre en la historia de ambos países eran de partidos políticos islamistas, los Hermanos Musulmanes y Ennahda, respectivamente. El desenlace en ambos casos fue muy distinto, ya que en Túnez se logró formar una coalición y continuar el recambio político del país. Pero en la mayoría de países, el triunfo del islamismo político inmediatamente fue tergiversado a conveniencia para desconocer que en realidad estos partidos ganaron elecciones libres y que su arraigo social obedece a causas muy concretas. Marruecos también sería la excepción: allí se produjo un triunfo de un partido de tendencia islamista llamado el Partido de Justicia y Desarrollo, que formó un pacto de gobierno con el rey.

En Túnez, la victoria del partido islamista fue celebrada y criticada a la vez. Después del triunfo de Ennahda sucedió un período de inestabilidad, en donde se vio como un peligro la islamización constitucional de un país cuyas bases desde su independencia habían sido laicas. Ahí también se cuestionó la postura de Ennahda ante grupos radicales armados, abriendo el debate de hasta qué punto se relacionan los partidos islamistas y los islamistas radicales. Sin embargo, a diferencia de lo que sucedió en otros países, esto no fomentó una contrarrevolución. En medio de renovadas protestas se originó un movimiento de coalición civil entre representantes de uniones obreras, abogados, industria, artesanías y derechos humanos que se apodaban el *Cuarteto de Diálogo Nacional*. Esta coalición logró exitosamente establecer las bases civiles para un debate nacional y una nueva constitución, en donde se terminó eligiendo un nuevo mandatario después de que Ennahda se retirara de la presidencia. En reconocimiento al movimiento democrático y constitucional de Túnez liderado por el Cuarteto, en el 2015 se le otorgó a esta coalición el Premio Nobel de la Paz.

En Egipto, sin embargo, un país de gran peso político en la región, el cambio y el diálogo nacional fueron rotundamente abortados por un golpe de Estado. Con el gobierno de Mohamed Morsi en el poder, del partido islamista los Hermanos Musulmanes, se produjeron protestas de varios sectores de la población ante una serie de medidas económicas cuestionables. Pero a esto se sumó que Morsi empezó a desafiar el peso sobredimensionado del Ejército, que, recordemos, es una de las instituciones que quedan encumbradas en el poder con el panarabismo, luego reforzada por el cuantioso apoyo militar estadounidense a partir del gobierno de Anwar el-Sadat. El Ejército tiene entonces un poder descomunal en la sociedad egipcia, no solo militarmente sino al controlar instituciones y contar con un poder económico importante. Morsi fue el primero en intentar cuestionar este dominio. Así se produjo una disputa de poder y en ese momento entró en juego el apoyo de Arabia Saudita al Ejército. Así, el recambio político en Egipto fue interrumpido por la intervención del país saudí que inclinó la balanza hacia el Ejército. De nuevo se nos complica la cosa, porque Arabia Saudita, en teoría, al ser islamista, apoyaría al partido islamista de los Hermanos Musulmanes, pero esto no sucedió. Esto nos da pie para hacer un par de reflexiones.

Es importante que no cojamos la religión o el islam como la única clave para entender todo lo que pasa en los países del Medio Oriente, ya que esto también desconoce la variedad de intereses a veces contradictorios que vienen con la geopolítica. Otra manía que se utiliza para reducir al otro a una unidad, como veíamos, el primer paso hacia la construcción de un discurso racista, es leer cualquier coyuntura actual del Máshreq como un conflicto sectario o de disputas religiosas. Cuando Arabia Saudita apoya al Ejército egipcio contra el gobierno de los Hermanos Musulmanes, vemos que leer la religión como la clave y solución de todos los problemas es reduccionista. Muchas veces se trata más bien de la instrumentalización de la religión por una disputa de poder. La actitud de Arabia Saudita durante las revueltas árabes fue mantener el *statu quo* y a la vez reafirmar su hegemonía regional.

El país del Hijaz apoyó en Egipto a al-Nour, un partido salafista al que financia. Mientras que los Hermanos Musulmanes

fueron apoyados por Qatar. Así, súmele otra capa de complejidad y de rencillas por poder que seguirán afectando el rumbo del Medio Oriente y que nos ayudan también a entender la actualidad. Resulta que no solo hay una tensión desde la Revolución iraní entre Arabia Saudita e Irán, que copiaron el modelo de apoyar facciones en conflictos ajenos desde la primera Guerra de Afganistán, sino que además está emergiendo otra disputa regional entre Arabia Saudita y Qatar, ambos países suníes con exactamente la misma escuela wahabista, el mismo modelo monárquico y la misma riqueza petrolera, agregando capas de complejidad no reductibles a un problema religioso.

A pesar de que en Egipto el papel de Morsi era cuestionado popularmente, la reacción del Ejército cerró cualquier vía a un diálogo político. El 3 de julio del 2012, el general del Ejército Abdel Fatá Al Sisi comandó un golpe de Estado. El Ejército disolvió el Parlamento, reprimió violentamente todas las protestas populares e inició una persecución en contra la Hermandad Musulmana. El 13 y 15 de agosto el Ejército asesinó alrededor de 3.000 personas miembros de la Hermandad, mientras se publicaban en medios de comunicación ataques supuestamente perpetrados por esta organización. Se declaró el estado de emergencia y en septiembre la Hermandad fue declarada una organización ilegal. El 7 de junio del 2014, Al Sisi fue elegido presidente con el 96% de los votos, arrojando serias dudas a la legitimidad de su elección. Este hecho marcó el punto final de la contrarrevolución. Las persecuciones a los Hermanos Musulmanes, en donde se perpetraron asesinatos políticos, fueron enmarcadas como parte de la lucha contra el terrorismo islámico, versión a la que se sumó Arabia Saudita, que de esta manera justificó su ayuda militar y financiera al Ejército egipcio. Al-Nour, en cambio, con un discurso igual o más radical que el de la Hermandad obtuvo apoyo saudí, y de esta organización no se dijo nada. Así, Egipto quedó exactamente bajo el mismo esquema de gobierno de Mubarak: represiones, estado de emergencia, asesinatos políticos y un gobierno militar de Al Sisi, que era parte del Ejército

en el gobierno de Mubarak. Pero además, la contrarrevolución en Egipto fue posible por el apoyo de Arabia Saudita, por lo que el régimen de Al Sisi quedó en estrecha alianza con el país arábigo.

El caso de Egipto resume perfectamente la contrarrevolución que se dio también en otras partes. El proceso de democratización fue cuestionado por los poderes regionales, y los cambios políticos se vieron como una amenaza, por lo que el discurso contra el terrorismo fue útil para revertir cualquier recambio político. Una vez más, en medio del ajedrez político regional, se deja a la sociedad bajo las mismas condiciones de marginación, represión y falta de libertades. Más grave aún es la lección que se le deja al islamismo político. Los Hermanos Musulmanes optaron por la vía política pacífica, ganaron legítimamente las elecciones representando numerosos sectores de la sociedad, aunque no supieron consolidar un gobierno y aliarse con las tendencias laicas; su gobierno no tuvo oportunidades de maniobra porque fue abolido. La brutal represión consiguiente solo abrió espacio para la radicalización. Aquí se está sentando un precedente: si no se reconoce el islamismo político y se le cierran el espacio político y las vías democráticas, se termina por favorecer el paso a la radicalización. El islamismo político es visto con recelo por la comunidad internacional, y sin embargo en Europa no se critica la existencia de partidos cristianos, como el que lidera Angela Merkel, así que es innegable que hay un componente islamofóbico que desautoriza las salidas políticas autónomas de muchos partidos del Magreb y Máshreq, que los actores políticos de estos mismos países también utilizan para frenar cualquier cambio.

Por eso resulta fundamental entender todas las complejidades, las trayectorias del laicismo y el islamismo, para poder interpretar los hechos de manera más amplia y evitar costosos errores. A nosotros nos sirve para entender por qué hay tanta radicalización y poder desmontar los estereotipos en boga. A los líderes occidentales y a los propios gobiernos del Máshreq les debería servir aún más entender esta lección, porque si no se resuelven las condiciones sociales de desigualdad, falta de oportunidades y

estancamiento social, y si además no se reconoce la inclinación verdadera y legítima hacia diversas formas de islamismo político basadas en circunstancias históricas concretas —que, ojo, no necesariamente son sinónimas de luchas armadas o terroristas—, y si para colmo se reprimen los intentos por un cambio político democrático, como sucedió al frenar la Primavera Árabe, se acrecientan los problemas sociales y solo se generan las condiciones para la radicalización.

El papel de Arabia Saudita para imponer o mantener su dominio regional también afectó a los países del golfo Pérsico. En Bahréin, las protestas populares que reunieron a miles de personas —familias enteras, niños, mujeres y hombres que se encontraron en la capital para protestar contra la familia real, un régimen absolutista de minoría suní en un país de mayoría chií— demandaron un cambio constitucional y representación política. Fueron protestas que reunieron a la mayoría de la sociedad bahreiní en Manama (la capital); muchos durmieron alrededor de un monumento en forma de velas sosteniendo una perla en una importante intersección. La perla representaba el legado común de la historia bahreiní en el cultivo de perlas. Al anochecer de los primeros días de protesta, la policía evacuó disparando indiscriminadamente a los manifestantes. Miles huyeron, otros fueron heridos, y los días siguientes el régimen absolutista aplastó las protestas y demolió el monumento de la perla. Se desapareció el símbolo mismo de un cambio. En esta violenta respuesta, las reivindicaciones por la dignidad, la representación política y la democratización del país fueron enmarcadas bajo la retórica de suníes vs. chiíes, lo que justificó que Arabia Saudita ayudara al régimen a atacar a su propio pueblo, alegando que eran manifestaciones patrocinadas por Irán. La sociedad, que es mayoría chií, entonces quedó supeditada bajo una guerra fría que instrumentaliza la religión en una lucha que en realidad es por poder, hegemonía y preponderancia regional. A Arabia Saudita le convino aplastar cualquier disidencia en el golfo Pérsico, para a su vez coartar cualquier posibilidad de protestas y cambio de *statu quo* en la región que pudieran llegar a afectar a la monarquía saúd. Hoy en día el régimen bahreiní ha torturado sistemáticamente y judicializado a numerosas familias bahreiníes; la contrarrevolución fue brutal, y muchos se han olvidado de Bahréin.

En Yemen, Arabia Saudita también intervino y coartó los cambios políticos bajo la justificación de su lucha contra Irán. Yemen, un país en donde también hubo una Primavera Árabe y miles de personas salieron a reclamar contra el régimen autoritario en el poder desde 1990 de Ali Abdullah Saleh, terminó fraccionado en una guerra civil que involucra a los hutíes, cultura autóctona yemení chiita contra el gobierno elegido después de las protestas. Este gobierno fue apoyado por Arabia Saudita en unas elecciones que tuvieron un solo candidato. En la actualidad Yemen está siendo bombardeado constantemente por Arabia Saudita y sus aliados. A esto se le sumó un bloqueo que ha desatado la mayor crisis humanitaria, junto con Siria, del mundo contemporáneo. Los hospitales han sido bombardeados, Médicos Sin Fronteras tuvo que evacuar a todo su personal, y el bloqueo, para supuestamente evitar la colaboración iraní con los hutíes, una cultura yazidí chií, no permite que medicamentos de primera necesidad y comida lleguen al país: 22 millones de yemeníes están atrapados en zonas de guerra, los niños están muriendo de hambre y las condiciones son de tal degradación que han vuelto enfermedades como el cólera. Todo excusado por la rivalidad entre Arabia Saudita e Irán, que se nutre de la búsqueda de poder regional absoluto de la monarquía del Golfo. Además los saudíes tienen una rivalidad histórica con los zaidíes, ya que estos son uno de los pueblos más antiguos de la península arábiga, y los conflictos territoriales por el control de los lugares santos han estado presentes durante siglos. La contrarrevolución en Yemen volvió al país en otra zona de guerra *proxy*, un tipo de guerra que se produce cuando dos o más actores se enfrentan de manera indirecta a través de terceros, en donde las reivindicaciones de los hutíes, el movimiento que agrupa a los zaidíes, son enmarcadas bajo la lógica de ser marionetas de Teherán. Cualquier reivindicación real en el país más pobre del Máshreq queda oculta bajo el juego entre potencias regionales y está lejos de la atención de la prensa internacional.

Así que la ola de transformación política que inició en el 2011 terminó enmarañada entre las disputas por hegemonía regional y la excusa de la guerra contra el terror. Sin duda, una tendencia que se hizo presente fue el arraigo del islamismo político en varios países. En la mayoría de las primaveras las protestas fueron populares, tuvieron un carácter democrático, pero los resultados electorales les dieron la victoria a partidos islamistas, evidenciando el arraigo de esta tendencia política, que fue desconocida para mantener el *statu quo* y la hegemonía de unos u otros usando el discurso de la Guerra contra el Terrorismo para deslegitimar los cambios.

La financiación y difusión de la islamización política desde los años setenta tienen un arraigo importante, por dos factores fundamentales: el primero es la asistencia social que empezaron a cumplir organizaciones religiosas ante el abandono estatal en todos los países, en donde la riqueza se quedó en las manos de la élite, el ejército o gobernante de turno sin reflejarse en un bienestar social. Y el segundo es la consideración de la identidad religiosa por encima de la identidad nacional.

Las organizaciones islamistas en la práctica han cumplido el papel del Estado y proveen servicios sociales como hospitales y escuelas. Los Hermanos Musulmanes, por ejemplo, son una organización egipcia fundada en los años veinte, bajo la visión salafista de retornar a una identidad exclusivamente islámica, en respuesta a la intervención occidental en el Magreb. Este grupo fue duramente perseguido por Nasser y mantuvo un nivel de organización a través de las décadas, aun bajo la persecución. La tendencia de la islamización en las opciones políticas de la región ya había tenido un precedente en las décadas anteriores. La Primavera Árabe pareció confirmarlo definitivamente, pero ya en Líbano y Palestina, de grupos de oposición laicos y socialistas se había pasado a organizaciones islamistas. El Hezbolá es un partido que nació contra la ocupación israelí en Líbano en los años ochenta, y décadas más tarde, organizado como un ejército de resistencia, logró expulsar a las tropas israelíes del Líbano, que se retiraron en el 2000. En ciertos sectores del Líbano, particularmente el sur, el Hezbolá tiene un arraigo social muy profundo. Hoy en día se puede describir como partido y grupo armado a la vez, provee a la población de salud y educación a través de hospitales y escuelas, participa en las elecciones y mantiene un brazo armado. En el 2008 se formó un gobierno de coalición y el Hezbolá aseguró puestos en el Parlamento, y así se convirtió en un ejército legitimado, y, al hacer parte del Gobierno, lograron el reconocimiento estatal. Los miembros del Hezbolá hacen parte de la sociedad, y la organización está lejos de ser un grupo de células dispersas como sí lo es Al Qaeda. El Hamás, creado en 1987 en Palestina, también es un partido político que tiene una sección social que fue ganando arraigo hasta alcanzar un triunfo en las elecciones parlamentarias del 2006. A diferencia de Al Qaeda, estas organizaciones empezaron a tener una cobertura más amplia, un apoyo social, y a la vez eran ejércitos que también tenían un partido político participando en las elecciones locales. Esto les da un carácter bastante complejo que no se puede reducir bajo la etiqueta de "grupo terrorista", aunque estén catalogados así por varios países. El Hezbolá y el Hamás orientan su lucha armada contra Israel, teniendo en cuenta el contexto de invasión israelí en el Líbano y en los territorios palestinos que se habían acordado con la creación del Estado de Israel y que en las guerras siguientes fueron conquistados por este. El que ninguna de estos grupos reconozca la existencia del Estado Israel complica mucho más esta situación y bloquea las salidas políticas. Su claro compromiso con causas religiosas facilita que el conflicto entre Hamás y Hezbolá contra Israel quede únicamente bajo el marco de la lucha contra el terrorismo. Por desconocer la legitimidad del gobierno del Hamás, Egipto e Israel comenzaron un bloqueo a Gaza, en Palestina, un crimen que deja a una población en el abandono, lo que fomenta condiciones generalizadas de pobreza y mayor sufrimiento. Este fue el precedente de la reacción occidental y regional frente al triunfo del islamismo político. La brutal persecución al gobierno electo de los Hermanos Musulmanes en Egipto años más tarde nos demostró que hay un conflicto entre la Guerra contra el Terrorismo y la islamización política, que no resuelve ninguno de los problemas sociales que aquejan a los países del Medio Oriente ni da salidas a la opción legítima de buscar modelos políticos que tengan en cuenta la religión, ya que no todos son extremistas armados.

El arraigo de estas tendencias políticas no es casual ni sintomático de un atraso o fanatismo, como se quiere hacer creer. No podemos caer en esta trampa discursiva porque nos remontamos a la visión colonialista de superioridad occidental, en donde todas las otras culturas quedan como inferiores. La tendencia a la islamización es una consecuencia directa del fracaso de los proyectos laicos y seculares, como todos los Estados panarabistas o como la OLP, la organización de Yasser Arafat, que durante años fue la abanderada en defender el derecho a la existencia de palestinos en sus tierras, pero que no logró ninguna paz ni frenar el expansionismo de Israel.

Hay figuras públicas occidentales e israelíes que abiertamente hablan de la mezcla de religión y política como restos del barbarismo y fanatismo de sociedades atrasadas, pero esta visión islamofóbica simplemente desconoce que ya se intentaron opciones seculares, que durante 150 años las principales corrientes políticas en el Medio Oriente fueron laicas y que en el siglo XX estos modelos se pusieron en práctica, pero en su mayoría solo dejaron regímenes personalistas, dictaduras militares y ninguna salida real o democrática para la sociedad. Ante el fracaso de la política secular, la nueva alternativa política toma en cuenta la religión, y ya vimos bajo qué coyunturas pasó esto: como una política dentro de la Guerra Fría que asociaba el laicismo con el comunismo.

Por otro lado, la legitimación del islamismo político también nos habla del papel del islam en la construcción de cada individuo. Los regímenes seculares en su momento consiguieron emprender un camino de descolonización y un progreso nacional y social, pero sus logros muchas veces quedaron asociados a una sola figura, como Nasser, y los presidentes que siguieron no lograron construir ningún relato de identidad nacional. Simplemente se encumbraron en el poder en países que fueron creados de manera artificial. La imposibilidad de lograr una unidad regional dejó marginadas sociedades enteras sumidas en conflictos geopolíticos. Magreb, Máshreq y Hiyaz fueron provincias otomanas que se convirtieron en Estados por decisión de potencias occidentales, y que durante casi un siglo buscaron construir un relato y legitimidad históricos. Pero este relato, o fue abortado por alguna decisión occidental, como en el caso de Irán con Mossadegh, o se volvió una dictadura personalista, como las de Gadafi, Al-Ássad, Hussein, Mubarak, Burguiba, Ben Ali. Ante el fracaso de construir un relato de identidad nacional, lo único que queda es la referencia del islam como aglutinador de una identidad común, que se legitima sobre una riqueza cultural histórica. Esto nos da pistas sobre por qué el arraigo de la política mezclada con la religión es una tendencia actual del Medio Oriente que encuentra diversidad de expresiones, desde moderadas hasta radicales armadas.

Pero la radicalización, ya hemos visto, se nutre de las guerras. En Siria y Libia, las primaveras terminaron de manera trágica. Ambos países también hoy por hoy son calificados como Estados fallidos siendo el escenario de innumerables conflictos y de acción de grupos extremistas. Del conflicto es que se nutren los radicalismos, es de guerras que han emergido todas las opciones más radicales del islamismo político. Tanto en Siria como Libia, donde se produjeron protestas populares por igual, la reacción del régimen fue ahogar cualquier tipo de disenso, y esto provocó un conflicto interminable.

En la situación actual de Libia vemos con claridad una problemática que puede transformar definitivamente la región del Magreb y la Medialuna Fértil: la virtual desaparición de los Estados-nación. El panorama para entender la inestabilidad actual empieza con Afganistán, luego Irak y finalmente Libia y Siria. En Libia, también en febrero del 2011, comenzaron protestas para terminar la larga dictadura de 42 años del coronel Muamar el Gadafi. Sin embargo, el régimen respondió de inmediato reprimiendo y atacando la población. En los meses siguientes, lo que podrían haber sido protestas en favor de un cambio que trajera democracia, devino en un conflicto armado entre facciones distintas, unidas al principio para tumbar a Gadafi. El Ejército oficial del Gobierno mantuvo su estricta lealtad al coronel y empezó una sangrienta retoma de los territorios en donde había oposición. A diferencia de otros lugares, en el caso de Libia la ONU intervino, y una de las razones para que esto pasara en Libia, y no en otros lugares, fue la petición de la Liga Árabe de intervenir para proteger al pueblo libio. El Consejo de Seguridad aprobó una zona de exclusión aérea, para evitar aviones del Ejército de Gadafi, y también a través de la OTAN se bombardearon locaciones gubernamentales. Por último, en octubre del 2011 Gadafi fue detenido y linchado por una multitud.

Pero el desmoronamiento del régimen de Gadafi evidenció muy pronto la fragilidad de la construcción de Libia como un Estado-nación. Libia también era parte del Imperio otomano, y además estuvo en las rencillas de su desmoronamiento, y quedó ocupada por los italianos, convertida en colonia a principios del siglo XX. Libia ni siquiera se llamaba así; el nombre fue dado por los italianos en los años treinta, inspirados por el antiguo nombre con el que los griegos designaban la región. Así, se unieron, bajo un régimen colonial italiano, apenas desde inicios del siglo XX, tres provincias que han mantenido unas características históricas y culturales independientes entre sí: la Tripolitana —que se articula alrededor de Trípoli y desde tiempos antiquísimos ha sido la cuna de la cultura del Mediterráneo, con ciudades como Cartago y Trípoli, región que ha sido fenicia, romana, bizantina, otomana—; la Cirenaica —que ha mantenido una asociación a Egipto, por su cercanía, y fue dominada durante siglos por dinastías egipcias—; y Fezán —en el sur de lo que es Libia, que tiene unas raíces culturales y un legado del desierto, de nómadas bereberes—. Las tres fueron agrupadas por Mussolini en 1939 bajo el nombre de Libia, y luego se volvieron escenarios para luchar contra los italianos en la Segunda Guerra Mundial, con presencia francesa y británica. Tras la guerra y los debates sobre si quedaban bajo dominio británico y francés, finalmente la ONU aprobó la independencia de Libia como país, aunque manteniendo las fronteras de la colonia italiana, y apoyó el establecimiento del reino de Idris I, perteneciente a una dinastía originada en Cirenaica. Él fue aliado de poderes occidentales, y, cuando en 1959 se descubrió petróleo en Libia, efectuó importantes acuerdos económicos. Visto como un títere occidental, el movimiento panárabe terminó tumbando la monarquía, y ahí fue cuando Gadafi se volvió el gobernante de Libia bajo un país centralizado declarado República Árabe Libia. Gadafi logró un tenue equilibrio con las culturas y facciones dentro de las tres regiones, pero no construyó ningún relato de identidad nacional, sino que mantuvo una división, en parte, para favorecer su consolidación indefinida en el poder, articulada en torno a su figura.

Con la muerte de Gadafi se estableció un gobierno de transición encargado de restablecer una cobertura estatal, el desarme de las milicias y la transición a un nuevo gobierno. Un par de años más tarde, ninguno de estos objetivos estaba cerca. En el 2012 se llevaron a cabo las primeras elecciones en el país y se creó un Gobierno Nacional para redactar una nueva constitución, que extendió su mandato más allá de lo acordado, generando más protestas y represión. Luego, en 2014 se realizaron nuevas elecciones parlamentarias, pero el gobierno en el poder desconoció el resultado de los comicios y terminaron existiendo dos gobiernos en el país, uno en Tobruk, en la Cirenaica, reconocido por la ONU, y otro en Trípoli. En todo este tiempo las milicias que se articularon para combatir a Gadafi nunca se desarmaron, y desde entonces ha habido rivalidades, conflictos, grupos que se unen, otros que se disuelven, y los centros de poder están completamente dispersos, no solo entre las tres regiones, sino a nivel de ciudades. Incluso se habla de ciudades-Estado, ya que hay diferencias fundamentales en el liderazgo de las ciudades de Libia. En medio de todo esto apareció un antiguo oficial del ejército de Gadafi que había huido del país, llamado Jalifa Haftar, quien formó un ejército para supuestamente combatir a los islamistas radicales.

La situación es tan inestable que depende de alianzas variables entre milicias; cada grupo responde a una cultura o familia, por lo que se habla de alianzas tribales. Aunque se han intentado acuerdos mediados por la ONU para instaurar una coalición nacional, la variedad de actores armados hace imposible una unidad. Las divisiones originales en las elecciones le cerraron la puerta a una salida política, y ahora Libia es literalmente un campo de batalla, con numerosas facciones que apoyan a unos u otros y tienen control sobre los pozos petroleros. Muchas son armadas con el apoyo de Egipto, y otras, con el de Emiratos Árabes.

La situación en Libia es de un nivel de complejidad y volatilidad tan alto que el país terminó convertido en el nuevo escenario de luchas entre facciones, entre ellas grupos islámicos radicales, unos libios y otros traídos de otras partes, como Al Qaeda y el Daesh. Allá donde haya conflictos aparecerá la radicalidad de estos grupos, por su carácter internacional. Porque fue de la guerra que surgieron Al Qaeda y el Daesh. La situación libia no se encuentra en las primeras planas de la prensa, ni nos enteramos mucho de lo que está pasando, quizás por el carácter local de las rivalidades, y que las facciones tienen un relativo control sobre su territorio. Siria, sin embargo, se volvió una guerra civil que ha producido la mayor crisis humanitaria de la actualidad porque el conflicto interno sirio se tornó un escenario de las disputas regionales y luego internacionales. Ahí, el viejo juego geopolítico internacional volvió a desbaratar un país.

Siria, y de regreso a Irak

Las protestas en Siria, como en otros lugares, comenzaron en el 2011 de manera pacífica, pero ante el precedente de los regímenes caídos de Ben Ali y Mubarak, el presidente Bashar al-Ássad respondió reprimiendo todo tipo de manifestación. Así se forjó una de las contrarrevoluciones más duras de toda la Primavera Árabe. Este es el origen de la guerra que se ha prolongado hasta nuestros días y no parece tener final. Recordemos que Bashar al-Ássad, del partido Baaz, está en el poder desde el 2000, tras suceder a su padre, Háfez. Los Ássad, como tantos otros regímenes señalados en las primaveras, eran una élite corrupta y despilfarradora que mantenía un Estado represivo. La población no tenía garantías políticas, había desempleo y falta de oportunidades. De nuevo, era el momento de un cambio político democrático. Pero el Gobierno instauró una política represiva, ayudado por las fuerzas policiales, militares y paramilitares que empezaron a perseguir, torturar y reprimir cualquier protesta. La represión provocó que la oposición comenzara a armarse.

Aunque Ássad es de una minoría con una lectura específica del chiismo, llamados alauitas, recordemos que, más allá de sus creencias, esta minoría fue la élite empoderada bajo el yugo colonial y ha tenido un poder político desmesurado durante décadas. Para el 2011 era otro clan corrupto en un país asolado por la corrupción y falta de libertad política. Cuando se dieron las protestas populares no eran sectarias ni motivadas por el sunismo o el chiismo; como en todas las otras primaveras, el componente religioso no es reductible a las legítimas reivindicaciones que las sociedades del Magreb, la península arábiga y la Medialuna Fértil expresaron. El tono confesional no caracterizó la primera etapa del conflicto; fue solo cuando se volvió un escenario al estilo de la guerra fría, de conflicto entre distintos actores a través de terceros, que de pronto salió a relucir de manera protagónica la religión para intentar explicar las alianzas y los bandos que se formaron. Inicialmente la opresión del régimen generó que los bandos que empezaron a armarse se unieran entre sí, aunque hablamos de un carácter heterogéneo sin una bandera o unión política más que derrocar el régimen. Este se llamó *Ejército Libre Sirio*, acompañado de una coalición política llamada *Consejo Nacional Sirio*. El régimen de Ássad planteó la oposición como una conspiración exterior para tumbar el panarabismo y de inmediato desconoció la legitimidad de las protestas o el disenso político.

Pero Siria, a diferencia de Libia, comenzó a volverse un escenario de conflicto internacional por las alianzas que se empezaron a forjar. Ássad había fomentado vínculos económicos con Irán y desde la Guerra Fría era aliado de Rusia. Ambos países apoyan al régimen. Durante meses, la respuesta de Ássad fue el asesinato indiscriminado de personas desarmadas, incluidos niños. La cruel reacción del régimen sobre la sociedad siria de inmediato puso sobre la mesa una posible intervención o condena oficial, pero dentro del Consejo de Seguridad de la ONU y la opinión pública no había unanimidad. Estados Unidos, que usualmente lleva la delantera en intervenciones, que no dejan de involucrar también consecuencias temibles, sin duda había aprendido las lecciones de Afganistán e Irak. La política exterior estadounidense había dado un giro radical con la administración Obama optando por no intervenir y no comprometer soldados estadounidenses, después del descrédito y la inestabilidad de las invasiones de la era Bush. Y, por otro lado, ya vimos que tampoco había unidad alguna en la política exterior de la Unión Europea.

Entonces se evidenció que no hay iniciativas o compromisos reales si no están bajo la política de Estados Unidos, lo que nos deja ante la incertidumbre de que a nombre de la democracia se han cometido crímenes cuando es Estados Unidos el que quiere imponer una hegemonía mundial, pero a la hora de defender la dignidad y la vida de las personas en medio de las guerras no se logra un consenso internacional. El compromiso verdadero con los derechos humanos es una tarea aún pendiente a nivel global, y esa debería ser siempre nuestra meta. Durante años no se hizo nada para salvar a toda la sociedad siria —ni yemení—, que lentamente era asediada por un conflicto brutal para mantener el poder de un régimen.

A medida que el conflicto avanzaba lentamente se fue resquebrajando la unión de la oposición, que se volvió mucho más heterogénea. En el 2013, el régimen de Ássad pidió el apoyo oficial de Hezbolá, de Líbano, que por sus alianzas con Irán y al ser chiíes comenzaron a apoyar a Ássad y a combatir en territorio sirio. Así, la guerra empezaría a adquirir un tinte sectario, dado que Ássad representa una minoría chií en un país de mayoría suní, el cual es apoyado por Irán y Hezbolá, que también son chiíes.

Y entonces aconteció lo que ya sabemos que sucedería, si tomamos en cuenta las historias de Afganistán e Irak: aparecieron los grupos extremistas armados internacionales, que solo son posibles en contextos de degradación y guerra. Al Nusra, perteneciente a Al Qaeda, fue uno de los primeros grupos radicales en combatir en suelo sirio atacando por igual a las fuerzas del régimen como a la oposición armada, y luego al Hezbolá. A este se le sumó el brazo de Al Qaeda en Irak, que también se pasó a Siria. Al Nusra y la cúpula de Al Qaeda le ordenaron al grupo de Irak no intervenir en Siria, pero el grupo desobedeció y rompió sus vínculos con Al Qaeda; la división se concretó en el 2014, cuando el grupo de autoproclamó *Estado Islámico de Irak y Siria*, conocido como ISIS, EI o Daesh.

Volvamos entonces a Irak, al que habíamos dejado bastante desbaratado tras la invasión estadounidense. El origen del Daesh fue posible por la mezcla siniestra de la inestabilidad y el fracaso de cualquier proyecto nacional en Irak, a causa de la invasión estadounidense. Pero también surgió aprovechando el caos que provocó la contrarrevolución contra la primavera árabe siria. De base iraquí, el Daesh combatió en Siria y se fue consolidando hasta comenzar una avanzada en Irak y Siria logrando una expansión territorial que consolidó el dominio total sobre un territorio creando un incipiente proto-Estado con diez millones de habitantes que existió durante casi un año.

Ahora repasemos un poco las condiciones que posibilitaron un fenómeno tan radical como el Daesh. Aparte de la inestabilidad generalizada en Irak causada por la ocupación, la política de desbaazificación que habíamos visto y el inicio de un asedio contra la población suní fueron dos hechos centrales para la gestación de este grupo armado radical. Recordemos que desde el 2006, bajo la estructura confesional que diseñó Estados Unidos para Irak, Al-Maliki, chií, era el primer ministro nominal de Irak. Él comenzó una dura campaña de persecución contra los suníes, a manera de revancha, por las antiguas persecuciones que Saddam Hussein efectuó en contra los chiíes iraquíes durante décadas. Estas políticas solo dieron pie para un resentimiento cada vez mayor, que para el 2006 explotó en una guerra sectaria, lo que le dio arraigo a Al Qaeda, grupo suní. A este contexto se le sumó la desbaazifación, que, como habíamos contado, disolvió todo tipo de institucionalidad estatal. Aparte del colapso institucional, del cual Irak nunca se recuperó, la desbaazificación fue una purga de todos los funcionarios y soldados del antiguo régimen de Saddam, que fueron condenados a prisión, muchos de los cuales sufrieron torturas a manos de tropas norteamericanas. Estas dos fueron las condiciones que dieron paso a una radicalización: primero, de la comunidad suní en general, por la persecución indiscriminada, incluidos civiles, y segundo, porque en la cárcel, los antiguos miembros del Baaz, un partido laico y panárabe, se radicalizaron y adoptaron el islamismo armado. Es decir, fue a partir de dos políticas concretas instauradas y apoyadas por la ocupación estadounidense en Irak que se gestó la nueva versión radical suní.

Originalmente el Daesh era uno de muchos grupos radicales armados que empezaron a luchar contra la ocupación estadounidense en Irak, como Al Qaeda. Cuando Irak se volvió el escenario de la causa radical contra la ocupación occidental se produjeron varios intentos de crear una alianza de todos los grupos salafistas en contra de la ocupación. Pero no se logró una cohesión, por las diferencias opiniones sobre el uso de violencia. Sin embargo, muchos se mantuvieron leales a Al Qaeda, aunque no fueran estrictamente la misma organización. Estos fueron los cimientos de uno de esos grupos que operó bajo el nombre de Al Qaeda en Irak, o también

Estado Islámico de Irak, bajo el liderazgo del iraquí Omar al-Baghdadi y el egipcio Abu Ayub al-Masri. La organización combatió la ocupación estadounidense, aunque fue bastante diezmada por la estrategia de las tropas extranjeras, y en el 2010 sus líderes fueron asesinados por una operación del país norteamericano. A ellos los sucedió Abu Bakr al-Baghdadi.

Al-Baghdadi recompuso el debilitado Estado Islámico de Irak con antiguos miembros del Ejército iraquí. Este factor fue fundamental para garantizar un conocimiento militar de Irak, una táctica nueva de los que serían los grupos islamistas armados: la expansión territorial. Casi un tercio del comando del Daesh está compuesto por antiguos oficiales del Baaz, radicalizados en las cárceles bajo tortura. Estas fueron las condiciones específicas para que el Estado Islámico adoptara una postura suní virulenta e intransigente. En Irak solo comenzó una guerra sectaria porque el diseño de país no hizo sino resaltar todas las divisiones religiosas, y Al-Maliki empezó una campaña revanchista. Las políticas de Estados Unidos en Irak, que no tenía ningún derecho de hacer, fueron las causas directas para que se generara un fenómeno tal de violencia como el Daesh.

Combatientes del Daesh salieron de Abu Ghraib, la infame cárcel iraquí en la cual se cometieron las más aberrantes torturas, que incluyeron sodomización, golpizas, asesinatos, violaciones y técnicas de tortura generalizadas, información que fue revelada al mundo por los propios medios estadounidenses en el 2004. Por los crímenes cometidos en Abu Ghraib algunos soldados estadounidenses fueron condenados y otros simplemente perdieron jerarquía militar, mientras que el entonces presidente Bush acusó las actuaciones como hechos aislados. Sin embargo, organizaciones de derechos humanos internacionales revelaron que las torturas cometidas no obedecieron a hechos aislados sino que eran parte de una táctica generalizada y adoptada por la política estadounidense en la guerra contra el terror. Se planteó un quite legal alegando que las reglas de derechos humanos internacionales no aplicaban a interrogatorios en el extranjero, y por eso Abu Ghraib y Guantánamo, en Cuba, fueron los sitios donde se cometieron las barbaries. Los prisioneros de Abu Ghraib fueron liberados por el Daesh y muchos se unieron a sus filas. El extremismo virulento de esta organización no nació de las mezquitas ni de sesiones de estudio del Corán. Salió de las cárceles, de las torturas; es una radicalidad forjada por la violencia de una invasión extranjera excusada bajo la guerra contra el terror. Las políticas de la guerra contra el terror crearon terrorismo. Es solo por esta secuencia que existe hoy en día el Daesh, un monstruo a la medida de los miedos de la guerra contra el terror, solo que fue esta la que lo creó, y no al revés.

En el 2014, el Daesh se tomó las primeras planas de la prensa mundial y alimentó de manera perfecta la islamofobia y el imaginario del extremismo islámico. Para entonces ya se había producido la ruptura con Al Qaeda, después de meses de disputa entre Al Nusra y el Estado Islámico por su presencia en Siria. Por último, la ruptura se oficializó a principios del 2014. Y el 29 de junio del 2014 se proclamó el Estado Islámico de Irak y Levante. Esta organización planteó una nueva forma de radicalismo salafista, ya que unió la retórica de Al Qaeda y demás organizaciones terroristas —con su carácter internacional— y la conquista de un territorio concreto. Hay varias diferencias entre el Daesh y Al Qaeda: la primera es que, según la visión de Al Qaeda, se debe librar una guerra santa para liberar todas las tierras de los infieles a nivel internacional, para luego establecer un califato con una visión extremista wahabista. Por lo que el califato quedó planteado como una meta por alcanzar a futuro. Al Qaeda se concentró en librar luchas, entrenar personas para que cometieran actos terroristas según la visión de expulsar a cualquier "enemigo extranjero/occidental" de las tierras musulmanas, y en tener militantes en la diversidad de conflictos en países de mayoría musulmana. Su presencia en varios países solo aumentó con la inestabilidad de Irak, y luego, en los países en donde la contrarrevolución aplastó la Primavera Árabe. Además, este grupo terrorista no tiene una animosidad *per se* contra los chiíes, ya que los considera musulmanes.

El Daesh, entonces, se volvió un terrorismo 2.0 pues su lucha implicó de inmediato fundar el califato, que en su versión es un régimen absolutista y radical. Por la persecución suní en Irak y la lucha sectaria que siguió, el Daesh considera que los chiíes también son sus enemigos, así como los gobiernos locales de la región y todos los "falsos" musulmanes. El Daesh unió la lucha del terrorismo wahabista internacional con la conquista y el establecimiento de un régimen totalitario. Es tanto una organización para entrenar y cometer atentados —según ellos, para causar un efecto y avanzar en su lucha— como un ejército que empezó a expandirse de manera tal durante el 2013 y 2014, que llegó a controlar inmensas partes del territorio iraquí y sirio, borrando en efecto sus fronteras. Combina la lucha global con la lucha local. El Daesh instauró evidentemente un régimen de terror en Irak y Siria, y su rápida avanzada militar logró la toma de Mosul, en Irak, y Al-Raqa, en Siria, que fue declarada la capital del Estado Islámico. Cuando las milicias del Daesh llegaron a Mosul, el Ejército iraquí, recordemos, totalmente configurado por Estados Unidos, huyó en desbandada evidenciando su absoluta ineficacia y dejó la ciudad a merced del grupo radical. Así, tomó el control de la segunda ciudad más importante de Irak y de armamento estadounidense, por casi 3.000 millones de dólares, que pertenecía al Ejército iraquí. A esto se le sumaron todo el dinero en los bancos de Mosul y el control de pozos petroleros, por lo que el Daesh tiene muchísimo dinero. En su máxima extensión, 10 millones de personas estuvieron bajo el régimen del Daesh. Millones de personas quedaron sometidas a represiones, decapitaciones, ejecuciones públicas, y la instauración de leyes decididamente arbitrarias, mecanismos de control de un régimen que se expandió de manera muy rápida y controló un vasto territorio internacional, causando el desplazamiento de millones de personas.

La rápida expansión y la cuidadosa puesta en escena para enviar un mensaje de odio y fanatismo maniqueo capturaron la imaginación de muchos y causaron un impacto considerable en nuestro mundo contemporáneo. Esto incluyó a numerosas personas que, inspiradas por el Daesh, comenzaron a realizar atentados terroristas en Europa. Por esto el Daesh empezó a ser una amenaza también para Estados Unidos y países de la Unión Europea. Para combatirlo se involucraron en el conflicto de Siria distintos países de la región y de Europa, Asia, y Estados Unidos.

Aquí es cuando la cruenta guerra civil siria, que se había extendido por tres años, se volvió el escenario de una lucha internacional contra el Daesh, y de paso, una disputa entre países, cada uno siguiendo su propia agenda. La política de muchos Estados, principalmente de Estados Unidos, fue no intervenir directamente, recordando de nuevo las lecciones de la invasión a Irak, sino bombardear, agrupados bajo una coalición internacional liderada por Estados Unidos, los puntos estratégicos del Estado Islámico. El 20 de noviembre del 2015 el Consejo de Seguridad de la ONU urgió a los países a tomar medidas para combatir al Daesh. Antes, las alianzas de Rusia con Ássad habían impedido una resolución conjunta sobre la guerra de Siria, pero la rápida expansión del Daesh, los ataques terroristas en su nombre y el nivel de barbarie difundido por las redes sociales, realmente pusieron de primero al grupo extremista en la agenda internacional. Y cómo serían de graves el Daesh y su irrupción, que ahí sí todo el mundo se puso de acuerdo en derrotarlo llevando incluso a que las tropas iraníes fueran apoyadas por Estados Unidos, en la primera cooperación entre esos dos países desde antes de la Revolución iraní. La política de Estados occidentales fue bombardear ciudades enteras tomadas por el Daesh, causando aún mayor destrucción en la región y propiciando una oleada masiva de desplazamiento que ya había comenzado con la invasión a Afganistán, a Irak, y luego la guerra civil en Siria.

En tierra, el Daesh fue asediado por varios ejércitos: el iraquí, recompuesto un poco después de su desbandada; la oposición siria, en su heterogeneidad, y a la vez las tropas de Al-Ássad, tropas iraníes, el Hezbolá y los Peshmerga kurdos, que fueron la principal fuerza de resistencia desde el inicio combatiendo y frenando el avance del Estado Islámico. Pero con la intervención internacional la guerra civil Siria se convirtió en una guerra *proxy* de intereses variopintos. Todo el mundo ataca al Daesh, pero de paso aprovecha para atacar al bando enemigo, según sus propios intereses. Por un lado, al Hezbolá, apoyando las fuerzas de Ássad, se le sumó la ayuda de Rusia desde el 2015, y los tres ejércitos también combaten al Daesh. La lucha contra este grupo hizo que Ássad justificara los ataques contra la oposición agrupando a todas las facciones armadas como terroristas.

Por su parte, Israel empezó a atacar al Hezbolá por su rivalidad, ya que, recordemos, el Hezbolá expulsó a las tropas ocupantes israelíes del Líbano. Estados Unidos arremete contra puntos del Daesh y también del régimen de Al-Ássad. Turquía también se involucró, pero con una postura ambivalente frente al Estado Islámico. Al respecto, el Gobierno ruso incluso ha mostrado imágenes de pruebas sobre la complicidad de Turquía y un posible enriquecimiento del régimen de Erdo an, el presidente turco, con el petróleo de contrabando que el Daesh estaría pasando a través de unas rutas clandestinas que en su tiempo usó Saddam Hussein, ya que la financiación del Daesh es a través de la venta de petróleo, y eso implica que alguien se los está comprando. A Turquía parece no molestarle mucho el Daesh porque se enfrentan y mantienen a raya a los kurdos, que en su heroica campaña de resistencia, y en medio de la inestabilidad regional generalizada, podrían estar cerca por fin de un Estado kurdo, pero esto le daría alas a la población kurda en Turquía, que ha vivido bajo una fuerte represión perpetuada por los sucesivos gobiernos desde la creación del país. Por otro lado, Arabia Saudí comenzó a apoyar otro grupo radical islámico que se llama Frente Islámico, que comparte una visión similar a la del Daesh. Al Nusra, el brazo de Al Qaeda, sigue en Siria y también combate al Daesh y a todos. Así que los grupos extremistas armados no se limitan solo al Daesh, y las monarquías del Golfo han sido señaladas por financiar los grupos radicales, e incluso al mismo Daesh.

La guerra en Siria lleva siete años ininterrumpidos y ha dejado destruidos por completo al país y a la sociedad. Al-Ássad no ha sido derrotado, y, de ganar la guerra, el costo ha literalmente acabado con los sirios. Las escuelas han sido abandonadas y son usadas como centros para desplazados internos. La mitad del personal médico ha huido tras las cruentas campañas de Ássad contra los hospitales. Se estima que alrededor de 500.000 personas han muerto. La mitad de la población siria está desplazada. Siete millones de personas son desplazados internos y 5 millones de sirios huyeron a los países vecinos. Esta es la nueva estela de muerte que deja una dictadura más.

El Daesh, por su parte, ha perdido casi todo el territorio que llegó a controlar gracias a la coalición internacional, pero su derrota militar como Estado de *facto no* significa el fin de esta organización. Desde el 2015, combatientes del Daesh se fueron a Libia, y en Sirte, la ciudad de Gadafi, lograron tomar el control de la ciudad, aprovechando la desaparición del Estado libio. Otros combatientes se fueron a Nigeria, otro país en la larga lista de fronteras arbitrarias dibujadas por Europa, en donde en el norte del país vive una comunidad musulmana sumida en la pobreza y marginada, con unas fuertes divisiones con el sur del país, y donde existe otro grupo radical llamado Boko Haram. El debilitamiento del Daesh en Irak y Siria solo implica la dispersión del modelo a otras partes. Y como Al Qaeda, ambas organizaciones se nutren del conflicto, su modelo es internacional y su radicalismo es posible por la des-

El Daesh, por su parte, ha perdido casi todo el territorio que llegó a controlar gracias a la coalición internacional, pero su derrota militar como Estado de *facto no* significa el fin de esta organización.

igualdad, la marginación, el conflicto, la pobreza, y son legitimados cada vez más por la islamofobia. Hoy en día el Daesh y Al Qaeda continúan, con una presencia internacional mayor que nunca, en Túnez, Argelia, Libia, Nigeria, Kenia, Somalia, Yemen, Afganistán, Filipinas, Egipto e Indonesia, Irak y Siria. La derrota militar no ha acabado con el radicalismo, y para que cuenten con una cobertura internacional tan amplia sigue habiendo una financiación de las monarquías del Golfo, ya que el Daesh perdió control sobre muchos de sus recursos. Es importante entonces que reflexionemos sobre el discurso que articula un fenómeno así, que no ha sido derrotado y ahora tiene un arraigo en numerosos países.

El Daesh es una versión fanática y radical con una interpretación de la *sharia* ajustada a su fanatismo. Una organización así construye su identidad a través de una lucha contra un otro, que se enmarca bajo una misión histórica y religiosa que cumplir, en aras de fundar un nuevo orden. Es un proyecto fundacional que destruyó de manera irrevocable los grandes monumentos milenarios de Palmira y las piezas arqueológicas de Mesopotamia que quedaban en Irak.

Es importante que distingamos el hecho de que el Daesh no es violento porque el islam sea violento: esta es una visión islamofóbica que se ha construido desde el colonialismo y que nos está afectando de manera tal, que corremos el riesgo de creer en la visión maniquea y absolutista que pinta el Daesh. Esta organización utiliza el terror como una herramienta para avanzar en su visión de un mundo binario de buenos y malos, donde ellos son los buenos y por su misión sagrada pueden justificar todos los horrores cometidos, para enviar el mensaje de una nueva era. El Daesh utiliza una retórica de retornar al pasado, a tiempos de los califatos Omeya y Abásida, y recuperar todo el territorio de los infieles, que serían todos los gobiernos locales, y expulsar toda influencia occidental, pero no hay ningún sustrato histórico de lo que fue realmente el califato; este solo es un discurso para justificar su dominación, que no tiene nada que ver, y desvirtúa la riqueza histórica verdadera de los califatos; de hecho, en cuanto proyecto fundacional, quiere sembrar un nuevo orden. No es —que nos quede clarísimo— un movimiento de retorno al pasado originado en el atraso histórico de una región, como se construye en la opinión pública occidental reactivando los clichés generados durante el colonialismo para someter a toda la región. Es un producto contemporáneo ocasionado por las condiciones de guerra, intervención, corrupción y sectarismo que han caracterizado la historia del Medio Oriente desde la irrupción occidental, a principios del siglo XX. El Daesh nos habla más de nuestra era y de la actualidad que de cualquier pasado. Su hostilidad hacia Occidente se vuelve una bandera de lucha, y de manera violenta se está señalando un problema real: el fracaso de proyectos colonialistas y de las instituciones regionales bajo modelos occidentales. Eso nace de un malestar legítimo porque efectivamente la intervención occidental —desde el colonialismo hasta las luchas de la Guerra Fría, y ahora la Guerra contra el Terrorismo (todas construcciones occidentales) ha dejado en el Medio Oriente destrucción, atraso y empobrecimiento. Por lo que no solo fueron las condiciones específicas en Irak las que permitieron la radicalización de este grupo suní. Es la larga historia que les venimos contando de una búsqueda por un modelo, pasando por trazar fronteras arbitrariamente, el fracaso del panarabismo, el gobierno de élites corruptas de manera indefinida, y luego, la represión de movimientos democráticos para lograr un cambio. El Daesh es la expresión radical y virulenta de esto.

¿Y quiénes se unieron al Daesh? Muchos jóvenes que salieron a protestar por un cambio en las primaveras árabes y que fueron perseguidos y reprimidos por gobiernos corruptos. Ellos y los niños que han crecido en un Irak empobrecido bajo el embargo económico a Saddam Hussein, que luego han vivido entre la inestabilidad, la ocupación extranjera y el sectarismo. Solo la destrucción, la guerra y la falta de oportunidades generan un fenómeno así.

El Daesh es también la versión más extrema y violenta de la tendencia real hacia una salida que involucre la política y la religión ante el fracaso de los proyectos laicos en la búsqueda por la construcción de una identidad nacional en Medio Oriente. El Daesh entonces borró las fronteras entre Irak y Siria, y al hacerlo celebró el fin del acuerdo secreto Sykes-Picot instaurando el fin de las fronteras y la unidad de la comunidad musulmana, la umma. Pero la preeminencia de esta versión extrema de proyecto transnacional se alimenta del cierre de las vías electorales a partidos como los Hermanos Musulmanes. Al coartar la participación democrática e institucional a una tendencia política legítima, solo se da vía libre al radicalismo y la lucha armada.

El Daesh además ha logrado una novedosa estrategia de comunicación que de manera eficaz logra su cometido de instaurar el verdadero terror. A través de las redes sociales y de videos de una altísima producción, el Daesh le habla a Occidente. Los videos son normalmente en inglés o tienen subtítulos y están dirigidos a audiencias extranjeras, según la lógica de dividir el mundo entre el islam y Occidente. La demostración de la barbarie, cometida sin reparos, es una herramienta más para instaurar su visión de mundo. Todos los regímenes totalitarios utilizan el miedo para controlar, pero las comunicaciones del Daesh manejan todos los nuevos medios y las estructuras narrativas de películas o videojuegos para llevar un mensaje literalmente diseñado para aterrorizar y, con ello, legitimar su régimen totalitario.

Antes de las batallas en Mosul, el Estado Islámico subió videos decapitando chiíes para aterrorizar al Ejército iraquí, compuesto en su mayoría por chiíes. Además, secuestran y publican asesinatos de periodistas para aterrorizar y evitar cualquier cobertura periodística de lo que sucede en los territorios bajo su dominio, y de esta manera logran un control completo de la información. El Daesh juega con el miedo para obtener control interno y externo, para el sometimiento de los millones de personas que alcanzaron a estar bajo su yugo y para instituir su visión del mundo de opuestos: Occidente/Oriente, infieles/creyentes, verdadero/falso, los mismos procesos mentales de construcción de identidad sobre el binarismo que han articulado todos los grandes horrores del siglo XX como el colonialismo, el nazismo o los Jemeres Rojos, en Camboya. El Daesh nos muestra una vez más hasta dónde podemos llegar a partir de la exclusión del otro y bajo la visión de un mundo dividido en opuestos. Por eso, cuando la respuesta occidental se monta en la película de una guerra para defender los valores occidentales, en oposición a la "violencia del islam" (civilización/barbarie), estamos ante el mismo proceso binario de parte y parte. Cuando Orbán declara que todos los refugiados, por ser musulmanes, son terroristas está construyendo el mundo en donde el Daesh es el islam, que es el mundo que el Daesh construye. Cuando Trump les niega la entrada a musulmanes, los agrupa y legitima la visión del Estado Islámico de que el islam son solo ellos y que todos los musulmanes están en oposición a todo lo que sea occidental. El Daesh, a través de sus discursos y propaganda, capturó el imaginario del mundo sobre lo que es Medio Oriente o sobre lo que es el islam. Y su visión totalizadora y fanática triunfa si nosotros les creemos.

Porque se trata de un discurso para articular una ideología de un régimen, no de una realidad. Como hemos visto, la historia del Máshreq es mucho más compleja, y la del Daesh tiene unas causas concretas; no se trata de un esencialismo de la guerra entre civilizaciones, que fue lo que planteó Al Qaeda, en reacción a un contexto que ya vimos y que legitimó George Bush al declarar la guerra contra el terror. Por eso les hemos contado toda esta historia, para que veamos las coyunturas y las construcciones históricas de fenómenos. No estamos ante un odio entre dos mundos o dos civilizaciones; el Daesh y los grupos fanáticos wahabistas nacieron en un contexto específico y se construyeron sobre el resentimiento ante el fracaso de siglos de políticas iniciadas por Occidente que no han garantizado la dignidad ni los derechos de las personas del Magreb, la península arábiga y el Máshreq. Si dejamos de ver a todas las personas que son musulmanas y asociamos al islam solo con ISIS, su fanatismo e ideología triunfan y nos olvidamos de los millones de personas que tuvieron que huir ante su avanzada, de todos los miles de millones de personas en todo el planeta que creen en el islam, y de todas las personas árabes, kurdas, drusas, alauitas, maronitas, yazidíez, zaidíes, chiíes y sunitas que han sufrido casi un siglo ininterrumpido de desigualdad y guerras.

Porque los que más han sufrido con el terrorismo son los musulmanes. La avanzada y conquista del Daesh se produjeron fue en el Máshreq: en Siria e Irak. Son sirios e iraquíes los que huyeron del régimen del Estado Islámico, y los que no pudieron huir quedaron atrapados bajo sus leyes absurdas y retardatarias. Aunque el discurso del Daesh divide Occidente de Oriente y el islam de todas las otras religiones, esta es una retórica discursiva para construir una ideología que no se refleja en lo absoluto en los actos del Daesh. La definición de quién es un verdadero fiel es un discurso arbitrario, como todos los discursos de pureza. El Observatorio Sirio de Derechos Humanos reportó que el Daesh ejecutó 3.156 personas para el 2016, de las cuales 930 eran árabes suníes, es decir, aunque esta es una organización suní wahabista radical, ataca a los mismos suníes para imponer un régimen de terror, por lo que no se trata solo de una guerra sectaria: todas las personas de Irak y Siria se ven afectadas por igual porque es un régimen absolutista y fanático. Los que combaten al Daesh son musulmanes, el Ejército iraquí está conformado por musulmanes, los kurdos son musulmanes, la mayoría de sirios son musulmanes.

La visión de un islam fanático representado en el Daesh que está en contra de los "valores" occidentales es una construcción iniciada por la misma organización terrorista y retomada por políticos de países de Europa, Norteamérica y medios de comunicación. Tenemos que tomar en cuenta que el Daesh es sobre todo una amenaza para los sirios e iraquíes, no para Europa. Así como los atentados de Al Qaeda y del Daesh han sido en su mayoría en países musulmanes: Indonesia, Arabia Saudí, Turquía, Egipto, Afganistán, Irak, Siria, Pakistán, Yemen, Libia, Líbano, Kuwait, Túnez, todos han sufrido numerosos ataques desde el 2002, donde miles de musulmanes han muerto. El problema es cómo combatir el extremismo armado internacional que cobra la vida de cientos de personas y causa el desplazamiento de millones. Declarar una guerra contra todo lo musulmán y enardecer un discurso xenófobo solo alimentan el discurso de antagonismo entre mundos que estructura al Daesh.

La guerra contra el terror, que tantos desastres había causado, se volvió furor una vez más ante la expansión del Daesh desde el 2014, porque este nuevo fenómeno se convirtió en la bandera del radicalismo de hoy y atrajo a muchas personas de distintos países a su causa. Aparte de la conquista de territorio y la imposición de un régimen totalitario, el otro componente de la organización es la reivindicación de una guerra internacional mediante ataques terroristas. Esto ha capturado el imaginario de la opinión pública europea, ya que desde el 2014 muchas personas cometieron actos terroristas en Europa inspirados por la violencia y por la llamada del Daesh a perpetrar atentados como parte de su lucha fanática. Así, se exacerbaron los atentados en países como Francia, Bélgica y Alemania. Como lo planteó en su momento Al Qaeda, estos atentados en realidad no son coordinados por el comando central de las organizaciones extremistas sino que son cometidos por personas radicalizadas y afectadas por el vasto material para influir en su decisión que tienen a disposición Al Qaeda y el Daesh en internet.

La mayoría de atentados en Europa sucedidos desde el 2014 son cometidos por ciudadanos franceses o belgas, personas nacidas y criadas en estos países, hijos o nietos de inmigrantes, como los autores de los atentados en Saint-Quentin, en la sede de *Charlie Hebdo*, y en París, en noviembre del 2015, en el Bataclan y el Saint-Denis. En muchos casos, los perpetradores normalmente han sido asesinados durante los atentados o se han suicidado, y el vínculo con las organizaciones extremistas como el Estado Islámico o Al Qaeda se establece mediante material encontrado más tarde. Como siguen una táctica promovida por el Daesh, esta organización reclama la responsabilidad sobre los atentados. Pero detrás de los atentados cometidos hay historias personales de radicalización de jóvenes, en su mayoría, hombres nacidos y crecidos en Europa; muchos se fueron a combatir por el Estado Islámico en Siria y regresaron radicalizados, y otros no han tenido nunca vínculos formales con el Daesh o Al Qaeda.

¿Pero cuál es la motivación para ejecutar estos crímenes? Al Daesh le sirve que las personas se radicalicen y sigan sus instrucciones porque los atentados generan una división en las sociedades europeas que fomenta la marginación de todas las comunidades musulmanas o árabes, legitimando de este modo la idea de estos grupos radicales de que el islam y Occidente son enemigos. A los jóvenes les ofrecen una causa y una verdad, por lo que el éxito de las tácticas terroristas inspiradas por el Daesh nos habla de una profunda grieta europea, de jóvenes que no tienen oportunidades y han sido marginados, del fracaso de la integración a las sociedades europeas de personas árabes o musulmanas.

Además del incremento de atentados inspirados y reivindicados por el Daesh, muchos jóvenes europeos que no tienen un origen inmigrante ni vínculos con el mundo árabe o la religión islámica fueron atraídos por esta organización y viajaron a unirse a las filas del grupo extremista. Para el 2016, más de 1.200 personas francesas se habían enlistado en el Daesh, entre ellas 500 alemanes, 440 belgas y 200 holandeses. Cuando los gobiernos europeos hablan de que los países musulmanes exportan terroristas no se está viendo que es al revés: Europa es la que está mandando terroristas a Siria e Irak. Así, el Daesh se ha convertido en un fenómeno que no solo creó un régimen totalitario y opresivo, aprovechando el caos de las guerras en Siria y la invasión a Irak, también se volvió la bandera de la radicalidad de hoy. Para sus reclutas extranjeros es una salida a las muchas preguntas que hemos explorado sobre la identidad, los nacionalismos, la globalización. Una respuesta a la marginación de los inmigrantes en Europa, que nacen y crecen en países pero serán siempre tildados de árabes o musulmanes, vistos solo por sus características físicas y asociados al terrorismo. Así como la Guerra contra el Terrorismo terminó creando terrorismo con la desestabilización de Irak, así también la marginación de musulmanes en Europa es el punto de partida para la radicalización. Se cometen atentados que generan más xenofobia, lo que se traduce en más radicalización. Es un círculo vicioso que parte del mismo proceso mental de la exclusión del otro.

Los atentados alimentan la xenofobia que la ultraderecha en Europa aprovecha para adquirir cada vez más peso político, como vimos en el capítulo anterior. En la actualidad, la respuesta occidental a un fenómeno como el Daesh está completamente mal enfocada. La variedad de desafíos de los países europeos y de Estados Unidos que hemos visto un poco en el capítulo anterior se oculta y deja sin resolver porque se pone de frente la lucha contra el terrorismo como el problema más apremiante, y bajo este argumento se excusan políticas islamofóbicas. Así, los gobiernos europeos se están montando en la película planteada por el Daesh del gran peligro terrorista y la gran amenaza a Occidente, solo que el enemigo se vuelve no un grupo radical extremista sino de pronto miles de millones de seres humanos, como los refugiados, que empiezan a verse como sospechosos. La respuesta al Daesh llevó a su punto máximo las políticas de xenofobia y recelo hacia el islam, que la Guerra contra el Terrorismo había inaugurado.

Que se toleren estas posturas xenófobas, que en Francia sea constitucional la prohibición del uso del velo en espacios públicos, no parte de una defensa de los derechos de las mujeres, porque la libertad de credo está consagrada en la Declaración de los Derechos Humanos y porque es un derecho de las mujeres el poder decidir si usar o no un velo. La discusión sobre la igualdad femenina en el islam no puede ser una imposición decretada en un ambiente islamófobo por un gobierno occidental, sino que deben llevarse a cabo una discusión y un debate que se generen dentro de la religión musulmana y luchados por mujeres musulmanas. Por eso, la decisión de prohibir el velo está enmarcada dentro una lógica de censura y de remover los símbolos religiosos islámicos del espacio público, negando la libertad religiosa y la multiculturalidad de la sociedad francesa. Para instaurar estas políticas se argumenta el carácter laico del Estado francés, pero en realidad se está coartando el derecho de los individuos, ya que el laicismo se basa en la neutralidad religiosa estatal, no individual.

Así que el fenómeno que señalamos desde el inicio de nuestro relato, en el que en la actualidad el odio y la xenofobia están siendo legitimados, tiene dos rostros que se complementan: el Daesh y las agendas nacionalistas en Europa y Estados Unidos. Ambas caras de una misma moneda: la defensa de la homogeneidad cultural y religiosa. El proceso cognoscitivo entre la xenofobia y el islamismo radical es el mismo: negar la pluralidad del otro, crear un mundo dividido entre Oriente/Occidente, entre la lucha por "los valores de Occidente contra el islamismo radical", que revela una incapacidad de hacer cualquier distinción ética o de derechos humanos. Del mismo modo que el Daesh justifica su barbarie, decapitando y difundiendo su mensaje de odio, en Italia se aprueban leyes que condenan el rescate de barcos de inmigrantes, y de esta manera se justifica dejar morir ahogadas a miles de personas en el Mediterráneo. Todas las muertes son igual de criminales porque aquí está en juego la dignidad humana. La respuesta al odio no puede ser odiar, el Daesh triunfa cuando perdemos nuestra capacidad de empatía e imaginación con todos los inmigrantes, con todos los musulmanes, cuando dejamos de ver personas y advertimos solo una construcción cultural negativa. En ese momento, las políticas dentro de la Unión Europea y Estados Unidos están dándole la razón al Daesh.

La Guerra contra el Terrorismo que puso a Medio Oriente como centro de la política exterior de Estados Unidos, diecisiete años después de declarada, deja a Oriente Medio en un contexto de destrucción, corrupción y Estados fallidos: Afganistán, Iraq, Siria, Libia, Yemen. En este contexto es imposible crear una sociedad si no hay instituciones ni autodeterminación, y la radicalización nace en una trama de guerra perpetua. Todos los Estados fallidos son hervideros para más radicalización. La luz de las primaveras, que

La Guerra contra el Terrorismo que puso a Medio Oriente como centro de la política exterior de Estados Unidos, diecisiete años después de declarada, deja a Oriente Medio en un contexto de destrucción, corrupción y Estados fallidos: Afganistán, Iraq, Siria, Libia, Yemen.

pudo ser un cambio, quedó sepultada por la estrechez de miras y manipulación política de todo el mundo. El conflicto de Siria es una guerra *proxy* entre intereses políticos regionales, europeos, estadounidenses, rusos, y mientras que a Siria no la dejan en paz, a Yemen no la ve nadie ni nadie dice nada contra el embargo que le impone Arabia Saudí.

La estrategia de la Guerra contra el Terrorismo ha probado ser la mayor causa en la creación de radicalismos; fue de guerras que nacieron todos estos grupos, y por guerras, que ganaron notoriedad y control político. Acercarse a combatir el terrorismo desde una perspectiva bélica —sin tener en cuenta la degradación social y la intervención histórica que generan las condiciones para los radicalismos— es una estrategia ineficaz que solo perpetúa el problema. Si el Estado Islámico se acaba y matan hasta el último de sus miembros, otro grupo nacerá si las condiciones sociales se mantienen.

Tenemos que separarnos de los discursos de una guerra entre civilizaciones o un antagonismo y violencia intrínsecos de la religión islámica y de las personas del Medio Oriente. Esto solo es un discurso excluyente que retoma la larga tradición colonialista de superioridad de unos e inferioridad de otros, y nos impide ver las realidades de esta región y las condiciones que han creado un fenómeno tan virulento como el Estado Islámico. Estamos ante el desmoronamiento de las estructuras nacionales arbitrarias en el

Magreb y el Máshreq, ante una historia en la que Occidente tiene mucho que ver, ante una salida religiosa por el fracaso de 150 años de teorías laicas en Medio Oriente. Todos los radicalismos tienen su origen, y la preeminencia del wahabismo es solo posible por el papel internacional de Arabia Saudita y las monarquías del Golfo.

La Guerra contra el Terrorismo no frena ni acaba el terrorismo, pero desde su comienzo sí ha sido útil para avanzar una agenda en contra de los derechos humanos, empleada por todos los gobiernos a nivel mundial según su conveniencia para instaurar estados de emergencia, para violentar los derechos y empoderar el Ejecutivo o las fuerzas policiales. Un ejemplo de esta realidad es el estado de emergencia declarado por el Gobierno francés en noviembre del 2015 prohibiendo las manifestaciones públicas y autorizando acciones de la policía sin respaldo judicial. Esta estrategia también la ha utilizado Vladimir Putin, quien ha obtenido cada vez mayores poderes, justificados por la respuesta a ataques de grupos armados chechenos, desde tomar el control de la televisión en el 2002 hasta eliminar los cargos de gobernantes electos en el 2004. En Turquía, Recep Tayyip Erdoğan, el presidente turco, ha justificado medidas represivas y el despido de miles de personas, el encarcelamiento de académicos, jueces y defensores de derechos humanos; ha disuelto las ONG en Turquía desde el 2015 alegando que todos son terroristas, después de un golpe de Estado, que fue inmediatamente contrarrestado y sobre el cual muchos dudan de su veracidad. En Israel, el conflicto entre israelíes y palestinos, la causa de numerosas guerras y desestabilización regional, quedó sepultado bajo la agenda de la guerra contra el terror y se cerró de esta manera cualquier posibilidad de diálogo o armisticio, ya que, por su carácter religioso, cualquier oposición palestina también se vuelve "terrorista". Por desconocer el triunfo del Hamás en la franja de Gaza, la oposición palestina se dividió y Egipto e Israel declararon un embargo que ha generado una crisis humanitaria sin precedentes, en donde se bloquea la entrada de medicinas y productos básicos, sometiendo a millones de personas a unas condiciones de miseria perpetuada.

Todo porque Hamás queda del lado de los terroristas en la guerra contra el terror.

Bajo este mismo paradigma, la Unión Europea niega el derecho de asilo de millones de personas que precisamente están huyendo de los terroristas. Por otro lado, desde su apertura en el 2002 en la prisión de Guantánamo, lugar infame donde se han cometido torturas, todos los detenidos son musulmanes. Las medidas de contraterrorismo solo han señalado a los musulmanes como sospechosos fomentando la asociación entre islam y terrorismo y planteando una división cultural. En Inglaterra, por ejemplo, el Acta de Contraterrorismo menciona como una de las medidas enseñar "los valores fundamentales británicos", una retórica peligrosa, por lo que ya hemos visto. Por lo que descreamos de la "defensa de valores" y de la lucha entre civilizaciones, tengamos como única referencia los derechos humanos. Estamos siendo bombardeados por una campaña constante en donde las instituciones, los gobiernos, las películas, las medidas de contrainsurgencia, todos, se han montado sobre una visión reduccionista y negativa del islam. Todo lo anterior nos lleva a la conclusión de que la guerra contra el terror ha institucionalizado el racismo.

El radicalismo armado sí es un problema real, que los musulmanes no se inventaron y que se ha usado a lo largo de la historia. La guerra contra el terror no ha solucionado el extremismo internacional iniciado por Al Qaeda, pero desde el 2001 esta doctrina se ha usado para coartar los derechos y las libertades en nombre de la seguridad, estableciendo una falsa disyuntiva, que los derechos supuestamente se deben sacrificar por la seguridad, cuando no deben ser mutuamente excluyentes. Vivimos en una era en donde hay una instrumentalización del miedo que usan los partidos ultranacionalistas o de derecha para obtener votos o poder, y en donde los gobiernos aprueban legislaciones que van en contra de los derechos humanos. El Daesh también instrumentaliza el miedo para avanzar en su ideología absoluta y dividir las sociedades europeas. Este miedo se nutre de un odio que generaliza y agrupa 1.800 millones de personas creyentes en la fe islámica y borra toda la historia del Magreb, la península arábiga, el Máshreq, todas las condiciones y alianzas que han permitido la destrucción de numerosos países.

Por eso nosotros podemos comenzar por ver de nuevo, ver la historia, la pluralidad, la diversidad, las coyunturas, el papel de Occidente en esta historia, entender las condiciones que crearon los radicalismos armados y deducir que el wahabismo armado es una versión extrema del islam, pero que no es toda la religión, como el Ku Klux Klan no es el cristianismo. El extremismo islámico es una amenaza principalmente para todos los musulmanes y las comunidades que viven en Medio Oriente, desde los afganos que sufrieron bajo los talibanes hasta los sirios e iraquíes bajo el régimen del Daesh. La guerra no es el destino de estos pueblos sino un producto de unas condiciones históricas.

No podemos perder nuestra capacidad de imaginación, de empatía, de conmovernos, la lucha contra el racismo; la búsqueda por la igualdad de todos los seres continúa, hoy es más importante y actual que nunca. No olvidemos a todas las personas que han perdido todo, que han huido de la devastación en busca de una vida digna. Porque esperamos que en este punto de la historia entendamos ahora con nuevos ojos de dónde vienen los refugiados.

En medio de lo que ha sido un sistema de alianzas a nivel gubernamental para asegurar poder en los últimos cien años están las personas. El presente y el futuro de generaciones. Cientos de millones de vidas se ven afectadas por decisiones ajenas, como el bombardeo de ciudades enteras; por guerras que no iniciaron, por la represión de la búsqueda de un cambio político y social, como sucedió con la contrarrevolución de las primaveras árabes. Vidas enteras han sido despojadas de toda seguridad, y es solo entonces cuando muchos han emprendido la huida.

Refugiados

Los refugiados: el desplazamiento global

En el 2015, una gran variedad de noticieros a nivel global cubrieron la llamada *crisis de refugiados*. A través de este cubrimiento vimos las imágenes de los barcos atiborrados de personas, de la lucha desesperada por cruzar el Mediterráneo y el mar Egeo de miles de personas que buscaban llegar a Europa. Solo en el 2015, más de un millón de refugiados atravesaron estos dos mares; la mayoría de ellos pasaban por Turquía para cruzar el mar Egeo hacia las islas griegas, mientras que los que pasan por el Mediterráneo provienen de las costas de Libia.

Esta realidad comenzó a ser visible cuando los noticieros empezaron a reportar los continuos naufragios y la muerte de cientos de personas en barcos improvisados cruzando hacia Lampedusa (Italia) desde el 2013. En los años siguientes aumentó dramáticamente la cantidad de personas que buscan asilo en Europa. La llegada masiva de refugiados representó, como lo habíamos mencionado, la consagración de la división de la Unión Europea. Los Estados miembros no tuvieron ninguna respuesta articulada. Sobre el miedo a los refugiados se articularon partidos nacionalistas y posiciones antiinmigración, ejemplificados en el triunfo del Brexit y los discursos xenófobos de muchos gobernantes que desviaron la atención sobre los problemas económicos de la Unión. Así, montaron plataformas políticas para criminalizar y discriminar a todas las personas que llegaban a Europa buscando refugio. Por último, se pasó por encima de las leyes y el respeto más básico a la dignidad humana acordando un pacto con Turquía para la deportación de todos los refugiados llegados después del 2016. Lo que los Estados miembros de la Unión no lograron acordar entre sí, lograron delegarlo a un tercero. Desde entonces, dos años después, el número de refugiados que llegan a Europa ha disminuido drásticamente, aunque todavía estamos hablando de 16.739 refugiados que arribaron a las costas italianas, y 13.759, a las costas griegas. Las noticias parecen haber cambiado de página, y el debate sobre la dignidad humana sigue pendiente. Pero es una realidad que necesitamos comprender y que continúa. En este sentido, las políticas de Donald Trump que involucran leyes que prohíben la entrada de personas que provienen de países de origen musulmán y frenan los programas de acogimiento de refugiados, más la infame política (que, gracias a la presión social, fue revertida) de separar a los hijos de las familias de inmigrantes que entran a Estados Unidos, evidencian una tendencia actual: la respuesta discriminatoria de países occidentales al desplazamiento global.

Porque debemos aclarar varias cosas: primero, la crisis de refugiados no ha terminado, y segundo, no es una crisis de refugiados que llegan a Europa, como se ha enmarcado, sino una crisis mundial de desplazamiento que nos incumbe a todos y que nos plantea preguntas importantes sobre nuestro futuro.

Estamos todos los seres humanos, en todos los continentes, experimentando la era del mayor desplazamiento en el mundo desde la Segunda Guerra Mundial. Sesenta y cinco millones de personas han sido forzadas a dejar sus hogares huyendo del cambio climático, la persecución, la falta de oportunidades, y la principal causa de migración actual es el conflicto. Hace tan solo diez años, el desplazamiento forzado era la mitad de lo que es en la actualidad, por lo que hoy en realidad vivimos en la era de mayor conflicto y violencia a nivel global desde 1945.

Desde el 2011, el desplazamiento aumentó un 40%, y ya hemos visto que ese fue el año en que comenzaron las primaveras árabes, seguidas por la contrarrevolución. La situación actual encuentra muchos de sus orígenes en la historia contemporánea del Máshreq y Magreb que hemos venido relatando. Tampoco hay que pasar por alto la relación entre la Guerra contra el Terrorismo y el desplazamiento global. Hoy, la mayoría de los desplazados en el mundo provienen de solo cinco países: Siria, Afganistán, Sudán del Sur, Myanmar y Somalia. En todos estos países, menos Myanmar, existen grupos como Al Qaeda y Daesh, presentes solo hasta después de declarada la Guerra contra el Terrorismo. El desplazamiento empezó a acelerarse a nivel mundial después del 2001, año en que inició la nueva doctrina, y aumentó con la persecución contra los cambios políticos de las primaveras árabes y con la expansión del Daesh. Tengamos en cuenta este vínculo porque los conflictos, en el caso de Medio Oriente, de donde proviene una vasta mayoría de refugiados, solo han empeorado desde que comenzó la Guerra contra el Terrorismo. Como hemos visto en nuestro relato, las políticas estadounidenses y europeas cumplen un rol fundamental para entender la desestabilización continua del Máshreq, y hoy, las mayores crisis humanitarias se originan en los Estados fallidos de Iraq, Afganistán, Siria, Libia y Yemen; en todos hay una responsabilidad directa, o mediante el apoyo, de gobiernos de países europeos o de Estados Unidos a los regímenes de la región, así que hay una responsabilidad internacional en la crisis de refugiados actual.

Por nuestro relato, ya podemos comprender qué sucede en estos países y de qué están huyendo las personas. Afganistán e Irak están destruidos como países, el primero desde la intervención soviética en 1979, y el segundo, desde la invasión estadounidense en el 2003. Siria, devorado por una guerra civil desde el 2011, es a partir de entonces un lugar destruido por los bombardeos, a los que en el 2014 se les sumó la coalición internacional contra el Daesh. Y Libia también cumple un rol fundamental, ya que es por el conflicto que siguió a la deposición de Gadafi que se abrió la puerta para la inmigración masiva de personas provenientes de varios países de África. Recordemos además que allí también participaron las tropas de la OTAN bombardeando los puntos estratégicos del entonces mandatario libio. En Yemen, es con las armas fabricadas en Estados Unidos e Inglaterra que Arabia Saudita, su gran aliado regional, está bombardeando a un país entero sin discriminación alguna ni cuestionamiento. Los bombardeos contra Gadafi de la OTAN, los bombardeos de las distintas facciones que combaten al Daesh, los bombardeos del régimen de Ássad contra su población, los bombardeos de la coalición liderada por Arabia Saudita contra todos los yemeníes, son la causa directa del desplazamiento de millones de personas. El enfoque que prima en los conflictos actuales —de utilizar los bombardeos como el método por excelencia para librar una guerra y para no involucrar tropas en tierra— nos ayuda a explicar por qué hoy hablamos de una crisis de refugiados, muchos de los cuales provienen de Medio Oriente.

Pero es necesario que reflexionemos sobre las personas que huyen de la guerra y las condiciones que supone ser un refugiado en otro país. Los últimos años solo han incrementado la falta de alternativas reales para millones de personas en el Máshreq y Magreb. Y así, en medio de la guerra, con la incertidumbre de sobrevivir —cuando las bombas caen destruyendo la memoria de hogares construidos con mucho esfuerzo, cuando no hay una seguridad para seguir viviendo y los bombardeos no tienen un fin a la vista—, lo único que queda es huir. No es una decisión fácil. Ni siquiera se puede llamar una decisión porque las vidas de las personas están articuladas en torno a una comunidad, un hogar, una familia, una rutina, y nada de esto es posible entre escombros. Huir es la última opción desesperada para 13 millones de sirios que han tenido que abandonar sus casas mientras su país se vuelve un conflicto regional e internacional que, como vimos, tiene varios grados de complejidad, pero que gira en torno a la disputa por el poder regional o internacional de unos y otros, a costa del futuro de generaciones. Siete millones de historias siguen en Siria, de quienes se han desplazado a ciudades no tan afectadas por los bombardeos. Pero otros seis millones de sirios han cruzado el desierto, muchas veces caminando, con apenas lo que alcanzaron a empacar antes de dejar todo lo conocido atrás y cruzar hasta Jordania y Líbano. Familias enteras, ancianos, mujeres embarazadas, bebés, niños, jóvenes. Toda Siria ha sufrido la destrucción y sus ciudades milenarias están sepultadas bajo los escombros de una guerra civil y una guerra contra el Daesh. Alepo, una ciudad declarada patrimonio Unesco de la Humanidad, hoy está irreconocible.

A Jordania han llegado 1.400.000 sirios huyendo de la guerra. Un país del tamaño del departamento del Meta (Colombia), desde 1948 acoge a casi dos millones de palestinos, y desde el 2011, a los refugiados sirios. Al Líbano caminaron otros dos millones de sirios, que fueron acogidos por un país del tamaño del departamento de Santander (Colombia), con una población de seis millones de personas. Hoy, una de cada tres personas en el Líbano es siria. Cientos de miles de sirios huyeron a Egipto y millones más a Turquía, que hoy en día tiene más de tres millones de refugiados sirios, todos huyendo de un país bombardeado.

Para los refugiados sirios en estos países, las opciones son muy limitadas: Líbano y Jordania no participan de la Convención de Refugiados de 1951, que establece los derechos y deberes para proteger y garantizar el derecho de asilo a las personas que huyen de la persecución. La realidad es que, para la mayoría de personas que están huyendo de la guerra, solo existen las posibilidades de vivir en un campo de refugiados, en los márgenes de las ciudades en condiciones empobrecidas, o seguir huyendo en busca de una vida mejor, en donde Europa se vuelve el destino predilecto, precisamente por las altas condiciones de vida y porque, en teoría, se trata de un continente cuyos países respetan el derecho internacional sobre los refugiados.

> Familias enteras, ancianos, mujeres embarazadas, bebés, niños, jóvenes. Toda Siria ha sufrido la destrucción y sus ciudades milenarias están sepultadas bajo los escombros de una guerra civil y una guerra contra el Daesh.

Así, entendamos un poco cuáles son las condiciones de un campo de refugiados. En Jordania, cerca de la frontera con Siria, a pocos kilómetros, está Zaatari, creado desde el 2012 para recibir a las personas que huían de la guerra en medio del desierto. El campo inicialmente contó solo con carpas, sistemas muy rudimentarios de acogida para una población que llegó a alcanzar las 150.000 personas.

Hay que tomar en cuenta que la vida de familias enteras queda fundamentalmente fracturada al vivir en un campo de refugiados. Hombres y mujeres que tenían una casa, un trabajo, seguridades y una vida construida, pasan a vivir en un espacio muy limitado en la mitad del desierto, en donde se alcanzan a escuchar las bombas que caen en Siria. La sobrepoblación y el hacinamiento se unen a la incertidumbre de cuánto tiempo vivirán allí. En teoría, los campos para refugiados como Zaatari son transitorios, sirven para recibir a la población desplazada por la guerra, y cuando esta se termine, se cree que todos regresarán a su país. Pero el promedio mundial de estadía en un campo de refugiados es de diecisiete años. No es una situación transitoria, no hay ninguna certeza de cuándo se terminará la guerra y de cuáles serán las condiciones para volver, o si es posible hacerlo.

Un caso emblemático de una comunidad destinada a vivir permanentemente como refugiados son los palestinos. Huyendo de la primera guerra que supuso la creación del Estado de Israel, a lo que se le sumó un nuevo éxodo, tras la guerra de 1967, millones de personas emigraron a los países vecinos. Hay generaciones de palestinos que solo conocen un campo de refugiados o que viven en la marginalidad de las ciudades, nunca plenamente jordanos ni libaneses. Hasta el día de hoy no han retornado a Palestina, y en la mayoría de los casos viven en Jordania y Líbano en condiciones muy limitadas. Uno de los grandes riegos del desplazamiento y los refugiados es que se pueden perder generaciones enteras de un país. Hoy hay niños sirios en Zaatari que no conocen una vida más allá del campo, y una generación está creciendo entre muros sin acceso al derecho a crear una vida nueva. Como el conflicto de Siria es ahora un campo de rivalidades regionales e internacionales, puede alargarse indefinidamente.

Las condiciones improvisadas de la comunidad lentamente han ido mejorando con el esfuerzo de todos sus habitantes. Zaatari, así como representa el hacinamiento y el desplazamiento sirio, también ha sido transformado por sus habitantes y asimismo hay historias de esperanza y progreso. En busca de crear un hogar, por improvisado que sea, las carpas ahora son construcciones de lata o contenedores transformados, e incluso hay una calle principal donde existen comercio y emprendimiento de los refugiados, pero no dejan de estar en una situación diseñada para ser transitoria, que sin embargo puede alargarse de manera indefinida, negándoles a las personas el derecho a una vida plena, ya que dependen de diversas organizaciones, incluida la ACNUR, la agencia de la ONU para los refugiados, para suplir todas sus necesidades.

Es por esto que muchos refugiados optan por irse de los campos y vivir en las ciudades, sin ninguna garantía ni protección. En las ciudades no tienen acceso a necesidades básicas, y muchas veces terminan marginados, trabajando por muy poco y viviendo una vida precaria, una vida que no siempre fue así, un vida quebrada por el conflicto que supone un antes y un después en las aspiraciones de una persona, en el crecimiento de un niño, que si no está en el campo de refugiados es muy difícil que tenga acceso a la educación. En Líbano y Jordania, cerca del 90% de refugiados viven debajo de la línea de la pobreza.

Al desplazamiento sirio se le suma el conflicto en otros países como Afganistán, en donde desde hace tres generaciones los afganos han tenido que huir de la guerra. Con la invasión soviética en 1979, tres millones de afganos huyeron a Pakistán, y muchos terminaron también en un campo de refugiados, y, como vimos, la situación en Afganistán nunca mejoró. Hoy existen generaciones enteras de afganos que crecieron en Pakistán y ni siquiera hablan los idiomas afganos. Pero para los pakistaníes siguen siendo refugiados, en un estatus que no les permite los derechos de un ciudadano pakistaní; son afganos, aunque no conozcan siquiera su "país de origen". Desde el 2016, el Gobierno de Pakistán anunció que expulsará a más de tres millones de refugiados, de los cuales solo 1,5 millones están registrados oficialmente. Esto ha provocado una nueva situación de incertidumbre, dado que no se puede decir que regresen a su nación, ya que ni siquiera la conocen. Pero la situación es más grave porque Afganistán está lejos de ser un país en paz. Ahora el Daesh también llegó allí para quedarse y los talibanes continúan existiendo. Recordemos que Afganistán es un Estado identificado como fallido, y mucho tiene que ver en ello la falta de institucionalidad para proteger a sus ciudadanos. Esto está causando en la actualidad, aun cuando la deportación no se ha realizado en su totalidad, que los refugiados lleguen a las ciudades y queden confinados en la marginalidad y la pobreza.

El desplazamiento continúa, incluso, de manera interna. Un millón de afganos han tenido que huir de la brutalidad del Daesh, de los talibanes y del conflicto entre las distintas facciones, que están siendo combatidos una vez más por una coalición liderada por tropas estadounidenses, junto con una ofensiva de contrainsurgencia que involucra más bombardeos. Cuarenta años de guerra en Afganistán solo han generado más guerra, y muchas familias que eran autosuficientes, que vivían de lo que producían, tienen ahora que huir a las ciudades, llegar a Pakistán, donde no son bien recibidas, para perder la autonomía sobre sus vidas y su destino, para ser siempre otros, nunca recibidos allá a donde vayan. Por lo que necesitamos comprender la vida y los desafíos a los que se enfrenta un refugiado, y no perder nuestra empatía para poder percibir una problemática y responder desde una perspectiva humana.

Ahora bien, no todos los fenómenos del desplazamiento actual se encuentran en el Medio Oriente. Esta realidad está presente también Latinoamérica, donde desde hace décadas ha habido un éxodo de países centroamericanos a Estados Unidos. En este sentido, México ha sido un país que ha acogido a millones de personas de El Salvador, Guatemala, Honduras, países de origen de personas que huyen de las dificultades económicas, la violencia interna causada por bandas criminales y la disputa entre muchos de estos grupos por el control de las rutas del narcotráfico. En la actualidad también se ha producido un desplazamiento de venezolanos que huyen de la crisis económica y política de su país, y Colombia se ha vuelto también un país acogedor, aun bajo sus propias condiciones de desplazamiento interno. Incluso existe una ruta intercontinental de personas provenientes del África que transitan por Colombia para intentar llegar a Estados Unidos.

Otro continente con conflictos recurrentes es África. La situación en África en la actualidad, por otro lado, tiene unas coyunturas que se originan en problemáticas similares a la historia del Medio Oriente. En este continente también se crearon fronteras artificiales en 1886, que fueron repartidas por las potencias europeas pasando por encima de estructuras culturales y étnicas milenarias; asimismo se generaron condiciones de dependencia económica en este contexto colonial, en donde se favoreció un grupo social o etnia sobre otros estableciendo un sistema clientelar que continúa en muchos países; todo esto se volvió el caldo de cultivo para futuros conflictos. Pero además, desde el colonialismo, la mayoría de economías africanas se basó en proveer de materias primas a las metrópolis coloniales generando una dependencia permanente de las economías de los países desarrollados, aún después de las independencias que se lograron en la década de los años cincuenta. Muchas luchas independentistas igualmente quedaron enmarcadas dentro del contexto de la Guerra

Fría, entre el apoyo de la Unión Soviética y Estados Unidos a unos y otros países. Y también en muchos países africanos, los líderes que habían hecho parte de los movimientos de independencia y descolonización terminaron instaurando sistemas con un fuerte culto a la personalidad. Además, muchas veces, los conflictos se basan en la instrumentalización de las diferencias étnicas en disputas por recursos, control, poder o territorio. Hasta ahí llegan las similitudes que nos pueden ayudar a darnos claves para analizar de manera mucho más crítica un continente que ha sido construido en el imaginario de muchos como una zona de destrucción y pobreza. Como la islamofobia —que construye el imaginario de violencia asociado permanentemente al islam—, el desconocimiento de las realidades y diversidades de los países africanos está asimismo basado en una construcción que generaliza de manera negativa la historia y la actualidad de 1.200 millones de personas. Por lo que aquí además encontramos imaginarios discriminatorios, cuyo fundamento es racista, que definen los conceptos de África que tienen los países occidentales, los cuales se transmiten asimismo en Latinoamérica.

Las complejidades de los países del continente africano obedecen a una serie de contextos que también ponen en duda la implantación extranjera de modelos Estado-nación y su falta de arraigo, así como el papel preponderante de los ejércitos y los regímenes personalistas. A esto hay que añadir una dependencia económica estructural, por ejemplo, el franco de la Comunidad Financiera Africana (*Franc de la communauté financière d'Afrique*), cuyo nombre originalmente era franco de las colonias francesas, en la actualidad es el nombre de dos monedas de catorce países africanos que en su mayoría son excolonias francesas. Hasta el día de hoy su convertibilidad está garantizada por el Tesoro francés, por lo que hay una dependencia directa de la antigua metrópoli.

La economía de muchos países también fue afectada por las terribles medidas del Fondo Monetario Internacional, pues los Estados africanos han tenido que reenfocar su economía y desmontar las pocas redes de infraestructura y servicios para poder seguir pidiendo préstamos, cuyas condiciones impiden un desarrollo verdadero y definitivo de los países. Esto, sumado a la corrupción y a la malversación de recursos, no ha hecho sino empobrecer aún más muchas de estas sociedades. Además de la interferencia internacional en conflictos internos, como por ejemplo, en la República Democrática del Congo, en donde todos los países vecinos se han visto involucrados y han apoyado facciones en un conflicto que ha generado cinco millones de desplazados, muchos de los cuales han huido a los países vecinos. El control por recursos naturales, la dependencia económica y la falta de un futuro han causado desplazamientos de millones de personas que van a buscar refugio de las guerras o mejores oportunidades. Desde hace décadas hay un gran flujo de desplazamiento interno en África. Muchas personas logran construir una nueva vida en los países vecinos, otras llegan a campos de refugiados, como por ejemplo, Dadaab, en Kenia (que acoge a más de 240.000 refugiados de Somalia, Eritrea y Sudán del Sur). En Uganda, el campo de refugiados de Bidi Bidi aloja a más de 250.000, siendo el campo de refugiados más grande del mundo. Por lo que el desplazamiento es una realidad también para el continente africano, y una de las razones que se ha agravado en los últimos años es la guerra de Sudán del Sur, que, junto con Siria, Irak y Afganistán, es uno de los conflictos que produce una gran cantidad de refugiados.

Sudán del Sur es el país más nuevo de nuestro mundo, ya que declaró su independencia de Sudán en el 2011, después de un conflicto entre las dos regiones del país, en donde el sur fue relegado de las políticas de la capital sudanesa. Desde el 2013, en el nuevo país comenzó una cruenta guerra civil, iniciada por la disputa de poder entre el presidente y su vicepresidente, cada uno perteneciente a una etnia distinta, lo que ha sido utilizado para exacerbar una división cultural en la disputa por el poder y por el control de los recursos petroleros del país. La guerra civil ha degenerado en un conflicto contra la población, parte de la cual está en riesgo de hambruna, masacres, violaciones masivas, detenciones arbitrarias y represión generalizada, en un país que apenas si ha construido una institucionalidad. Si la comunidad internacional estuvo medianamente atenta al conflicto dentro de Sudán y la separación del nuevo país del sur, desde entonces poco se ha logrado para ayudar a detener la guerra civil. Hay dos millones de personas desplazadas que han huido a Uganda, Etiopía y Kenia. Y la mayoría lo ha hecho caminando; muchas veces, mujeres embarazadas o niños sin acompañamiento han huido como tantas otras personas desplazadas en el continente africano por guerras civiles, gobiernos represivos, dictaduras, y la falta de oportunidades y violencia generalizada.

En muchos aspectos, Uganda es un ejemplo del recibimiento de refugiados; ha sido un país con una política abierta de bienvenida, y muchos han logrado construir una nueva vida y fomentar la economía local. Uganda ha sido una excepción, ya que se permite la libertad de movimiento de los refugiados y se les otorgan oportunidades económicas a las personas desplazadas. El 21% de refugiados tienen negocios propios en Uganda y generan empleo para la población local. También se han creado proyectos para reforestar todas las áreas que rodean los campos de refugiados, y así, involucrar a las personas en una actividad que les dé sentido a sus vidas y nuevas habilidades. Uganda es un ejemplo paradigmático porque en la mayoría de países con campos de refugiados no se permite que salgan o se incorporen a la vida económica del país. Por eso, ser refugiado muchas veces implica estar en un limbo, en una espera permanente y una dependencia; no hay futuro, muchos niños no tienen acceso a la educación. Al coartar a las personas que están huyendo de la libertad de crear una vida se está despojando a la gente de la oportunidad y la necesidad de darle sentido a la existencia.

Las condiciones en los campos de refugiados en África no garantizan una dignidad plena para las personas. En muchos casos se necesitan largas distancias para acceder a agua, muchos campos no tienen electricidad o alcantarillado y la infraestructura depende de organizaciones internacionales y de la ACNUR, que no tienen la financiación suficiente.

Por eso, viviendo entre la espera y la incertidumbre de un campo de refugiados —marginados en la ciudad bajo condiciones muy duras después de haber tenido que dejar un hogar, una vida, una comunidad a la que no se puede retornar—, muchas personas en África y Medio Oriente deciden arriesgar su vida una vez más para llegar a Europa. Nadie arriesgaría su vida y la de sus hijos para cruzar el mar Egeo y Mediterráneo si no estuviera en una situación desesperada y si no tuviera aún algo de esperanza en un futuro mejor.

Son estas las condiciones de donde parten unos pocos refugiados para emprender un largo viaje hacia Europa, que son apenas una fracción de los millones de personas desplazadas que han sido acogidas por Jordania, Líbano, Turquía, Etiopía, Uganda, Kenia, Pakistán e Irán. No perdamos de vista entonces que esta realidad es mundial, es un fenómeno internacional que afecta a muchos países, tanto a los que están en conflicto, a las personas que quedan desprovistas de una vida digna que deciden huir, como a los países que las reciben, la mayoría de los cuales tiene sus propios conflictos o problemáticas. Esta es una realidad global, no europea, y la cantidad de refugiados que llegaron a Europa, es decir, a todo un continente, es menor que la cantidad de personas asiladas en Jordania, un país diminuto. Decir que es uno de los mayores retos o desafíos a los que se enfrenta Europa es una exageración, por decir poco, ya que otros países con muchísimo menos presupuesto o sin tantas condiciones han logrado estar a la altura para responder a esta crisis humanitaria.

La decisión de emigrar a Europa involucra dejar la vida en manos de traficantes de personas, porque no hay un mecanismo legal y eficiente para poder solicitar asilo fuera de Europa. Es prácticamente imposible que la gran cantidad de personas que han sido expulsadas de sus hogares y que han tenido que huir de los bombardeos sean beneficiarias del estatus de refugiado, aunque cumplan las condiciones, ya que el proceso es lento y lleno de trabas. Las personas que emprenden la ruta a Europa no tienen ninguna certeza ni saben cómo o a dónde ir. Así, se han generado rutas controladas por traficantes que representan una amenaza más a las personas ya de por sí afectadas por la persecución y la guerra. Para los afganos que huyeron, el camino a Europa implica recorrer las montañas que separan a Irán de Turquía a pie, pasando por alturas de hasta 3.000 metros sobre el nivel del mar. En la mayoría de los casos, los refugiados que huyen pagan sumas de dinero exorbitantes y quedan prácticamente prisioneros de los traficantes.

En el Sahara, los que huyen de Sudán del Sur, de Somalia y de Eritrea muchas veces son dejados en el desierto del territorio libio, a la espera de que otra banda los recoja, bajo el sol, temperaturas altísimas y sin agua. La falta de oportunidades, el desplazamiento y las condiciones en los campos fomentan que las personas emigren. Ante la ausencia de un mecanismo eficaz de solicitud de asilo se ha generado un fenómeno de bandas de traficantes que controlan el Sahara y operan en Libia. Los viajes son sumamente peligrosos, en condiciones de hacinamiento, y no se sabe con exactitud cuántas personas han sido abandonadas para morir en el desierto.

Y a esta situación de desplazamiento interno se suma la desaparición de cualquier indicio de institucionalidad en Libia. Recordemos que Libia se encuentra en una situación tal, que está en duda la existencia de un Estado-nación, con distintas facciones controlando territorios en el país. Con la desaparición de Gadafi, en la que la OTAN cooperó con entusiasmo, se perdió el control fronterizo, y este quedó en las manos de bandas de criminales que trafican con seres humanos, por lo que se abrió un flujo sin control de muchas personas que huyen del conflicto, la persecución, y otras tantas, en busca de una vida mejor.

Así que a la guerra de Siria y los bombardeos contra el Daesh —que, recordemos, comenzaron en el 2014, año en que empezó a agravarse la llegada de refugiados a Europa— se les suman la fragilidad generacional de Afganistán, la guerra civil de Sudán del

Sur, la desaparición del Estado libio, y con esta, de los controles fronterizos; además de la falta de alternativas y condiciones dignas para los refugiados en muchos de los países de acogida cercanos. Todos estos aspectos son la causa de un flujo de migración.

Y es por la suma de todos estos factores que se agravó el desplazamiento a nivel mundial, y que una parte de los desplazados buscaron llegar a Europa. Las condiciones para la migración masiva de los últimos años a Europa tienen que ver con los bombardeos al Daesh y la desaparición del Estado libio. Pero el desplazamiento mundial es una tendencia de hace varios años, agravada por la represión de las primaveras árabes y la invasión estadounidense a Afganistán e Irak, e involucra a una cantidad mayor de países, que a los de la Unión Europea.

Además de la ruta a través de Libia está la ruta por Turquía. Del lado de Turquía, muchos de los refugiados sirios, iraquíes y afganos que huían directamente de guerras que involucran a países occidentales llegaban a Esmirna, y con los ahorros pagaban a traficantes el viaje en barco de 6,5 kilómetros, de las costas turcas a la isla de Lesbos, en Grecia. El precio del viaje es de 2.000 dólares, dinero con el cual se lucran bandas criminales que ponen en riesgo la vida de cientos de personas. Los refugiados eran llevados a lugares desconocidos y obligados a subir a barcos inflables, en donde hacinaban hasta trescientas personas. Por las mismas condiciones de criminalidad, las personas eran obligadas a subirse y no podían negarse, ya que los traficantes estaban armados. Así, barcos enteros zarpaban incluso en días en los que el mar no fuera navegable, porque las bandas de traficantes se están lucrando arriesgando la vida de cientos de miles de personas que huyen del trauma, la destrucción y la incertidumbre. Muchos de los barcos naufragaron, muchas familias perdieron a sus familiares. Muchas madres nunca volverán a ver a sus hijos.

A principios del 2015, cuando se podía hacer esta ruta, este era solo el inicio del trayecto. Una vez que llegaban a Grecia se registraban en campos improvisados y continuaban el viaje hasta

Alemania caminando. Así se abrió lo que se conoció como *la ruta de los Balcanes*, desde Grecia, pasando por Macedonia, Serbia, Hungría, Austria, hasta llegar finalmente a Alemania. Los refugiados caminaban la mayor parte del trayecto sin ninguna certeza ni información de cuáles podían ser su futuro o sus derechos. No había muchos centros de acogida, y Hungría fue el primer país en cerrar su frontera. Así, muchos tenían que desviarse por Croacia para llegar a Austria. Recordemos que se trata de familias, jóvenes, niños y ancianos que inicialmente huyeron de los bombardeos, luego sufrieron la incertidumbre de cruzar el mar dejando su suerte en manos de bandas criminales, y después tenían que caminar, sin perder el paso, junto con los cientos de personas en la misma situación. Hay 2.900 kilómetros desde Siria hasta Alemania. Todas las personas que lograron llegar a Alemania son sobrevivientes. Han atravesado las condiciones más duras, la incertidumbre, muchas han visto morir a personas ahogadas. En el 2015 Alemania aceptó acoger a un millón de refugiados sirios, lo que significó, para muchos, la posibilidad finalmente de acceder a una nueva vida, después de por fin concluir la travesía y esperar el estatus de refugiados en campos como el de Tempelhof, un aeropuerto reconvertido para acoger a casi 2.500 refugiados.

Por otro lado, la ruta por Libia involucra condiciones mucho peores. Los migrantes deben pagar por el viaje por el Mediterráneo, y muchas veces son detenidos hasta que no consigan la plata, obligados a vender sus pertenencias o propiedades en sus países de origen. La ausencia absoluta de seguridad estatal permite que las bandas criminales extorsionen a las personas, cometan abusos, que incluyen la violación de mujeres, la tortura en caso de no pagar, e incluso la venta de personas para pagar la deuda con los traficantes. Lo que está sucediendo en Libia es infame y solo se alimenta del hecho de que no hay una respuesta internacional coordinada al éxodo de millones de personas y que no hay salidas legales para la inmigración dejando la ruta solo a la ilegalidad y la sevicia de las bandas criminales.

En el 2015 Alemania aceptó acoger a un millón de refugiados sirios, lo que significó la posibilidad de acceder a una nueva vida.

Los barcos para cruzar el Mediterráneo no tienen las capacidades ni garantizan seguridad alguna. Las personas son hacinadas y muchos viajes no cuentan siquiera con salvavidas. La imagen de Alan Kurdi, el niño sirio ahogado en el Mediterráneo en septiembre del 2015, es un rostro de los 8.500 que han muerto desde entonces ahogados en el mar por la falta de un mecanismo que responda efectivamente a la migración africana y del Máshreq.

Muchas de las personas que logran llegar a Italia también terminan en campos de refugiados, a la espera del procesamiento de su estatus. Otros llegan solo para la temporada de recolección de los productos italianos, para efectuar un trabajo de temporada, por lo que la migración por el Mediterráneo involucra numerosos factores, no solo refugiados que huyen del conflicto, sino inmigrantes en busca de trabajo. El viaje para ellos es igual de peligroso, y muchas veces son jóvenes enviados con el dinero de toda una comunidad que depende de ellos.

Las historias de los refugiados que llegan a Europa, cruzando el Sahara; a Uganda, a Jordania, también son cuentos de esperanza, de resiliencia, y de la capacidad de continuar la búsqueda de una nueva vida. Estas historias de supervivencia están sucediendo a lo largo y ancho del planeta mientras usted lee este libro, desde el Sudeste Asiático —con el éxodo de millones de personas musulmanas en Myanmar, pertenecientes a la minoría rohinyá, que están siendo perseguidas en lo que es una limpieza étnica y un genocidio— hasta los cientos de miles de migrantes en busca de mejores condiciones de vida que han emprendido el éxodo en distintos países de América Latina, y los cientos de indígenas, afrodescendientes y campesinos colombianos que han tenido que huir de la violencia. Es una realidad de nuestro mundo contemporáneo y no podemos perder la capacidad de conmovernos ante una situación que involucra la tragedia, pero también el valor humano.

Por eso las respuestas europeas ante este fenómeno, en el caso del desplazamiento del Máshreq y África, son más indignantes, ya que pasan por encima de las dramáticas travesías que han tenido que vivir los refugiados. Estas historias de vida, de tragedia y esperanza se invisibilizan en la construcción de los refugiados como algo negativo y peligroso. Progresivamente los países europeos, a través de políticos, gobernantes y medios de comunicación, comenzaron a agrupar a los refugiados como un colectivo que se considera peligroso e invasor, sobre el cual se montó una plataforma política para legitimar la xenofobia y pasar por alto el derecho internacional. El cierre de fronteras y las alambradas que alguna vez dividieron Europa vuelven en la actualidad. Los muros no son la solución, solo sirven para aumentar el drama humano.

Aunque la postura inicial de Angela Merkel fue respetar la dignidad y acoger a los refugiados, como vimos, en cuestión de un año el clima político viró, la división dentro de la Unión se volvió más profunda que nunca y los países no lograron coordinar un plan para acoger de manera equitativa a todas las personas que llegaban o para responder adecuadamente a la emergencia que se produjo en las islas griegas e italianas con la llegada de gran cantidad de personas, cuya mayoría estaba en pésimas condiciones físicas y traumatizada por la travesía. Hungría marcó la tendencia de cerrar las fronteras y los demás países europeos siguieron el ejemplo, dejando sin salida, y atrapadas, a miles de personas que no tienen un destino, que han sobrevivido a un recorrido extenuante, personas muy vulnerables que encontraron un recibimiento hostil.

Los noticieros europeos cubrieron extensamente la noticia, pero de manera tal que colaboraron a crear una sensación de que era una situación fuera de control. La idea de que fuera una crisis y se nombrara así, sumada a las imágenes repetidas del volumen de personas que llegaron, descritas con términos como "oleadas", de manera subconsciente ayudaron a crear una percepción de que Europa estaba siendo invadida por una cantidad descomunal de masas anónimas, dejando de lado los relatos de cada vida y las condiciones que los hicieron huir, y el hecho de que es solo una fracción del desplazamiento mundial que también afecta a otros países en otros continentes. Esto es lo que fomenta que se legitimen posturas como el Brexit y discursos contra la inmigración. Sumado a la indignante acusación de terroristas a las víctimas que huyen del terrorismo. Como vimos, contradiciendo sus propios principios, las fronteras de la Unión que no tenía fronteras se cerraron por primera vez.

Pero la crisis de refugiados que copó las primeras planas de la prensa durante el 2015 fue más una crisis de respuesta europea. En términos absolutos, un millón de refugiados no es nada, en comparación con 550 millones de ciudadanos. El éxodo, como vimos, es mundial, y un solo país como Líbano ha acogido a más refugiados que veintiocho países juntos, si contamos al Reino Unido, y que forman una Unión fundada sobre el principio de los derechos humanos, entre ellos el derecho al pleno respeto a la dignidad humana y el derecho al asilo.

La crisis, entonces, fue de falta de cooperación europea. Los gobiernos italiano y griego solicitaron ayuda reiteradamente y un enfoque comunal a un problema global, pero las diferencias políticas y el franco abandono a los derechos humanos entorpecieron hasta la módica acogida de apenas 160.000 personas que ya estaban en suelo europeo, ante la abierta negación de gobiernos como Hungría y Austria y la demora burocrática de países como España.

Y luego, el pacto con Turquía terminó de enterrar los principios del respeto a los derechos humanos que la Unión Europea quiso articular como su plataforma, ya que uno de los fundamentos de la Convención de Refugiados es la no devolución, es decir, no retornar a refugiados a países en donde puedan correr peligro. Turquía no tiene la infraestructura para garantizar los mismos estándares de protección a refugiados que la Unión Europea tiene en su legislación, por lo que, en la práctica, el pacto ni siquiera se ha llevado a término, pero sí ha puesto en unas condiciones de desespero a todas las personas en Grecia. Con la entrada en efecto del pacto, las islas griegas dejaron de ser el lugar de tránsito de los refugiados y se convirtieron en un centro de detención. Los refugiados no pueden salir ni devolverse, mientras esperan el procesamiento de sus solicitudes, lo que ha degenerado en una situación verdaderamente crítica, ya que no existen la infraestructura necesaria ni el apoyo internacional. Desde el cierre de fronteras en el 2016, más de 60.000 personas están hacinadas en las islas griegas, atrapadas sin salida y presas de una incertidumbre y un estado de limbo que afecta la estabilidad emocional de cualquier persona, en un país que, recordemos, está en quiebra por la crisis económica. Las noticias ya cambiaron de tema, pero la realidad es que los campos siguen existiendo y las personas están en unas condiciones precarias, viviendo de la caridad mientras los fondos de las organizaciones internacionales disminuyen. Son conocidos los casos de suicidio dentro de los campos de refugiados, ya que no hay ningún prospecto de futuro y las personas viven hacinadas sin suficiente comida ni garantías. El proceso de solicitar asilo tarda muchísimo y hay familias que llevan ya más de dos años a la espera de una entrevista. La Unión Europea ni siquiera le ha pagado a Turquía la totalidad de lo acordado. Y aunque los controles fronterizos turcos se intensificaron, la ruta por el Mediterráneo continúa.

La Unión Europea cuenta con los recursos suficientes para responder de una manera mucho más integral, distribuyendo entre los veintiocho miembros la responsabilidad de acogida, ayudando de manera efectiva a los gobiernos de Italia y Grecia, proveyendo información clara a los refugiados para que no todos sigan una única ruta hasta Alemania y tengan un mínimo de certezas sobre sus derechos. La crisis era completamente previsible, ya que otros países han acogido a muchas más personas; es sabido que desde el 2011 solo ha incrementado el desplazamiento en el Máshreq y

Magreb. Desde el 2013 estaban plenamente establecidas las rutas ilegales desde Libia hasta Italia, y al ver la escalada de bombardeos contra el Daesh y la mayor conflictividad en Sudán del Sur, ya se había generado un desplazamiento de millones de personas, por lo que no se puede llamar inesperada ni imprevisible la llegada tantas personas. Pero en cambio, la demora en una respuesta coordinada dio pie solo a que se utilizara políticamente la llegada de refugiados como una preocupación por la seguridad y como bandera para los partidos nacionalistas y de ultraderecha. El arribo de inmigrantes se volvió, como habíamos visto, un "chivo expiatorio" sobre el cual dirigir las frustraciones sociales y los discursos electorales, enterrando el verdadero debate sobre la responsabilidad con la dignidad humana y el hecho de que con la mayoría de conflictos que causan desplazamiento hacia Europa hay una intervención o un involucramiento de los europeos, por lo que no pueden deshacerse de su cuota de responsabilidad en Afganistán, Siria, Irak y Libia.

Además, el desplazamiento es una situación global, y la respuesta de cerrar fronteras de la Unión Europa es aún más indignante, ya que el 86% de los refugiados de todo el mundo está en países en desarrollo, en países que tienen sus propios conflictos y dificultades, y que, sin embargo, han mantenido una política de fronteras abiertas, y que han recibido, de lejos, a muchísimas más personas que toda la Unión Europea combinada. En los países que tienen la mayor riqueza y el mayor bienestar material, donde sí se pueden garantizar las condiciones dignas para los refugiados, de manera cruel y mezquina esta coyuntura se volvió un debate sobre seguridad pasando por encima del reconocimiento de la dignidad humana y perdiendo de vista toda perspectiva de que los refugiados impactan a muchos más países que los de la Unión Europea.

La percepción de que eran demasiadas personas las que llegaban también dio pie a que incluso se creara el imaginario de que los refugiados eran un desafío a la supervivencia de la cultura de varios países europeos de legado cristiano. Esta fue la postura de muchos, desde Hungría hasta Inglaterra. Este debate es bastante polémico porque si Europa se sigue definiendo a sí misma, y a su identidad, basada en una homogeneidad étnica y cultural que justifique la violación de derechos humanos no habrá aprendido nada de su historia. Inglaterra, Francia, Bélgica, Alemania, son países que de hecho ya son multiculturales, que tienen generaciones que emigraron. Para verificar esta teoría basta con observar a la selección francesa campeona del Mundial de Fútbol de 2018, donde la mayoría de sus jugadores tienen orígenes en países africanos, y no olvidemos que ellos o sus familiares emigraron de países que fueron conquistados y que aún dependen económicamente de Francia. Si dentro de la Unión Europea se defiende solo el legado cultural blanco y cristiano, como es la tendencia actual, se desconoce gran parte de su ciudadanía, y esta postura de una identidad excluyente solo da pie para violaciones a los derechos humanos, como de hecho se está efectuando con todos los refugiados atrapados en Grecia y todos los que no tienen garantías en Turquía.

El debate debe ser mucho más amplio, y aunque existían soluciones concretas para una mejor respuesta a la llegada de refugiados en Europa, la pregunta fundamental que debemos hacernos es: ¿por qué personas que han huido y lo han perdido todo deben arriesgar su vida y alimentar un tráfico de personas? ¿Por qué deben morir bebés ahogados en el Mediterráneo? ¿Por qué familias que sobrevivieron a la guerra deben perder a sus seres queridos intentando conseguir una vida digna? El desplazamiento actual está evidenciando la ausencia de un mecanismo internacional eficaz para responder y acoger a las personas vulnerables que huyen de la guerra.

Es doblemente trágico que la respuesta de la Unión Europea a una coyuntura histórica de nuestro tiempo haya sido tan mezquina y haya legitimado posturas políticas xenofóbicas, ya que fue en Europa donde se inventó la legislación moderna sobre los derechos de los refugiados, porque fue después de los años de la posguerra, ante el olvido y el abandono de las víctimas del Holocausto, que se crearon en 1951 la Convención sobre el Estatuto de los Refugiados y la ACNUR, la agencia a cargo de implementar y promover los instrumentos para proteger a los refugiados. Recordemos que después de la Segunda Guerra Mundial, muchos de los sobrevivientes de los campos de concentración no fueron repatriados ni acogidos por sus países de origen u otros países en Europa, incluidos judíos y gitanos. Esta fue la raíz del éxodo judío masivo a Palestina. Junto con ellos, todas las personas que habían huido de la destrucción provocaron el mayor desplazamiento en la historia europea. Solo en ese continente había 40 millones de personas desplazadas después de terminado el conflicto. La acogida de todas estas personas, víctimas de la guerra y su repatriación a sus países de origen, fue prácticamente inexistente, y la vida de millones continuó bajo condiciones precarias durante los años siguientes. Finalmente, en 1951 la ONU aprobó la Convención sobre el Estatuto de los Refugiados, que es la guía actual sobre los derechos basados en la no discriminación, la no penalización y la no devolución. Esta es una legislación creada como un marco legal internacional para respetar el derecho de asilo consagrado en la Declaración Universal de los Derechos Humanos, que, recordemos, fueron establecidos para aprender la gran lección que nos quedó a la humanidad después de los grandes horrores del siglo XX. La Convención fue fomentada por europeos, creada para europeos, y solo hasta 1969, en el marco de la descolonización africana y asiática, se aprobó el Protocolo que extendió la definición del estatus al carácter universal que tiene hoy en día.

La misma Unión Europea adoptó en el 2004 la Directriz sobre los Refugiados, una legislación común para respetar el derecho de asilo en todos los Estados miembros, como un elemento constitutivo de la Unión Europea "de establecer progresivamente un espacio de libertad, seguridad y justicia abierto a los que, impulsados por las circunstancias, busquen legítimamente protección en la Comunidad".

Ante un desafío en el que los gobiernos de Jordania, Líbano, Uganda y Kenia han sabido estar a la altura de las circunstancias, incluso bajo sus propias dificultades, la Unión Europea fracasa como un proyecto de derecho. Los principios de no discriminación fueron claramente violados ante la *islamofobia*, que agrupó en una sola categoría a *refugiados* y *terrorismo*. E incluso, en la misma Directriz de la Unión está consagrado que los Estados miembros no pueden expulsar a un refugiado sobre el supuesto de seguridad y orden público, que de hecho ha sido el principal argumento que utilizaron políticos, medios de comunicación y gobernantes de la Unión para tergiversar un debate que concierne a la dignidad de la vida humana, y volverlo así un problema de seguridad. El principio de no devolución quedó entredicho con la deportación a Turquía de todas las personas que llegaron después de marzo del 2016. El principio de no penalización presupone que, en la búsqueda de asilo, los refugiados violan las leyes migratorias, y que esto no debe ser penalizado. Sin embargo, una vez entró en efecto el pacto con Turquía, las autoridades de Italia y Francia desalojaron los campos de refugiados y se comenzó a penalizar a las personas, a arrestar e incluso a deportar: a criminalizar el derecho de huir del conflicto y buscar una vida digna. Por la misma época, las políticas xenófobas de Donald Trump no hacen sino marcar una tendencia regresiva y discriminatoria. En la respuesta actual al desplazamiento global, los países más industrializados, la Unión Europea y Estados Unidos, han demostrado que los avances en todos los aspectos materiales siguen sin consagrar el avance final hacia un respeto universal por el otro.

La Convención sobre el Estatuto de los Refugiados y su Protocolo han sido considerados anacrónicos por muchos gobiernos occidentales desde los años ochenta. Recordemos que este fue el momento en que el neoliberalismo significó el progresivo fin del Estado benefactor, por lo cual las seguridades que muchos ciudadanos tenían en países occidentales quedaron en duda, y esta inseguridad se vio reflejada en un discurso antiinmigrantes. Desde entonces se ha empezado a asociar el derecho de asilo con la inmigración no deseada, y por ello se han puesto cada vez mayores requisitos y trabas legales en países como Estados Unidos,

Canadá, Francia, Inglaterra, Alemania, Australia, Finlandia, Suecia, lo que hoy en día genera un larguísimo proceso. Precisamente por este carácter burocrático, muchas personas han optado por tomar rutas ilegales, arriesgando su vida y la de sus familiares, en un intento desesperado de acceder a una vida digna. Así, se necesita un proceso eficaz que además tenga en cuenta la conflictividad actual que vivimos, para frenar las vías ilegales y poder detener a los traficantes de personas desde Libia hasta México.

El impacto que el desplazamiento masivo causa en los países acogedores tampoco debe ser subestimado, y si no hay políticas de integración económica y social como en Uganda, los campos de refugiados terminan volviéndose un limbo que no es propiamente una vida ni una transición. La Convención y el Protocolo han servido para la protección de millones de personas desde su creación, pero sin duda la crisis global de desplazamiento involucra a muchos países, a grandes números de personas, y mientras no se acaben las guerras seguirá habiendo personas en busca de refugio. Además, desde ya, en algunos países se ha presentado el desplazamiento a causa del cambio climático, las temperaturas del planeta están subiendo, y esto ocasiona mayores desastres naturales como inundaciones, huracanes y sequías. Nuevos enfoques son necesarios para enfrentar el desplazamiento global. Se debe tomar en cuenta a los países acogedores, se debe además abrir la puerta a que los refugiados puedan trabajar, ya que millones de personas representan infinitas oportunidades de desarrollo y creatividad para los países acogedores, si se cambia la perspectiva que se tiene hoy de los refugiados como una carga y se pasa a considerarlos un beneficio. Asimismo es urgente un nuevo marco legal que tenga en cuenta el fenómeno de los Estados fallidos, ya que en el momento en que se legisló la Convención no se contemplaba que la estructura de un Estado pudiera colapsar en su totalidad. También se necesita contemplar el cambio climático como un factor que, de hecho, producirá el mayor desplazamiento en las décadas siguientes.

Estos son las verdaderas preguntas y los debates que deberíamos plantearnos para poder responder a una situación mundial, y es en este sentido que la ACNUR está preparando una nueva legislación sobre refugiados, llamado el Pacto Mundial sobre los Refugiados, que se presentará ante la Asamblea General de la ONU para finales de 2018, cuya implementación queda en dudas, ya que seguimos con los mismos gobernantes en los países europeos y en Estados Unidos que han demostrado una postura discriminatoria.

Los humanos hemos migrado desde nuestros orígenes, nuestro cuerpo ha evolucionado para recorrer largas distancias, somos los únicos primates distribuidos en los cinco continentes. Durante los últimos cinco siglos los europeos migraron a todas las latitudes del planeta, y, de hecho, a través de su emigración extendida en el siglo XIX se aceleró la integración global. Hoy son otros pueblos y culturas los que comienzan a emigrar, muchos por guerras, otros huyendo de una falta de oportunidades. Hay un riesgo muy grande de que el racismo y las posturas xenófobas nos lleven por los caminos de destrucción, exclusión y discriminación que ya hemos recorrido durante siglos y que solo han dejado exterminio.

Vivimos en la era de mayor desplazamiento global y nuestra respuesta debe ser el respeto a la dignidad. La globalización también implica el flujo cada vez mayor de personas, y esto va a representar el encuentro cultural y religioso de la diversidad de personas que habitan la Tierra. Como los son nuestras sociedades latinoamericanas desde sus orígenes, hoy las sociedades son cada vez más multiculturales, multiétnicas y multirreligiosas, y esta tendencia solo se ha acrecentado en las últimas décadas, por lo cual el clima político actual europeo y estadounidense va en retroceso frente a esta realidad. La discriminación generalizada contra *el otro*, que está detrás de las equivocadas respuestas a las crisis humanitarias de hoy, solo termina por dividir las sociedades.

La crisis global de refugiados nos presenta desafíos que conciernen a muchos países, por lo que las respuestas también se vuelven internacionales. Estamos ante una época de migración forzosa y de crisis humanitarias que hasta ahora solo ha suscitado discursos racistas y xenófobos. Esto tiene que cambiar si no queremos agravar las crisis aún más. Por lo cual ahora sí, más que nunca, debemos estar a la altura de una cooperación internacional y de una respuesta global a problemas globales. Lo bueno es que ya sabemos que no tenemos que inventarnos cómo dialogar, porque para eso ya existen los derechos humanos y el derecho internacional, cuya legitimación se vuelve cada vez más apremiante ante el desplazamiento mundial y la transformación de nuestras sociedades. Para lograr el reconocimiento de las vidas de todas las personas que lo han arriesgado todo, para respetar la realidad multicultural y diversa de nuestro mundo y para comprender el relato histórico de infinidad de pueblos es necesario desaprender las construcciones que generalizan y discriminan, y, en cambio, construir una identidad a partir de la igualdad de todos los seres humanos. Así podremos finalmente dejar de lado la validación de una identidad a partir de la exclusión del otro. Estos, como hemos visto en nuestro periplo entre Europa y Medio Oriente, son realmente los desafíos de nuestro mundo contemporáneo.

Viejos y nuevos escenarios

En nuestro relato nos hemos enfocado en Europa (y por extensión, en el mundo occidental) y Medio Oriente, ya que las historias de ambas regiones nos ayudan a comprender hechos fundamentales de hoy. Los momentos que ha atravesado el capitalismo en las últimas décadas, la historia colonialista europea, la democracia y los nacionalismos son piezas claves para interpretar la actualidad. También nos detuvimos de manera particular en la nueva doctrina geopolítica de la Guerra Contra el Terrorismo, pensamiento que sirve para la instrumentalización del miedo, el avance de una agenda represiva en nombre de la seguridad y la discriminación generalizada contra todas las personas musulmanas. Todas estas son realidades de nuestro mundo que nos ayudan a entender y, ojalá, a intentar cambiar y desnaturalizar los discursos de odio imperantes.

Pero hay otras realidades que debemos tomar en cuenta. Desde el final de la Guerra Fría pasamos de vivir en un sistema bipolar a un mundo multipolar, con varios países protagonistas de la escena internacional siguiendo sus propias políticas. La mayoría de estos proyectos tiene un enfoque nacionalista, así que la tendencia a crear un relato de grandeza cultural y a ejercer hegemonía mediante la fuerza o la represión, que desde siempre han sido generalmente acompañados de un desconocimiento de los derechos y libertades individuales de las personas, también estructura las narrativas de países como China y Rusia, dos viejos actores pero con nuevas características en la geopolítica internacional. Puede que nuestra primera reacción sea asociar la relevancia de China y Rusia con el antiguo pasado comunista, pero precisamente para entender y analizar lo que sucede hoy necesitamos deshacernos de los marcos de referencia que articularon el orden internacional durante los siglos XIX y XX.

En un relato sobre geopolítica no podemos dejar de hablar sobre la Guerra Fría, ya que esta fue el gran orden internacional que precedió nuestro mundo actual. Sin duda hemos mencionado esta época, aunque sin entrar demasiado en detalles. Pero para tener una visión global de todos los fenómenos que se superponen en nuestra realidad es fundamental que entendamos lo que significó la bipolaridad del mundo durante casi cincuenta años, para ver qué rastros quedan de la antigua disputa de carácter planetario. El impacto de la Guerra Fría en las realidades de innumerables países no puede ser subestimado. Tampoco podemos dejar de lado cómo este paradigma aún afecta nuestra manera de entender la política. Veremos referentes que aún se mantienen y que nos sirven para entender ciertas continuidades, así los discursos hayan cambiado, aunque también es necesario comprender que nuestro mundo ya no se caracteriza por la larga y antigua lucha entre capitalismo y socialismo. Así que, para entender mejor nuestra actualidad, veremos que hay continuidades, pero también rupturas, respecto a nuestro inmediato pasado.

En primera instancia, necesitamos revaluar nuestros marcos de referencia en cuanto a entender el mundo como una lucha ideológica o una lucha por dos modelos entre capitalismo o comunismo. Así se articuló, después de todo, la Guerra Fría, estableciendo un orden internacional que duró casi cincuenta años, apenas un parpadeo en la historia de la humanidad, pero que sin duda tuvo repercusiones globales. Bajo la Guerra Fría, de cierto modo los fenómenos tenían unas reglas para ser entendidos. Según el esquema de la bipolaridad y la lucha entre dos modelos de sociedad se articularon las alianzas de todos los países en función a las dos potencias, pese a la existencia de proyectos alternativos como el Movimiento de Países No Alineados. La Guerra Fría estableció un orden del mundo y de la política comprensible según un esquema binario de modelos opuestos, pero no es que haya sido una gran era de la humanidad, ni mucho menos. La retórica de combatir el comunismo hizo que toda disidencia fuera perseguida, y así, toda oposición o crítica social quedó enmarcada como una conspiración de origen foráneo y se volvió la excusa por excelencia para coartar los derechos de las personas y censurar en el lado del mundo que supuestamente defendía la libertad. Mientras que en el mundo que supuestamente defendía la solidaridad e igualdad, el comunismo sirvió para ejercer un dominio represivo sobre la población, una vigilancia y negación a las libertades más básicas. En muchos de los países en donde triunfó el comunismo se realizaron experimentos sociales desastrosos para el medioambiente, se produjeron desplazamientos forzosos, purgas, asesinatos y masacres. Como ya vimos, la contradicción entre los valores que se defienden y los actos que se realizan en nombre de esos valores también fue protagonista durante la Guerra Fría. Lo que se enmarcó como una lucha ideológica entre el mundo libre y el mundo igualitario, muchas veces implicó lógicas colonialistas de dominación, represión y hegemonía de parte y parte. Tanto por parte de Estados Unidos financiando al SAVAK iraní, como a la Unión Soviética invadiendo Afganistán y poniendo un régimen títere, por poner un par de ejemplos ya mencionados. Además, esta lucha por la hegemonía mundial pasó por encima e hizo por completo inoperante todo el diseño del mundo creado después de la Segunda Guerra Mundial, que pretendía precisamente lograr un entendimiento internacional para evitar que la humanidad se embarcara en una destrucción de esas dimensiones de nuevo. Organismos de mediación y diálogo internacional como la ONU no fueron lo suficientemente relevantes durante la Guerra Fría, ya que muchas iniciativas eran censuradas por Estados Unidos o la Unión Soviética. Los derechos humanos, la gran carta universal para respetar la dignidad humana, también fueron coartados en la lucha por y contra el comunismo.

La Guerra Fría nos proporcionó un marco ideológico para interpretar el mundo. Este marco era reduccionista, operaba bajo la lógica de dividir al mundo entre "buenos y malos" y se basaba en oposiciones concretas socialismo-capitalismo, buenos-malos, dependiendo de qué lado se estaba, aun cuando la Guerra Fría cobijó dictaduras, golpes de Estado y represión en cada bando. Al ser tan reduccionista, la geopolítica mundial de la Guerra Fría era aparentemente comprensible para muchas personas, y esto produjo una sensación de "orden", que con el fin de Guerra Fría se desbarató. Hoy es común que muchos sientan zozobra o falta de claridad respecto a cómo interpretar la actualidad porque no hay unas reglas del juego predeterminadas, y el antiguo marco de interpretación capitalista-comunista es obsoleto. Por consiguiente, el hecho que caracteriza sin lugar a dudas nuestra era es que el mundo después de la Guerra Fría carece de un relato unívoco que explique todo. Lo cual no es bueno ni malo. Aun cuando los fenómenos de la Guerra Fría fueron entendibles según la lógica bipolar, no lograron explicar la complejidad del mundo ni resolver problemas fundamentales. Este orden sirvió como una suerte de gafas que se usaron para ver el mundo en términos opuestos entre izquierda y derecha, pero ignoró fenómenos sociales, políticos, religiosos y culturales diversos. Por esta razón son necesarias las explicaciones desde múltiples puntos de vista. En nuestra era, vivimos en una realidad que no se deja reducir a un solo orden. Por lo que aproximarnos a la actualidad implica entender una serie de fenómenos que suceden a la vez.

A raíz de la caída de la Unión Soviética, el socialismo, como alternativa política al capitalismo, sufrió un revés fundamental. Desde entonces, salvo algunas excepciones, los proyectos revolucionarios socialistas son inexistentes, y esto nos dejó a merced de un modelo neoliberal incuestionado. Cuando la Unión Soviética acabó, el neoliberalismo era el modelo imperante en el mundo capitalista, y desde entonces fue adoptado por los países del antiguo bloque socialista, en la mayoría de los casos, como el único modelo económico y social. Aquí entra en juego otra pieza del rompecabezas de nuestro mundo que se explica por la caída de la Unión Soviética. Uno de los muchos elementos que nos va a ayudar a comprender un poco más nuestra actualidad es el dominio del neoliberalismo en la economía sin ninguna clase de contrapeso evidente.

La Guerra Fría también fue fundamental porque consagró una disputa política iniciada en el siglo XIX entre dos modelos de sociedad. Como el modelo socialista colapsó con la caída de la Unión Soviética, esta disputa pareció solucionarse a favor del modelo capitalista, por lo que no es descabellado pensar que el socialismo como modelo político ha quedado deslegitimado. La actualidad de los países en donde ocurrieron los grandes hitos que marcaron la historia del socialismo, como lo son Rusia y China, nos habla quizás del fin de una larga era en donde se creyó en la ideología socialista como proyecto político. Sin embargo, también vamos a encontrar casos absolutamente actuales que permanecen como rezagos del antiguo orden mundial, como la reciente crisis entre Corea del Norte y Estados Unidos, además de la reanudación de relaciones entre este último país y Cuba.

El socialismo: ¿la gran alternativa?

En nuestra era, casi treinta años después de que se acabó la Guerra Fría, existe toda una nueva generación cuyos ideales políticos tienen una variedad de influencias que ya no están enmarcadas en el mundo de opuestos ni en los viejos debates entre izquierda y derecha, ya que creció sin compartir los referentes ideológicos de la Guerra Fría. Para muchos en la actualidad, el significado de los espectros políticos no tiene las connotaciones ideológicas que existieron en el siglo XX. En este sentido, para tener un poco de claridad sobre el relato del mundo que ocupó gran parte de ese siglo no sobra contar un poco qué fue el socialismo, por qué fue tan importante, algunos de sus logros y de sus fracasos. Nos vamos a poner un poco densos, porque, producto de su tiempo, las explicaciones sociales económicas nunca fueron precisamente didácticas. Sin embargo es necesario esclarecer muchos supuestos del socialismo para entender los conceptos que probablemente todos hemos escuchado pero que puede que no sepamos muy bien qué significan.

Recordemos que en los últimos siglos han sucedido profundas transformaciones en la humanidad. Desde el vertiginoso avance tecnológico que se originó durante la Revolución industrial hasta los cambios políticos que hicieron que empezáramos a pensar las sociedades no ya en términos de súbditos sino de ciudadanos con derechos y libertades. Desde el siglo XVIII —tan pronto como se había planteado la organización política de ciudadanos iguales y libres iniciando un nuevo paradigma en las ideas políticas del mundo europeo que atravesaba la Revolución industrial— se evidenció que el nuevo sistema económico traía unas consecuencias terribles para el bienestar de las personas, para su propia libertad, contradiciendo los mismos principios que comenzaban a articular las sociedades occidentales. La Revolución industrial, el hecho que puso a Europa a la vanguardia tecnológica mundial y que marcó el inicio de una hegemonía europea-occidental global, produjo una transformación radical en la humanidad, ya que las materias primas, los metales preciosos y la agricultura dejaron de ser la principal fuente de sustento y aparecieron los trabajadores asalariados de fábricas que producían objetos de manera industrial. Pero esta transformación no representó una mejora de vida para muchas personas ya que, aunque nominalmente gozaban de derechos como ciudadanos, en la práctica esto estaba lejos de ser una realidad. La nueva clase trabajadora laboraba durante muchas horas sin parar y ganando muy poco. Las ciudades y los centros industriales que comenzaron a aparecer en el siglo XIX eran lugares donde reinaban la miseria, las pésimas condiciones salubres, la marginación, lo cual evidenciaba que la transformación de un modo de vida rural a un modo de vida urbano estaba causando un mundo de miseria.

Tan pronto como estos cambios empezaron a darse, surgió una crítica a las condiciones que estaba generando el mundo industrial. Entre muchos intelectuales y pensadores se generó una toma de conciencia sobre los efectos y la desigualdad que presentaba el capitalismo. Una de las tendencias que surgió de este marco de denuncia fue el movimiento que se llamaría socialismo. Este apareció como una contraposición al individualismo que representaba el capitalismo. El socialismo entonces se volvió la bandera para luchar por la igualdad.

En sus inicios el socialismo buscó crear experimentos sociales de convivencia distintos. A esto se lo llamó *socialismo utópico*, que data de inicios del siglo XIX. De hecho, las comunas de la contracultura de la década de los sesenta y los experimentos comunales contemporáneos les deben parte de su legado a estos experimentos comunales de convivencia e igualdad. El socialismo utópico también se nutrió de ideas de solidaridad del cristianismo y se centró en atender las necesidades que surgían a consecuencia de la industrialización. Luego, sin embargo, muchos teóricos comenzaron a fijarse, no en cómo aliviar la pobreza y la desigualdad que estaba causando el enriquecimiento de unos a costa de pésimas condiciones laborales de otros, sino en analizar por qué sucedía eso, cómo funcionaba el capitalismo y qué se podía hacer para transformarlo. Entre esos teóricos estaban Karl Marx y Friedrich Engels, ambos filósofos alemanes que se volvieron la pieza fundamental para lo que se llamó *socialismo científico*, una teoría para interpretar la organización social y económica moderna. La teoría de Marx era que la sociedad estaba estructurada en torno a la lucha de clases, y de este modo se abrió toda una rama para interpretar la historia según esta visión. Así, la Revolución francesa se interpretó como la lucha de la clase burguesa por alcanzar el poder frente a la clase aristócrata. Según Marx, en el mundo moderno la lucha fundamental debía ser entre la clase burguesa y la clase obrera, por lo que la única manera de que la clase obrera obtuviera poder político era tumbando a la clase burguesa para alcanzar la dictadura del proletariado, que llevaría luego a una sociedad comunista.

Según Marx, el origen del empobrecimiento y la miseria de toda la naciente sociedad industrial radicaba en que los dueños de las industrias, que identificó como los capitalistas, porque eran los que contaban con el capital para crear una empresa, tenían el poder sobre los trabajadores porque controlaban los medios de producción, es decir, los recursos físicos y financieros que se requieren para la producción de algo, como la propiedad, la maquinaria y la inversión. Así, la fuerza laboral se volvía solo una fracción del valor del producto final. Es decir, el valor de una mercancía no estaba en la cantidad de trabajo invertido en ella —esto era solo un pequeño porcentaje que beneficiaba a los trabajadores bajo la forma de salarios—, pero el valor restante se lo quedaban los capitalistas en forma de ganancia. A esto se lo llamó *plusvalía*. Que los capitalistas se quedaran con este valor restante que no beneficiaba al trabajador, teniendo en cuenta que los salarios eran irrisorios, se vio como una explotación del trabajador. Marx planteó que los capitalistas tenían un deseo continuo de enriquecerse, y que eso solo terminaría en el control económico de una élite, en las manos de pocos capitalistas, a costa del arduo trabajo de muchísimos trabajadores, por lo que el capitalismo se basaba en la perpetuación de esta desigualdad, que se consideró intrínseca al sistema capitalista.

Una de las soluciones que planteó entonces fue abolir la propiedad privada, ya que se la identificó como la base sobre la cual los capitalistas acumulaban su poder. Si los medios de producción eran comunales, y si la propiedad era colectiva, todos se beneficiarían por igual. Pero para que esto sucediera era necesaria una revolución que transformara la sociedad. Marx, producto de su era, tenía una visión positivista del mundo, es decir, una visión de que la historia era lineal, unívoca, que representaba un progreso continuo en donde había varias etapas que las sociedades tenían que pasar, y que había un futuro en donde se lograría un mundo socialista, después de que el orden burgués fuera derrocado por la dictadura del proletariado. La teoría de Marx era una teoría general y universalista para aprehender toda la realidad, y, en este sentido, la revolución del proletariado se vio como algo que superaba las fronteras y la localidad de un país, al ser una problemática de carácter internacional. En parte, siguiendo estos preceptos, el movimiento socialista tuvo un enfoque transversal a las nacionalidades.

A grandes rasgos, estas eran las ideas principales de Marx que se volvieron la guía durante más de un siglo para diversas reivindicaciones sociales, primero en el mundo occidental y luego a nivel global. Al tener en cuenta a los trabajadores y la lucha por sus derechos, esta teoría fue una idea motriz para transformar la sociedad. Es decir que muchos de los grandes logros en el ámbito laboral —entre ellos las jornadas de ocho horas, las condiciones para garantizar un trabajo digno y los derechos políticos y sociales de los trabajadores— fueron conseguidos gracias en gran parte al socialismo.

Los partidos socialistas se volvieron el agente aglutinador de todas las luchas por adquirir una ciudadanía plena. En este sentido, fueron adoptados por las mujeres, cuya mayoría de activistas eran socialistas, desde las primeras sufragistas que buscaron alcanzar los derechos del voto, y con ello, la participación política, hasta muchas de las feministas que buscaron la no discriminación, la libertad de derechos laborales y de decisión sobre sus propios cuerpos analizando el origen sistémico de la opresión de la mujer a lo largo del siglo XX. El socialismo también fue fundamental para todos los movimientos de descolonización, ya que la opresión de clase se articuló también como opresión racial y cultural de los pueblos colonizados. Las teorías socialistas sirvieron de sustento a varios teóricos de países bajo dominio colonial, quienes buscaron formular una visión del mundo que analizara a cabalidad el racismo y el sistema colonialista de los últimos dos siglos.

La promesa de la libertad y de igualdad de derechos, que señaló una nueva era en la humanidad desde el siglo XVIII, ha tenido que ser conquistada por los trabajadores en todas las latitudes; por las mujeres, en la búsqueda de una igualdad después de milenios de construcciones sociales opresivas; por las luchas independistas del mundo colonizado por las potencias europeas; por los campesinos, en la búsqueda de su reconocimiento y sus derechos. Esta búsqueda continúa en todas partes y ha tenido al socialismo, la mayoría de las veces y casi de manera generalizada hasta la década de los noventa, como la gran bandera por la igualdad. Por eso, nuestro mundo contemporáneo está construido sobre la base de personas que creyeron en el socialismo, ya que muchos de los derechos que tenemos como ciudadanos fueron luchas conquistadas en parte por ellas. Por ende, los derechos que hemos conseguido en la construcción de un mundo libre e igualitario —uno de los problemas centrales de la modernidad y de las ideas políticas de los últimos dos siglos— se han obtenido, en parte, gracias al socialismo. Esta herencia no puede desconocerse ni olvidarse.

No obstante, ateniéndose a las teorías marxistas, los proyectos que tuvieron éxito en llevar a cabo la revolución en su mayoría no han logrado cumplir las promesas de crear un mundo igualitario. Es sobre todo en este sentido que los experimentos históricos socialistas no han resuelto la igualdad y libertad de las personas,

> La promesa de la libertad y de igualdad de derechos ha tenido que ser conquistada por los trabajadores en todas las latitudes; por las mujeres, en la búsqueda de una igualdad después de milenios de construcciones sociales opresivas; por las luchas independistas del mundo colonizado por las potencias europeas.

ya que muchos tuvieron o tienen un carácter represivo. Comencemos, entonces, por recorrer la historia de los grandes hitos del socialismo del siglo XX y entender en el proceso la historia de China y Rusia, dos países que cobran una vez más una importancia fundamental en la escena internacional, aunque ambos estén lejos de los proyectos comunistas que alguna vez fueron.

De zares a soviets

Durante el siglo XIX, el socialismo logró articular partidos políticos en busca de los derechos de trabajadores, y desde entonces fue un contrapeso para el sistema político imperante, pero el triunfo en 1917 en Rusia de la primera revolución comunista, que selló el final de siglos de zarismo, marcó un precedente. Este país, desde entonces llamado la Unión Soviética, fue la esperanza para el movimiento internacional socialista y se volvió un punto de referencia fundamental. Por eso, que hoy no haya rastro alguno del socialismo en ese país, como veremos más adelante, es síntoma de una profunda crisis de este modelo como alternativa y de lo diferente que es nuestro mundo del de hace tan solo treinta años.

Rusia había sido un imperio dominado por una monarquía zarista durante alrededor de cuatro siglos. En el siglo XX, en medio de una incipiente industrialización, comenzaron protestas sociales para mejorar las condiciones de vida de una población que en las últimas décadas del siglo XIX sufrió una intensa hambruna. Ante la ineficiencia de la monarquía para responder efectivamente a esta crisis se consolidó un movimiento de protesta popular, en el cual los movimientos socialistas tuvieron una participación destacada. El descontento social y las protestas para adquirir derechos bajo un régimen absolutista se extendieron durante los años siguientes, y en 1905 se produjo uno de los movimientos más importantes para cambiar las condiciones de vida de millones de rusos. La respuesta del régimen del zar Nicolás II fue reprimir violentamente todo disenso, pero aun así las marchas para exigir un cambio político continuaron hasta que por la presión de movimientos liberales y socialistas, el zar Nicolás concedió reformas como el derecho al voto masculino y el reconocimiento de libertades civiles. También se creó la primera cámara representativa en Rusia, llamada la Duma. Esta serie de manifestaciones sociales ayudaron a consolidar el movimiento obrero, que protagonizó varias huelgas en busca de derechos políticos y civiles. Fue en este contexto donde se creó la figura del *soviet*, un consejo de trabajadores y soldados. Sin embargo el zar se mantuvo en el poder, a pesar de las revueltas de 1905, y muchos bolcheviques, cuyo nombre significa "los de la mayoría", (en oposición a los mencheviques, sector que tenía otra visión política dentro del mismo partido), criticaron la actitud conciliatoria de otros actores políticos, incluidos socialistas, que habían aceptado las reformas del zar.

Durante los años siguientes, el disenso político y las críticas al régimen del zar cubrieron todos los espectros, desde liberales que buscaban una forma de monarquía parlamentaria efectiva, pasando por los socialistas que buscaban reformas y garantías sociales, hasta los bolcheviques, cuya meta final era conseguir una revolución, quienes tenían a Vladimir Lenin como su gran líder en el exilio.

Las concesiones del zar en 1905 probaron no ser suficientes para lidiar con la cada vez más activa sociedad civil frente al régimen aristocrático y autoritario zarista. El zar Nicolás II mantuvo un poder de veto en la Duma y elegía muchos miembros de la Cámara Alta. Los bolcheviques se negaron a participar en la Duma y el debilitamiento parlamentario solo dio pie a mayores frustraciones en los años siguientes, que al final alcanzaron su punto máximo cuando Nicolás II se involucró en la Primera Guerra Mundial. Este fue el catalizador de nuevas revueltas, ya que el pueblo ruso vivió años de racionamiento y hambruna, y el frente oriental de la guerra estaba en ese entonces en territorio ruso, no lejos de San Petersburgo, donde soldados heridos en estados deplorables se agolpaban en las calles. En 1917, en el Día Internacional de la Mujer, miles de mujeres se tomaron las calles de la entonces capital para reclamar el fin de la guerra y el derecho al voto. A ellas se sumaron cientos de personas en contra del régimen del zar. Esta protesta inició una seguidilla de movilizaciones en contra del zar que tuvieron como protagonista a las mujeres, a los trabajadores urbanos y a las madres de soldados de la guerra. Era un movimiento bastante amplio, que fue también reprimido violentamente por las fuerzas del zar, lo cual solo catalizó el movimiento de protesta que escaló los días sucesivos. En medio de las manifestaciones, muchos de los protestantes entraron a las barracas del Ejército, donde varios soldados se les unieron, desobedeciendo las órdenes de oficiales de reprimir la protesta. Esto concretó el apoyo de sectores del Ejército. La división de las tropas fue en gran parte lo que posibilitó el triunfo de la revolución. A su vez, movilizaciones en el palacio Táuride, sede de la Duma, lograron la elección de un soviet dentro del Parlamento.

Por último, la presión popular y las protestas lograron deslegitimar el régimen del zar, quien abdicó el 2 de marzo de 1917 del calendario juliano, poniendo fin a siglos de monarquía zarista en Rusia. Siguió entonces un periodo de transición con un gobierno provisional a cargo de un liberal y un socialista miembro del soviet, quienes de inmediato eliminaron las prohibiciones a la libertad de prensa y de reunión, en espera de una Asamblea Constituyente. Fue en este contexto que el líder de los bolcheviques, Vladimir Lenin, retornó de su exilio y presentó las "Tesis de abril", un programa que defendía la necesidad de la nacionalización de las tierras, los bancos, y el control de los recursos a manos del soviet, para él la única entidad legítima de gobierno.

Marx había hablado de ciertas etapas para llegar a la revolución del proletariado; una de ellas era la Revolución burguesa, así que Lenin vio el gobierno provisional en este sentido, por lo que la revolución del consejo de trabajadores sería el siguiente paso para reestructurar la sociedad rusa. Para Lenin, el gobierno provisional, conformado por varios sectores políticos, no podía coexistir con el soviet, que debía velar por los derechos de las personas en un gobierno conjunto. Según las tesis, la coexistencia de la Duma provisional y el soviet era imposible porque representaban la lucha de clases, y el conflicto solo podría resolverse a favor del proletariado. La idea era empoderar las organizaciones de trabajadores y los consejos que existían a lo largo y ancho del país, en detrimento de la idea de un Parlamento reformista, teniendo también en cuenta que una de las metas principales era sacar al país de la guerra, lo que implicaba el desconocimiento de varios tratados y alianzas que el partido reformista no estaba preparado para sacarlo adelante. El Partido Bolchevique adoptó las tesis como su plataforma política, y los meses siguientes hubo un conflicto entre los sectores liberales, los socialistas que no apoyaban los métodos de los bolcheviques, y los propios bolcheviques.

Los bolcheviques tenían un importante apoyo popular, que se vio favorecido ante la presión al gobierno provisional por parte de soldados, trabajadores y mujeres en busca de sus derechos. A medida que el gobierno provisional adoptó posturas cada vez más represivas, los bolcheviques lograron más apoyo. Por último, en octubre de 1917, casi siete meses después de la abdicación del zar, los bolcheviques se tomaron el poder, disolvieron el gobierno provisional, y en el periodo siguiente progresivamente se fueron apoderando de las instituciones. En los años siguientes a la Revolución se produjo una guerra civil entre una coalición compuesta por varios sectores políticos agrupados en el Ejército Blanco y los bolcheviques, el Ejército Rojo. El conflicto contó también con la presencia de tropas extranjeras. Por último, el Ejército Rojo terminó triunfando hasta que por fin se consolidó la Unión Soviética como una federación de repúblicas, respetando el principio de autodeterminación de los pueblos.

Para el socialismo, la Revolución demostró que era posible forjar una rebelión popular y tumbar un régimen opresivo centenario. Si las metas de los partidos socialistas desde el siglo XIX fueron conseguir una revolución internacional, desde su creación, la Unión Soviética se volvió un centro aglutinante para financiar la exportación de la revolución. Así se concretó lo que fue una característica compartida en los regímenes comunistas que buscaron exportar su modelo y financiar movimientos en varios países.

La organización política de la Unión Soviética, aunque en teoría debía dar primacía a los consejos plurales de los trabajadores, poco a poco se volvió una gran burocracia controlada por un solo partido, que se pasó a llamar en 1952 Partido Comunista de la Unión Soviética. A Lenin lo sucedió Stalin, quien estableció una visión propia de lo que debía ser el socialismo. Las teorías de Marx originalmente plantearon que el triunfo de revoluciones socialistas en todas partes era inevitable, pero en los años siguientes a la Revolución rusa esto no sucedió, aun en a pesar de que muchas plataformas políticas en varios países se montaron sobre la idea de combatir la amenaza comunista. Durante años, la Unión Soviética se convirtió en el único modelo exitoso, lo que fomentó que Stalin creyera que su modelo era la única interpretación válida del socialismo, por encima de cualquier otra. El estalinismo se volvió un dogma que se impuso de manera violenta en todos los países satélites de la Unión Soviética durante la Guerra Fría. El estalinismo trocó a la Unión Soviética en una potencia, pero también se erigió en un régimen represivo y dictatorial caracterizado por la censura, los campos de trabajo forzoso, la discriminación y la persecución. Con el costo de cuantiosas purgas, la represión y la persecución de personajes que fueron fundamentales para la Revolución, siendo León Trotsky el caso más famoso, el estalinismo se convirtió en una "ortodoxia" ideológica.

Más allá de los disensos internos, la Revolución rusa fue el primer gran experimento de transformación social que siguió las teorías de Marx. La tierra se colectivizó, de manera forzosa, causando el desplazamiento de millones de personas. La obsesión de atenerse a interpretaciones dogmáticas de las teorías marxistas hizo que se le diera una relevancia fundamental a la industrialización del país, siguiendo la visión decimonónica de que la industria era sinónimo de civilización y desarrollo. La imposición de industrias

> Más allá de los disensos internos, la Revolución rusa fue el primer gran experimento de transformación social que siguió las teorías de Marx.

en un país mayoritariamente rural produjo la destrucción y la contaminación acelerada del medioambiente hasta el punto de que la meganación perdió su soberanía alimentaria, y pasó a depender de la exportación de cereales de Estados Unidos. La Unión Soviética introdujo una economía planificada basada en planes quinquenales, es decir, planes económicos con unas metas a cinco años, que en su mayoría fueron bastante exitosos, pero que tuvieron un gran costo ambiental y social.

Así, la teoría socialista de Marx, que fue el referente para las luchas socialistas de más de treinta años desde la publicación de *El capital*, en 1867, alcanzó el primer triunfo histórico, en aras de modelar una sociedad en 1917. Pero la organización unipartidista, la censura y la represión al disenso político, sumadas a los campos de trabajo forzoso para los opositores, evidenciaron que la igualdad que supuestamente articuló al régimen comunista de la Unión Soviética, en la práctica no garantizó la libertad religiosa ni política de las personas.

El mundo bipolar y la Revolución china

En las décadas siguientes a la Revolución rusa, Europa se volvió un escenario en donde existieron varias posturas políticas, desde la democracia hasta los nacionalismos, dando cabida por primera vez al socialismo en los gobiernos europeos. Sin embargo, el impacto que causó la Gran Depresión, como vimos en el primer capítulo, dio rienda suelta a plataformas nacionalistas y xenófobas que señalaron al comunismo como uno de los grandes peligros. La fe en las democracias y en las libertades políticas dio un grave retroceso en Europa, y al final la Segunda Guerra Mundial nos enseñó el camino al que se llega con la exacerbación del nacionalismo estrechamente vinculado con el racismo. En este contexto, la Unión Soviética, que en sus inicios era un país que causaba el recelo internacional ante la "amenaza" de un triunfo socialista en otras partes, se erigió en una potencia mundial. Su nuevo rol en la política internacional fue posible gracias al papel fundamental que cumplió en la victoria contra el Tercer Reich durante la Segunda Guerra Mundial, al participar del lado de los aliados desde 1942 y derrotar al Ejército nazi en su territorio. Lo que inclinó la balanza a favor de la victoria aliada fueron tanto el sacrificio de más de veinte millones de rusos que murieron durante el conflicto como el papel de Estados Unidos en la guerra, y por eso es que estos dos países dominaron la geopolítica durante las décadas siguientes.

La Segunda Guerra también puede verse como la materialización de la larga trayectoria del conflicto político del siglo XIX, que se exacerbó en el período de entreguerras (1918-1939) entre el nacionalismo ejemplificado en el Tercer Reich, el comunismo de la Unión Soviética y el liberalismo (en un sentido amplio que cubre la democracia y el liberalismo económico) representado por Estados Unidos. Como el nacionalismo en 1945 pareció desterrado de la lucha política, la disputa ahora era entre los dos grandes ganadores de la Segunda Guerra Mundial y sus respectivos modelos. De la destrucción de la guerra emergió el nuevo orden del siglo XX, ya que las zonas en conflicto fueron repartidas entre los aliados. Con la progresiva tensión entre Estados Unidos y la Unión Soviética se terminó creando un mapa mundial que poco a poco se fue dividiendo entre estos dos. Así se originó la Guerra Fría.

Como el Ejército Rojo avanzó desde la Unión Soviética hasta Berlín en la lucha contra el nazismo, con la victoria de los aliados toda la zona oriental de Europa quedó bajo dominio ruso, y finalizada la guerra, las tropas soviéticas pasaron de ser liberadoras a ser tropas ocupantes. La Unión Soviética buscaba recuperar las fronteras originales antes de la expansión alemana de 1941 en territorio soviético. En términos generales, los aliados se repartieron los antiguos territorios alemanes bajo zonas de influencia, y así hubo una división de zonas del planeta entre las dos potencias, continuando con la perversa noción de dominar el destino político de las naciones. La mezcla de la presencia del Ejército Rojo con las circunstancias de reconstruir los países devastados por el conflicto dio como resultado que en las zonas de tropas soviéticas se apoyó a los respectivos partidos comunistas de cada país, y en toda esta área se inclinó la balanza para que la reconstrucción fuera bajo el modelo comunista, aunque fue un proceso que tardó varios años. Aquí se le dio prelación exclusivamente al modelo estalinista sobre cualquier otra interpretación. Para la mayoría de países de Europa del Este se pasó de la ocupación nazi a la ocupación soviética.

Aunque supuestamente el comunismo estaba en contra del imperialismo, los métodos soviéticos fueron otra cara de la dominación forzosa sobre la autodeterminación de los pueblos En Hungría, en 1956, se produjeron protestas populares para cambiar el régimen político, en donde estudiantes y trabajadores se unieron en contra del Partido Popular de los Trabajadores, el régimen en el poder. El movimiento consiguió un nuevo gobierno que prometió llamar a elecciones libres. Sin embargo, la respuesta de la Unión Soviética fue aplastar la Revolución: tanques soviéticos invadieron a Budapest, más de 2.500 húngaros murieron y 250.000 huyeron del país. El cambio de la Segunda Guerra a la Guerra Fría significó que durante dos generaciones los países del bloque socialista vivieron en un estado de sometimiento y control político, donde la vigilancia de la población y el espionaje, el gran tema que también caracterizó la Guerra Fría, eran permanentes.

La nueva era del conflicto entre comunismo y capitalismo se evidenció pronto en Grecia. Allí, la resistencia partisana, que había combatido ferozmente contra la ocupación alemana y los monárquicos conservadores, se enfrentó por el control del país heleno. En este conflicto intervinieron varios países: Inglaterra, Estados

Unidos, Yugoslavia y la Unión Soviética apoyando cada uno a un bando. Con el apoyo fundamental de Estados Unidos, los conservadores monárquicos aseguraron el triunfo. Esto, no bien acabada la guerra, empezó a marcar la pauta de que el conflicto seguiría ahora con los dos grandes vencedores apoyando su respectivo modelo. Y en este sentido, en 1947 Harry Truman formuló la doctrina de contención del comunismo inaugurando una nueva era, en donde se articuló un conflicto que, según la visión estadounidense, trató de defender la libertad y el capitalismo en contra del totalitarismo. Dentro de este esquema se creó el Plan Marshall para asegurar el capitalismo en Europa Occidental y la OTAN, la Organización del Tratado del Atlántico Norte, para la defensa liderada por Estados Unidos contra la Unión Soviética. La tensión entre estos dos países se fue agravando: según Washington, la Unión Soviética planeaba hacer realidad la revolución internacional comunista en el mundo entero, y en los años siguientes dos escenarios fueron fundamentales en la conformación del mundo bipolar: China y Corea del Norte.

En 1949 triunfó la Revolución popular china, liderada por Mao Zedong, el siguiente gran hito de la historia del socialismo. Mao Zedong adaptó las teorías de Marx a la realidad política y social de China, y desde la creación del Partido Comunista chino, en 1921, comenzó la búsqueda de crear una sociedad que fuera alternativa a la modernidad colonial, que en la historia china también estaba caracterizada por desigualdad, explotación y dominación occidental. La Revolución china marcó un momento fundamental para todos los pueblos que habían sido sometidos por las potencias occidentales europeas, y en esto radica su principal importancia. A diferencia del caso ruso, la Revolución china fue el ejemplo a seguir por países que alcanzaron su independencia después de la Segunda Guerra Mundial, y por Latinoamérica, que compartían con China un pasado de intervención europea y un predominio rural.

China fue durante siglos la gran obsesión de Europa. Alcanzar el Oriente fue uno de los grandes proyectos del Medioevo europeo. No sobra recordar que la conquista de América se produjo por expediciones que intentaban llegar a la India y a China para establecer una ruta de comercio. China se construyó bajo la visión europea como un lugar desconocido, centro de misterio y cultura avanzada, y, de hecho, fueron los inventos chinos los que posibilitaron el desarrollo tecnológico occidental, como la brújula y la pólvora. Para inicios del siglo XX, China era la civilización más antigua, que había sobrevivido de manera ininterrumpida durante casi dos mil años desde la unificación bajo la dinastía Qin, aunque civilizaciones dinásticas chinas datan de hasta dos milenios antes de Cristo. El Reino del Medio, que es lo que significa el nombre de China en mandarín, desde la unificación bajo la dinastía Qin se caracterizó por no tener un ánimo expansionista considerable, no desarrollar un imperio marítimo y basar su economía en el comercio interior del reino. Durante sus casi dos mil años de historia crearon una civilización muy sofisticada basada en el confucionismo, que tiene como piedra angular la sabiduría como la más importante de las actividades humanas, desdeñando la actividad bélica. Los grandes inventos chinos precedieron la era de la dinastía Qin, y esta se caracterizó no tanto por sus avances tecnológicos, sino por su cultura y estabilidad avanzadas. La China imperial influenció a las civilizaciones coreana y japonesa directamente. Así, China fue fundamental para la esfera de lo que hoy conocemos como el *Lejano Oriente*, y fue la guía de civilización que sus vecinos buscaron imitar y adaptar de manera voluntaria (a diferencia de la imposición cultural de las conquistas europeas) legitimando aún más la visión china de que su cultura era superior a cualquier otra. Hasta el siglo XIX, China fue invadida tan solo en dos ocasiones, por los mongoles y por los manchúes, y en ambas los invasores copiaron la cultura china y respetaron sus tradiciones, adaptándose a ella. El intercambio entre China y lo que hoy conocemos como Medio Oriente fue el epicentro comercial y cultural del mundo durante siglos, hasta que comenzó en el siglo XIX la hegemonía cultural, económica y tecnológica europea.

Bajo la dinastía Han, China desarrolló un elaborado sistema burocrático para mantener el control de tan vasto territorio, y, de hecho, la burocracia china es un precedente inmediato y el modelo sobre el cual se adaptó la burocracia occidental, ya que los chinos introdujeron por primera vez un sistema de exámenes para elegir a los funcionarios imperiales. El nombre de estos era "mandarín'", y cuando las misiones portuguesas llegaron a China denominaron así el lenguaje que los servidores imperiales usaban como lenguaje oficial. El Imperio consolidó una unidad política y cultural, pero el control imperial no era centralizado sino que se sostenía gracias a la extensa burocracia, en donde los ministros y funcionarios locales de cada aldea y provincia mantenían una libertad de decisiones. Era entonces una entidad políticamente unificada compuesta por un sistema burocrático que daba cobijo a autonomías. Este mismo sistema se ha mantenido de un modo u otro desde entonces y nos ayuda entender, en parte, cómo en la actualidad el Partido Comunista mantiene su dominio sobre una población extensa y cómo se articulan ligeras autonomías a nivel regional. La China imperial mantuvo una relativa estabilidad durante milenios y un autoabastecimiento con una gran fuerza de trabajo, por lo que no necesitó de los avances tecnológicos que Occidente empezó a desarrollar para incrementar la eficiencia en producción de bienes, ya que, a diferencia de China, Inglaterra no contaba con vastos territorios ni con una población tan numerosa como la del país asiático.

Como en el caso del Máshreq y Magreb, la historia china se vio transformada por el avance imperialista europeo del siglo XIX. En este sentido, el proyecto comunista cobra importancia, dados el contexto en el que se dio y lo que representó en su momento, ya que la Revolución se dio como parte de la búsqueda de la autonomía nacional después de casi cien años de inestabilidad, que habían iniciado con los enfrentamientos contra Reino Unido. En 1839 empezó la Primera Guerra del Opio entre el Imperio chino y el Imperio británico. En una treta para forzar el comercio con

China y obtener una ventaja ante el desbalance entre las necesidades europeas de productos chinos como la seda y el té, en el siglo XVIII la Compañía de las Indias Orientales inglesa —la única autorizada para comerciar con China, en un solo puerto, llamado Cantón— comenzó a contrabandear opio producido en la India. El contrabando del opio inundó el comercio chino y causó una epidemia de drogadicción sin precedentes, ante lo cual el emperador aprobó numerosos edictos y leyes prohibiendo la sustancia. Por último, decretó su prohibición total y el embargo de todo el opio en el puerto de Cantón. Y ahí, la reacción de la Corona británica fue mandar su Armada, en la supuesta defensa de intereses comerciales. Así inició la Primera Guerra del Opio, que terminó en lo que se llamarían los Tratados Desiguales: a China se la forzó a abrir su comercio, y numerosos puertos quedaron en manos de potencias occidentales por todo el continente, incluso partes de su territorio fueron cedidas al Imperio británico a perpetuidad, como Hong Kong. Durante décadas la búsqueda de reformas políticas y el debate sobre cómo integrar, o si integrar en lo absoluto, las ideas políticas y las tecnologías occidentales ocuparon la política china. Esto en medio del descrédito de la dinastía que pasó a ser un régimen frágil dependiente del comercio forzoso ante la invasión y la influencia occidentales. Así, se desató una gran crisis política, alimentada por otras contradicciones internas que culminaron finalmente en la caída de la dinastía en 1911 y el establecimiento de una república.

En poco tiempo aparecieron dos propuestas para el destino de China: la república nacionalista del Kuomintang y el proyecto socialista del Partido Comunista chino, fundado en 1921. Los avances durante la era de la república incluyeron muchas de las reformas que continuaron décadas después los comunistas, entre ellas, una reforma agraria y la nacionalización de recursos. Pero la república china duró poco y nunca logró consolidarse ante el desmembramiento de la unidad territorial y la separación, después de casi tres mil años, de las distintas provincias. En busca del con-

> En poco tiempo aparecieron dos propuestas para el destino de China: la república nacionalista del Kuomintang y el proyecto socialista del Partido Comunista chino, fundado en 1921.

trol y la reunificación, el Partido Nacionalista hizo un trato con el Partido Comunista.

Sin embargo, la alianza duró poco y el Partido Nacionalista comenzó a perseguir y ejecutar a todos los miembros del Partido Comunista, en la década de los años treinta, lo que provocó el éxodo de miles de personas del partido que huyeron al campo. Allí, el Partido Comunista, liderado por Mao, se consolidó basado en el apoyo de las comunidades rurales chinas, lo que le daría un enfoque distinto a la posterior revolución, ya que por primera vez, en milenios, los campesinos empezaron a tener relevancia y voz política. Por otro lado, la estrategia de huir al interior del país consolidó la lucha de guerrillas, que sería la guía para muchas guerrillas en Latinoamérica en las décadas siguientes.

Paralelamente a la guerra civil entre comunistas y nacionalistas, las tropas japonesas invadieron China y establecieron el Estado del *Manchukuo* en la Manchuria. Allí los japoneses, bajo una implacable política de imperialismo y represión, cometieron masacres, genocidios y crímenes como experimentos con humanos, y la infame masacre de Nankín (1937-1938). Recordemos que la lucha contra el Imperio japonés, aliado con el régimen nazi, fue el escenario de la Segunda Guerra Mundial en el Asia y el Pacífico. En los combates contra las tropas japonesas, los comunistas ganaron terreno y apoyo popular. Después de la rendición japonesa, causada por las bombas nucleares lanzadas sobre Hiroshima y Nagasaki en 1945 por Estados Unidos, el Partido

Comunista chino continuó la disputa contra las tropas nacionalistas durante los años siguientes hasta que al final salió victorioso, en 1949, año en que Mao Zedong declaró la fundación de la República Popular China. El gobierno nacionalista del partido Kuomintang, con Chiang Kai-shek a la cabeza, huyó a la isla de Taiwán, donde estableció un gobierno que disputó la legitimidad del gobierno comunista chino. El de Chiang Kai-shek fue reconocido por Estados Unidos como el gobierno legítimo, y durante casi veinte años ocupó el puesto de China en el Consejo de Seguridad de la ONU, donde China tenía un cupo por haber peleado del lado de los aliados contra los japoneses.

En China, la Revolución comunista ha tenido una importancia fundamental, ya que fue el primer proyecto moderno exitoso en crear una identidad china y un orgullo nacional. Dentro de la historia del socialismo, este hecho también fue significativo, ya que posteriormente el proyecto chino sentó una diferencia frente al modelo soviético, e incluso desafió las teorías de Marx, ya que este solo contemplaba que la revolución se haría por parte de la clase trabajadora industrial. Según la visión de Marx, la clase campesina era casi un producto de la Antigüedad, a la espera del cambio capitalista. Por el contrario, Mao les otorgó a los campesinos el protagonismo como agentes revolucionarios. Esta nueva interpretación fue el origen de diversos debates, y ahí Mao se volvió un referente. Para la revolución y la transformación de la sociedad, en China se erigió al campesino en un sujeto histórico capaz de cambiar el destino de su vida. Pero Mao no renunció del todo a la visión positivista del marxismo sobre las distintas etapas que atraviesan las sociedades: aun cuando adaptó las teorías al contexto rural de China, muchas de sus políticas se encaminaron a industrializar el país rápidamente, por lo que no se abandonó la industrialización como el camino hacia el desarrollo.

Tras el triunfo de la Revolución, en los primeros años se intentó copiar el modelo soviético, lo que garantizó la cooperación de la Unión Soviética y ayuda económica. Sin embargo, luego se produjo un quiebre entre los dos países. Esto, a su vez, creó una división dentro del mismo socialismo, ya que el comunismo maoísta se distanció del comunismo soviético. En parte, por esto Mao buscó un acercamiento diplomático a Estados Unidos que se consolidó durante los años setenta, para salirse así de la dicotomía bipolar y establecer relaciones con el mundo capitalista. Del lado estadounidense, Nixon llevó a cabo el acercamiento que restableció relaciones, lo que a su vez permitió que China ocupara desde 1971 el asiento que le correspondía en el Consejo de Seguridad de la ONU.

La visión de la época sobre las diferencias entre ambos modelos era que, a diferencia del complejo sistema burocrático de la Unión Soviética, dentro del comunismo chino era importante la participación directa de la sociedad. En la Unión Soviética había un control férreo del Partido Comunista, y las iniciativas eran impuestas desde arriba sobre una sociedad que fue forzada a colectivizar las tierras. En China, por el contrario, aunque también se trató de un régimen unipartidista, las iniciativas que tuvo Mao en las primeras décadas implicaron la movilización de la sociedad en una mayor medida, sin embargo, esto no significó que la represión, el castigo y la persecución a cualquiera que se opusiera no estuvieran también presentes. El comunismo chino heredó la larga tradición del sistema de organización Han, lo que garantizó un fuerte arraigo en todas las provincias y participación, ya que era un complejo sistema entre autónomo y centralizado. La idea de Mao era activar la sociedad en busca de un cambio colectivo, más que un sistema dictatorial represivo, que era como se veía al estalinismo. Las dos iniciativas que impulsó Mao para "activar la sociedad" fueron el Gran Salto Adelante y la Revolución Cultural. Ambas tuvieron consecuencias catastróficas.

Con el Gran Salto Adelante China buscó crear su propio rumbo, lo que marcó la ruptura definitiva con la Unión Soviética. La iniciativa era crear comunidades rurales autosuficientes industrializadas. Esto significó una industrialización forzada que quería combinar el campo con las industrias, pero de manera bastante extravagante, ya que se llegó a tener hornos de fundición de acero en los patios de las casas. En esa época, el mal clima y el terrible manejo de los recursos agrarios, sumados a la increíble contaminación y el deterioro ambiental que representó alimentar a los hornos con los bosques aledaños, causaron una profunda crisis de escasez de alimentos, en un país que durante milenios se ha autoabastecido. En solo tres años, más de quince millones de personas murieron de hambre, aunque muchos estiman que en realidad la cifra se acerca a los cincuenta millones. El daño social y ambiental fue irreversible y demostró, casi después de diez años de la Revolución, que, como en el caso de la Unión Soviética bajo la dictadura estalinista, los experimentos socialistas estaban lejos de crear un mundo mejor.

Pocos años después, en 1966 Mao decretó el inicio de la Revolución Cultural. La idea era supuestamente purgar al propio Partido Comunista y a los sectores que se habían "aburguesado" que amenazaban el futuro comunista de China. Así, se lanzó una movilización que tuvo a los jóvenes como protagonistas, y que prontamente devino en un caos que congeló al país. En su momento, desconociendo el alcance de violencia y arbitrariedad que causó, muchos jóvenes a nivel global se inspiraron en esta revolución y en la idea de activar la sociedad para plantear las visiones de la Nueva Izquierda, en donde el eje central era la democracia participativa. Dentro del régimen, no obstante, la revolución de cierta manera sirvió para volver a legitimar la figura de Mao tras la catástrofe del Gran Salto Adelante. También se utilizó para deshacerse de fincionarios importantes, entre ellos Deng Xiaoping, quien luego pasó a cumplir un rol fundamental en la historia China. En últimas, se lanzó un ataque sin un objetivo claro, en donde cualquiera podía ser señalado, que tenía a los jóvenes, organizados en lo que se llamó *Guardias Rojas*, liderando un extraño movimiento de choque generacional, en donde hubo humillaciones públicas, despidos arbitrarios, torturas y cárcel. Además, se produjo un rechazo del pasado imperial chino: muchas piezas fueron destruidas, arruinando así un legado cultural milenario. El nivel de fanatismo también señaló cualquier actividad crítica e intelectual como burguesa, por lo que toda una generación de estudiantes dejó su educación para ir al campo a convivir con familias rurales, en un esfuerzo por rescatar la importancia de la ruralidad. La visión que existe hoy sobre este período de la historia china no es nada positiva y se habla de que esta política de ruralización le costó al país una generación entera. La Revolución Cultural duró alrededor de diez años; hacia su final murió Mao, y poco tiempo después las políticas del Partido Comunista pasarían a las manos de Deng Xiaoping, una de las víctimas de la Revolución Cultural, quien cambió el rumbo de China desde 1978, año en que comenzaron las reformas. Veremos más adelante que fue a partir de este giro contra las políticas de Mao que China se encaminó hasta llegar al país que es hoy.

Así, la Revolución Popular China fue el segundo gran hito en la búsqueda política de modelos socialistas. A nivel internacional, el triunfo de esta Revolución tuvo sus propias consecuencias en la conformación del mundo bipolar. En 1949, varios sectores de la política estadounidense llegaron a temer realmente que de repente todo el planeta se volviera comunista. Lo que parecía ser una disputa en el continente europeo llegó al Asia con el triunfo de Mao Zedong, y así comenzó una rivalidad que tuvo alcances globales.

La Guerra de Corea y la Revolución cubana

El siguiente escenario asiático que consolidó las luchas de la Guerra Fría fue Corea. Con la Guerra de Corea quedó establecida la política de contención que caracterizó la Guerra Fría: Estados

Veremos más adelante que fue a partir de este giro contra las políticas de Mao que China se encaminó hasta llegar al país que es hoy.

Unidos buscó crear un cordón de países aliados alrededor de los países comunistas. Así, tuvo fichas regionales para mantener el *statu quo*. Pronto esta estrategia fue emulada por la Unión Soviética. La división de Corea también es resultado directo de la Segunda Guerra Mundial. Tras la rendición de las tropas japonesas, los ejércitos soviético y estadounidense acordaron evacuar la presencia japonesa de la península coreana. En este sentido, hicieron una demarcación provisional impuesta, en la que al norte del paralelo 38 quedaron los soviéticos, y al sur, los estadounidenses. Sin embargo, los ánimos de conquista de parte y parte causaron la división *de facto* de ambas regiones. En el norte se estableció un gobierno comunista, liderado por Kim Il-sung, quien había combatido durante años la ocupación japonesa como miembro del Partido Comunista chino. En el sur quedó establecido un gobierno autoritario y capitalista, a cargo de Syngman Rhee. Esta división sucedió en medio del contexto de la Segunda Guerra Mundial, y tras terminar la guerra, en la Conferencia de Yalta, en 1945, donde se quiso decidir el futuro de los pueblos invadidos por el Eje y liberados por las tropas aliadas, se planteó una eventual reunificación del país coreano. Pero en cuestión de unos años, la organización geopolítica cambió, y cuando los antiguos aliados se volvieron ahora enemigos, la división se mantuvo. Los dos países creados al norte y al sur tuvieron durante las décadas siguientes el apoyo político y financiero de la Unión Soviética y Estados Unidos, respectivamente. Una historia muy similar de división por las dinámicas de la Guerra Fría pasaría en Alemania y en Vietnam.

En 1950, las tropas de Corea del Norte invadieron el sur en busca de la reunificación del país bajo la égida comunista y con el apoyo de la Unión Soviética. Estados Unidos respondió liderando una coalición de tropas internacionales para defender el gobierno autoritario del sur. Esta medida fue tomada como parte de un mandato de la ONU, decisión que no tuvo apoyo de la Unión Soviética. Inicialmente las tropas norcoreanas parecían muy cerca de la victoria, pero con la entrada de las tropas internacionales, los norcoreanos tuvieron que replegarse. Las tropas estadounidenses invadieron Corea del Norte y amenazaron con llegar a las fronteras chinas. Esto provocó que el Ejército chino se involucrara en la guerra, y lo hizo de manera bastante efectiva, ya que lograron que el ejército de las tropas de la ONU se replegara.

La guerra duró tres años cobrando millones de vidas, y al final se declararon un armisticio, un cese al fuego, y se restableció el paralelo 38 como la línea divisoria, zona que pasó a llamarse eufemísticamente la "zona desmilitarizada": en realidad es de las fronteras más armadas del planeta. La guerra nunca terminó formalmente ni hubo un ganador. Es decir que, al día de hoy, técnicamente las dos coreas siguen en guerra. Este conflicto fue uno de los primeros escenarios en donde se configuró la dinámica bipolar que seguiría. Más allá de la defensa o autodeterminación del pueblo coreano, el conflicto se volvió un escenario de lucha internacional, que, lo reiteramos, no suele ser una buena idea, porque coarta libertades y alimenta el conflicto. La guerra fortaleció la presencia militar y política estadounidense en el Sudeste Asiático, lo que definió el rumbo de muchos de esos pueblos. Así, la Guerra de Corea fue de particular importancia en el destino de la región y marcó también un punto clave en la conformación de la Guerra Fría; este peso debe ser tomado en cuenta para entender por qué hoy el país sigue dividido. También es un gran ejemplo para ver en qué medida la Guerra Fría transformó fundamentalmente el destino de muchos pueblos.

Después de esta guerra, Asia se volvería el epicentro de conflictos durante décadas, ya que la siguieron la Guerra de Vietnam, los bombardeos indiscriminados y arbitrarios a Laos y Camboya, que fueron a su vez la causa directa de un fenómeno tan fanático y radical como los Jemeres Rojos en este último país. El Sudeste Asiático fue el gran escenario de las luchas indirectas entre las dos potencias, y fue allí donde Robert McNamara, el secretario de Estado de la administración de los presidentes Kennedy y Johnson, formuló su infame "teoría del dominó", que planteaba que si un

Si la Guerra Fría llegó al Sudeste Asiático a causa de la Guerra de Corea, a América Latina llegó a través de Cuba.

gobierno caía bajo el comunismo, todos los vecinos lo seguirían. Como siempre, estas políticas de intervención dejaron en medio a los pueblos y alteraron los procesos históricos de liberación, autodeterminación e independencia, consagrando a varios regímenes dictatoriales, fueran comunistas o no, para mantener el *statu quo* según los intereses de dominación bipolar. Aun cuando se enmarcó como una lucha ideológica, no olvidemos que los principios que cada modelo defendía eran olvidados o dejados de lado a conveniencia. El apoyo directo de Estados Unidos y la Unión Soviética encumbró en el poder dictaduras en Indonesia, como la de Sukarno, quien a través de un golpe de Estado instauró un régimen de 31 años, caracterizado por la corrupción, las masacres y las represiones en Timor Oriental, territorio que Indonesia invadió. A su vez, el apoyo de la Unión Soviética consagró en el poder a innumerables gobiernos autoritarios y represivos. La Guerra de Corea tuvo otra particularidad: se dio el enfrentamiento directo entre tropas soviéticas y norteamericanas dentro de la Guerra Fría. La península asiática fue el primer escenario del enfrentamiento directo, y la segunda y última ocasión fue en Cuba, años más tarde.

Si la Guerra Fría llegó al Sudeste Asiático a causa de la Guerra de Corea, a América Latina llegó a través de Cuba. La Revolución cubana en 1959 fue la guía e inspiración para los movimientos sociales y armados que surgieron en todo el continente durante los años siguientes. También, como otros países socialistas, Cuba buscó la difusión de su modelo durante la Guerra Fría, gracias al considerable apoyo económico de la Unión Soviética, hasta el punto que muchos guerrilleros latinoamericanos fueron entrenados en la isla.

Mapas

Océano Ártico
Océano Ártico
Mar de Groenlandia
Bahía de Baffin
Mar de Noruega
Paso del Noroeste
Groenlandia
Islandia
NU
AK
YT
NT
Canadá
Bahía de Hudson
Mar de Labrador
AB
MB
BC
SK
NL
ON
QC
Reino Unido
Irlanda
Francia
España
Portugal
WA
MT
ND
MN
NB
PE
SD
WI
ME
NS
OR
ID
WY
MI
NH
NY
MA
IA
Estados Unidos
NV
UT
IL
IN
OH
PA
MD
DE
CA
MO
KY
WV
VA
Atlántico Norte
AZ
NM
OK
AR
TN
NC
Pacífico Norte
MS
AL
GA
SC
TX
LA
Marruecos
FL
Argelia
Golfo de México
México
Sahara Occidental
HI
Cuba
Puerto Rico
Mauritania
Malí
Guatemala
Mar Caribe
Nicaragua
Burkina Faso
Guinea
Venezuela
Ghana
Guyana
Colombia
Surinam
RR
AP
Golfo de Guinea
Ecuador
AM
PA
MA
CE
RN
PB
PI
PE
AC
Brasil
AL
Perú
SE
RO
TO
MT
BA
GO
Bolivia
MG
ES
MS
Pacífico Sur
Paraguay
SP
RJ
PR
Chile
SC
Atlántico Sur
RS
Uruguay
Argentina
Datos de mapas ©2018 Google, INEGI
Condiciones
1.000 km

Océano Ártico
Mar de Barents
Mar de Kara
Mar Siberiano del Este
Finlandia
Rusia
Mar de Bering
Bielorrusia
Mar de Ojotsk
Ucrania
Kazajistán
Mongolia
Rumanía
Uzbekistán
Kirguistán
Turquía
Turkmenistán
Mar de Japón
Siria
Afganistán
Corea del Sur
Japón
Irak
Irán
China
Pakistán
Mar de China Oriental
Pacífico Norte
Egipto
Nepal
Arabia Saudita
Omán
India
Myanmar (Birmania)
Mar de Filipinas
Sudán
Yemen
Tailandia
Golfo de Adén
Mar Arábigo
Golfo de Bengala
Vietnam
Filipinas
Sudán del Sur
Etiopía
Golfo de Tailandia
Mar de Laquedivas
Somalia
Malasia
Kenia
Indonesia
Congo
Tanzania
Mar de Banda
Papúa Nueva Guinea
Mar de Arafura
Mar de Salomón
Zambia
Mozambique
Zimbabue
Mar del Coral
Madagascar
Océano Índico
NT
QLD
Australia
WA
SA
NSW
Gran Bahía Australiana
VIC
TAS
Mar de Tasmania
Nueva Zelanda
My Maps

1. Visualización cilíndrica / mercator

Proyección cilíndrica equidistante, una mirada más cercana a cómo se ve en realidad el planeta.

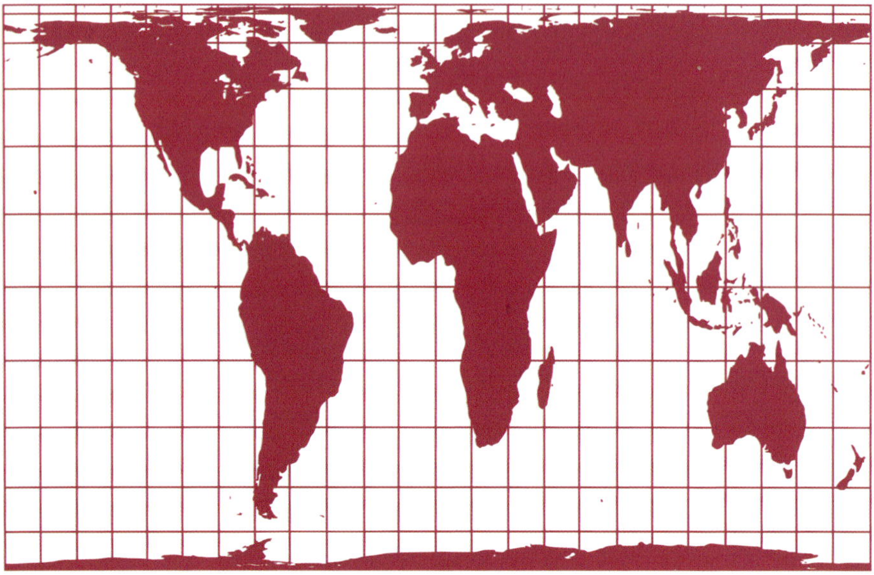

La proyección mercator es un tipo de proyección cartográfica utilizada para elaborar mapas de la superficie terrestre; deforma las distancias entre los meridianos, no respeta las formas reales entre los paralelos.

2. Imperio Británico

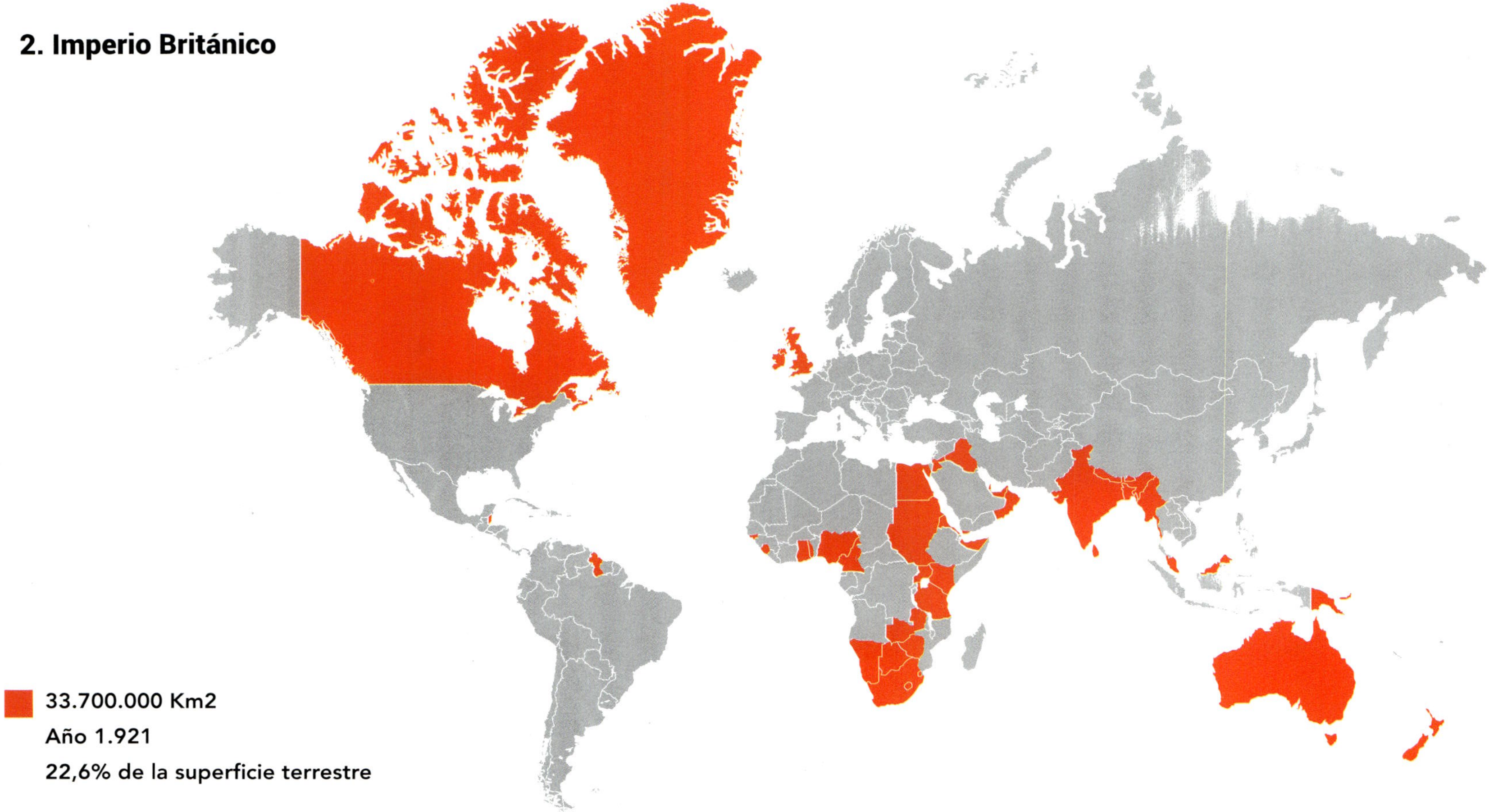

3. Imperio francés en su máxima extensión

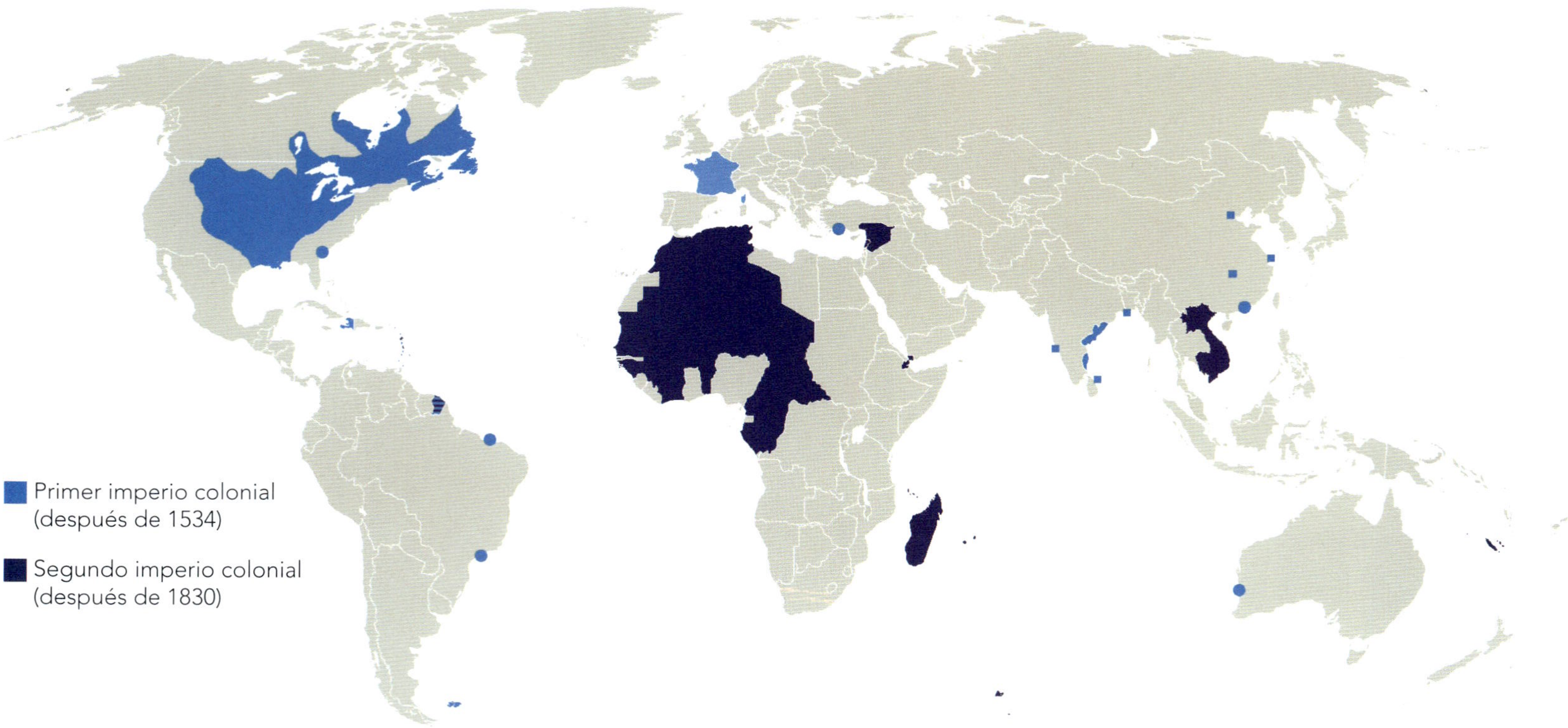

4. Zona Schengen

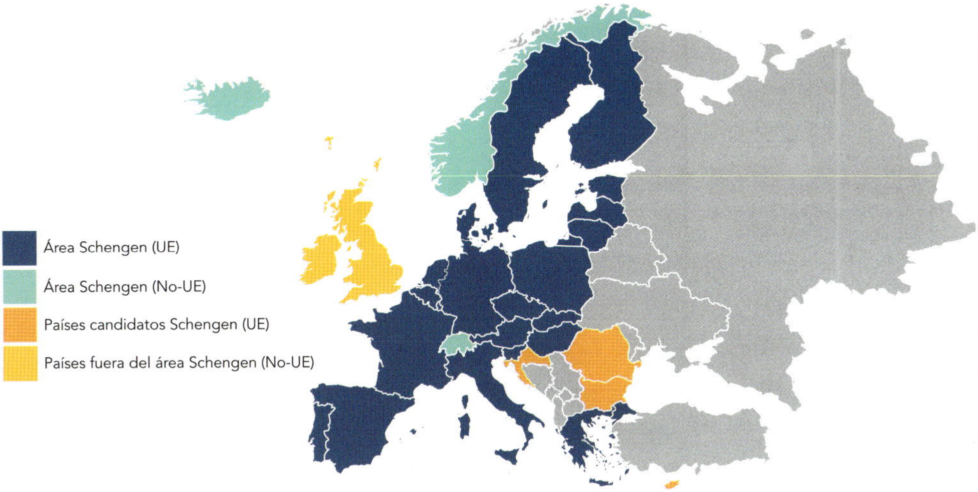

5. Zona Euro

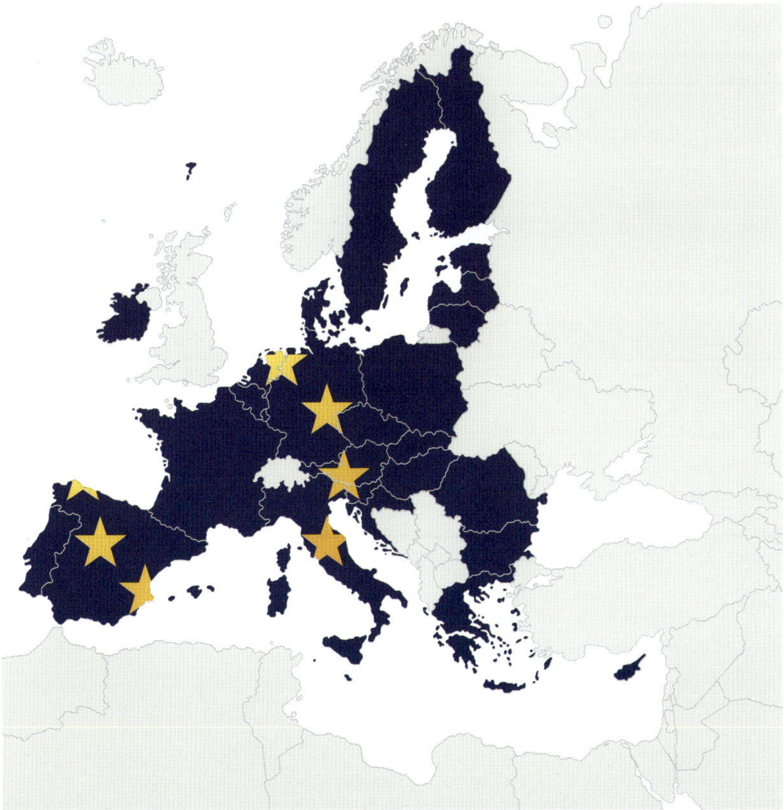

6. Brexit

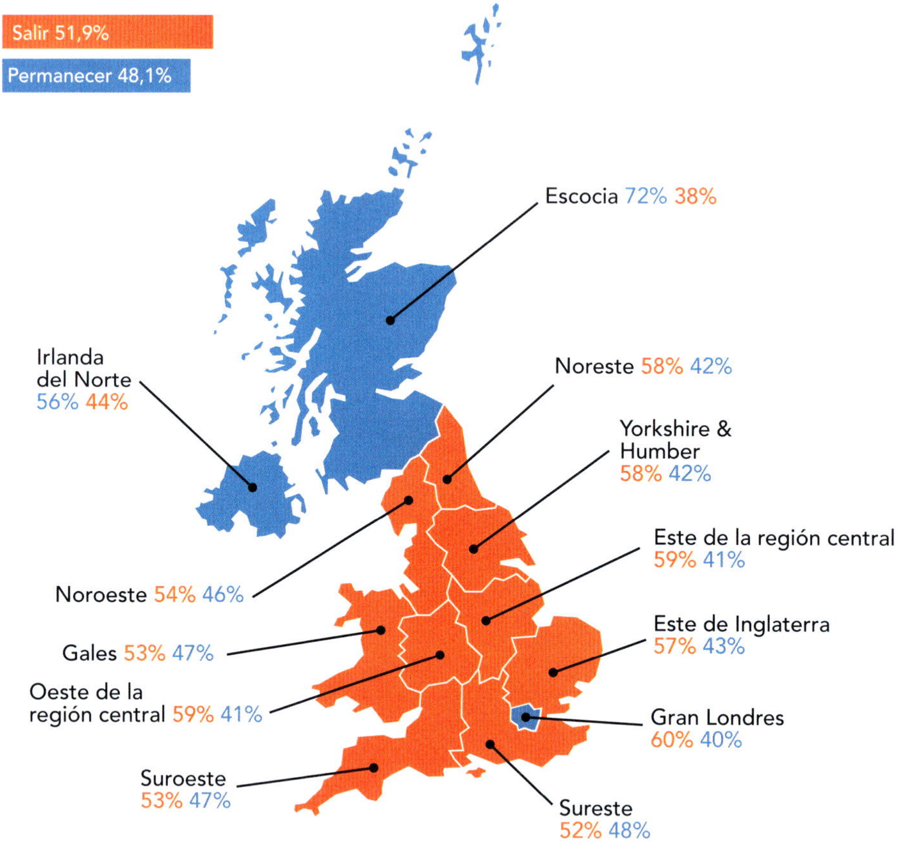

Salir 51,9%
Permanecer 48,1%
Escocia 72% 38%
Irlanda del Norte 56% 44%
Noreste 58% 42%
Yorkshire & Humber 58% 42%
Este de la región central 59% 41%
Noroeste 54% 46%
Este de Inglaterra 57% 43%
Gales 53% 47%
Oeste de la región central 59% 41%
Gran Londres 60% 40%
Suroeste 53% 47%
Sureste 52% 48%

7. División de Europa en la Guerra Fría

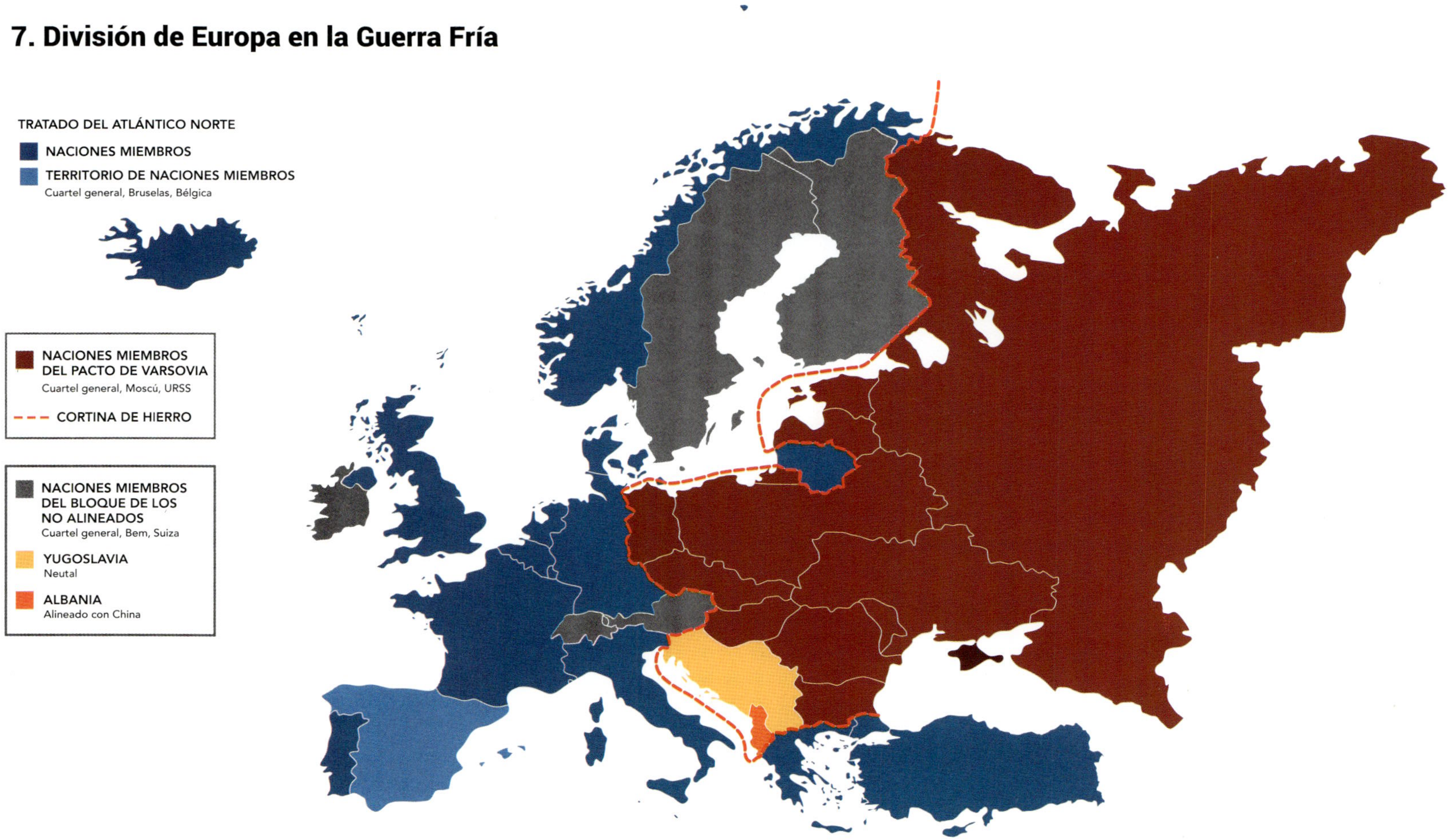

8. Segunda Guerra Mundial: Aliados y Eje

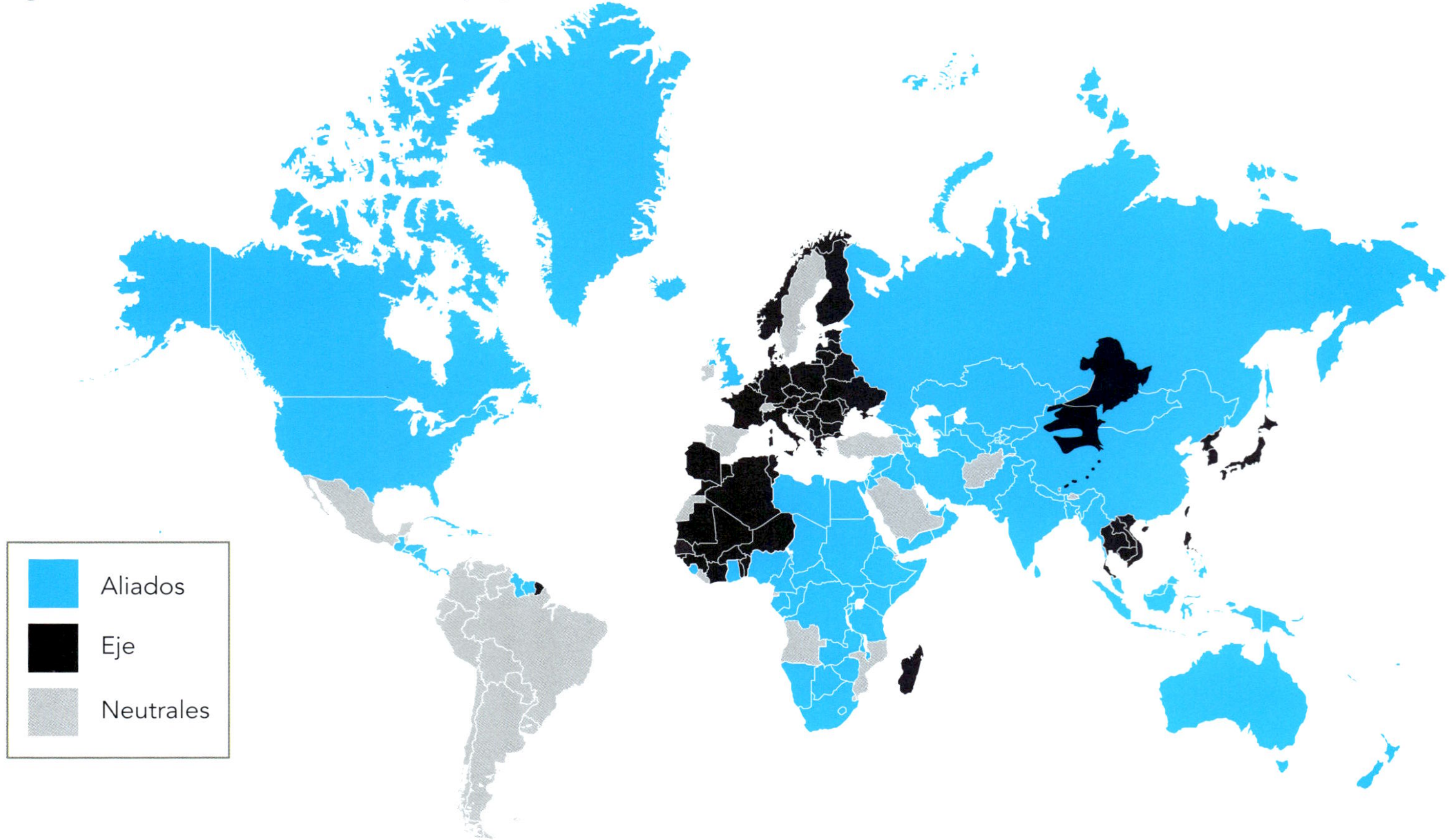

9. Estados miembros de la Unión Europea

Miembros fundadores: Alemania Occidental, Bélgica, Francia, Italia, Luxemburgo y Países Bajos

10. Progresión de la Unión Europea

Estados miembros de la Unión Europea

Estados candidatos a la adhesión

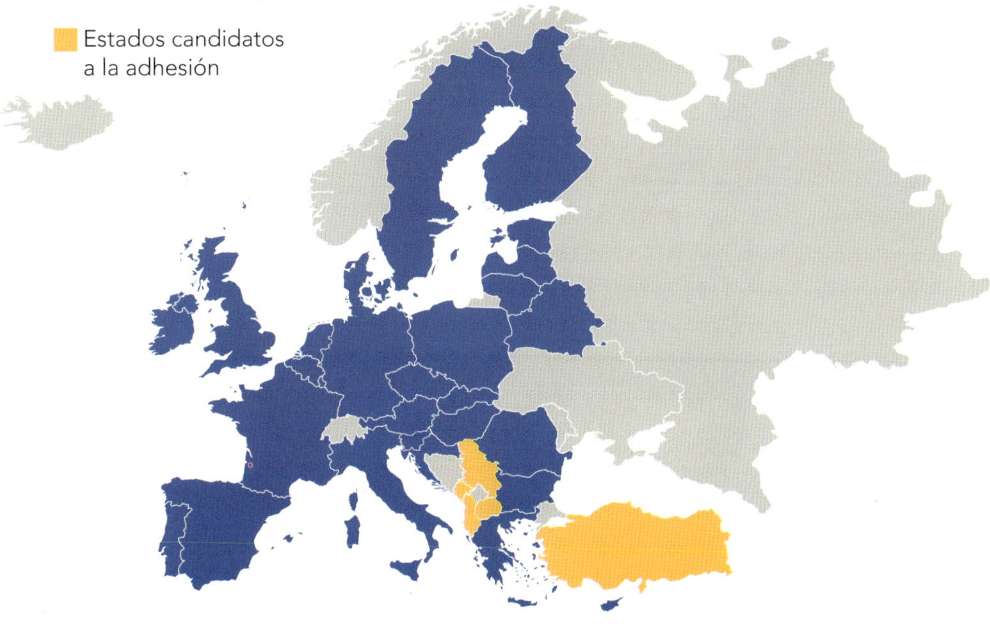

11. Países en alianza con Estados Unidos y URSS durante la Guerra Fría

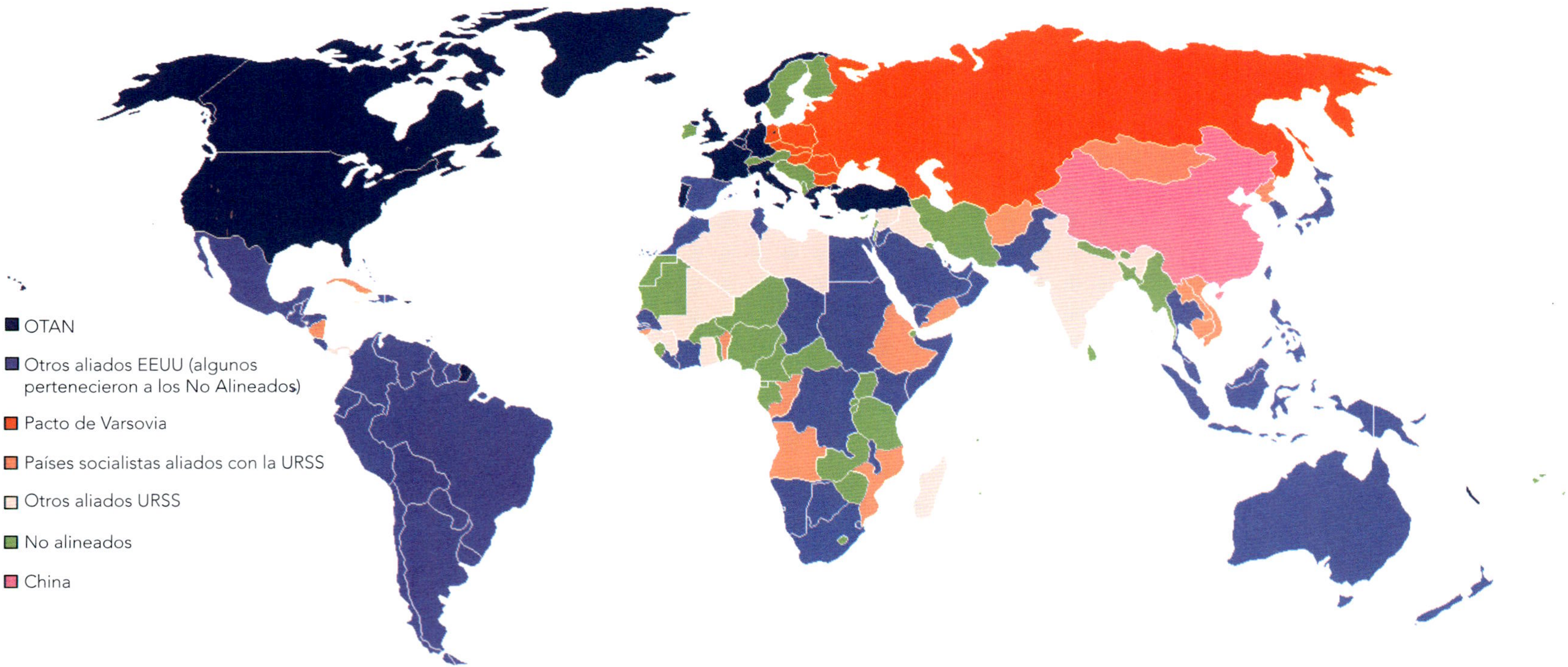

12. Califatos Omeya y Abasida

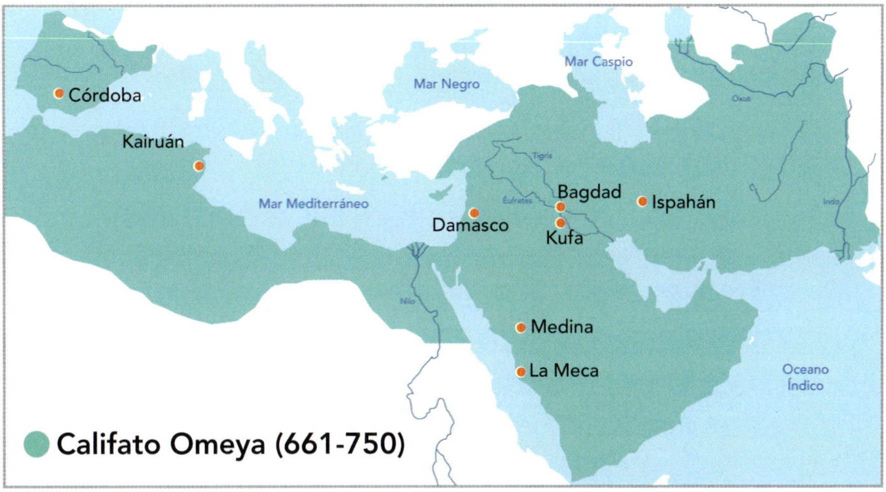

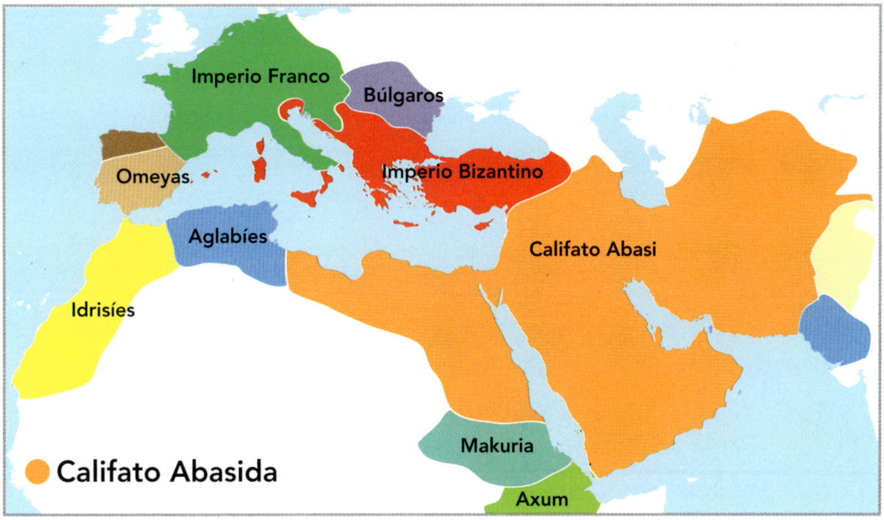

13. Imperio Turco Otomano en su máxima extensión

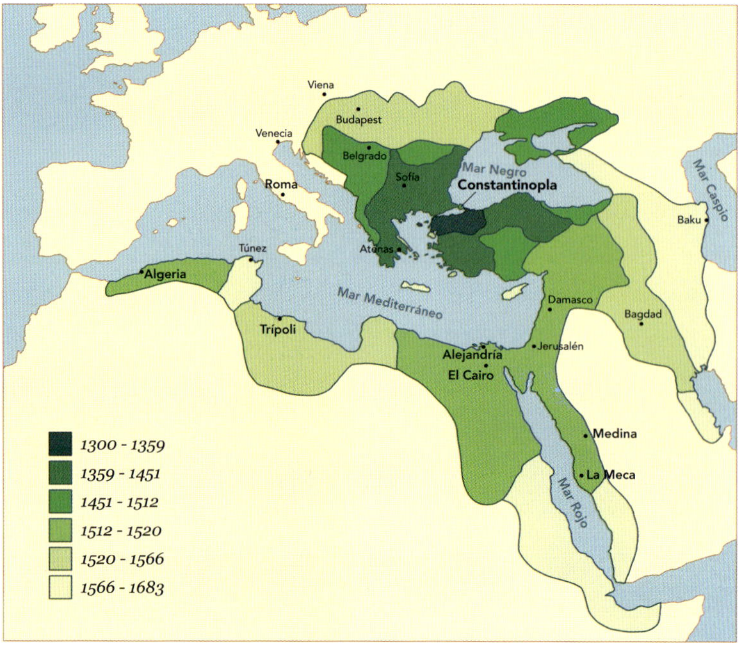

14. Disolución del Imperio Turco Otomano

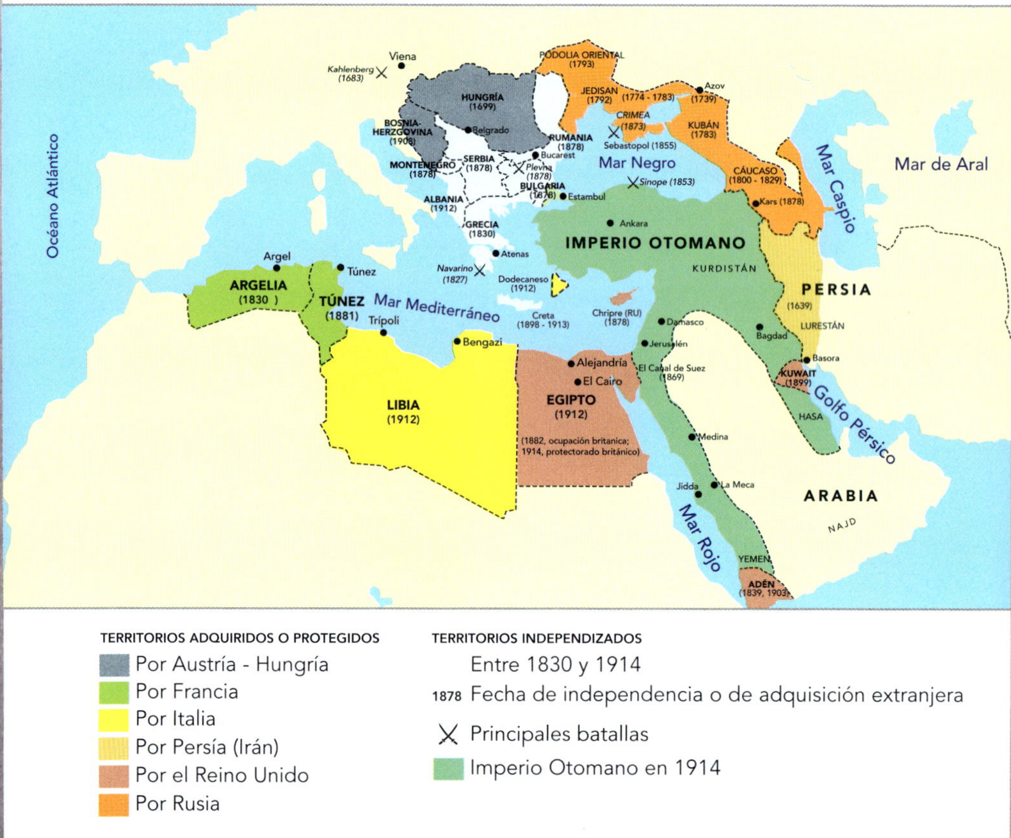

15. Acuerdo Sykes-Picot

A: Dominio francés
B:Dominio británico

Autores: Royal Geographical Society (mapa),
Mark Sykes & François Georges-Picot (anotaciones)
Fuente: https://commons.wikimedia.org/wiki/File:MPK1-426_Sykes_Picot_Agreement_Map_signed_8_May_1916.jpg

16. Protectorados y repartos en el Medio Oriente

PROTECTORADOS MAGREB

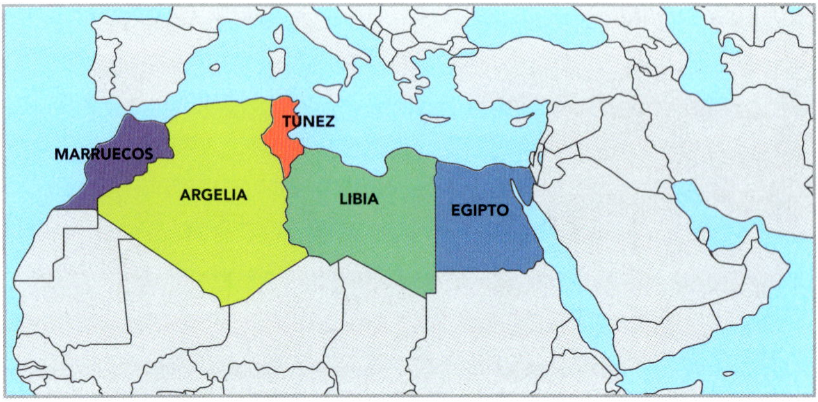

- Egipto-Reino Unido (desde 1882)
- Libia (entonces llamada Cirenaica y Tripolitania)- Italia (1912)
- Argelia- Francia (1830)
- Túnez-Francia (1881)
- Marruecos - Francia (1912)

PROTECTORADOS MÁSHREQ

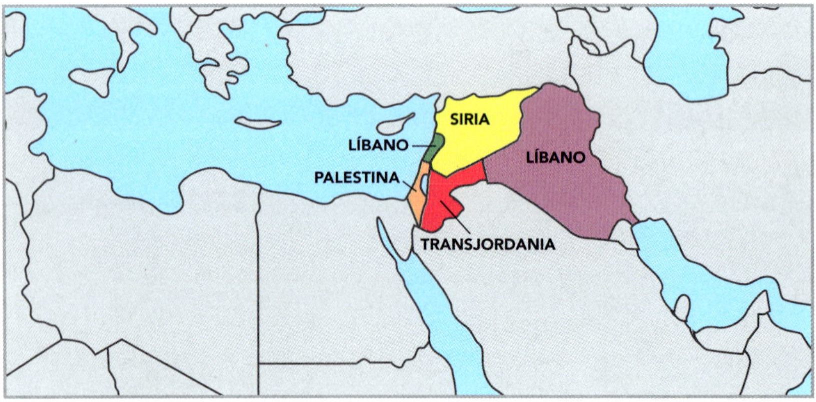

- Siria- Francia
- Líbano- Francia
- Irak- Reino Unido
- Transjordania-Reino Unido
- Palestina-Reino Unido

17. Población musulmana en el mundo

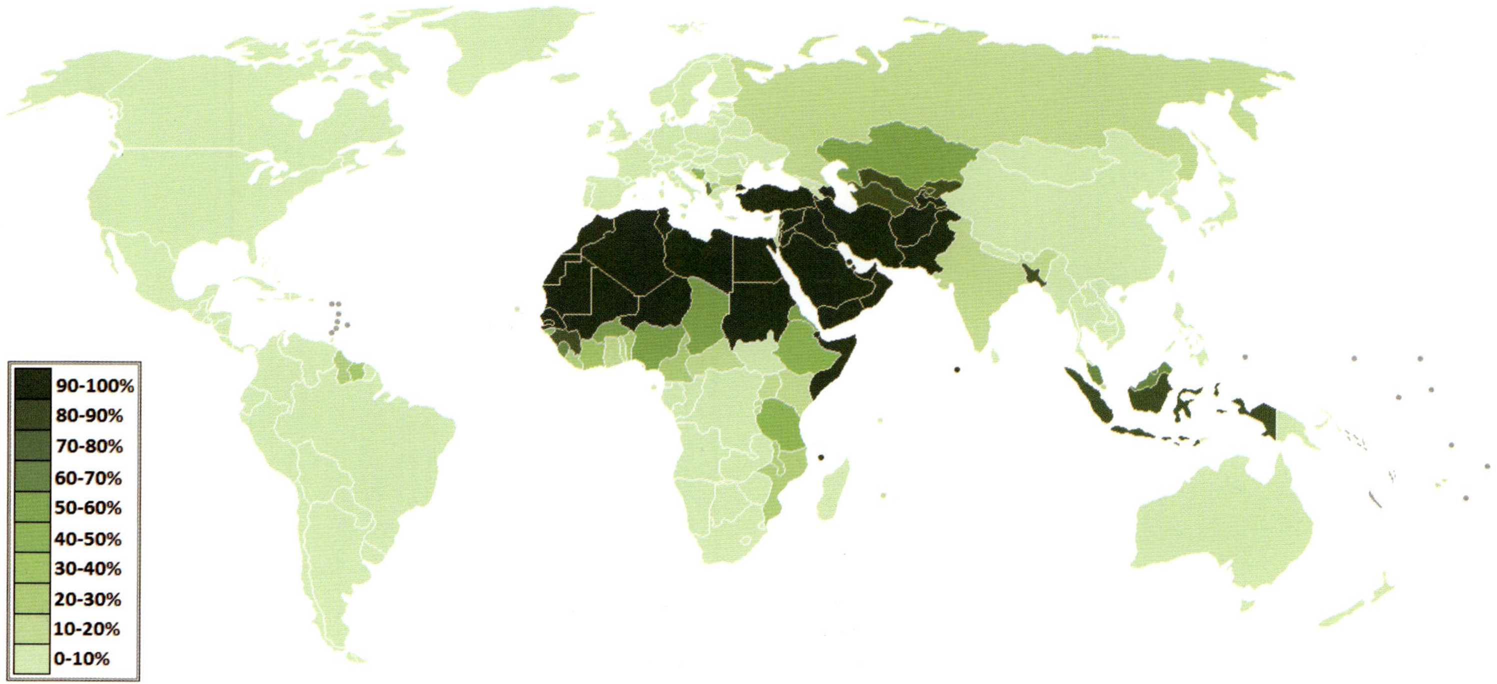

18. Pueblos del Medio Oriente (Persas, Kurdos, Árabes)

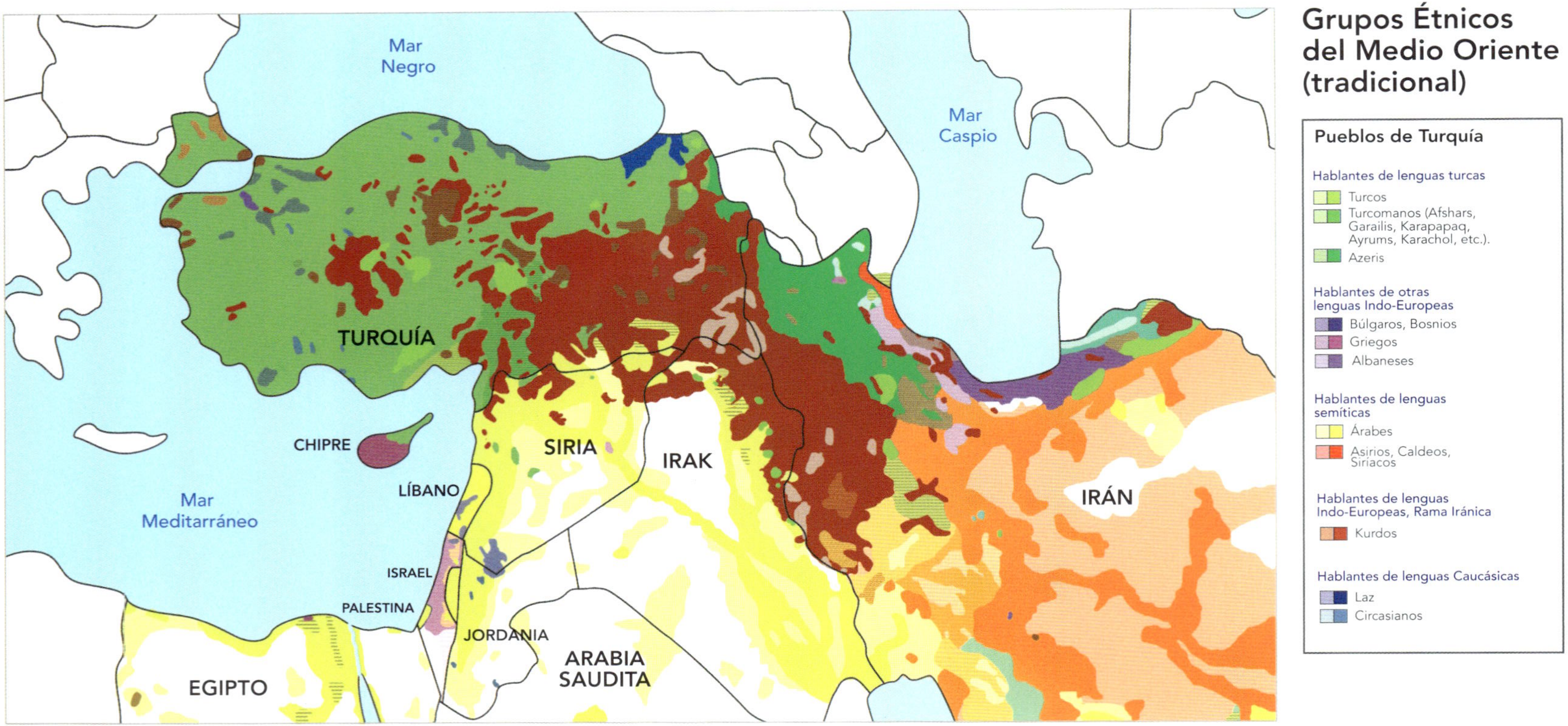

19. Creencias en el Medio Oriente (Chiíes, Suníes, Maronitas, Drusos, Judíos)

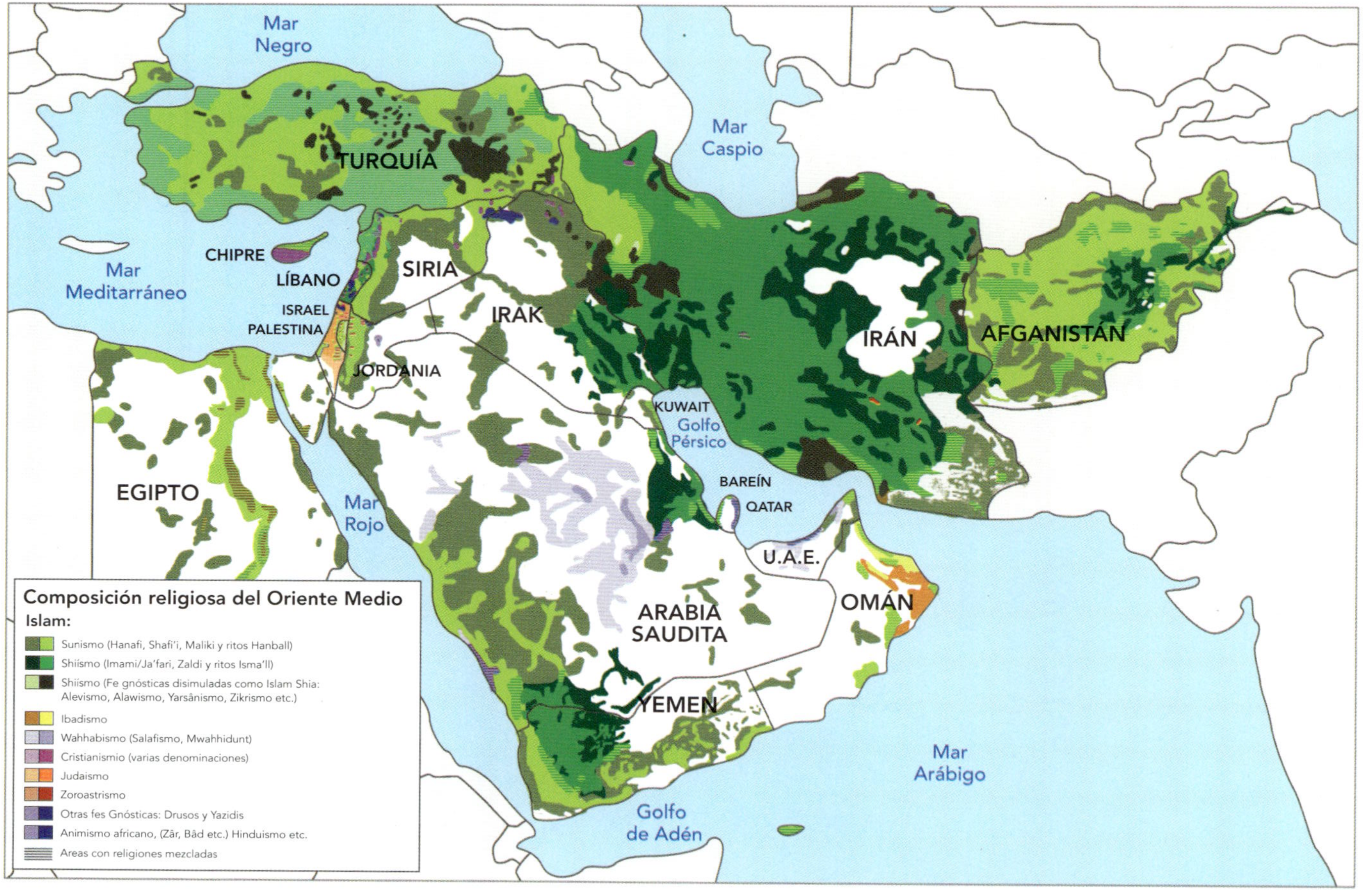

20. Creación del Estado de Israel

21. Crisis del Canal de Suez

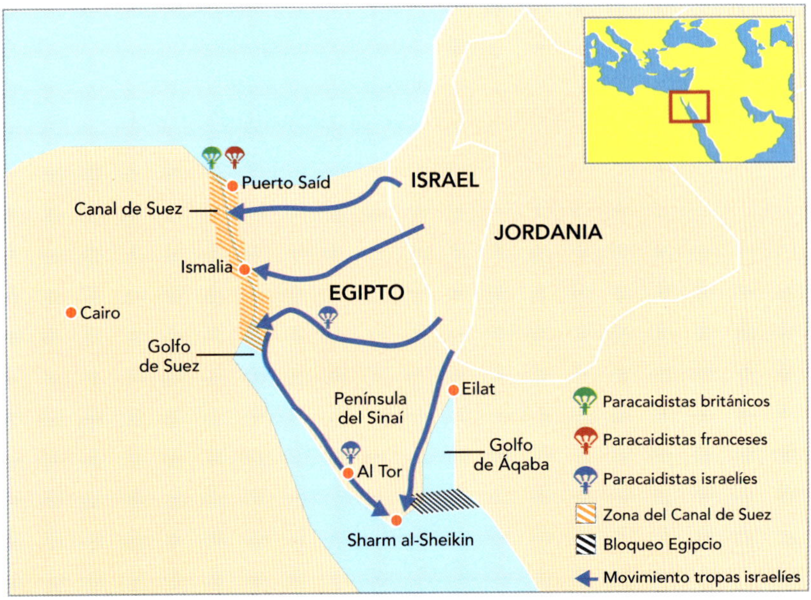

22. Guerra de los seis días

Israel antes de la guerra de los seis días

- Bloqueo egipcio
- Territorio israelí antes de la guerra de los seis días

Israel despúes de la guerra de los seis días

- Territorio israelí antes de la guerra de los seis días
- Territorio bajo control israelí después de la guerra de los seis días

23. Guerra de Yom Kippur

- Israel antes de la guerra de los seis días
- Israel después de la guerra de los seis días
- Ocupado por Israel después de la guerra de Yom Kippur
- Ocupado por Egipto después de la guerra de Yom Kippur

24. Asentamientos israelíes en Palestina desde 1980

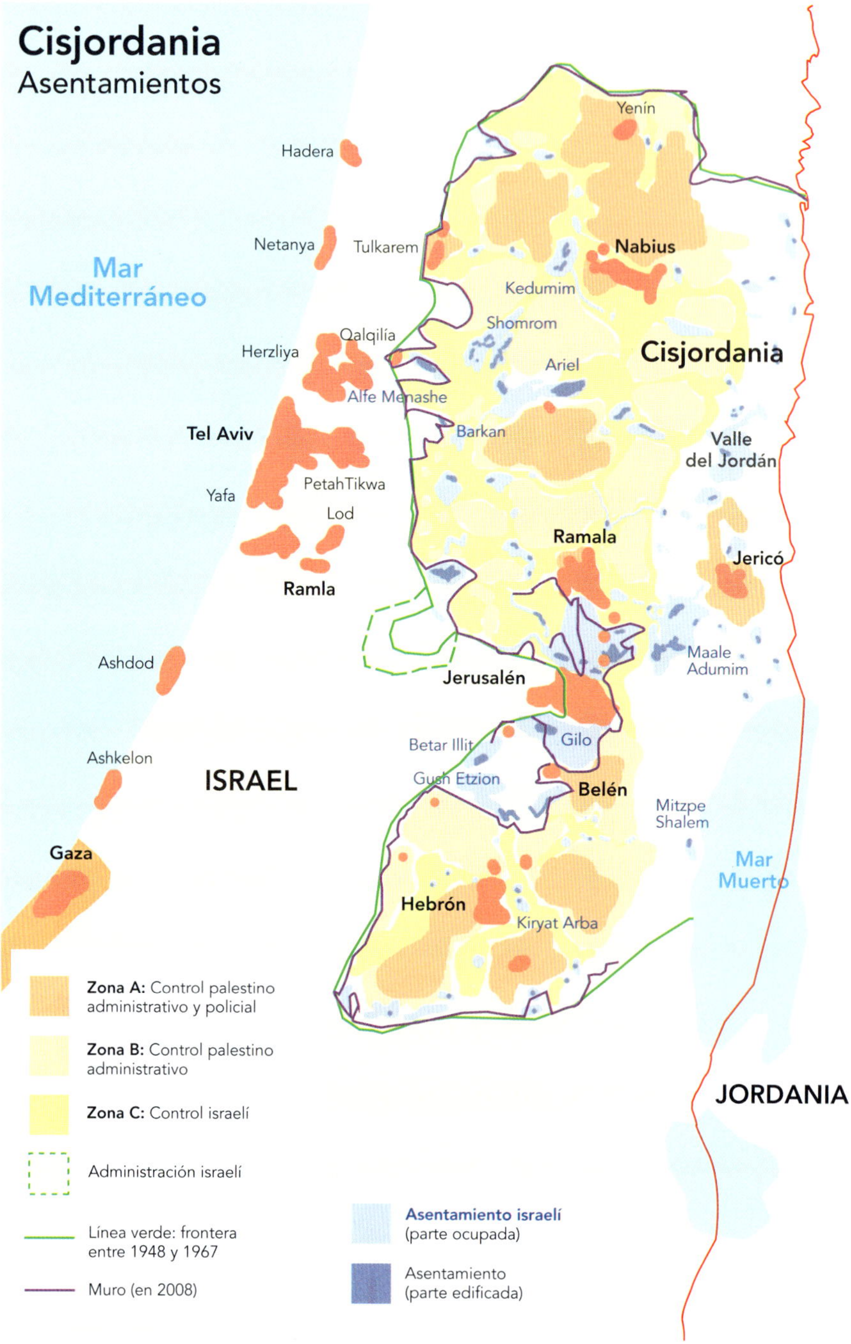

25. Israel y Palestina

Bajo control palestino · Bajo control israelí

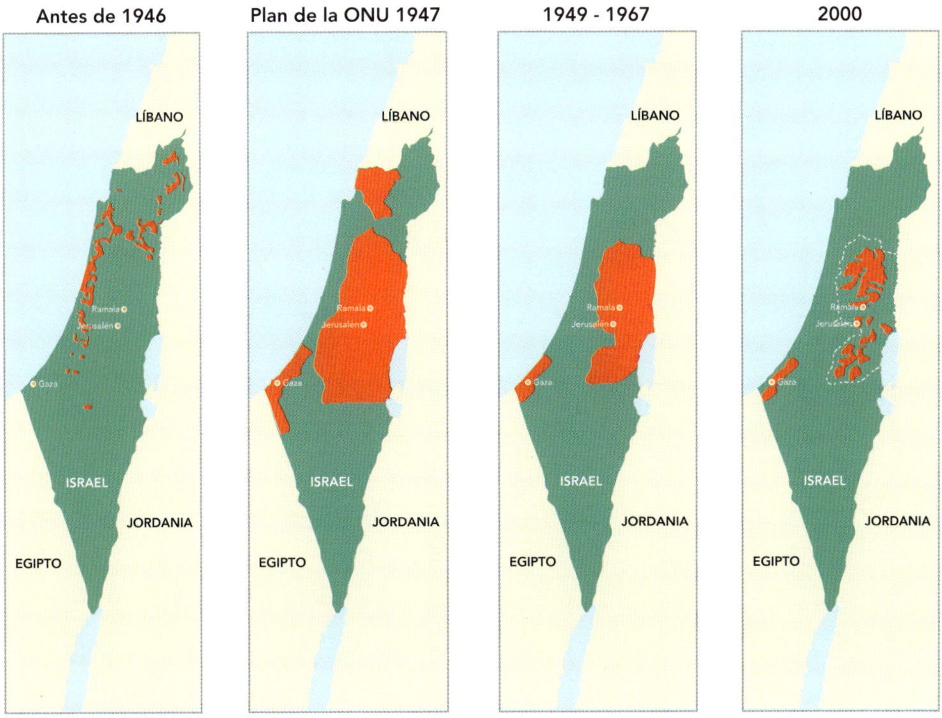

26. Kurdistán

TERRITORIO KURDO

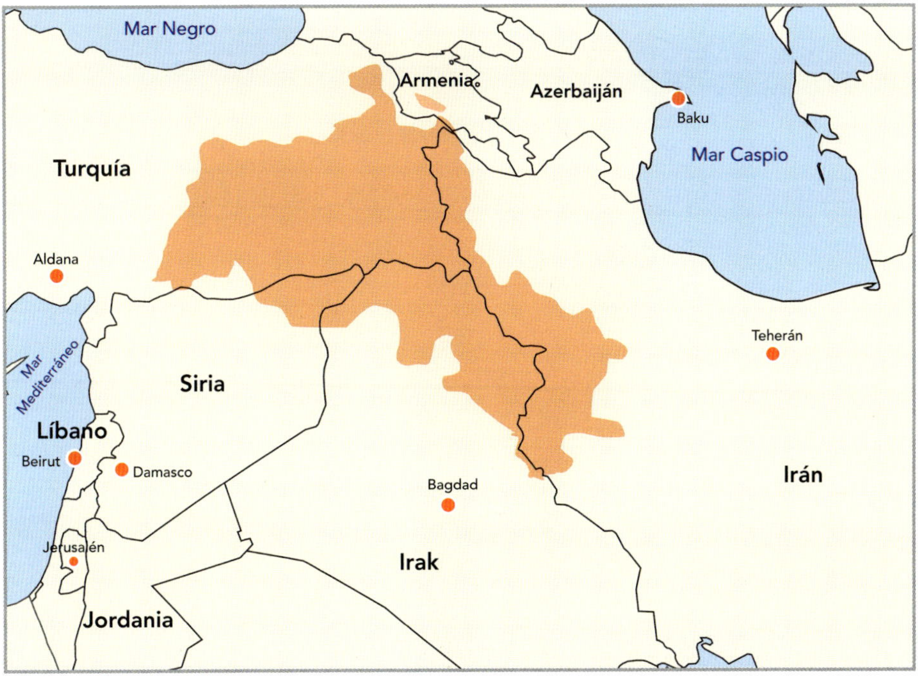

27. Descolonización a nivel mundial

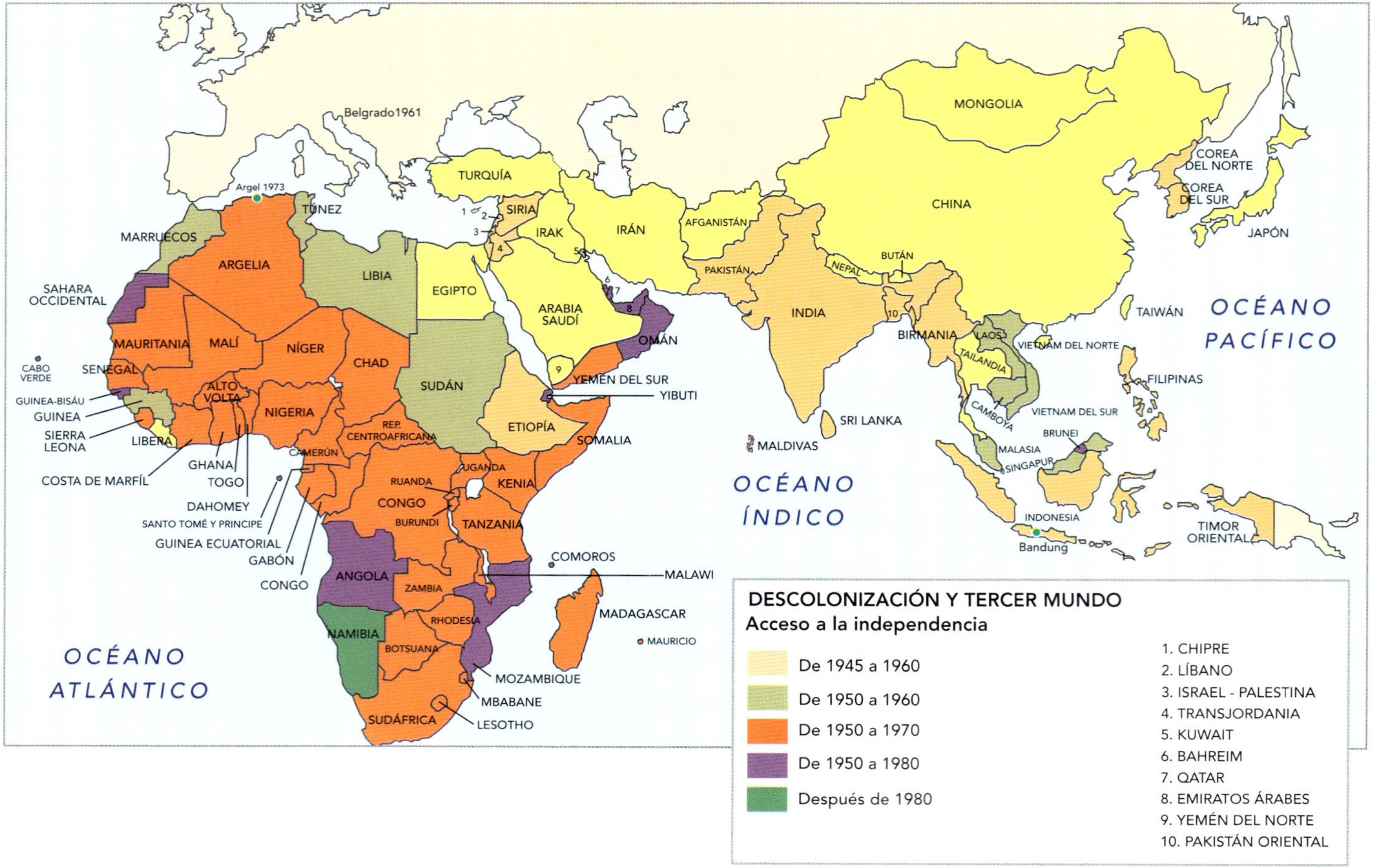

28. Países en conflicto por y desde la Guerra contra el terrorismo en África y Medio Oriente. 2001- hasta la fecha

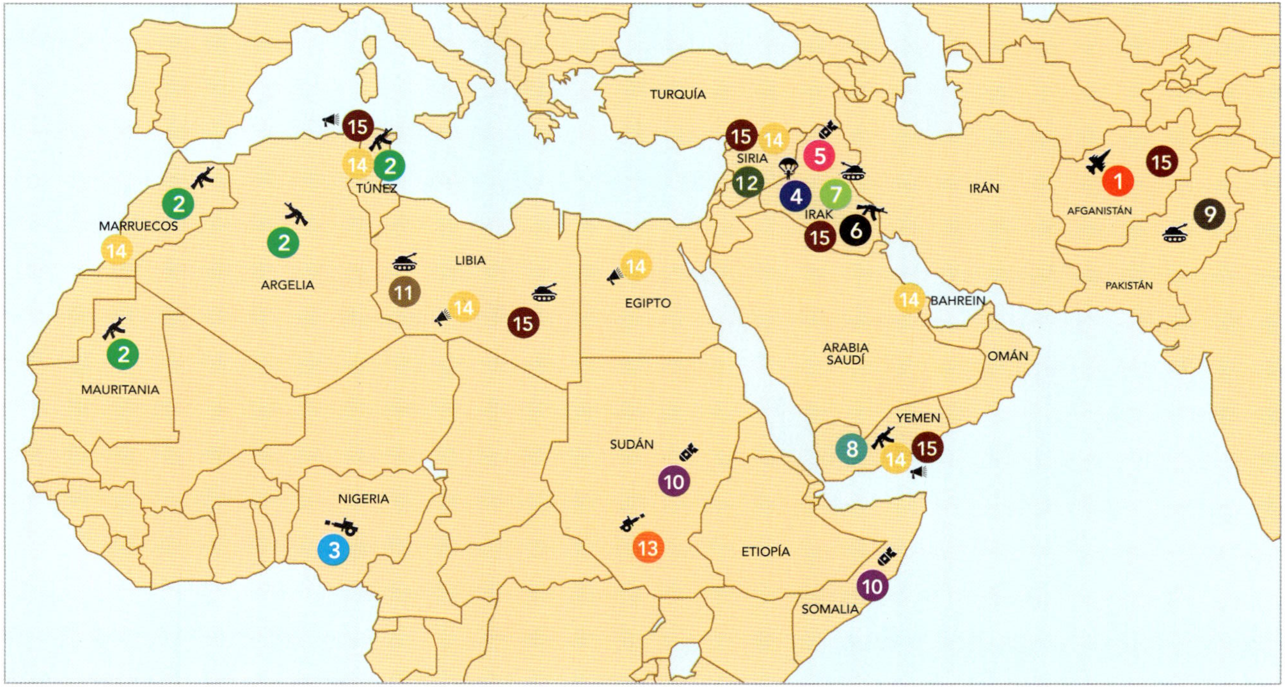

1. La guerra de Afganistán (2001)
2. La insurgencia en el Magreb (desde 2002)
3. La insurgencia islamista en Nigeria (desde 2002)
4. La invasión de Irak (2003)
5. La guerra de Irak (2003-2011)
6. Guerra sectaria en Irak (2006-2011)
7. La insurgencia iraquí posterior al retiro de las tropas de EE. UU. (desde 2011)
8. La insurgencia de Al-Qaeda en Yemen (desde 2003)
9. La guerra en el noroeste de Pakistán (desde 2004)
10. La guerra civil de Somalia y otros conflictos en el Cuerno de África
11. La guerra, intervención militar e insurgencia miliciana en Libia (desde 2011)
12. La guerra civil de Siria (desde 2011)
13. La guerra civil sudanesa
14. Las primaveras árabes (2010 - 2013)
15. Guerra contra el Estado Islámico

29. Mapa de los países de donde proveine la mayoría de refugiados de la crisis actual que inició en el 2015

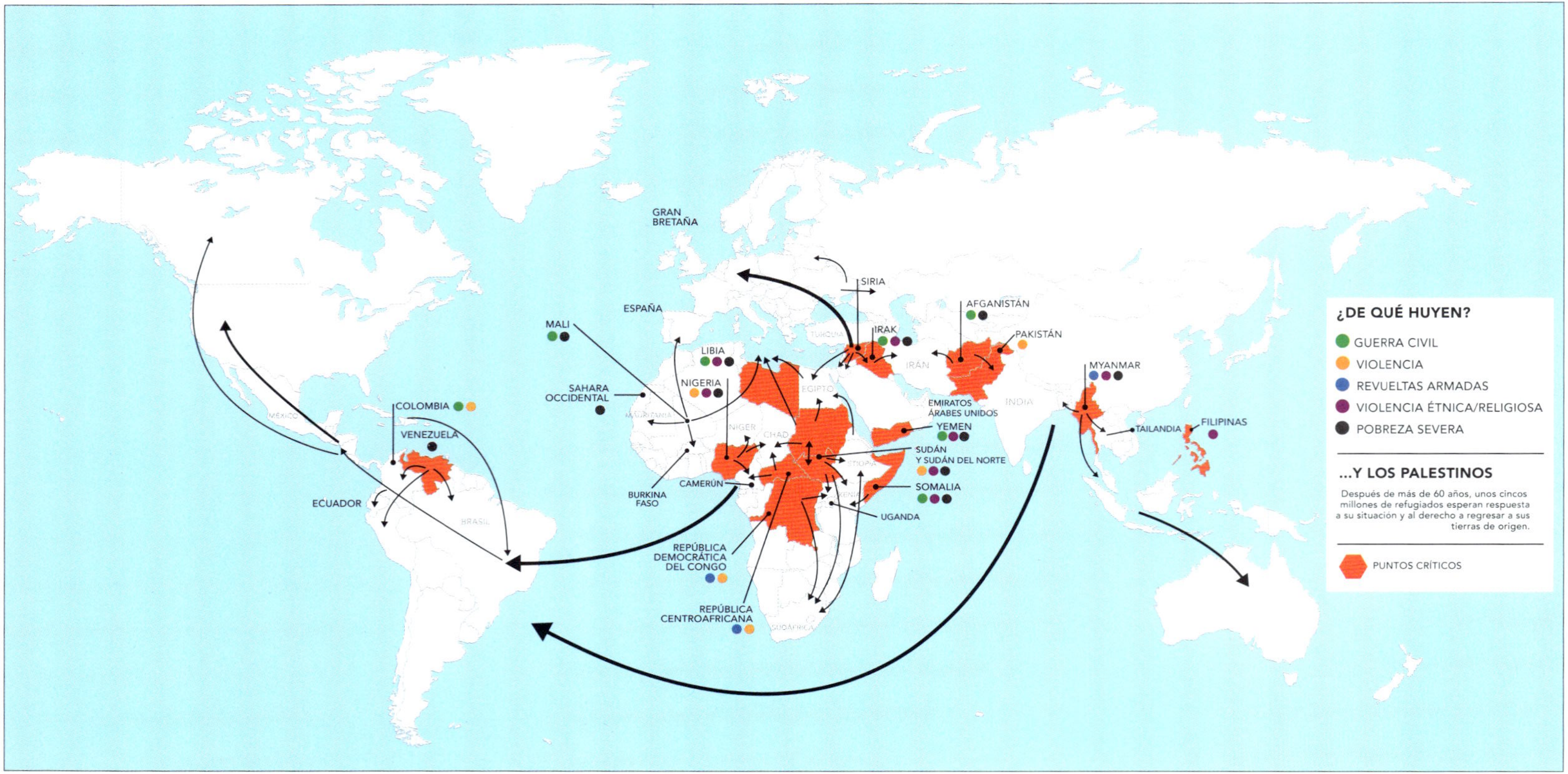

30. Máxima extensión del Estado Islámico

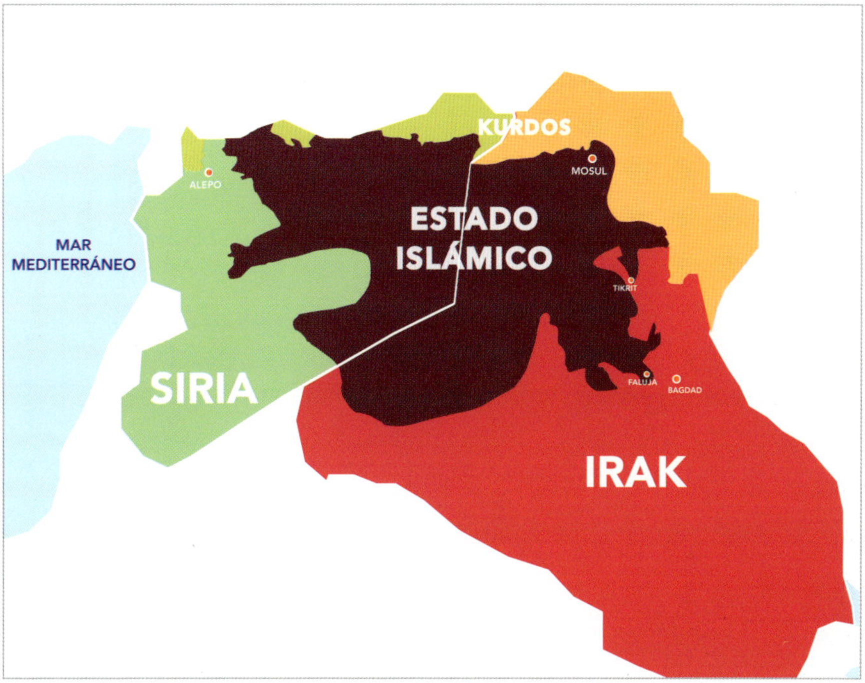

31. Afganistán y Pakistán

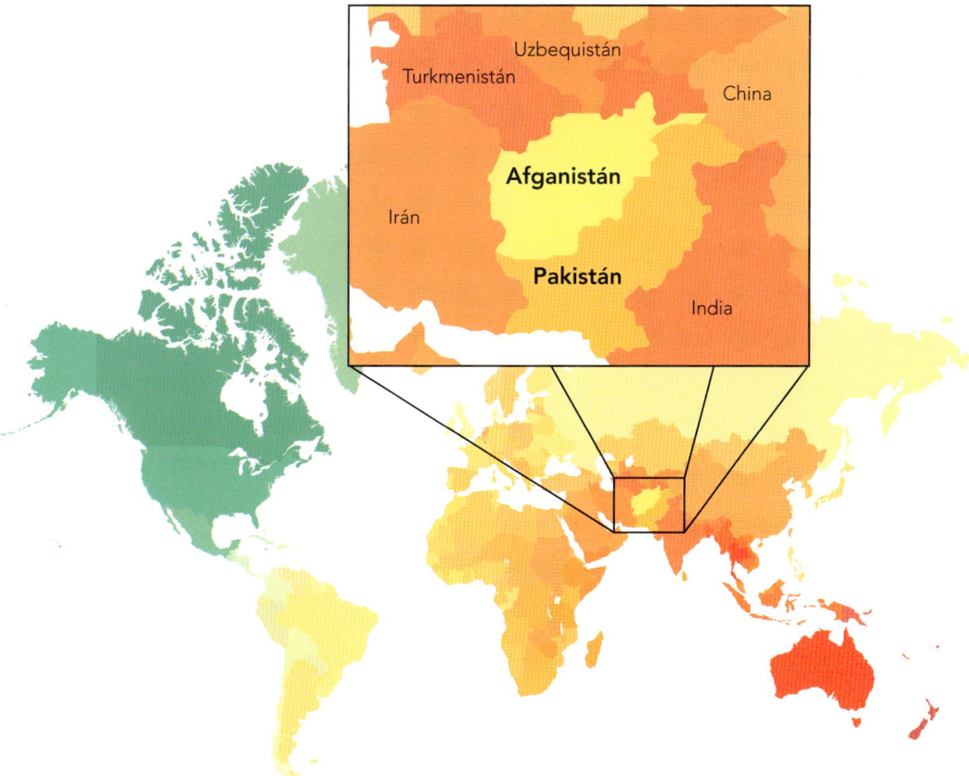

32. Rutas de refugiados

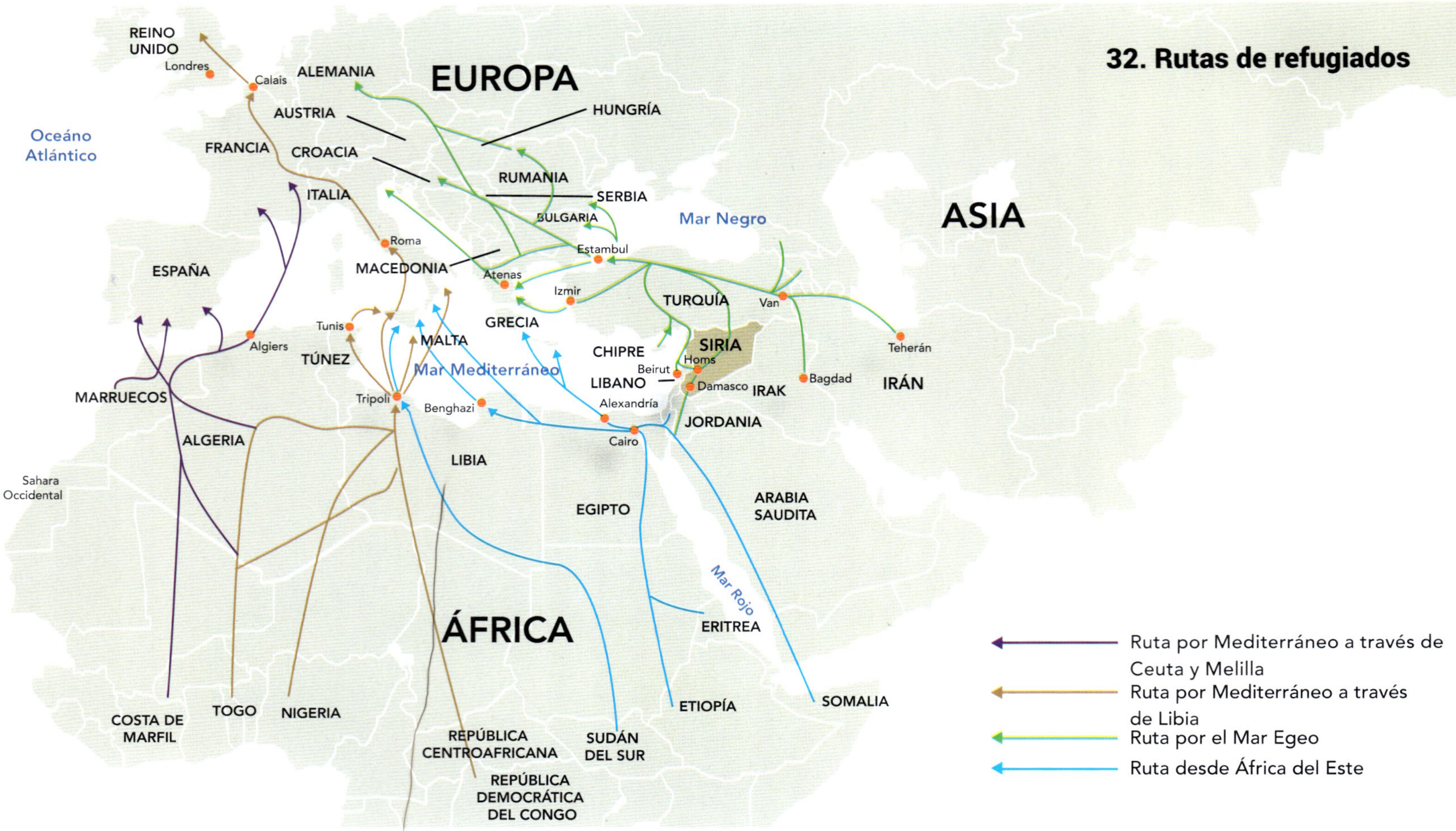

33. Gasoductos y oleoductos

34. Situación actual de Ucrania

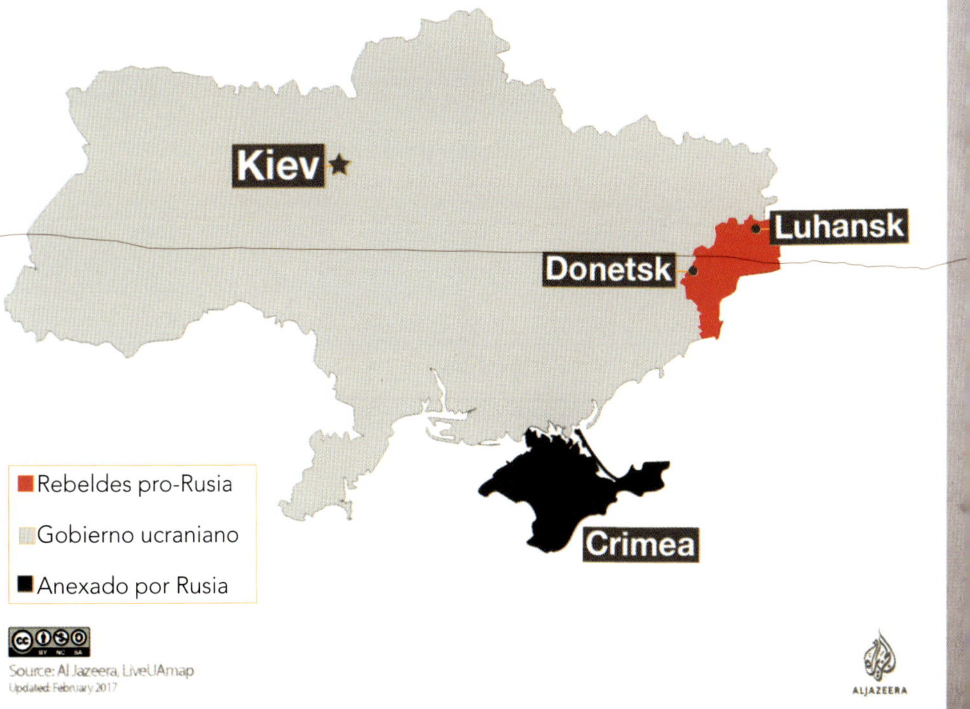

35. Chechenia

36. Provincia de Xinjiang

37. Nueva ruta de la seda

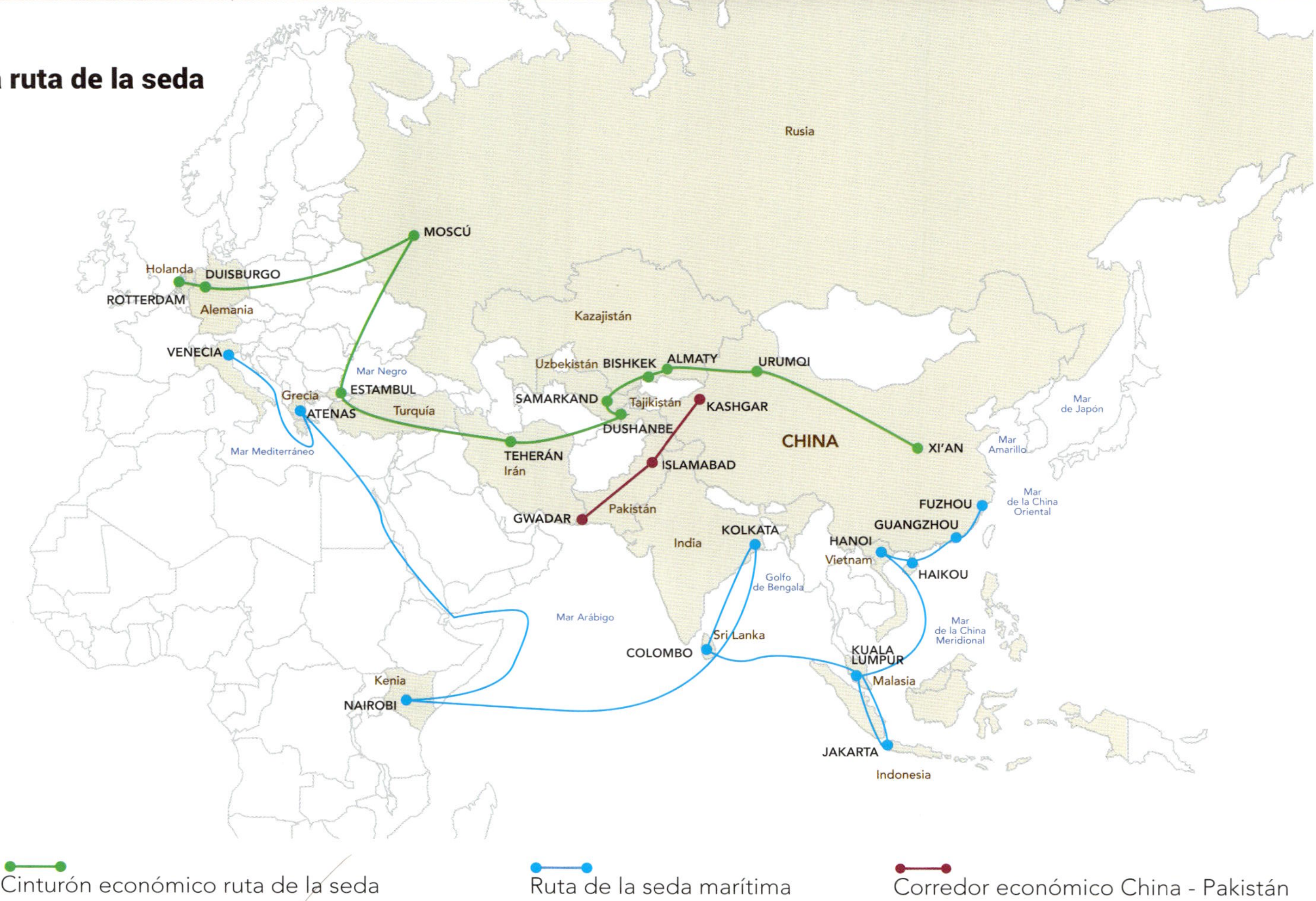

Inspirados por la Revolución china, en Cuba se produjo un movimiento orquestado desde el campo y la Sierra Maestra cubanas, que culminó con el fin de la dictadura de Fulgencio Batista. Como ya hemos visto en innumerables casos a lo largo de nuestro relato, el colonialismo siguió presente también en Latinoamérica. Superado el periodo colonial europeo, América Latina tuvo que presenciar desde el siglo XIX el auge de una nueva potencia: Estados Unidos. Mientras que las potencias europeas se expandieron durante ese siglo por el resto del mundo, Estados Unidos, a partir de su núcleo original de las trece colonias de la costa este, se expandió hacia el oeste de Norteamérica, y tras salir victorioso de la guerra contra España, a finales del siglo XIX, tomó el control de colonias españolas como Puerto Rico, Guam y Cuba. Es decir, a diferencia de los procesos independentistas de Suramérica, en Cuba se dio una independencia condicionada de España, para luego caer en manos de Estados Unidos. Similar al caso de protectorados que veíamos en el Máshreq, Cuba estaba estructurado como una colonia, con una élite política al servicio de los dictámenes estadounidenses; bajo la dictadura de Batista se habían eliminado derechos políticos básicos. El 70% de la tierra arable de Cuba estaba en manos extranjeras y Estados Unidos controlaba la producción isleña de azúcar.

Así que, en la mitad del siglo XX, la Revolución cubana marcó una alternativa para conseguir la autodeterminación, para cambiar sociedades y poner fin a décadas o siglos de dependencia y corrupción, en aras de crear un modelo propio de sociedad. Este era, al menos en teoría, el propósito original. La Revolución cubana no tenía en su inicio una orientación estrictamente comunista, e incluso apenas triunfó no hubo una reacción negativa inmediata de Estados Unidos. Sin embargo, con el paso de los años Fidel Castro, líder de la revolución, instauró políticas socialistas como una profunda reforma agraria, la estatización de diversos sectores, y terminó por acercarse a la Unión Soviética. Ante esto, Estados Unidos emprendió un bloqueo internacional de comercio y relaciones diplomáticas con Cuba, lo que de hecho fomentó que el régimen de Castro dependiera aún más de la ayuda económica de la Unión Soviética. Con esto, Cuba se volvió un pequeño enclave comunista a apenas 90 millas de la Florida. La Cuba comunista haría las delicias de los conspiracionistas estadounidenses. El punto más grave de tensión llegó pocos años después de la Revolución con la llamada Crisis de los Misiles, hecho en el cual la instalación de misiles soviéticos en territorio cubano casi desató una confrontación nuclear, lo que se cree ha sido lo más cerca que hemos estado de una destrucción planetaria. La temeraria acción de la Unión Soviética en Cuba había provocado que por primera vez ambas potencias quedaran al alcance de un misil nuclear, ya que Estados Unidos tenía misiles en Italia y Turquía que podían alcanzar territorio soviético. Al estar tan cerca de una confrontación directa se lograron compromisos para retirar los misiles tanto de Cuba como de Europa, pero de no haber sido por la diplomacia, se hubiese llegado a una guerra nuclear, simplemente por una batalla ideológica por el control planetario. Nunca más las dos potencias estarían tan cerca de un conflicto frontal, pues desde entonces los conflictos serían a través de terceros y patrocinando movimientos políticos a conveniencia.

Para el socialismo latinoamericano, las revoluciones china y cubana fueron fundamentales para formular una teoría, a fin de entender las desigualdades históricas y aplicar las teorías socialistas a las realidades rurales de nuestro continente, dándole una "posibilidad real" al socialismo. La búsqueda de la liberación ante un sistema desigual antiquísimo tomó la vía del comunismo en las luchas sociales latinoamericanas y en muchos lugares que alcanzaron su independencia en la descolonización.

Tampoco se puede pasar por alto que en los países socialistas sí se alcanzaron bastantes logros materiales y de desarrollo en sus sociedades. En todos los países socialistas se consiguió un bienestar básico, con garantías como la educación, la vivienda y la salud gratuitas, piedras angulares de todos los países del bloque socialista. En Europa del Este se produjo una alfabetización casi total de la población y las sociedades agrícolas se transformaron en industrias en todo el este europeo. Si se esgrime un argumento estrictamente económico, muchos países lograron crecimiento y desarrollo sostenidos, como la Unión Soviética y Corea del Norte, antes del fin del orden socialista. En China, el comunismo ha logrado el autoabastecimiento del país más poblado del mundo, garantizando su soberanía alimentaria. Mientras que la India, desde una perspectiva capitalista, no ha logrado solventar esta problemática. La existencia del bloque socialista también representó una presión directa al mundo capitalista para garantizar unas condiciones de bienestar ejemplificadas en el Estado benefactor. El comunismo también propició un pensamiento alternativo al individualismo de las sociedades de mercado y apuntó, por lo menos discursivamente, al cooperativismo y la solidaridad entre los pueblos del mundo.

Sin embargo, los proyectos revolucionarios socialistas presentaron serias falencias para garantizar la libertad política y de pensamiento de sus ciudadanos. La mayoría de ellos terminaron convirtiéndose en regímenes dictatoriales con un fuerte culto a la personalidad, como sucedió con Stalin y Mao. Los proyectos de apertura política que querían transformar el socialismo, como lo fue la Primavera de Praga en 1968, fueron aplastados brutalmente por la Unión Soviética. Y, por otro lado, muchos de los movimientos guerrilleros latinoamericanos no solo no cumplieron con sus objetivos ideológicos, sino que terminaron por generar conflictos largos y costosos tanto en vidas humanas como en recursos económicos, además de ser fundamento de la polarización política que impidió en muchos países la viabilidad de las opciones de la izquierda.

Pero con la caída de la Unión Soviética, estas historias de lucha ideológica y de dominación planetaria entre dos potencias quedaron definitivamente atrás. La Guerra Fría articuló al mundo y modificó considerablemente el destino de muchos pueblos, pero es importante tener en cuenta que fue un orden breve, posible solo por los resultados de la Segunda Guerra Mundial, que cobijó innumerables contradicciones y conflictos. El fin de este orden fue precipitado por las contradicciones internas de la Unión Soviética ante el reclamo de derechos políticos de sus ciudadanos y repúblicas asociadas. No fue ni siquiera causado por una derrota militar. En el momento en que cayó, era la segunda economía del mundo con un ejército intacto.

¿Y por qué cayó la Unión Soviética? A diferencia del caso de Estados Unidos, en donde las compañías que desarrollaban las tecnologías del Ejército a su vez empleaban ese conocimiento en el desarrollo de productos para el mercado, en la Unión Soviética se mantuvo un estricto control de la información, lo que con el paso del tiempo generó que la sociedad soviética estuviera considerablemente atrasada tecnológicamente respecto al mundo capitalista. El gasto militar soviético, aunque ayudaba a movilizar la economía planificada socialista, se volvió un peso desmesurado para los soviéticos, y el impacto de la crisis energética también llegó al mundo socialista. Todo esto contribuyó a una seria crisis política. En medio del anquilosamiento político, el líder del Partido Comunista, Mijaíl Gorbachov, que como tal ejercía como el líder de toda la Unión Soviética, implementó desde 1985 una serie de reformas para conseguir una apertura política de la Unión (*glásnost*, en ruso) y una reestructuración económica (*pereistroika*). La *glásnot* recogía los principios básicos de cooperación internacional y el reconocimiento de la igualdad de los pueblos. Así, tras casi cuarenta años de dominio e intervención, la Unión Soviética reconoció la autodeterminación y cambió su política para no limitar la soberanía de otros países. Años después se retiraron las tropas de la Guerra de Afganistán, ya que el conflicto en el país centroasiático se había convertido en otro lastre para la economía soviética.

Es dentro de este contexto que, durante 1989 y tomando en cuenta la política de no intervención soviética, en todo el bloque socialista comenzaron protestas para acabar con el régimen. La señal de que una nueva era comenzaba fue sin duda la caída del Muro de Berlín, que significó la reunificación de Alemania. Las manifestaciones para acabar los regímenes de Europa del Este se llamaron las Revoluciones de Terciopelo, ya que fueron en su mayoría pacíficas, y así, la mitad de Europa empezó un proceso rápido en el tránsito hacia el capitalismo y sistemas democráticos de gobierno. Esta democratización y libertad política de los antiguos satélites de la Unión Soviética incrementaron la presión dentro de la *glásnot* para que se concedieran libertad política y mayor autonomía a las repúblicas soviéticas. Lo que inicialmente estaba concebido como una modernización y una transformación política terminó convirtiéndose en el principio del fin de la Unión Soviética. Aunque Mijaíl Gorbachov intentó implementar reformas y mantener la unidad, el propio Partido Comunista se dividió internamente. Hubo un intento de golpe de Estado a Gorbachov en 1991 para restablecer un gobierno autoritario, pero fue frustrado gracias a la intervención de Boris Yeltsin, quien entonces era presidente de la República Soviética Federativa Socialista (RSFS) de Rusia (una de las quince repúblicas que conformaban la Unión), quien reunió un apoyo popular importante. El golpe fallido hizo que las repúblicas soviéticas buscaran su independencia de inmediato, temiendo que las reformas se revirtieran. Así, el 8 de diciembre de 1991, las RSFS de Bielorrusia, Ucrania y Rusia firmaron un acuerdo secreto declarando sus respectivas independencias y su nueva unión voluntaria, conocida como Comunidad de Estados Independientes. Esta decisión se hizo a espaldas de Gorbachov, al que se le contó por teléfono. El máximo mandatario de la Unión terminó marginado dentro del partido y perdió control de la situación hasta que presentó su renuncia: el 25 de diciembre de 1991 la Unión Soviética dejó de existir.

Con su final, la articulación de los discursos de la vida política global necesariamente se vio transformada, ya que el gran contrapeso que era el modelo comunista colapsó. Hasta nuestros días, el último momento importante —aunque en muchos casos breve— que tuvo el socialismo desde la caída de la Unión Soviética fueron los gobiernos socialistas en Latinoamérica durante el siglo XXI, que tampoco estuvieron exentos de contradicciones. Nuestro continente, después de la Revolución cubana, se volvió el bastión de las políticas estadounidenses anticomunistas; a raíz de esto, y con el beneplácito y la ayuda económica estadounidenses, se instauraron dictaduras en el Cono Sur, a la vez que se apoyaron políticas represivas en los gobiernos de otros países, que utilizaron la Guerra Fría como una excusa para la persecución y el asesinato político generalizado. La expiración del viejo orden permitió que por fin muchos países buscaran modelos socialistas, ya que la beligerante lucha anticomunista cedió su lugar a nuevos escenarios en la geopolítica mundial. Así, se logró la elección de partidos en países donde cualquier alternativa política fue permanentemente saboteada durante décadas. Los resultados de estos proyectos varían: los hay desde países pluralistas y autoabastecidos, aunque aún con extrema pobreza como Bolivia; países donde se ha avanzado significativamente en derechos humanos como Uruguay, hasta países donde los gobiernos socialistas están acusados por escándalos de corrupción, como Argentina y Brasil. El caso de Venezuela, el único país en donde el socialismo se hizo con una retórica de revolución y reestructuración estatal, después de quince años ha terminado en una crisis humanitaria de gravísimas proporciones, causada por una avalancha de malas políticas económicas, entre otras cosas. De nuevo, los fantasmas de antiguos regímenes socialistas como la represión y el régimen personalista indefinido de un mandatario se hicieron presentes en el país vecino.

Durante esta corta ola de movimientos socialistas también se avanzó en un proyecto de unidad regional, ausente en la historia del continente desde las independencias, y necesario para crear una identidad común y tener un papel importante en el orden internacional. Pero en la actualidad esta unidad parece no haber llegado a consolidarse, ya que muchos proyectos políticos han cambiado de rumbo en estos últimos años.

Desde el final de la Unión Soviética, momento en la historia en donde todo el bloque socialista cayó, parece que la larga lucha del socialismo revolucionario como alternativa ha finalizado por ahora. Así, se da término a un momento que realmente marcó el cambio de paradigma político que había reinado en Europa y luego en el mundo durante un siglo. Después de que el miedo a la conspiración internacional comunista fuera el pan de cada día de las políticas estadounidenses y europeas desde el triunfo de la Revolución rusa y desde el inicio de la Guerra Fría en países latinoamericanos, la Unión Soviética, la primera revolución comunista exitosa, colapsó como proyecto. Ya no existe el foco, real o imaginado, de una conspiración para tumbar o convertir los países al socialismo. Esta retórica se acabó porque no hay quién financie el movimiento comunista, pues la caída de la Unión Soviética produjo una marca indeleble en todos los partidos de izquierda.

Inevitablemente se perdió el referente del modelo político, y desde entonces no hay una alianza internacional mundial comunista respaldada, como sí la hubo durante la Guerra Fría. El socialismo y el comunismo han entrado en una profunda crisis que ha dejado a la mayoría de Europa sin alternativas políticas, salvo excepciones como el partido Syriza, en Grecia, y Podemos, en España. Un factor común después del fin de la Guerra Fría es que la mayoría de partidos socialistas se han transformado en movimientos políticos pluralistas que defienden los derechos humanos, pero la retórica fiel a la teoría marxista retrocede cada vez más del ruedo político, y la mayoría de partidos no tienen una plataforma unida ni metas compartidas internacionalmente, algo que sí distinguió de una u otra forma a los partidos comunistas desde sus inicios, a mediados del siglo XIX. El ánimo revolucionario comunista ya no hace parte de la mayoría de partidos de influencia socialista. Durante siglos entendimos que la lucha política era socialismo o capitalismo, pero hoy esa visión no nos resuelve ni explica el mundo, y está bastante lejos de las plataformas políticas en distintos países.

El nuevo orden multipolar

En su momento, concluida la Guerra Fría, el clima reinante era de optimismo, de que el fin de la Guerra Fría inauguraba una nueva era de multilateralismo, respeto a las instituciones internacionales y a los derechos humanos. Se alcanzó a pensar, en ese entonces, que el fin de la Guerra Fría significaba el triunfo de la democracia y las libertades políticas. Como ya vimos, esto no sucedió. El desmembramiento violento de la antigua Yugoslavia —un proyecto comunista que se mantuvo distante de las lógicas soviéticas, y en donde se logró crear un proyecto nacional multicultural— no resistió la muerte de su líder, Josip Broz Tito. En los años que siguieron se produjo una oleada de reivindicaciones étnicas en el conflicto generalizado que significó la partición del país. Sobre estos horrores y los orígenes de este conflicto hablamos en detalle en el audio. Estas guerras, recién terminada la Guerra Fría, ejemplifican que no todo lo que siguió fue mejor.

En tanto el mundo se estructuró alrededor de la lucha ideológica entre dos modelos; el fin del bloque socialista, aun a pesar de que se produjo por las tensiones internas del proyecto soviético, significó la victoria del mundo capitalista. Por lo tanto, este se volvió el único horizonte político y económico a nivel global, lo cual marca una distancia fundamental con la época de la Guerra Fría. Estados Unidos fomentó y contribuyó con importantes ayudas financieras a toda la conversión del bloque socialista al modelo capitalista, y en Europa del Este y la antigua Unión Soviética se produjo una casi total conversión a modelos inicialmente democráticos y capitalistas. Pero recordemos que, para la década de los noventa, el modelo del mundo capitalista era el modelo neoliberal, y lo sigue siendo en la vasta mayoría de países. Las estructuras monetarias internacionales que ayudan a trazar las políticas económicas a nivel global son profundamente neoliberales, como el Fondo Monetario Internacional y el Banco Mundial, y tienen una repercusión muy amplia, ya que el fin de la Guerra Fría también permitió la integración global económica. Así, otro de los rasgos más característicos de nuestra era es que haya un consenso generalizado sobre el neoliberalismo como única vía económica. Más allá de las posturas políticas, ya sean con un enfoque socialista, liberal o nacionalista, hay un consenso mundial económico sobre la legitimidad del neoliberalismo. Puesto que fue el modelo económico que coincidió con la caída del bloque socialista, carece de un contrapeso, y por ello define muchos parámetros sociales y políticos. Vivimos en una era donde parece revolucionario o irreal exigir garantías sociales como la educación, la salud y el trabajo de parte del Estado, cuando estos han sido avances que el mismo sistema capitalista ha logrado, bajo el Estado benefactor y el sistema Bretton Woods, que se basaron en una economía keynesiana. Pero ya vimos las contradicciones que alberga el neoliberalismo, el aumento sin precedentes de la desigualdad a nivel local y global. La crisis de 2008 nos enseñó cómo las lógicas económicas de la autorregulación del mercado pueden estar erradas, y cómo la fe ciega en modelos neoliberales llevaron a una catástrofe global que sacó a la luz en Estados Unidos y la Unión Europea todos los problemas políticos que también implica el neoliberalismo. Esto nos ayuda a entender, como vimos en el primer capítulo, muchos de los malestares sociales de la actualidad.

La mentalidad de la privatización, la desregularización, la búsqueda de ganancias y eficiencias que caracterizan al neoliberalismo, treinta años después de sus inicios, también ha modelado ciertos comportamientos políticos. Desde el fin del bloque socialista, que desde sus albores tuvo a los partidos como la estructura por excelencia para conquistar poder político, las plataformas de partidos políticos han perdido su importancia, y en los últimos años hemos visto fenómenos que no implican una plataforma de partido; en cambio, se articulan alrededor de una figura, cada vez más joven, que plantea la dirigencia estatal según los paradigmas empresariales: incrementar la competitividad de un pueblo productivo e innovador. Estas figuras pueden tener posturas contradictorias entre neoliberalismo y proteccionismo, como Donald Trump; pertenecer a un rango nacionalista, como Sebastian Kurz, canciller de Austria, o defender valores liberales, neoliberalismo incluido, como Emmanuel Macron. Pero todos tienen en común que las viejas estructuras de ideales políticos entre liberalismo, nacionalismo y socialismo, o entre izquierda y derecha representadas en partidos, están cada vez más ausentes de la política. El énfasis en el culto a la personalidad y la jerga empresarial e innovadora es un síntoma del profundo arraigo de la mentalidad neoliberal y uno de los grandes paradigmas de nuestra actualidad.

Así que el orden internacional está unificado, salvo excepciones, en torno al neoliberalismo. Por lo que la disputa global por modelos económicos y políticos ha concluido con la Guerra Fría, junto con el orden bipolar. ¿Y entonces cómo está estructurado el orden internacional? Pues hablar de un orden internacional en la actualidad es bastante problemático, ya que seguimos a la espera de que las instituciones internacionales creadas bajo los paradigmas del respeto a los derechos humanos como la ONU se vuelvan el foro de mediación y diplomacia mundiales. Nuestra era, la que vino después de la Guerra Fría, está más bien caracterizada por una mayor presencia de potencias regionales, aparte de Estados Unidos, por lo que podemos decir que vivimos en un orden multipolar que apenas se está esbozando.

Después de la Guerra del Golfo y las guerras balcánicas, Estados Unidos inició una corta etapa de unilateralismo que culminó en los desastres de Afganistán e Irak. Estas políticas, cuyas consecuencias hemos analizado de lleno, nos indican cómo es un orden unipolar, un mundo en donde un solo país, basado en sus propias autodeterminaciones, puede pasar por encima de las normas básicas que la humanidad ha acordado, que constituyen el derecho internacional. Durante el periodo de la presidencia de Bush hijo, Estados Unidos buscó ejercer su hegemonía mundial a costa del futuro de países que se volvieron focos de conflicto agravado, algo que no es inusual en la historia de la política exterior estadounidense, que muchas veces oscila entre el idealismo

La mentalidad de la privatización, la desregularización, la búsqueda de ganancias y eficiencias que caracterizan al neoliberalismo, treinta años después de sus inicios, también ha modelado ciertos comportamientos políticos.

wilsoniano, unido al uso de la fuerza como único medio para la diplomacia, y una política llamada realista, en donde se restringe la participación en conflictos internacionales. Trump continúa la retórica de ejercer la voluntad estadounidense ilimitadamente, sobre todo mediante el uso de amenazas, pero por ahora se mantiene dentro de la línea que inauguró Obama de abstenerse, dentro de lo posible, de participar en conflictos de un modo directo. Por ahora parece descartarse la posición "idealista" de imponer a la fuerza regímenes en otros países, ya que las intervenciones de este tipo siempre terminaron mal.

Con Estados Unidos en un papel un tanto más moderado en cuanto a ejercer la fuerza llegamos a nuestra actualidad, en la que se consolida un orden multipolar. Esto borra la división binaria de la Guerra Fría de "buenos y malos", ya que las razones detrás de las acciones de las nuevas potencias en política exterior o en conflictos internacionales obedecen a muchas razones, por lo cual no hay una sola lógica que enmarque las alianzas o las decisiones que toman los gobiernos de los países que hoy son protagonistas de la geopolítica. En la actualidad, la guerra en Siria evidencia de manera perfecta cómo vivimos en un mundo donde hay varios países con cierta hegemonía económica y política, cada cual persiguiendo sus intereses según una lógica propia y de ningún modo reductible a una sola ideología o lucha por un modelo, que a la larga significa la perpetuación del conflicto sirio, pero que nos da pistas de cómo puede ser un mundo multipolar, donde quedan pendientes una cooperación internacional verdadera y un respeto genuino por aprender de nuestra propia historia y poder finalmente respetar los derechos humanos.

Aunque sí podemos encontrar un elemento en común que comparten todos los países de relevancia internacional o regional actual: el gasto excesivo en la industria militar como soporte de su legitimidad política. Aquí hay un vínculo directo con la Guerra Fría, ya que esta era estuvo sustentada sobre la carrera armamentista como fuente de poder. Este es uno de los legados que nos dejó el orden bipolar y una de las continuidades de ese orden que se mantienen. El excesivo gasto militar no hace sino enseñarnos que estamos todavía bastante lejos de una geopolítica que no sea definida mediante el uso de la fuerza; seguimos encaminados en la justificación de la guerra, aun a pesar de las atrocidades del siglo XX.

La Guerra Fría nos enseña que inmediatamente después de la Segunda Guerra Mundial —la mayor devastación que hayamos presenciado como especie—, los ganadores continuaron enfocados en una senda de destrucción, que, gracias a los avances tecnológicos, significó una amenaza aún mayor a nuestra supervivencia sobre este planeta. Por ser las potencias triunfadoras, ni la Unión Soviética ni Estados Unidos aprendieron de las lecciones de destrucción del siglo XX, es decir, el verdadero significado de la guerra estuvo ausente de las políticas de la Unión Soviética y continúa hoy faltando en la mentalidad política estadounidense. La guerra, tristemente, se sigue tratando como algún juego geopolítico o recurso para ejercer la dominación, como si no implicara la vida de personas, como si no supiéramos a qué horrores nos conduce el conflicto, como si viviéramos siempre ausentes de nuestra propia historia. En la actualidad Estados Unidos es el país que más gasta en la industria militar. Con solo 4% de la población mundial, representa el 36% del gasto militar planetario. Estados Unidos gasta en la industria militar más que la suma conjunta de los siguientes diecinueve países en la lista. Esta legitimación de la guerra, en parte, explica su política de mantener una hegemonía mundial. La Guerra Contra el Terrorismo solo ha afianzado la presencia de tropas estadounidenses en decenas de países, por lo que seguirá cumpliendo un papel en la escena internacional sobre la base de su desmedido gasto militar. El hecho de que su industria armamentista represente una parte tan importante de su gasto, sumado también a la mentalidad estadounidense que sigue ese rastro del excepcionalismo americano, nos hacen reflexionar sobre la falta de un debate público que cuestione los actos que produjo la intervención estadounidense en todas las latitudes del planeta durante la Guerra Fría.

Aparte de Estados Unidos, Rusia, Arabia Saudita y China se han vuelto países relevantes en la escena mundial, y todos incurren en gastos de armamento muy altos. Sobre Arabia Saudita nos hemos detenido en detalle ya. Pues bien, Rusia y China vuelven a tener una importancia global. Aunque podríamos creer que son los mismos protagonistas del siglo XX, su presente no podría estar más lejano del mundo de la Guerra Fría. Como síntoma de nuestra actualidad, los viejos paradigmas comunistas parecen obsoletos y carentes de legitimidad a la hora de entender la coyuntura de ambas naciones. Hoy Rusia y China son proyectos fundamentalmente nacionalistas, que se suman a nuestra observada tendencia global de reivindicaciones étnicas, culturales y de dominación, también presentes en las políticas europeas y en Estados Unidos. Pero antes de sumergirnos en los intríngulis de estos dos gigantes, vale la pena que miremos los últimos rastros que nos quedan del mundo bipolar que siguen ocupando las noticias. Ya que hoy, los regímenes de Cuba y Corea del Norte parecen pertenecer a otro tiempo.

Rezagos de la Guerra Fría

Como vimos, dos de los grandes hitos de la Guerra Fría fueron la Guerra de Corea y la Revolución cubana. A diferencia del cambio fundamental que supuso la caída de la Unión Soviética en la historia de decenas de países que cambiaron su rumbo político, económico e ideológico, y más aún, a diferencia de los dos grandes hitos del socialismo, Rusia y China, que han dado un giro inesperado al nacionalismo y el dominio regional y global, Cuba y Corea del Norte continúan extrañamente atrapados en la lógica de la Guerra Fría. Solo bajo esta lógica se puede comprender que Cuba tenga un embargo económico opresivo sobre toda la isla y que Corea del Norte sea una amenaza internacional.

La isla caribeña, que tanto significó para innumerables proyectos políticos en Latinoamérica, desde la caída de la Unión Soviética vivió una época de extrema pobreza y dificultades económicas. Esto se debió a que la isla participaba de la comunidad económica alrededor de la Unión Soviética llamada COMECON, que fue creada como una asociación internacional de cooperación entre Estados de economía planificada. En los noventa, la COMECON se disolvió, y como Cuba era muy dependiente de esta comunidad, su final desató una grave crisis humanitaria. El impacto de la caída de la Unión afectó por sobre todo al país, a causa de la escasez de recursos energéticos como la gasolina y el diésel. Esto inició un período muy crudo para la sociedad cubana llamado *Período Especial*, el cual llevó a unas reformas fundamentales en la isla que transformaron la estructura socialista de la economía. Durante el periodo especial tuvieron que hacerse racionamientos, se disminuyó el uso de carros y varias industrias fueron modificadas. En este sentido, el caso de Cuba es muy particular, ya que mientras que el mundo capitalista liderado por Estados Unidos estaba inyectando sumas de dinero importantísimas a todos los países antiguamente socialistas para su reconversión, en Cuba no hubo ninguna ayuda financiera para la terrible situación que afrontó el país, particularmente dura entre 1990 y 1993. Esto sentó también el precedente de que, aun cuando la lucha contra el comunismo había terminado y de ningún modo Cuba representaba una amenaza internacional o una disputa por la hegemonía mundial, Estados Unidos igualmente la consideraba como su enemigo. Enfrascarse en las lógicas de enemistad, aun bajo circunstancias globales distintas, permite que viejos conflictos permanezcan en la política exterior estadounidense a un costo muy alto sobre la población de estos países. También termina por evidenciar que la relación de Estados Unidos frente a Cuba es, por toda su historia común, completamente distinta a la que pueda tener con otros países.

La economía cubana, después de todo, ha sufrido un embargo asfixiante dictado por Estados Unidos desde que el proyecto socialista comenzó a nacionalizar las empresas estadounidenses de la isla. En respuesta a esta situación, en 1960 Estados Unidos decretó un embargo económico a la isla. Recordemos que la estructura de dependencia con el país norteamericano representaba que el 70% de las exportaciones cubanas fueran a territorio estadounidense, por lo que el embargo causó un impacto considerable que fue subsanado, sin embargo, por el comercio con la Unión Soviética, de la que Cuba desde entonces empezó a depender. Aunque inicialmente el embargo excluía medicinas y alimentos, en 1963 se impusieron nuevas restricciones, por lo que la dependencia cubana de la Unión Soviética fue precipitada de un modo directo por políticas estadounidenses. Tras el fin del bloque socialista, teniendo en cuenta que Cuba estaba lejos de representar una amenaza para Estados Unidos, lo que antes había servido como excusa dentro del mundo bipolar se volvió una política con graves consecuencias para la sociedad cubana. En 1992, Estados Unidos convirtió en una ley el bloqueo a Cuba, vigente hasta que el gobierno isleño no demostrara un compromiso con la democratización y un respeto por los derechos humanos.

Lo que fue un punto nodal para la Guerra Fría se volvió simplemente una política de imposición de condiciones sobre un país, lo cual negó el derecho de los cubanos a su autodeterminación, y que va en contra de cualquier idea de democracia que Estados Unidos supuestamente defienda. Así, después de la Guerra Fría las lógicas de dominación planetaria e imposición de intereses estadounidenses continuaron vivas, y ya hemos hecho suficiente énfasis en que esta manera de hacer política les ha negado históricamente la posibilidad de libertad y autodeterminación a innumerables pueblos en nombre del ideal de la democracia. En efecto, Cuba es un país unipartidista, donde impera la censura, y donde los derechos humanos, sobre todo los de la población LGBTI, han sido sistemáticamente violados. Pero la política de condenar a un país por un régimen nunca ha dado grandes frutos ni tampoco ha generado cambios de régimen. De hecho, muchas veces pasa exactamente lo contrario: favorece la perpetuación de gobiernos autoritarios ante las severas condiciones en las que se encuentran los países. Esta política, como se le aplicó a Irak, mermando de manera grave su población, también se ve en Cuba, Corea del Norte e Irán, y se vuelve un arma de poder unilateral estadounidense que impone todos los términos, y ya sabemos que la claridad política o el compromiso real con el respeto a la vida y a la dignidad ha estado largamente ausente de las acciones en la política exterior estadounidense, aunque haya habido algunas excepciones.

El bloqueo comercial a Cuba es el de mayor duración en la historia y ha sido condenado numerosas veces por las Naciones Unidas. Incluso en 2015 el bloqueo fue rechazado por 191 países y solo dos, Estados Unidos e Israel, estuvieron a favor. La ONU condenó el bloqueo, en defensa de los principios de soberanía de los Estados, libertad de comercio y navegación, en contra de la intervención o injerencia internas de los países. El bloqueo a Cuba corresponde a una lógica de un mundo que ya no existe.

Desde mediados de los noventa, el Gobierno cubano estableció relaciones diplomáticas con numerosos países latinoamericanos, y eso comenzó a mejorar la economía cubana, que luego se vio favorecida por la ayuda financiera y la cooperación con los nuevos gobiernos socialistas que triunfaron en América Latina a principios de la década. La importante alianza con Venezuela, liderada por Hugo Chávez, le otorgó una nueva relevancia a Cuba, que por un momento recuperó su viejo estatus de paradigma latinoamericano y fue central en el movimiento de cooperación económica ALBA,

Alianza Bolivariana para los Pueblos de Nuestra América. Sin embargo, la crisis en la que Venezuela entró por culpa del régimen afectó esta alianza, y lo que pareció ser una nueva ola socialista en Latinoamérica se fue diluyendo.

Cuba, en todo caso, es un país diferente al de hace cincuenta años. Desde principios de los noventa se crearon mercados internos y luego se abolió la ley que prohibía la propiedad privada de los medios de producción, el eje fundamental, recordemos, de las ideas comunistas. El turismo y luego la cooperación con los países latinoamericanos lograron que la economía cubana viviera épocas de relativa prosperidad. Y con la muerte de Fidel Castro en 2016, realmente parece que el fin de una era se consagró. Uno de los últimos protagonistas de la Guerra Fría, el líder que articuló todas las políticas cubanas, murió, y a él lo sucedió su hermano Raúl Castro. Después de décadas de una postura intransigente, en 2014, el presidente estadounidense Barack Obama, junto con Raúl Castro, anunciaron un acuerdo para mejorar las relaciones diplomáticas y comerciales y el levantamiento del bloqueo. Este puede haber sido el punto de inflexión para ponerles fin a los rezagos de la Guerra Fría en la mentalidad de la política estadounidense, pero no sabemos hasta qué punto esto se vuelva una realidad, ya que Donald Trump, empeñado en deshacer todos los tratos internacionales de la administración previa, reversó los avances entre ambos países.

En la actualidad, por primera vez en la historia posterior a la Revolución, el mandatario cubano no es de la familia Castro, ahora es Miguel Díaz-Canel, quien parece estar liderando un recambio político, ya que el proyecto para modificar la Constitución cubana, que empezó en el 2013, fue aprobado en julio de 2018. Oficialmente, la palabra *comunismo* no aparece en la nueva Constitución cubana, que desde ahora parece dejar de existir en las referencias políticas. Sin embargo, esto no significa un recambio en la estructura política, pues el Partido Comunista sigue siendo el único partido del país y las alternativas políticas no parecen estar presentes en la nueva reforma. No sabemos aún si el cambio será puramente discursivo, en respuesta a la necesidad de adaptarse a la realidad del siglo XXI. Se contempla la apertura del control de internet, pero todavía está presente la condena de actividades subversivas, que deja un espacio muy amplio de interpretación. Sin duda los cambios políticos cubanos que parecen encaminar a un país que fue un hito de la historia del socialismo, nos marcan la tendencia de cambios de referentes ideológicos y políticos del antiguo mundo comunista; hoy en día parece que se concilian capitalismo, economía de mercado y control unipartidista.

A diferencia de estas transformaciones políticas, el caso de Corea del Norte nos muestra un régimen infinitamente más aislado y totalitario que mantiene una fuerte ideología. No se ciñe estrictamente a los lineamientos marxistas, aunque igualmente mantiene el modelo comunista de un control absoluto de la población.

Al respecto, no sobra repetir que en realidad la Guerra Fría se acabó. Aunque en el caso de Cuba el propio gobierno realizó aperturas diplomáticas y transformaciones económicas, del lado de Corea del Norte se mantienen muchas características del mundo bipolar del siglo XX. La actualidad de Corea del Norte es curiosamente anacrónica y obedece a dos factores importantes: que Estados Unidos todavía no ha superado del todo esta lógica y que el régimen comunista norcoreano ha conservado un control férreo sobre la población, en donde la oposición fundamental entre ellos y el resto del mundo se ha vuelto un método para continuar en el poder.

En los últimos años vivimos un episodio digno de los años cincuenta, en el que se produjeron un choque y amenazas de lado y lado entre Corea del Norte y la administración Trump. Supimos que ocurría en nuestra era porque los pronunciamientos de Trump fueron a través de la plataforma social Twitter. Corea del Norte en la actualidad es uno de los pocos países que se han aislado del mundo globalizado. La información sobre lo que ocurre dentro del país es escasa y la población norcoreana no tiene acceso alguno a información extranjera. Esta es una verdadera rareza hoy, ya que vivimos en la era más interconectada de la historia, en donde el ciudadano promedio cuenta con un acceso sin precedentes a la información. Sin embargo, no es que no sepamos nada de Corea del Norte. Hay bastante literatura académica, e incluso se pueden encontrar documentales e imágenes sobre este país; hasta hay una compañía que organiza *tours* limitados. Pero el secreto está en cómo funciona el país día a día, cuál es su actualidad y cuál es la opinión pública, ya que aun cuando pocos reporteros son recibidos, lo pueden hacer solo con una escolta a tiempo completo, y curiosamente todos los reporteros comparten un sentimiento de que la visita se trata de una puesta en escena para recibir a extranjeros. Esto hace imposible para los ojos externos distinguir entre el régimen y la población.

A esta situación tampoco contribuye que gran parte de la información que circula sobre Corea del Norte sea difundida por sus principales rivales de la región: Corea del Sur y Japón. Agencias y periodistas de estos dos países han puesto a circular por el mundo gran cantidad de información sensacionalista y de dudosa veracidad sobre el régimen norcoreano.

Dicho esto, hay que resaltar que el control de la información es uno de los rasgos principales de Corea del Norte. El gobierno se legitima a través de un discurso reiterado en instituciones públicas, escuelas, eventos conmemorativos y la prensa. En este sentido, Corea del Norte es un régimen totalitario con un control absoluto de la información, un rasgo que caracterizó a los países comunistas, solo que Corea del Norte es el último rezago de esa era, y por eso causa tanta sorpresa en la actualidad. Es un país comunista unipartidista, bajo el control del Partido de los Trabajadores. La salud, la educación y la comida son subsidiadas y distribuidas por el gobierno, aunque existen noticias sobre escasez de alimentos y otros problemas de satisfacción de necesidades básicas. La arquitectura y la infraestructura de la nación continúan influenciadas por la escuela soviética, por lo que resulta llamativo que la estética que tanto marcó a los países comunistas en el siglo XX, y que hoy se nos hace algo anticuado, siga vigente en ese país.

El país cuenta con la propaganda y el culto a la personalidad que caracterizaron a los regímenes socialistas de antaño, aunque incorpora algunos de los elementos de la antigua mitología coreana. Las fotografías de Kim Il-sung y su hijo Kim Jong-il, el padre del actual mandatario, Kim Jong-un, están en prácticamente todas las edificaciones, y los grandes monumentos a los líderes son centros diarios de peregrinación de la ciudadanía para rendir respeto. El país norcoreano ha construido desde la Guerra de Corea un discurso alrededor de la legitimidad bélica y la dinastía de Kim Il-sung, que incluso formuló la interpretación marxista específica de Corea del Norte, llamada *Juche*. La idea central es que los individuos son los maestros de sus propios destinos, que, no obstante, deben encaminarse en la búsqueda de un futuro socialista para construir un país que sea autosuficiente en economía, política exterior e industria militar. Es una interpretación de un supuesto comunismo con rasgos coreanos que fue incorporada como doctrina nacional desde 1978. Así, el discurso oficial se centra en la autosuficiencia y la independencia, justificando su aislamiento internacional, e incluye la idea de que cada individuo del régimen es responsable del futuro colectivo, exigiendo el sacrificio y la disciplina de cada ciudadano. Durante la Guerra Fría, Corea del Norte recibió importante ayuda económica de la Unión Soviética, y cuando esta colapsó, en los años posteriores a la profunda crisis económica que sobrevino se sumó una inundación que afectó la agricultura, lo que provocó el desabastecimiento, y por ende una hambruna en la que más de medio millón de personas murieron. Desde entonces, la economía del país ha sufrido gravemente y depende mucho del comercio con China, que en la actualidad es lo que mantiene a flote al país.

Junto con la idea de Juche como principio rector del régimen norcoreano está la doctrina del *Songun*. Ideada por Kim Il-sung, el Songun afirma que el principal propósito del Estado es la defensa militar del país y de la Revolución. Para mantener la idea, siempre se recalca la amenaza de los imperialismos estadounidense y japonés. Esto no es fruto de simple paranoia, pues recordemos que la península fue intervenida por Japón y Estados Unidos, en dos acciones que marcaron la historia de Corea. Aunque convenientemente en el Songun se deja por fuera el papel de la Unión Soviética y China en la Revolución norcoreana. Y así, un país que fundamenta su accionar político en la defensa permanente de su proyecto ha creado en la práctica la nación con el mayor ejército del mundo, si se cuenta a las reservas, ya que son casi nueve millones de personas. El servicio militar es obligatorio y dura diez años, en promedio.

El gasto estatal en la actividad bélica es desmesurado, lo que contrasta con la terrible situación alimentaria de la población. Pero es, sin duda alguna, y a base de repetición, la piedra angular de la legitimidad del régimen, que ha construido una identidad nacional basada en el discurso militar. Los horrores de la Guerra de Corea son repetidos a modo de lecciones entre la población y utilizados como fundamento ideológico para la oposición al imperialismo. Esto tampoco parte de un discurso del todo irracional. Durante la guerra, la capital, Pyongyang, fue prácticamente arrasada por los bombardeos, y en el transcurso del conflicto, en solo tres años Estados Unidos atacó con más de treinta toneladas de bombas a la población coreana, e incluso existe una controversia sobre un supuesto uso de armas químicas en estos ataques. El régimen de la dinastía Kim legitima su memoria sobre las atrocidades que representó la guerra. Siguiendo esta línea, todos los sitios históricos han sido preservados, y uno de los museos más importantes es el de la guerra. El relato oficial es la resistencia heroica coreana liderada por la familia Kim ante el asedio extranjero, un riesgo que se ve como completamente actual. Y ahí entra entonces la importancia del plan nuclear coreano como arma para disuadir cualquier intervención estadounidense o de naciones enemigas. Las armas nucleares también son signo del poderío nacional, que repite una idea muy propia de la lógica que articuló la Guerra Fría.

Desde los años noventa se produjeron tensiones entre la presidencia estadounidense y el régimen norcoreano sobre su programa nuclear. Esto llevó a un acuerdo en el que, a cambio de frenar la búsqueda tecnológica para alcanzar la bomba nuclear, se normalizarían las relaciones diplomáticas entre ambos países, ya que la falta de relaciones diplomáticas vino acompañada de sanciones internacionales, lo que impide que la maltrecha economía del país pueda recuperarse. El acuerdo no duró mucho, y, con la presidencia de Bush, las tensiones entre ambos países retornaron cuando el país quedó en la arbitraria lista del Eje del Mal. Esta ruptura de acercamientos no hizo sino incrementar los esfuerzos de Corea del Norte para conseguir una bomba atómica, hecho que por fin logró en 2006.

También vale la pena aclarar que en la actualidad Corea del Norte no cuenta con la capacidad para atacar territorio estadounidense, ya que el país asiático carece de misiles balísticos de largo alcance que tengan la capacidad para transportar una bomba nuclear. Sin embargo, sí cuenta con la tecnología para atacar a Corea del Sur y Japón, aunque el país solo lanzaría un ataque si es atacado; por eso es que las armas nucleares, bajo la misma idea de la Guerra Fría, son un mecanismo de disuasión. Después de todo, la carrera armamentista se basó en el desarrollo de una tecnología devastadora que no iba a ser utilizada, ya que un ataque directo entre ambas potencias generaría una destrucción mutua garantizada, por lo que el armamento literalmente era creado para no usarse, y, bajo la misma lógica, Corea del Norte desarrolla su programa nuclear y luego lo puede utilizar como ventaja para una negociación.

Desde el siglo XXI, la carta nuclear se volvió la meta central del régimen para disuadir una intervención extranjera, de manera específica estadounidense, que pueda acabar con la dinastía Kim. Esta postura se vio muy influenciada por la invasión a Irak, ya que Estados Unidos tumbó arbitrariamente a un régimen y a conveniencia, ante la inoperancia internacional. Esto sienta un precedente sobre el actuar estadounidense y sobre qué puede esperar el régimen de Kim, ya que ambos consideran al otro como enemigo:

el uno por continuar políticas de la Guerra Fría, aun cuando este orden ya se terminó, y el otro porque su legitimidad está en el discurso sobre el enemigo y en el gasto militar.

Desde el siglo XXI, la carta nuclear se volvió la meta central del régimen para disuadir una intervención extranjera, de manera específica estadounidense, que pueda acabar con la dinastía Kim.

La reciente tensión que se produjo durante meses entre el Gobierno estadounidense y el Gobierno norcoreano evidenció también un posible *modus operandi* de Trump en la política internacional. La estrategia sería demostrar una postura intransigente e incrementar las amenazas hasta lo que pareciera un punto de no retorno, para por último forzar una negociación que supuestamente favorezca sus términos. Así sucedió, y, después de meses de incertidumbre, ambos mandatarios acordaron restablecer al fin las relaciones, a cambio de la desnuclearización de la península coreana. Muchos sectores del país norteamericano fueron críticos del trato, por ser demasiado vago y por no contemplar casi ningún beneficio para Estados Unidos, aun cuando aparentemente detrás de la retórica de mano dura estaba la idea de inclinar la negociación hacia los dictámenes estadounidenses. El restablecimiento de las relaciones implica un alivio fundamental para Corea del Norte, ya que el país está bajo terribles sanciones, justo por avanzar en su programa nuclear. Como en el caso de Irak con Saddam Hussein, la táctica de sanciones internacionales genera un círculo vicioso que se alimenta a sí mismo, ya que solo perjudican a una población, coartada con severidad en el caso norcoreano, lo que da aún más legitimidad al régimen y al liderazgo como los únicos capaces de sacar adelante al país frente a las duras condiciones económicas.

Además consolidan el discurso de crear a Estados Unidos como un enemigo del cual hay que defenderse, tarea que queda a cargo del propio gobierno. Las sanciones, de hecho, incrementan la búsqueda de desarrollar un programa nuclear, ya que se ve como la única arma de defensa y la excepcional carta de negociación, como en efecto termina siendo. Pero el costo de esta política de sanciones y armas nucleares es demasiado alto y peligroso, ya que, por un lado, las sanciones asfixian a la población, y por el otro, tan siquiera utilizar la amenaza de una bomba nuclear implica tener un poder de destrucción inimaginable.

Así, las declaraciones incendiarias que acrecentaron los riesgos de un enfrentamiento nuclear nos recordaron durante unos instantes los peligros que supone el hecho de que la política nuclear quede a discreción de las voluntades, ya sean de Trump o de Kim, y que además se vuelva el único mecanismo para mantener a raya las decisiones unilaterales estadounidenses contra regímenes no afines. De hecho, no hacen sino legitimar aún más que el plan nuclear se vuelva un mecanismo de negociación para sostener un pulso con Estados Unidos. Un caso similar es lo que sucedió en Irán, país que también comenzó un programa nuclear para defender el régimen y que, ante las sanciones internacionales, logró negociar con la administración Obama y la Unión Europea para frenar el desarrollo de armamento nuclear, a cambio de levantar las duras sanciones internacionales y restablecer un comercio internacional. En este caso, el Gobierno iraní siguió con lo acordado, incluso cementando las plantas nucleares, pero Trump resolvió de manera unilateral salirse del acuerdo para supuestamente renegociarlo, aun cuando no existen razones y hay estrictos mecanismos de vigilancia que corroboran que Irán cumple las condiciones. El argumento de Trump fue que Irán mantenía su programa nuclear en Siria, lo cual parece un argumento descabellado si se tiene en cuenta la profunda inestabilidad del país hundido en la guerra.

Este episodio de tensión nuclear nos muestra los peligros de que la política internacional se haga con bombas nucleares, ya que se está demasiado cerca de que los riesgos que implica negociar con una línea dura terminen volviéndose realidad, y que como especie volvamos al horror de Hiroshima y Nagasaki. La amenaza nuclear no es un tema exclusivo de Corea del Norte, ya que en la actualidad hay nueve países que cuentan con armamento nuclear: Inglaterra, Francia, Estados Unidos, India, China, Rusia, Pakistán, Israel y Corea del Norte, y otros más cuentan con tecnología nuclear. Se podría argumentar que es un peligro que gobiernos irresponsables o imprevisibles tengan en sus manos armas nucleares, pero la realidad es que la irresponsabilidad mayor es que existan armas nucleares. Hay una lección que nos dejan los japoneses pues ellos consideran que no existen países responsables con bombas atómicas: tenerlas es, en sí mismo, una irresponsabilidad, ya que las bombas atómicas y los seres humanos no son compatibles, y una sola bomba atómica es ya un fracaso de la especie.

MADE IN
CHINA
MADE IN
El renacer
de Rusia
y China

Rusia, por la senda del zar

Hasta aquí hemos explicado los escenarios de la actualidad que tienen mucho que ver con el antiguo orden de la bipolaridad. Ahora, sin embargo, continuemos con la historia de los dos países que, después de haber sido los grandes proyectos del comunismo, hoy son enormes proyectos nacionalistas.

La progresiva relevancia de Rusia en la escena internacional ha generado cierta tensión entre la Unión Europea, Estados Unidos y el gigante euroasiático. Recordemos que el papel de estos países en el conflicto sirio hace parte de este escenario. Las tensiones nos recuerdan que los actores de los conflictos por hegemonía europea han sido casi los mismos desde que el viejo Imperio ruso comenzó la era que se conoció como "El Gran Juego" entre Rusia e Inglaterra por el dominio de los territorios del Imperio otomano y el Imperio persa, aunque con los siglos hayan cambiado de vestiduras. Después de décadas de intentar un dominio mundial bajo la bandera del comunismo, el proyecto de Rusia actual tiene más en común con la Rusia de los zares que con la de los soviets. Y esto no es casualidad, ya que el proyecto del Gobierno ruso a manos de Vladimir Putin está encaminado a vincular a Rusia con su antigua grandeza imperial.

Para que Rusia haya dado el giro de casi 180 grados al retomar referentes políticos, culturales e históricos de la Rusia previa a la Revolución han tenido que suceder varias coyunturas, aunque sin duda podemos encontrar los orígenes de este cambio en los años posteriores al final del comunismo.

Tras la separación de la RSFS, que marcó el fin de la Unión Soviética, Rusia siguió bajo el liderazgo de Boris Yeltsin, quien al haber defendido a Gorbachov de un posible golpe de Estado se autoconcibió como un político liberal que ayudaría a la transición rusa a la democracia y el capitalismo. La nueva Rusia se constituyó como una federación de repúblicas. Al haber sido el primer país en donde triunfó la revolución socialista, sin duda la influencia rusa en el proyecto de la Unión Soviética fue fundamental porque en Rusia se originó. Los rusos tenían la mayor república de la Unión Soviética, que representaba una parte fundamental de su economía y dominaban el Ejército y el Partido Comunista. Durante la época de Stalin se llevó a cabo una política de rusificación para darle un enfoque étnico al proyecto soviético, y así se fomentó la migración de rusos a otras partes de la Unión, donde incluso se establecieron a veces como mayoría frente a la población local. Pero la Unión Soviética era un proyecto enorme —la entidad nacional más grande del mundo en su momento—, que contaba con vastos recursos. Rusia, como país, era solo una de las quince repúblicas que constituían la Unión Soviética, y no tenía la capacidad de asimilar todo el peso administrativo, militar y diplomático de la Unión Soviética. Aunque casi por consenso Rusia se volvió la heredera directa de la Unión y asumió el puesto en el Consejo de Seguridad de la ONU, no se puede arrogar que son el mismo país. Rusia no heredó el poderío ni se convirtió en una gran potencia de inmediato: a la inestabilidad política y administrativa que devino tras la caída de la Unión, la siguieron las medidas económicas lideradas por Yeltsin en pro de convertirse rápidamente al capitalismo. Durante los años noventa, esta estructuración produjo una profunda crisis económica y social en Rusia.

Al inicio, Boris Yeltsin se enfrentó con dureza al Parlamento ruso, ya que había un conflicto entre varios sectores del antiguo Partido Comunista sobre el futuro del país, respecto a las medidas económicas, la privatización y la disputa política relacionada con los límites del poder presidencial entre el Parlamento, que se llama —curiosamente— la Casa Blanca, y el Kremlin, sede de la presidencia. El enfrentamiento incluso llegó a ser literal: en 1993, tras disolver el Congreso y el Soviet Supremo mediante un decreto, Yeltsin cortó el agua y la electricidad de la Casa Blanca y ordenó un ataque, en donde murieron aproximadamente 1.500 personas. Luego el presidente introdujo una nueva Constitución con fuertes poderes presidenciales, que fue aprobada en un cuestionado referendo. Así se marcó el camino de la Rusia moderna hacia un régimen presidencialista con poderes desmesurados que el sucesor de Yeltsin, Vladimir Putin, solo aumentaría.

Uno de los fenómenos más notorios que tuvieron lugar en la transición de Rusia hacia el capitalismo se repitió con frecuencia en todos los regímenes antiguamente socialistas, e incluso está presente hoy en China: el Partido Comunista modificó su plataforma ideológica, pero su burocracia se convirtió en la nueva élite del país. En Rusia la mayoría de cargos importantes son de antiguos comunistas, que los obtuvieron por un monopolio del poder político nacional, pero todos han abandonado cualquier vínculo con el pasado comunista y con la ideología socialista. Yeltsin, aun a pesar de su propio pasado, se erigió en la nueva Rusia como un político occidental, a favor las instituciones liberales, la democracia y el neoliberalismo, mientras que a su vez su círculo cercano, piedra angular de su poder político, se enriqueció meteóricamente.

La forma en que estos antiguos funcionarios comunistas se volvieran la nueva élite fue mediante una terrible corrupción, en donde la venta y compra de casi el 70% de empresas quedó en manos de los mismos. En la acelerada privatización, en un país donde todos los sectores eran de bien público, la *nomenklatura*, es decir, el conjunto de altos cargos ocupados por miembros del

Partido Comunista, se apropió de los bienes públicos, comprando a precios irrisorios compañías que tan solo meses después valían sumas exorbitantes. El manejo corrupto de la privatización de toda una nación creó una élite empoderada. Esto también fue "caldo de cultivo" para la famosa y temida mafia rusa.

Aunque se ensayó otro mecanismo en donde se le entregó a cada ciudadano ruso un bono, cuyo valor fue calculado sobre el valor de los bienes estatales, la inflación y el desconocimiento total de un procedimiento así hicieron que los bonos perdieran su valor con rapidez, por lo que los ciudadanos rusos pasaron de tener unas garantías de salud, vivienda, educación y trabajo a no tener nada ni beneficiarse del festín de corrupción que orquestó el Partido Comunista. En 1995, la mayoría de rusos trabajaban para compañías privadas por primera vez desde 1917. Sin embargo, la privatización y el mal manejo, sumados a la inflación y crisis económica, hicieron que para 1998, el punto más profundo de la crisis, la mayoría de empresas estuviera en pérdidas, lo que provocó un retraso en los pagos de los salarios, traducido en una severa incertidumbre para los ciudadanos, ya que las pensiones también se habían visto afectadas por el mal manejo estatal de la privatización.

Yeltsin logró ser reelegido en 1996 prometiendo aumentar el gasto público y pagar las pensiones. Su campaña tuvo el apoyo imprescindible de la nueva oligarquía que existía gracias a la corrupción de la misma administración de Yeltsin. El Fondo Monetario Internacional acordó un préstamo a Rusia por 40 millones de dólares para rescatar al país. Sin embargo, la oposición argumentó que la mayoría de esos fondos habían sido robados por el círculo cercano a Yeltsin y depositados en bancos extranjeros. En 1998, el no pago de las deudas al FMI hizo que el rublo y los mercados financieros colapsaran.

Así, el paso del socialismo a la privatización en Rusia produjo una honda crisis política y económica que acabó con la seguridad de los ciudadanos rusos en cuestión de una década. El neoliberalismo introducido por Yeltsin generó miseria, corrupción generalizada, y representó un choque inimaginable para personas que habían vivido con las seguridades estatales durante generaciones y luego vieron la economía colapsar. En una década, el país quedó inmerso en una desigualdad e inseguridad social visibles, hasta el punto de que las tasas de natalidad cayeron y la mortalidad aumentó. Durante esta década, además, se produjeron dos guerras con la República de Chechenia que dejaron mal parado al Ejército ruso, lo que también fue una fuente de malestar social y deslegitimación de Yeltsin.

La separación de las quince repúblicas que hacían parte de la Unión fue pacífica en su mayoría y reconocida mutuamente. Sin embargo, un caso que degeneró en conflicto permanente fue el de Chechenia. La RSFS de Chechenia-Ingush se separó en 1991 y se fundó entonces la República Independiente de Chechenia, liderada por Dzhojar Dudáyev. Los chechenos son un pueblo milenario que ha habitado el Cáucaso por mucho tiempo y estuvieron bajo dominio del Imperio persa, hasta que desde el siglo XVIII el entonces Imperio ruso conquistó este territorio. Sin embargo, estas dos culturas son muy diferentes entre sí. Como numerosas repúblicas del Cáucaso que hacían parte de la Federación rusa, los chechenos son en su mayoría musulmanes. En 1944 Stalin acusó a los chechenos de colaborar con los nazis y ordenó una deportación masiva, en la que más de 300.000 personas fueron expulsadas de sus territorios ancestrales. Esto produjo una ruptura en la memoria colectiva y cultural chechena, que encontró en la religión una fuente de afirmación de identidad.

La separación de las quince repúblicas que hacían parte de la Unión fue pacífica en su mayoría y reconocida mutuamente. Sin embargo, un caso que degeneró en conflicto permanente fue el de Chechenia.

Diez años más tarde, al pueblo checheno se le permitió volver a lo que entonces era la República Socialista Federalista Soviética de Chechenia-Ingush. La diferenciación cultural chechena se mantuvo, y en los años ochenta comenzaron los primeros movimientos contemporáneos nacionalistas, influenciados también por la coyuntura del protagonismo del islamismo radical que vimos en el capítulo anterior.

Con la declaración de independencia de Chechenia, en 1991, se fundó una república bajo la observación estricta de la *sharia*. Sin embargo, la Federación rusa desconoció esta declaración y desde entonces repudió la separación de ese país. Chechenia se volvió un escenario también para Al Qaeda y los combatientes de la recién creada ideología del islamismo radical internacional que cometieron dentro de territorio ruso la táctica de actos terroristas. En Rusia, esto se sumó a todos los males sociales, y en 1994 Yeltsin aprobó el envío de tropas rusas a Chechenia para derrocar a Dudáyev. Este episodio es conocido como la Primera Guerra de Chechenia, que duró alrededor de dos años, causando desplazamiento y el asesinato de miles de personas, en su mayoría civiles. A pesar de la muerte de Dudáyev, Chechenia se volvió un pequeño foco de conflictos entre familias y facciones fundamentalistas, que a duras penas pudo ser ahogado por el Ejército ruso, algo que se vio como una gran derrota. Chechenia obtuvo una autonomía *de facto*, y Yeltsin, para lanzar su campaña de reelección, prometió llevar a cabo un referendo en 2001 para que Chechenia votara por su independencia.

Años más tarde, en 1999, milicias chechenas invadieron la república vecina de Daguestán, también parte de la Federación rusa, lo que provocó la Segunda Guerra con Chechenia. La respuesta a esta invasión quedó a cargo de Vladimir Putin, entonces Consejero de Seguridad, quien tuvo un enfoque completamente distinto, que consistió en afirmar por la fuerza el dominio sobre Chechenia. A partir de entonces, Vladimir Putin fundamentó parte de su legitimidad política en el control de la situación en Chechenia. Putin contó con la importante alianza de Ajmat Kadýrov, un dirigente checheno separatista en la Primera Guerra chechena que luego cambió de bando. Él y otros dirigentes antiguamente separatistas fueron nombrados gobernantes de la República por Putin, que al asegurarse la alianza con los mandatarios chechenos logró estabilizar el conflicto. La carrera política de Putin se vio muy favorecida por su posición en la Segunda Guerra de Chechenia. Tras estos eventos fue nombrado Primer Ministro por Boris Yeltsin, y en 1999 fue escogido como presidente de Rusia ante la sorpresiva renuncia de Yeltsin por problemas de salud.

Con la renuncia de Yeltsin se marcó un punto final a la caótica era de la transformación rusa del socialismo al capitalismo, sintetizada en las frases finales del presidente: "Quiero pedir perdón por sus sueños que nunca se cumplieron, y también me gustaría pedir perdón por no haber justificado sus esperanzas". Putin asumió el cargo como presidente interino, y un año después, en el año 2000, ganó las elecciones presidenciales. A todas estas, los sectores separatistas chechenos siguieron cometiendo actos de terrorismo en territorio ruso durante los años siguientes. La respuesta de Putin fue asumir el discurso de la Guerra Contra el Terrorismo desde una perspectiva rusa. Así, los deseos de independencia chechenos quedaron enmarcados bajo la lógica de la guerra contra el terror y favorecieron el apoyo internacional a Putin, que se vio beneficiado por esta doctrina, ya que cada acto terrorista cometido por los chechenos dio pie para que Putin introdujera una política centralista y antidemocrática. El 23 de octubre de 2002, un comando checheno retuvo a más de setecientas personas en el teatro Dubrovka de Moscú. La crisis fue manejada de forma polémica por Putin: el mandatario aprovechó la coyuntura para controlar la televisión y coartar los medios de comunicación. La retoma del teatro por parte de las fuerzas especiales rusas se dio de forma violenta. Tras el desenlace murieron 170 personas, 130 de ellas rehenes. Además se utilizó un gas cuya composición exacta el Gobierno ruso aún no ha revelado hasta el día de hoy. La situación chechena quedó de nuevo bajo la mira de Putin, y las retaliaciones no habrían de tomar mucho tiempo.

En el 2003 se llevó a cabo el prometido referéndum sobre la autonomía de Chechenia, cuya mayoría votó por permanecer dentro de la Federación rusa, cerrando la posibilidad de una autodeterminación. De inmediato se introdujo un nuevo sistema político vertical de la Federación eliminando *de facto* los poderes regionales. Ante la represión de Moscú, los sectores fundamentalistas chechenos siguieron tratando de avanzar su agenda política separatista mediante la violencia. El 3 de septiembre de 2004 se tomaron una escuela en Beslan (Osetia del Norte). Mil trescientas personas fueron capturadas como rehenes. La escuela fue retomada por las fuerzas rusas en una acción de nuevo polémica. Murieron 334 personas, y 186 de ellas eran niños. El Gobierno ruso mantiene la versión oficial de que la mayoría de los muertos fueron provocados por las explosiones de las bombas detonadas por los chechenos durante el asalto ruso. Algunas otras versiones afirman que se dio un nuevo exceso de fuerza por parte de los comandos rusos. Más allá de la versión oficial, lo sucedido en Beslan añadió a favor de los rusos una razón más para rechazar cualquier reclamación de los chechenos. La respuesta del Gobierno fue eliminar los cargos de elección popular de los gobernadores, que pasaron a ser designados por el presidente. En definitiva, Putin ha sabido utilizar la situación chechena a su favor. Hay una asociación directa entre su rápida escalada en la política y su lucha contra el separatismo armado checheno. Su estrategia de "mano dura" le ha garantizado un alto respaldo popular, por encima de cualquier polémica en su contra. El mandatario ruso es un caso paradigmático de cómo la retórica de la Guerra Contra el Terrorismo beneficia una agenda nacionalista y ultraconservadora.

La carrera de Vladimir Putin puede servir de ejemplo a lo sucedido en la historia rusa durante los últimos treinta años. Putin trabajó para la KGB en Alemania Oriental desde 1985 y regresó a su país apenas cayó el Muro de Berlín. Su carrera política inició en la década de los noventa en la Rusia que emergió de la disolución de la Unión Soviética. Durante ese contexto fue asesor del alcalde de San Petersburgo. Por medio de conexiones políticas, Putin llegó en 1996 a involucrarse de un modo directo con el proyecto democratizador y occidental liderado por Boris Yeltsin. A pesar de que la carrera política de Putin solo fue posible bajo el ala de Yeltsin, desde su elección Putin sentó una distancia frente a su antecesor. Incluso fundó su propio partido, "Nuestra Casa es Rusia" o "Rusia Unida", un partido nacionalista conservador de centro derecha. Desde su victoria en el año 2000, Putin y el partido Nuestra Casa es Rusia ha dominado la Duma y la presidencia ininterrumpidamente. En 2008, ante la imposibilidad de ser reelegido tres veces, Putin delegó la candidatura del partido en Dmitri Medvédev, una figura de su total confianza. Medvédev resultó electo. Putin, en una jugada de pura estrategia política, pasó a ser Primer Ministro.

En 2012, Vladimir Putin se presentó directamente como candidato a presidente y volvió a ser elegido. El 18 de marzo de 2018 fue reelecto por tercera vez como presidente de la Federación rusa, con el 76,6% de los votos. Tras esta victoria en las urnas, Putin permanecerá en el poder hasta el año 2024. Es decir, que aun si este es el último periodo del mandatario, Rusia habrá tenido veinticuatro años de gobierno de Putin, por lo que podemos afirmar que Rusia se encuentra bajo un régimen personalista. Ante esto, organizaciones internacionales y los opositores rusos han denunciado el peligroso ascenso de discursos opresivos y de limitación de derechos. La censura política en Rusia es notoria y se ha implementado en contra de la oposición. La agenda conservadora del partido también ha generado un ataque generalizado a las libertades políticas. Incluso las ONG tienen una acción limitada desde 2005, y en el 2013 pasaron a estar controladas por el Estado, ya que tienen que estar registradas al ser consideradas como organizaciones de agentes extranjeros y, por extensión, una amenaza al pueblo ruso. La protección de derechos humanos, que es una de las grandes causas de las ONG, está imposibilitada en un país con un fuerte control presidencial.

Y a través de esta meteórica carrera política, Putin ha logrado avanzar una agenda nacionalista que tiene como eje la legitimación cultural y étnica del pueblo ruso y el retorno a la grandeza de su era imperial. A diferencia de Yeltsin, no hay una reivindicación de los valores liberales u occidentales; el proyecto contemporáneo ruso se basa en la construcción de una legitimidad internacional, la seguridad y la identidad nacional. Su mandato se caracteriza por rasgos autoritarios que atentan contra las libertades políticas y los derechos humanos. Además, está muy presente en sus discursos la retórica de la necesidad de proteger al pueblo ruso, haciendo énfasis en la idea de la homogeneidad cultural, y así, volvemos a la construcción de la identidad que antepone la etnicidad.

La carrera política de Putin ha sido posible porque su gobierno le brindó una sensación de seguridad y una nueva identidad a Rusia, una nación sumamente afligida por la caída de la Unión Soviética y las terribles políticas económicas que la sucedieron. El mismo Putin declaró a inicios del presente milenio que la caída de la Unión Soviética había representado la mayor catástrofe geopolítica del siglo XX. Es sobre la incertidumbre que produjo esta catástrofe en la mentalidad rusa que se crea la legitimidad de Putin como una figura que puede recuperar el país y devolverle su importancia internacional, pero de ningún modo reivindicando su pasado soviético. En la Rusia actual no hay una asociación directa con la Unión Soviética. En 2017 se vio con claridad esta ruptura con el pasado, ya que no se realizaron conmemoraciones ni celebraciones del centenario de la Revolución rusa. En el mismo sentido, la Rusia del siglo XXI vuelve a tener como referente la Iglesia ortodoxa, núcleo fundamental de la identidad rusa desde el siglo X. A su vez, el legado que se busca recuperar a nivel histórico e institucional es el del pasado imperial. La victoria contra los nazis en la Segunda Guerra Mundial cumple un papel preponderante, pero es recordada como la gran Guerra Patria, el único episodio de la Unión Soviética que la Rusia actual rescata.

A pesar de una abierta represión a la oposición política, el régimen de Putin ciertamente cuenta con un importante apoyo popular que ha garantizado victorias consecutivas que aumentan más la hegemonía del partido Nuestra Casa es Rusia. Putin, después de todo, sí logró construirse y ser visto como el hombre que le ha dado estabilidad y crecimiento a Rusia, y que le ha devuelto su carácter de gran nación. A nivel económico, el mandatario fue favorecido por coyunturas específicas en su primer periodo, ya que en 1999 y 2000 los precios del petróleo incrementaron, y Rusia, como país productor, vio un crecimiento importante. La "ola" de petróleo y gas que ha mantenido a Putin no ha cesado.

El proyecto nacionalista ha recuperado también el control estatal sobre sectores energéticos estratégicos como el petróleo y el gas, además del sector nuclear, ciertos bancos y el sector militar. El control estatal de Gazprom, la compañía de gas más importante, garantiza un poder diplomático importante de Rusia sobre Europa, ya que el país euroasiático es el principal exportador de gas a este continente. Los países bálticos y algunos países escandinavos dependen de manera exclusiva del gas ruso, mientras que países de Europa oriental como República Checa y Bulgaria tienen una dependencia cercana al 80%. Grecia, Austria y Hungría dependen en un 60% del gas ruso, y Alemania, en un 50%. El gas entonces se ha vuelto una herramienta diplomática del gobierno Putin, que sube o baja los precios como herramienta negociadora. Y es por esto que no se puede dejar de lado el tema del gas, en cuanto a la dominación de Chechenia, que tiene una posición geoestratégica, ya que a través del territorio de esta república llega a Rusia el gas de Asia Central.

También, en su segundo mandato Putin comenzó una persecución contra la élite corrupta de los círculos cercanos a la administración Yeltsin que le dio aún más legitimidad, al despedir de importantes cargos públicos o judicializar a muchos por fraude fiscal. Numerosos adinerados rusos incluso se fueron al exilio ante las políticas anticorrupción. Sin embargo, muchos denuncian que

Putin simplemente reemplazó el círculo cercano de Yeltsin por su propio círculo cercano, donde se mantiene una peligrosa relación entre política, empresa privada, economía y recursos públicos.

El papel de la Rusia de Putin en el ámbito internacional también está bastante lejos del pasado soviético, ya que su esfera de influencia y sus políticas se limitan exclusivamente a sus vecinos europeos y los países circundantes que fueron antes soviéticos. No creamos que la importancia rusa marca el camino para el retorno a la bipolaridad. No vivimos en un momento en donde la escena internacional está marcada otra vez por la lucha entre Estados Unidos y Rusia, ya que en principio se acabó la lucha ideológica. Rusia es capitalista y nacionalista, y en la actualidad busca crear un contrapeso a Estados Unidos, pero reconociendo un mundo con varios actores principales. La política exterior de Putin es clara: rechazar el unilateralismo, a favor de un orden multipolar en donde Rusia ocupe una posición protagónica, signo de su grandeza nacional. El mejor escenario para empezar a hacerlo es en el "extranjero cercano", el término con el cual Rusia se refiere a los antiguos países miembros de la Unión Soviética.

Desde mediados de los noventa, Rusia comenzó a estrechar vínculos con muchas de las antiguas repúblicas soviéticas. Incluso, con Bielorrusia se acordó en 1999 el Tratado de Unión Estatal, en donde se contempla la unión de ambos países en un futuro cercano. En este mismo sentido se creó la Comunidad Económica Euroasiática en el 2000, conformada por Bielorrusia, Rusia, Kazajstán, Kirguistán y

El papel de la Rusia de Putin en el ámbito internacional también está bastante lejos del pasado soviético, ya que su esfera de influencia y sus políticas se limitan exclusivamente a sus vecinos europeos y los países circundantes que fueron antes soviéticos.

Tayikistán, con Armenia, Moldavia y Ucrania como observadores desde el 2002. Esta unión económica involucra también alianzas militares y comerciales que en la práctica generan una dependencia respecto a Rusia. Sin embargo, no todos los países del antiguo bloque socialista son pro-rusos. En el lado europeo hay países que se resienten del pasado soviético y son furiosamente antirrusos, ya que los ven como conquistadores y recuerdan vívidamente los atropellos, asesinatos y crímenes cometidos en sus territorios. A este grupo pertenecen países como Polonia, Hungría, Eslovaquia, Bulgaria, Albania, los países bálticos y Rumania. Todos ellos, salvo Albania, son parte de la Unión Europea, lo cual marca una alianza y un favoritismo al proyecto europeo, en detrimento de una cooperación con Rusia. A medio camino entre favorecer una unión económica y comercial con Rusia o estrechar vínculos con Europa están Ucrania, Georgia y Moldavia, los centros de conflicto que han evidenciado la voluntad nacionalista de la Rusia de Putin.

Rusia quiere de nuevo ser un país de importancia, pero según los intereses nacionales propios, y es así que, desde mediados de la primera década del siglo, Putin comenzó una política que sombríamente nos recuerda argumentos que en su día tenía Hitler: proteger a la población rusa que vive en otros países, ya que hay un espacio ruso más amplio que las fronteras del país, en donde, precisamente por la política de rusificación estalinista, hay poblaciones rusas plantadas en otros territorios. En su momento Hitler también defendía el espacio vital alemán en donde existía población cultural y étnica alemana, que era mucho más amplio que las fronteras alemanas. Esta fue la excusa para iniciar las invasiones a países vecinos.

Los casos más notorios del "espacio vital" ruso, que evidenciaron también la política expresa del Gobierno de intervenir en otros territorios, ocurrieron en Georgia y Ucrania. En el primer país, el conflicto no se trata de defender una población rusa local, pero sí hay estrechos vínculos de amistad entre Rusia y Osetia del Sur. Allí viven los osetios, un pueblo del Cáucaso de orígenes iraníes también muy antiguo. A diferencia de la vasta mayoría de pueblos que fueron conquistados por la rusa imperial, como Chechenia, los osetios no se resistieron y formaron alianzas con Rusia. Osetia luego se volvió un importante aliado de los bolcheviques durante la guerra civil que siguió a la Revolución rusa, y allí ayudó a combatir a los mencheviques en territorio de Georgia, donde terminaron triunfando.

Tras la separación de la Unión Soviética, Osetia del Sur, que quedó en territorio georgiano, luchó por su independencia, pero fue aplastada por las tropas georgianas. Durante años se produjo un conflicto que terminó en un acuerdo que contemplaba la presencia de tropas rusas en Osetia y Abjasia. Con el tema de Osetia pendiente, el Gobierno georgiano mantuvo una posición ambivalente entre el dominio ruso post-Unión Soviética y un acercamiento occidental, que incluso tuvo el patrocinio de países como Estados Unidos. Así, se produjo un movimiento social para democratizar el país, al que se lo llamó la Revolución Rosa, que terminó en la elección presidencial de un candidato pro-occidental. Sin embargo, la situación de la autonomía de Osetia no se resolvió, y en 2006 se llevó a cabo un referendo para seguir siendo parte de Georgia, pero como región autónoma, que fue rechazado por los osetios. En ese mismo año empezaron las tensiones con Rusia, cuando se produjo un incidente que involucró militares rusos acusados por el Gobierno de Georgia de espionaje. Como respuesta, Rusia decretó el embargo sobre las importaciones georgianas, y el presidente de Georgia, entonces aliado de Bush, exigió el retiro de las tropas rusas de Abjasia y Osetia del Sur. Dos años más tarde, enfrentamientos continuos entre milicias osetias y el Gobierno georgiano culminaron en el bombardeo de la ciudad principal de Osetia del Sur. Rusia envió tropas que entraron a Osetia del Sur y expulsaron al ejército georgiano, de inmediato Osetia del Sur y Abjasia declararon su separación de Georgia, la cual fue reconocida por Rusia. Desde entonces estas naciones, reconocidas por pocos países internacionalmente, han estrechado vínculos con Rusia para que ambas formen parte de la Federación. Esto no es reconocido por Georgia y las tensiones permanecen entre ambos gobiernos.

El caso de Ucrania resulta paradigmático, pues este país está estrechamente vinculado a la historia rusa, para bien o para mal. El primer reino ruso fue establecido en Kiev, en el siglo IX, que fue luego invadida por los otomanos y después los mongoles, lo que produjo que el centro gravitacional del pueblo eslavo ruso se desplazara de lo que es Ucrania hacia el territorio actual. El pueblo ucraniano fue parte de Rusia, tuvo influencias e invasiones cosacas, perteneció luego a Polonia, que fue partida en dos por el Imperio ruso y el Imperio austrohúngaro, momento en que formó parte otra vez de territorio ruso. Tras esto tuvo una breve vida como Estado independiente, de 1918 a 1920, hasta que pasó a ser parte de la Unión Soviética. Desde la partición de Polonia en el siglo XVIII, el territorio ucraniano comprendió la península de Crimea. Esta región es otro pedacito del rompecabezas de la historia del Imperio otomano, ya que Crimea perteneció a este imperio hasta el siglo XVII, época en que los rusos fomentaron la separación para que cayera bajo su influencia, lo que luego terminó en la conquista del territorio bajo el reinado de la zarina Catalina la Grande. La zarina promovió la rusificación, plantando población rusa en territorio crimeo. Crimea luego pasó a pertenecer a la RSFS de Ucrania durante la Unión Soviética, y, tras su caída, Rusia buscó mantener relaciones estrechas con Ucrania, sobre todo en aras de proteger su base naval y puerto en Sebastopol (Crimea), establecida desde el siglo XVII. Este puerto es fundamental por ser el único de agua caliente con el que cuenta Rusia, ya que el resto de sus puertos se congelan, muchos seis meses al año.

Ucrania es un país que desde la caída de la Unión Soviética ha tenido profundas crisis económicas, y en la actualidad hay una tendencia clara que divide las regiones del país. Por un lado está la población culturalmente católica, de tradiciones centroeuropeas y favorable a una integración ucraniana a la Unión Europea; esta región también ha desarrollado una terrible desconfianza hacia

Rusia y mantiene como referencia el desastre de Chernóbil como una muestra del desprecio de Moscú hacia la nación ucraniana. Por otro lado, la parte oriental del país tiene una población de mayoría rusa, e incluso ve con nostalgia el pasado soviético, ya que este país no ha logrado alcanzar sus niveles de producción de la era soviética y se mantiene en un estado económico crítico, con la recurrente necesidad de acudir a ayudas internacionales para sanear su economía.

Para inicios del siglo XXI, Ucrania, así como Georgia y otros países antiguamente soviéticos, fueron el escenario de protestas populares para democratizar y acabar con las antiguas estructuras políticas anquilosadas, herederas del pasado comunista. Estas manifestaciones se conocieron como las *Revoluciones de colores*, las cuales tuvieron una importante financiación estadounidense, dentro del ideal del entonces presidente Bush de "llevar la democracia" al mundo. Sin embargo, en retrospectiva, estos movimientos no lograron solucionar los problemas políticos y de corrupción de muchos de estos países ni significaron una ruptura del eje gravitacional ruso. En Ucrania, las protestas se originaron por la elección de Viktor Yanukovich, pro-ruso, y lograron el recambio político a favor de Viktor Yushchenko, aunque tras el triunfo de la llamada Revolución naranja, Yanukovich fue designado Primer Ministro por el mismo Yushchenko. Desde entonces las relaciones ruso ucranianas se deterioraron y Putin acudió al "viejo truco" de subir los precios del gas para generar una presión económica en un país ya de por sí bastante frágil.

En este punto de la historia comenzaron los coqueteos de Ucrania con la Unión Europea, a la cual se le ofreció la incorporación a la OTAN, que, a los ojos de Rusia, todavía tiene una carga antirrusa latente, por lo que cualquier adhesión a la OTAN de un país vecino de Rusia es vista como una provocación. En respuesta, Rusia ofreció para Ucrania un plan de ayudas económicas importantes. En el 2010 Yanukovich fue elegido presidente, denotando el limitado alcance de la Revolución naranja, ya que solo cuatro años después el mismo gobernante al que se opusieron los manifestantes volvió al poder. Más tarde, en el 2013, después de varios años de negociación para el ingreso a la Unión Europea, Yanukovich suspendió las negociaciones favoreciendo el acuerdo ruso, que incluía un generoso préstamo y el abaratamiento del gas. Esto detonó protestas generalizadas en toda Ucrania, especialmente en la plaza Máidan, en Kiev; a esta coyuntura se la llamó Euromáidan. Las protestas condensaron años de incertidumbre económica de sectores de la población que querían vincularse al proyecto europeo en busca de un nuevo horizonte político. Durante meses la presencia en las calles fue continua y los manifestantes exigieron la renuncia del Gobierno. Sin embargo, en las regiones pro-rusas en Crimea —en Sebastopol, una ciudad con una entidad especial, Donetsk y Luhansk— también empezaron manifestaciones que amenazaban con la independencia si Ucrania se inclinaba al lado europeo. El 11 de marzo del 2014, Crimea y Sebastopol declararon su independencia y la constitución de la República de Crimea, la cual fue reconocida de inmediato por Rusia. Las regiones de Donetsk y Luhansk obtuvieron éxitos militares a través de sus milicias, apoyadas por el Ejército ruso, pero no alcanzaron su independencia, y, ante la falta de reconocimiento internacional, en la actualidad están en un limbo.

En cuanto a la República de Crimea, el 18 de marzo del 2014, una semana después de su autoproclamada independencia, suscribió un acuerdo de adherencia a la Federación rusa después de un referendo en donde ganó la opción de pertenecer al país euroasiático, y desde entonces es un sujeto federal ruso no reconocido internacionalmente. Recordemos que Crimea, un centro neurálgico por sus recursos de gas y petróleo, fue una de las conquistas de la era imperial rusa bajo el mando de Catalina la Grande, y, 218 años después de la muerte de la zarina, Vladimir Putin la anexó al territorio ruso una vez más. La coincidencia con el pasado imperial para el nuevo proyecto nacionalista no podría estar más clara. Y exactamente en el 2014, aún en medio de la controversia internacional sobre la anexión de Crimea, se realizaron en Rusia los Juegos Olímpicos de Invierno, en Sochi, para demostrarle al mundo el poderío y preponderancia internacional de la renovada Rusia de Putin. En ese mismo sentido, el país organizó el Mundial del 2018.

La respuesta internacional sobre la anexión de Crimea simplemente ha sido desconocerla e imponer ciertas sanciones, pero desde entonces Putin continúa liderando a Rusia en la senda del nacionalismo y el protagonismo internacional, algo que se vio con claridad al involucrarse en el conflicto sirio del bando de Al-Ássad y denunciar la cooperación de las monarquías del Golfo y Turquía con el Daesh.

La historia ha dado bastantes giros, y sin embargo ciertas similitudes continúan o vuelven a ocupar un lugar en el análisis de nuestra realidad. Crimea sigue en la historia rusa; el pulso entre el Imperio ruso y los imperios europeos que dominó el siglo XVIII también está presente en la tensa calma entre la Unión Europea, Rusia y los que están en medio. Hay un antagonismo reiterado con Estados Unidos, pero no ya bajo una retórica ideológica, sino porque Estados Unidos, ya hemos visto, tiene la manía de tener políticas unilaterales y Rusia tiene la determinación de ser un contrapeso al unilateralismo.

Muchos cuestionan el verdadero poderío económico ruso, ya que depende demasiado de sus recursos energéticos, y la crisis del 2008 afectó profundamente la economía, que hasta entonces venía creciendo de manera ininterrumpida. Pero sin duda el proyecto de la Rusia del siglo XXI tiene un nombre: Vladimir Putin, el hombre que creó un régimen a raíz de una crisis económica y ganó legitimidad por la lucha contra el terrorismo. La cuna de las revoluciones socialistas, el país que logró el primer gobierno marxista y que guio las esperanzas comunistas del siglo XX, pero que también forjó el régimen totalitarista de Stalin, es ahora el hogar de una nueva Rusia nacionalista. Otro proyecto que se basa en la grandeza cultural, recuperando el pasado imperial con reivindicaciones étnicas.

Los antecedentes en los siglos XIX y XX de proyectos así arrojan solo inquietudes sobre un mundo en donde de nuevo reinen los conflictos entre Estados nacionalistas. Aun así, con toda la influencia que Putin quiere lograr en el ámbito internacional controlando además los territorios aledaños a Rusia, podríamos atrevernos a decir que el proyecto nacionalista ruso palidece, en comparación con el futuro que China tiene proyectado para sí misma.

China y las ironías de la vida

La actualidad china está llena de contradicciones y paradojas. China es hoy un país comunista, capitalista, nacionalista, eje fundamental del comercio internacional y, a la vez, está aislado de muchos aspectos de la globalización. La trayectoria de china para llegar a lo que es hoy, como imaginarán, es compleja, pero la mayor ironía sin duda es que el giro político chino fue una consecuencia directa de las políticas de Mao, aunque no en el sentido que Zedong esperaría. Ya que fue el rechazo absoluto a la Revolución Cultural lo que hizo que Deng Xiaoping, una víctima directa de las purgas de esa era, cambiara el discurso ideológico chino, y con ello, el rumbo de la nación. La Revolución Cultural fue un gran trauma para la China moderna, y, en aras de darle un camino distinto al proyecto comunista, años después de la muerte de Mao, Deng Xiaoping anunció en 1978 el inicio de lo que se conoce como *las reformas*. La idea inicial era que China participaría en la economía de mercado mundial, pero en beneficio del proyecto socialista y bajo sus estrictas condiciones. Para hacer esto una realidad, entre 1980 y 1984 se declararon cuatro zonas económicas en el territorio chino, en las cuales se fomentó la inversión extranjera. Paralelo a ello comenzó también la creación de una gigantesca estructura de producción de bienes para exportación. La idea detrás de esto era servirse de la economía de mercado para fomentar el crecimiento y el desarrollo tecnológico de China, ya que la sociedad había sufrido un estancamiento político, intelectual e industrial, resultado del Gran

Salto Adelante y la Revolución Cultural. Desde entonces, China en treinta años se ha integrado a la economía global, en el proceso se ha transformado y se ha privatizado la estructura estatal, de manera tal que es válido afirmar que China es un país comunista que se volvió capitalista. Esto contradice cualquier teoría marxista, ya que de ningún modo se pensaba en el mundo socialista que algo así pudiera pasar o fuera deseado. Por eso China es uno de los grandes ejemplos que nos sirven para romper las dicotomías de las ideologías que primaron en el siglo XX que tenían un afán occidental por ser universalmente válidas, pero cuya aplicación ha estado llena de contradicciones. La trayectoria de los grandes hitos socialistas en la actualidad evidencia más bien la crisis de estas teorías.

No obstante, en el discurso oficial del marxismo chino, que no abandona su intento por mantener sus referentes ideológicos, el capitalismo es un paso inevitable y necesario, a fin de generar la riqueza y prosperidad, para luego sí llegar a una verdadera sociedad socialista. Ahí, de nuevo, se justifica el cambio político siguiendo las visiones positivistas de un solo camino económico para todos los pueblos. El actual proyecto económico chino apunta a que la economía de mercado es el camino apropiado hacia el crecimiento y la prosperidad. China, desde un régimen comunista, parece haber aceptado el consenso surgido a partir del fin de la Guerra Fría sobre la idea de que el desarrollo económico solo es posible por la vía del capitalismo neoliberal, como si este fuera el único camino de la humanidad. Una idea compartida por muchos países del llamado *Tercer Mundo*.

En realidad, tenemos que tomar en cuenta que las condiciones históricas para que las potencias occidentales se ubiquen en la cima de la actual "pirámide económica" son irrepetibles e implican una variedad de factores, entre ellos la conquista de muchos territorios y la apropiación de una enorme cantidad de recursos. Recordemos que la Revolución industrial, que gestó el capitalismo moderno, es paralela a la expansión, la colonización y el saqueo de los recursos nacionales de otros pueblos, por lo que la riqueza occidental se ha construido desde la conquista de América sobre los bienes de otros pueblos: desde la plata americana hasta el petróleo del Máshreq y la península arábiga.

Al poner al capitalismo como un paso imprescindible para llegar al socialismo, el Partido comunista mantiene nominalmente un compromiso con el legado del proyecto comunista moderno chino, aun cuando se presentan contradicciones, como introducir en la Constitución la "inviolabilidad de la propiedad privada", el quid fundamental al que se opusieron históricamente las teorías marxistas. Pero más allá de las disquisiciones teóricas, la realidad es que China se transformó desde *las reformas*, y aunque estas tuvieron un carácter paulatino, el cambio ha sido drástico. La lenta implementación del nuevo plan económico, que se ha realizado a lo largo de tres décadas, es otro aspecto que nos ayuda a entender la mentalidad china actual. Después de las transformaciones radicales que supusieron las primeras décadas del régimen comunista en China, el partido adoptó las banderas de la estabilidad y la soberanía. En la actualidad esta plataforma ha llegado a aplacar cualquier intento de experimento social o proyecto ideológico, que se asocia a las eras turbulentas de Mao.

En el proceso de integración china a la economía global sucedió la mayor de las ironías: China, un país comunista, se volvió el eje central y ayudó a constituir el nuevo sistema capitalista neoliberal. China al principio comenzó a producir bienes para exportación, que eran muy baratos por los precios de la moneda local. En ese sentido, no era el único país asiático en hacerlo, ya que siguió el modelo que Japón y otros países como Tailandia y Singapur forjaron durante los sesenta, setenta y ochenta, de exportar productos teniendo como ventaja sus bajos costos de producción. En su momento, teniendo a Japón como mayor proveedor, hubo manifestaciones de rechazo en países como Estados Unidos, cuando estas exportaciones baratas empezaron. Muchos gremios denunciaron que esta práctica afectaba profundamente la industria nacional.

En el caso norteamericano, la más aquejada fue la automotriz, ya que las grandes fábricas fueron desmanteladas ante la llegada de carros baratos japoneses; esto representó despidos masivos. Estas políticas de importación fueron fuertemente criticadas hasta que llegó el neoliberalismo, desde mediados de los setenta. Estados Unidos reestructuró su modelo, que pasó de enfocarse en inversión en el extranjero para fomentar la exportación de productos estadounidenses a girar en torno a la importación de productos, a cambio de atraer capital extranjero a Wall St, como vimos en el primer capítulo, por lo cual importar se volvió parte de las políticas económicas. Asimismo comenzaron nuevos paradigmas como la desregularización, que fomentaba el flujo internacional de capitales, y el mantra de *eficiencia, ganancias y productividad* que acompaña este pensamiento. Y ahí apareció entonces China, abriéndose a participar en la economía de mercado en el momento perfecto, ya que se volvió la pieza fundamental para la implementación del nuevo modelo de negocios de Walmart, sobre el que hablamos en el primer capítulo. Durante los años noventa, la producción china estaba orientada a cuanta cosa: desde bicicletas y juguetes hasta maletas, pero luego empezó también a fomentar el traslado de las operaciones de empresas de tecnología, ante el vertiginoso desarrollo que se estaba produciendo por la misma época con la Revolución digital.

China fue el país que atrajo la producción de todas las grandes multinacionales, de forma por completo intencionada. En el proceso ayudó a crear el modelo contemporáneo de negocios, en donde la producción de las grandes multinacionales está en países que ofrecen una mano de obra barata. Esos productos son importados y vendidos muchas veces a precios exorbitantes, lo que genera un margen exagerado de ganancias para estas multinacionales que siguen estas prácticas, inspiradas en el lema neoliberal de *eficiencia y productividad*. Este modelo, en apariencia, solo beneficia a las empresas, que se sirven de la globalización, y el semilibre flujo de capitales y mercancías para aumentar las ganancias. Cuando hablamos de que China es una potencia incomparable de exportación, la "fábrica del mundo", esas exportaciones en realidad no benefician la industria china, ya que la mayor parte de las ganancias de la gigantesca producción se queda en las multinacionales. Las ganancias de estas empresas extranjeras, en su mayoría estadounidenses, no se ven reflejadas en la población estadounidense, que perdió su trabajo, y cuyas pequeñas empresas deben competir con precios inigualables garantizando su quiebra o traslado a China. Tampoco se irradian estas ganancias hacia los trabajadores chinos, que trabajan durante muchísimas horas por salarios irrisorios. Por ejemplo, tan solo del 1% al 3% del precio final de un iPhone corresponde al costo de la mano de obra.

Todo este proceso significó que desde que el Gobierno chino comenzó las reformas, la fuerza laboral china se volvió el sustento de los objetos de nuestra vida diaria. Vivimos en un mundo donde la mayoría de objetos que nos rodean, y de los que muchos hemos llegado a depender, como los computadores o celulares, son productos ensamblados en China que dependen del trabajo de cientos de millones de personas, por lo cual la fuerza laboral china sostiene el mundo capitalista de mercancías de hoy.

Esto, volvamos a repetirlo, es increíblemente paradójico, y solo es posible por varios factores exclusivos de China. Las políticas estatales y las laxas regulaciones, sumadas a precios artificialmente bajos, atrajeron a las empresas extranjeras multinacionales. Pero otro factor fundamental fue la numerosa fuerza de trabajo disponible. Y ahí entran en juego varias cosas para tomar en cuenta. A diferencia de los límites en mano de obra que puedan tener otros países del Sudeste Asiático, China es el país más poblado del planeta, por lo que cuenta con una capacidad muy amplia para abastecer toda la producción —en este punto— mundial de tecnología. Esto también es paradójico porque no es ninguna casualidad que la población china sea tan disciplinada y trabajadora.

El proyecto revolucionario chino les dio importancia al campesino y al trabajo por primera vez en la historia moderna. Así, se creó un proyecto nacional basado en la dignidad de los trabajadores. Las ideas de que cada uno era el dueño y constructor de la nación también crearon nociones de *responsabilidad colectiva* y *disciplina* que han servido a la construcción de la identidad moderna china después de la era imperial. Y ahora, con las vueltas de la vida, esa disciplina y dignidad del trabajo vienen a servir para que exista una fuerza laboral que se somete a largas jornadas, en donde las personas trabaja, en condiciones miserables, durante más horas que la jornada laboral internacional de ocho horas. Y ahí nos aparece un nuevo nivel de contradicción: las fábricas de la China contemporánea están creando las mismas condiciones de miseria y pauperización en sus trabajadores que el incipiente capitalismo industrial introdujo en Inglaterra. Recordemos que Marx intentó crear toda una teoría para denunciar y resolver esas condiciones. Ahí sí, para rematar: los principios básicos del marxismo de la clase trabajadora explotada son una realidad en el siglo XXI, ante la falta de derechos en China, el país donde el comunismo triunfó.

Detrás de esta realidad existe un tenue equilibrio que permite que los trabajadores se presten a esas pésimas condiciones. La mayor parte de la fuerza laboral son personas rurales que emigran a las ciudades a trabajar por temporadas para poder ahorrar. Sin embargo, luego retornan a sus hogares en el campo, normalmente para la temporada de cosecha, por lo que es una población que podríamos llamar *flotante*, que todavía mantiene unas seguridades, ya que todos los chinos tienen el derecho al usufructo de la tierra. Pero el sustento de los trabajadores rurales de tener unas garantías y un lugar al cual retornar está en peligro ante la progresiva privatización de tierras estatales que puede terminar amenazando la tierra arable china. Además, el fenómeno actual de migración laboral a las ciudades está dejando aldeas enteras abandonadas durante meses enteros, en donde los padres de la familia van en busca de trabajo y dejan atrás a los niños con los ancianos. Otro peligro está en que en el momento en que los trabajadores elijan permanecer en las ciudades o mudarse de manera definitiva se pone en riesgo la soberanía alimentaria china, ya que desde épocas imperiales, China es un país que se autoabastece. En la actualidad, ante la explosión demográfica del país, es un logro impresionante de la china comunista el que, con solo el 6% de la tierra arable del planeta, alimente al 22% de la población mundial. Pero si las tierras siguen la racha de privatización y la población pierde el vínculo con el campo, China está *ad portas* de una hambruna sin precedentes.

Es importante para el análisis de China que no caigamos en la noción de que es un país absolutamente autoritario y explotador, ya que China es un laboratorio de proyectos, tensiones, contradicciones; no es un ente monolítico a merced de las políticas del partido. El arraigo social del gobierno comunista, aunque se ve favorecido por la censura y represión política, no deja de tener una legitimidad genuina todavía. El Estado provee servicios básicos, algo rudimentarios, de salud y vivienda gratuitas, aunque los migrantes rurales no clasifican a estos derechos en otras provincias. Hay unas garantías sociales cumplidas para el ciudadano promedio chino, y por eso la mayoría de personas cree en las políticas del gobierno de que el crecimiento económico puede representar riqueza y mayor bienestar para las personas, y todavía existe una legitimidad real en este sentido.

Sin embargo, también es cierto que desde el inicio de la privatización empezó una corrupción notoria entre las élites comunistas. Las reformas y la participación en el capitalismo chino desde un inicio han sido planificadas, por lo que ciertos sectores se privatizaron y otros siguen siendo de dominio público. Como es el caso en la historia de casi todos los países comunistas que se volvieron capitalistas, en el proceso de privatización la élite gobernante del Partido Comunista se volvió una élite empresarial adinerada. Esto fomenta que los intereses comerciales se mezclen y dirijan las políticas públicas. Lo que era una participación mesurada en el capitalismo para beneficio de la población, como se planteó al inicio de las reformas, ha tenido una trayectoria acelerada de privatización, erosión estatal y enriquecimiento de los miembros

> Las reformas y la participación en el capitalismo chino desde un inicio han sido planificadas, por lo que ciertos sectores se privatizaron y otros siguen siendo de dominio público.

del Partido Comunista, por lo que la corrupción se ha vuelto un problema fundamental en China. En un país en donde en 1978 absolutamente todo era de dominio público, hoy el sector público representa solo un tercio de la economía china. La inversión en infraestructura, el control de recursos energéticos, de megaproyectos, algunos bancos y un sistema de subsidios en la salud, la educación y las pensiones, le dan el rostro aún socialista a China, pero el resto de sectores han sido privatizados, aunque siguiendo unas directrices acordes al plan de gobierno del partido.

En este punto vale la pena preguntarse: si hace solo diez años el 70% de las ganancias de electrónica, el 90% de la industria automotriz y el 80% de las ganancias de la industria maquinaria eran para empresas extranjeras —margen de ganancia que debió aumentar en este tiempo—, ¿qué saca China a favor con el modelo de producir bienes baratos para el mundo y sostener el mundo contemporáneo?

Pues ahí es donde entra el plan original que siguen *las reformas*: a cambio de que las empresas extranjeras muden su producción a suelo chino y literalmente exploten la mano de obra china, los chinos planearon aprender y copiar, para al final innovar y desarrollar su propia tecnología, con la meta de convertirse en una vanguardia mundial. Ese era el plan original: la apertura económica se concibió para favorecer la transferencia de conocimientos. En ese sentido, el Partido Comunista mantuvo la política de imponer las condiciones de negociación con las multinacionales para seguir esta línea. Para poder llevar operaciones a China se necesitaba tener una compañía socia que fuera china; esto, en la práctica, garantizó que las empresas chinas pudieran aprender de los procesos y desarrollos tecnológicos, a veces incluso de empresas rivales, como Guangzhou Automotive, empresa que era socia de Honda y Toyota a la vez.

En China, la propiedad intelectual, válgase la aclaración, es casi inexistente, por lo que el país ha desarrollado toda una tecnología paralela copiando, literalmente, las empresas occidentales que van a hacer base allá. Este es un riesgo que estas empresas conocen y aceptan, a cambio de aumentar de manera cuantiosa sus márgenes de ganancia, por lo que no se puede decir siempre que es desventajoso o aprovechado: es un contrato implícito que viene a cambio de participar en el modelo de producción contemporánea. No obstante, las copias chinas incluyen tecnologías que no participan en ese país porque están prohibidas, como Google, Facebook y YouTube. Esto ha causado agrias disputas, ya que en China hay versiones de exactamente las mismas tecnologías, llamadas Badiu, Renren y Youku Tudou, respectivamente, que además tienen más usuarios que sus contrapartes occidentales. Aquí podemos hablar también del mercado interno chino. El crecimiento acelerado de China, que se convirtió en el 2016 en la primera economía del mundo, viene acompañado de mayor capacidad de adquisición de los ciudadanos chinos, lo cual se traduce en un mercado enorme, ya que es el país más poblado del mundo. Esto ha significado otra ventaja que el Estado utiliza para imponer sus propias condiciones a las empresas extranjeras que buscan el acceso al mercado más grande del mundo. Incluso Google recientemente cedió respecto a las condiciones chinas para entrar al mercado, pero con una versión censurada, algo que viola los supuestos principios que constituían a la empresa, basados en el libre acceso a la información.

Así, la China contemporánea tiene vínculos inseparables con el mundo globalizado y bastantes ventajas de negociación. Sin duda, aprendiendo de su propia historia —si fue la tecnología lo que marcó el principio del fin de la era imperial y el sometimiento al dominio desigual inglés—, ahora China es la meca tecnológica que en cuestión de décadas ha logrado alcanzar e ir a la par de la tecnología del mundo occidental. Si la historia china fue interrumpida en dos por los desiguales tratados comerciales con Inglaterra, ahora el Estado se cuida muchísimo de que el comercio internacional sea bajo sus condiciones.

Aunque esto no quiere decir que China mande la parada en todo sentido; después de todo muchas de las riquezas chinas fueron a dar a Wall St y allí se esfumaron con la crisis del 2008. Ese mismo año, con la tradicional idea de demostrar poderío nacional, China acogió los Juegos Olímpicos, que fueron un despliegue de magnificencia concebido con ese mismo propósito. Pero justo en aquel momento empezó la crisis financiera, y muchos nos vimos afectados profundamente. Desde entonces, las importaciones mundiales se desplomaron, ya que los países industrializados cayeron en profundas crisis económicas. China, en la práctica, depende de sus exportaciones, por lo que la economía fue severamente afectada. Aunque bajo un crecimiento planificado, China no se salva de ser una pieza del intrincado sistema global que colapsó en el 2008. Pero como todavía tiene el sector público de apoyo utilizó el viejo truco del keynesianismo de invertir en megaproyectos para generar empleo y recuperar la sociedad. China, pues, mezcla heterogéneamente el socialismo, el keynesianismo y el neoliberalismo rampante, todo a la vez. Tiene laxas regulaciones financieras para atraer capitales extranjeros a Beijing, y a la vez busca abrir nuevos mercados a través de inversión en infraestructura a nivel internacional. En este sentido, el papel de China en el mundo internacional no solo se reduce a su posición en el sistema de comercio neoliberal. En la actualidad la inversión china y la ayuda financiera están en marcha en muchos países del África como Níger, Angola, la región de Katonga, en la República Democrática del Congo, y Tanzania entre otros.

El país está realizando una importante inversión en proyectos de infraestructura como puertos, aeropuertos y redes ferroviarias, pero no creamos que por meros intereses altruistas. Existe la clara intención de abrir lazos comerciales con nuevos mercados y, en el proceso, asegurar para su provecho los recursos de estos países, como en el caso de Angola, que es el segundo proveedor de petróleo a China después de Rusia. La República Democrática del Congo es un país desmembrado desde la invasión belga en el siglo XIX. Esta marcó el inicio de la cruenta explotación de sus recursos minerales, lo que se tradujo en una inestabilidad continua. En la guerra que azota a este país desde los años noventa, la lucha por los recursos naturales es el factor determinante. La República Democrática del Congo exporta minerales y China es su principal importador. Entre estos elementos está el coltán, material presente en todos los dispositivos electrónicos, cuya industria no está regularizada, Es un material que se extrae de zonas de conflicto que están en guerra precisamente por estos recursos naturales, que luego son extraídos y vendidos en mercados privados sin regulación. Por lo que no perdamos de vista el vínculo entre la producción planetaria de bienes y la extracción de recursos para esos objetos que implican un rastro de destrucción y conflicto del que todos somos partícipes.

Aunque China es un nuevo negociador que está presto a invertir en el desarrollo de países africanos, asfixiados por deudas y restricciones, el hecho de que sea con la intención de disponer de sus recursos no deja de tener un componente colonialista que solo perpetúa la desigualdad en estos países. Si la China del siglo XX tuvo relaciones diplomáticas con países del África antes, la diferencia es que en aquel entonces era para promover la solidaridad y apoyar los proyectos de independencia de enfoque comunista. Hoy la situación ha cambiado enormemente y los países beneficiados de los negocios chinos siguen enfrentándose a inestabilidad política e institucional y a la subordinación económica que provoca depender de manera exclusiva de la exportación de sus recursos naturales.

No por eso China es mucho más mala, como algunos medios hacen creer, ya que exactamente la misma presencia y la misma lucha por recursos minerales involucran a países occidentales. La novedad no son las prácticas extractivas, la novedad es que China se unió al juego con reglas algo más favorables a la población local, ya que los chinos han sabido de primera mano lo que es el colonialismo occidental. El trato de negocios tiene un componente de igualdad y desarrollo concreto para los países africanos, a diferencia del paternalismo con el que los países europeos tratan a muchos dirigentes africanos, a pesar de que son responsables directos de las desigualdades históricas del África contemporánea. La presencia China en África comenzó a sentar un precedente del nuevo rol que el Partido Comunista busca asumir en el orden internacional.

Pero nada de esto es comparable con el siguiente plan que tiene China: restablecer la Ruta de la Seda a través del proyecto *Un cinturón, una ruta*. En la actualidad, el Gobierno tiene un proyecto para reconstruir la vieja Ruta de la Seda: los caminos por donde el comercio del mundo y las civilizaciones transitaron durante siglos, llamada así por tener a la seda como su principal material de intercambio. La seda era transportada desde China por un recorrido que incluía tramos terrestres y marítimos. La seda y las mercancías del Oriente arribaron por esta vía hasta Europa desde los tiempos de la dinastía Han, doscientos años antes de Cristo. La Ruta de la Seda fue central en el desarrollo de las culturas persa, indochina, árabe, india, los reinos del Cuerno de África y Europa. Fue el eje del encuentro entre culturas durante siglos. Y el Partido Comunista chino, para conmemorar el centenario de la Revolución quiere recobrar este precedente histórico al realizar una inversión sin precedentes en muchísimos países para generar una conexión directa de Beijing con el corazón europeo. La ruta involucra sesenta países, en donde habita el 70% de la población mundial y donde están, además, el 75% de las reservas energéticas conocidas del mundo. Aquí el destino de Asia Central y el Máshreq sigue vinculado a la gran escena internacional, al ser el territorio de las fuentes petroleras y gasíferas del mundo. Es un proyecto de un alcance quizás inimaginable que ya está en curso y que consolida el hecho de que la China moderna es un proyecto nacionalista que busca cumplir un papel fundamental en el orden internacional.

La política expresa del Partido Comunista es cumplir un rol en la creación de un nuevo orden internacional, Y para llevarlo a cabo tienen un líder: Xi Jinping, en el poder desde el 2013. Recientemente su doctrina, conocida como el *pensamiento de Xi Jinping*, cuyos ejes centrales son reforzar el partido y el control de este sobre el país, se volvió la doctrina oficial del Partido, la cual será incorporada a la Constitución china. El mandato de Jinping ha sido fuertemente personalista, caracterizado por llevar a cabo una purga importante, iniciada en la administración anterior, de los sectores del Partido que se oponen a las reformas y al camino capitalista de la nación. Las purgas de disidentes del partido, que se han hecho en nombre de la corrupción, también sentaron el precedente de una línea dura para establecer que el partido no va a perder el control sobre el dominio del país y que la afiliación a Jinping es obligatoria.

Que su doctrina figure en la Constitución lo eleva al mismo nivel de importancia de Mao Zedong, en un país que, precisamente tras la muerte del líder, buscó impedir que el poder recayera en una sola figura. Desde el inicio de las reformas se tomaron medidas para evitar la concentración y evitar ser sometido bajo el poder desmesurado de una sola persona. Pues en la actualidad esas medidas han sido suprimidas para consolidar un régimen personalista alrededor de Xi Jinping, quien promueve la seguridad y la inversión militar como vitales para el futuro del país. Él ha consolidado de manera definitiva el rumbo que la nación ya tenía hacia un proyecto nacionalista. A partir de sus discursos el Partido Comunista, y sobre todo su líder, se autoconstruyen como los únicos capaces de garantizar un gran futuro de prosperidad y de restaurar la grandeza china. La tradición milenaria china de mirarse a sí misma y de no ser un imperio expansivo está quedando atrás. Por primera vez desde la unificación del Reino del Medio, el Estado está invirtiendo cantidades descomunales en ser un poderío marítimo y está ejerciendo una política agresiva en el mar del Sudeste Asiático, declarando zonas de exclusión aérea y marítima de forma unilateral. Si el proyecto de la Ruta de la Seda es exitoso, podemos estar ante el momento histórico en que el foco económico, político y cultural retorne a Asia después de siglos de influencia del mundo occidental atlántico.

Este poderío económico también nos invita a reflexionar sobre varios supuestos que escuchamos con frecuencia. Los modelos políticos de la era atlántica del mundo, con Estados Unidos como su eje, tuvieron a la democracia como la gran bandera, y esta siempre se asoció con el capitalismo. Tras el fin de la Guerra Fría, el neoliberalismo se volvió casi sinónimo de democracia para muchos teóricos y políticos. Aunque esto ha sido refutado durante la historia (ya que existieron regímenes neoliberales dictatoriales, por ejemplo, Chile bajo Pinochet), la China de hoy en realidad nos demuestra que el desarrollo económico y tecnológico capitalista no va de la mano con libertad individual ni política.

Y es que desde que las reformas comenzaron, la prensa occidental asumió que el capitalismo iba a forzar un cambio político en China. El asesinato de los estudiantes que protestaron por reformas democráticas en la plaza de Tiananmen, en 1989, sentó el precedente que la apertura económica no involucraba la vieja ecuación que asume que el capitalismo es igual a la democracia. El partido ha mantenido el control de la información y la censura, aun con la entrada de tecnologías como las redes sociales. Estas tendencias solo se intensificaron con el liderazgo de Jinping, quien hace parte de una generación de comunistas chinos traumatizados por la caída de la Unión Soviética. Para evitar un desmoronamiento así, el pensamiento de varios sectores del partido es que es fundamental no perder el control estatal sobre las políticas y la ciudadanía. La visión de Jinping es que se necesita un liderazgo férreo para evitar el colapso del orden político. Así, en la actualidad el Partido

Comunista chino se erige sobre un proyecto fundamentalmente nacionalista, basado en la ley y el orden, la grandeza de la nación china y la relevancia del país en la construcción de un nuevo orden internacional. Aunque ciertas expectativas de un bienestar social sí se mantienen, gracias al legado comunista.

Parte también de las políticas represivas del siglo XXI del régimen comunista se han cimentado sobre la retórica de la Guerra Contra el Terrorismo, ya que China se suma a nuestra larga lista de regímenes que implementaron medidas autoritarias bajo esta doctrina. Desde el 2001, China ha desempeñado un papel regional fundamental para aplastar el disenso político de la provincia de Sinkiang, en donde habita un pueblo de una raíz cultural turca, cuya mayoría es musulmana, llamado los *uigur*. La cultura uigur, tras caer bajo dominio chino durante la dinastía Qing, logró una efímera independencia en 1933 hasta que tropas del Ejército Popular de Liberación conquistaron el territorio. La zona es muy importante por sus recursos petroleros, y hoy en día queda en el camino trazado para el proyecto de la Ruta de la Seda.

Los uigur fueron discriminados de un modo sistemático por el régimen de Mao Zedong, en especial durante la Revolución Cultural. Con el transcurso de los años, los movimientos separatistas en busca de la independencia adoptaron el islamismo radical, y, en este sentido, el antecesor de Xi Jinping se volvió un importante aliado estadounidense en la lucha contra el terror. Las políticas de Beijing sobre Sinkiang provocan solo persecuciones y mayor represión al pueblo uigur. Además de esto existe la tensión causada por la gran migración de chinos culturalmente Han que se han mudado a la zona, superando en población a los propios uigur.

En la actualidad, en la provincia se lleva a cabo un aberrante estudio piloto de seguridad, en línea con las políticas de Xi Jinping. Este estudio mantiene a la población de Sinkiang bajo permanente vigilancia. En cada esquina hay estaciones de policía, cámaras con reconocimiento facial y controles rutinarios cada tantos metros. Las identificaciones de cada individuo cuentan con sistemas de lectura digital, en donde los oficiales pueden saber información personal solo con la tarjeta de identidad, que incluye la religión, el empleo, la residencia, etnia, etcétera. Este control viene acompañado de una persecución sistemática a la religión musulmana y sus símbolos. Para un uigur hoy, algo tan simple como comprar un cuchillo de cocina es considerado una actividad peligrosa, junto con otra serie de acciones que son vigiladas de manera estricta, por lo que en la compra se agrega al objeto un código QR con la información del comprador. La vida de los uigures se ha vuelto una pesadilla, enmarcada bajo la retórica de la Guerra Contra el Terrorismo, en donde una población está en la práctica siendo sometida a un régimen de control sin precedentes en la historia. El control de la información, la censura, la represión y la propaganda para legitimar el Estado se han adaptado al uso de nuevas tecnologías.

Vemos que los alcances del proyecto chino de ser una vanguardia tecnológica también implican nuevas tecnologías para recolectar y sistematizar la información de los ciudadanos a una escala única en la actualidad. Esto está siendo usado para crear un experimento carcelario en Sinkiang, pero en el resto del país hay otro proyecto que busca ser implementado en el 2020: un sistema social de desempeño. Este se basa en recolectar toda la huella de datos de cada individuo, sistematizarla y calificarla para tener un sistema nacional. Si te otorgan un préstamo, o eres contratado para un trabajo, o si tus hijos son aceptados en una escuela, se definen mediante la calificación de tus actividades diarias: desde cuánto tiempo pasas en las redes sociales, tu historial de compras, hasta la información de tus desplazamientos y cómo interactúas con tus amigos. Esto nos presenta un escenario que también hace parte de nuestra realidad contemporánea: la cantidad de información personal que generamos en nuestra presencia digital. Esto no es exclusivo de China, es un hecho en todos los lugares del mundo en donde existen celulares inteligentes. Ya que nuestras compras por internet, el GPS integrado del celular, nuestro historial de pagos online, de interacciones en redes sociales, de búsquedas por internet, el tiempo frente a las pantallas, todo genera una información sobre nosotros y nuestros comportamientos. Esto no significa que esta información sea usada para vigilarnos todavía, porque estos datos están dispersos. Aunque la recolección de datos de nuestro comportamiento es el eje central del modelo de negocios de Facebook y Google. En este caso, China nos presenta un escenario en el cual es posible que la información digital personal sea sistematizada como mecanismo para controlar la población.

Lo que planea hacer el Estado chino es sistematizar esta huella de datos de la que no somos conscientes, para calificar a sus ciudadanos. Sin duda esta es una perspectiva innovadora, en donde surge la necesidad de preguntarnos sobre nuestros derechos a la privacidad en internet, de los que poco o nada se está hablando. En un país donde imperan la censura y el control de la información, la sistematización de toda la información digital de la población seguramente no va bien encaminada hacia el respeto de los derechos humanos. De nuevo rompiendo presupuestos, en China también se puede ver cómo el control estatal de la información también ha demostrado que la ecuación de que el internet equivale a la libertad de información no es del todo cierta, ya que en un país con 644 millones de usuarios de internet, el Estado de manera efectiva mantiene el control sobre la información. Aunque en respuesta a esto existen métodos para hackear las redes y muchos usuarios chinos tienen cuentas en Facebook. Una señal de los peligros del control del internet y a la vez de las resistencias que la tecnología también puede tener. Tanto la situación en Sinkiang como el posible sistema de calificación social son ejemplos de cómo China ha logrado estar a la vanguardia de la tecnología, fruto de una transformación acelerada y la vez planificada que tuvo varias consecuencias en la estructuración de la economía mundial. También es claro cómo el control de la información, la censura, la represión y la propaganda para legitimar el Estado se han adaptado al uso de nuevas tecnologías.

Hay otros lados de la China actual que deben ser tomados en cuenta para bosquejar una aproximación a lo que es el Reino del Medio en nuestros días. Aparte de las transformaciones políticas, económicas, y de los proyectos tecnológicos no podemos dejar de mencionar los costos sociales y ambientales de estas transformaciones. Todo esto nos debe servir para cuestionar el optimismo con el que muchos sectores ven a China, muchas veces como un paradigma para el desarrollo del llamado "Tercer Mundo" o como un milagro económico. Es necesario que entendamos que la mayor parte de la población está expuesta a condiciones laborales miserables y opresivas; hay reportes de personas forzadas a trabajar sin descanso ni posibilidad de ir al baño. El caso paradigmático del impacto social de las personas que trabajan en las fábricas chinas es el de Foxconn, la empresa que manufactura los productos de Apple, en donde se ha producido una verdadera epidemia de suicidios a raíz de las condiciones laborales. Desde el 2009 se han reportado al menos veintitrés casos de suicidios en esta compañía, en donde trabajadores que ensamblaban los iPhone saltaron desde las instalaciones.

Por otro lado, desde el inicio de las reformas, un país absolutamente rural sufrió una urbanización acelerada. Esto causó un desplazamiento generalizado y un impacto inimaginable en el medioambiente, ya que "la fábrica del mundo" es el país que más emisiones de dióxido de carbono genera. Teniendo en cuenta que estas industrias son el motor de los mercados globales, es una contaminación a la que todos estamos contribuyendo de un modo u otro. Las principales ciudades chinas tienen serios problemas de contaminación y polución, y más de 500 millones de personas no tienen acceso a agua que no esté contaminada. Las dimensiones del desastre ambiental que ha representado el proyecto comunista chino desde los tiempos de Mao son ahora más preocupantes con el nivel de industrialización contemporánea del país. Todo esto debe hacernos cuestionar la idea misma de *desarrollo y progreso*, estándares con los que se mide la actualidad de China.

car toda la
el mundo
nómenos
la historia
ervicio de
dicciones
munistas,
queda de
igualdad,
radicción
ítica mo-
políticos.
o parece
términos
cluyente,
a u otro
involu-
no, ni el
taformas
alitarias,

viejos hitos del socialismo y los
ecto de solidaridad internacional
vivimos tiene diferencias funda-
e también similitudes. La derrota
nacionalismo desacreditando las
del ruedo político. Muchos cre-
como vimos, esta lección se está
iendo la legitimación del nacio-
turas de China y de Rusia, como
hacia esta misma tendencia, por
dea política vuelve a ser retomado
de una gran crisis económica, en
echos humanos y ante lo que parece

yectos nacionalistas en varias latitu-
te un consenso sobre el capitalismo
nico modelo económico y estándar
europeo decimonónico sigue exis-
e siendo la medida sobre la cual los
económico; términos como "países
rrollados" necesariamente implican
están dirigiéndose a donde están los
determinismo económico que carac-
recordar que el neoliberalismo es un
uchos otros, que fue impulsado e im-
as de economistas. No es una realidad
ada ni el estado natural de la especie.
y el sistema Breton Woods evidencia
tas en que se cambiaron los paradigmas
os sistemas cayeron en el descrédito y
otros, así seguramente sucederá con el

bién es importante señalar que China,
Norte nos muestran las contradicciones

que surg
realidad.
durante
de desig
nos ense
un régin
entre la
y cómo
la libert
en el seg
fundame
derna y
En este
darnos r
opuesto
lo cual i
represen
cre una
socialism
políticas
libres y

Horizontes: desafíos y alternativas

La larga lucha por la igualdad

Hemos contado hasta aquí los orígenes de muchas coyunturas actuales que tienen en menor o mayor medida algo en común: son tendencias que parecen consagrar y violentar los derechos humanos —bien sea con la elección de Trump, la campaña del Brexit, el Daesh, el desplazamiento de refugiados mundial, la islamofobia, los nacionalismos, etcétera—. Sin embargo hemos enfatizado los procesos y los orígenes de estas tensiones para lograr una mayor comprensión sobre por qué suceden fenómenos que parecen regresivos y cómo analizarlos desde una perspectiva amplia. Todo lo anterior ha sido articulado en nuestra historia sobre la idea de libertad e igualdad como fondo para analizar estos fenómenos, una búsqueda que —como vimos— ha ocupado siglos. También vimos que la tendencia al odio no es exclusiva de nuestro mundo contemporáneo; los derechos humanos han sido contradichos, pisoteados, olvidados a lo largo de las eras. La historia occidental está permeada de la contradicción fundamental entre un discurso que habla sobre la libertad de todos los seres y la dominación ejercida a la fuerza sobre el resto del planeta —bajo una visión de superioridad—, origen de innumerables conflictos que afectan a muchos pueblos en el planeta. En ese sentido, cobra importancia el orden en el que vivimos de unas instituciones y unos derechos comunales que se consagraron definitivamente después de la Segunda Guerra Mundial. Aunque la historia desde entonces tampoco está exenta de contradicciones, tenemos los derechos humanos como un marco de referencia internacional que se vuelve cada vez más necesario en un mundo que desde hace treinta años se integró como nunca antes con la globalización.

El motivo principal para contar la historia detrás de los sucesos que nos han traído hasta aquí es quitarle el sentido de inmediatez y apocalipsis, que las noticias se encargan con tanto esmero en propagar. Hemos hecho un largo recuento —apenas un esbozo—, si tenemos en consideración la complejidad de los fenómenos que nuestro relato cubre, para entender el origen de muchas situaciones de la actualidad, y así romper un poco la sensación de que vivimos en el peor de los tiempos. Hemos pasado por numerosos conflictos, épocas oscuras, crisis económicas, desigualdades, búsquedas por la construcción de una identidad nacional, que han estado presentes y son protagonistas de los sucesos del siglo XX. Todo tiene un origen y los fenómenos son resultados de procesos históricos bastante complejos que no pueden ser entendidos ni analizados bajo un único relato del mundo ni por la inmediatez. Aunque tampoco perdamos de vista la crítica fundamental contra los discursos de odio imperantes —particularmente preocupantes en el continente europeo y en Estados Unidos—, dadas sus respectivas historias y la influencia que ejercen, para bien o para mal, cultural y políticamente. Pero no tenemos que ser fatalistas, aunque sí críticos para poder entender y detener procesos que retrocedan los avances en derechos humanos.

No obstante, la gran noticia de que podamos articular un libro con los derechos humanos como referente es que, de hecho, *tenemos derechos*. No perdamos de vista lo significativo que es esto. Podemos hablar de un referente ético con el cual guiarnos porque hemos construido como sociedades —a partir de muchas movilizaciones y durante generaciones—, estos referentes. Así, otra pieza que necesitamos para entender en qué mundo vivimos son los derechos humanos, y cómo estos configuran nuestra realidad de manera muy honda. La historia de nuestras sociedades contemporáneas, que se han estructurado bajo los modelos occidentales, es también la de la larga lucha por los derechos humanos que han logrado ser alcanzados por los movimientos sociales, y también por las lecciones de destrucción que el siglo XX nos deja. La libertad de las personas no es un hecho gratuito sino que sigue una trayectoria dentro de la progresiva ampliación de derechos para todos aquellos que en principio no clasificaron en la definición. Así que, aunque podemos ver todo lo que falta por lograr, no perdamos de vista todo lo que se ha logrado y que debemos defender. A veces puede ser que no veamos cómo hemos conseguido transformar durante generaciones el mundo en el que vivimos. Pero en efecto, la clave fundamental para entender nuestra realidad es que hemos creado unos estándares a fin de relacionarnos entre distintas identidades, reconociendo nuestra fundamental igualdad, al ser todos merecedores de los mismos derechos. Hoy, con la seguidilla de movimientos de reivindicación nacionalistas en la política internacional, estos logros están siendo atacados, pero esto no significa que las victorias que nuestros antepasados consiguieron queden por fuera de nuestra cotidianidad, es más, son triunfos que configuran nuestra existencia. Vivimos en un mundo en donde se logran derechos cada día, que nos dan la esperanza de que indudablemente tenemos la capacidad de transformar nuestras sociedades y crear un mundo mejor para todos los seres.

Recordemos que en nuestro relato tuvimos un punto de partida: la Declaración de los Derechos del Hombre y el Ciudadano en 1789, en Francia. Esta fue la semilla que inició una transformación social que se extendió por casi todas las latitudes del planeta, y este es sin duda el gran legado de la modernidad: la posibilidad de que todos estemos bajo un marco de igualdad de derechos ante la ley. Ahora vivimos en sociedades de sujetos de derecho, y este es un logro que nunca podemos dar por sentado porque nos habla de nuestra era, de las diferencias drásticas con el pasado anterior a la Ilustración.

Antes un ser humano no se concebía como uno entre iguales. A pesar de que la mayoría de religiones del mundo tiene el principio de igualdad, la preocupación por la igualdad y libertad es central —y una de las características más importantes de los últimos siglos— porque se volvió uno de los ejes sobre los cuales articular la sociedad en su conjunto; este proceso continúa hoy y nos ayuda a entender el mundo en el que vivimos. Esto es lo que ha permitido que, a través de muchas luchas, se extienda poco a poco nuestra noción de *considerarnos iguales entre todos*, algo fundamental para acabar con las ideas de superioridad de unos sobre otros, cuyos estragos más recientes hemos analizado a término. Y aun a pesar de que sea una lucha que no termina y que debe ser conquistada poco a poco, lo logrado hasta aquí debe admirarnos por nuestra capacidad de ampliar el reconocimiento, de construir sociedades y conceptos que nos dirijan, que sean en favor del respeto mutuo. Esto es un cambio paradigmático importantísimo en la historia de la humanidad. Aunque podemos ser presa del pesimismo rápidamente y decir cómo nada se ha logrado; hay que tener cierta perspectiva de la historia para gozar de lo mucho que sí tenemos, aun cuando no esté plenamente garantizado o se deba luchar para mantenerse.

Los derechos y los deberes de los ciudadanos se han construido poco a poco, y hay varios momentos importantes en esta búsqueda. Normalmente se habla de tres generaciones de derechos: los civiles y políticos, los sociales y económicos, y una era de nuevas definiciones sobre los derechos iniciada desde hace pocas décadas. El siglo XIX fue el escenario de luchas por alcanzar la primera generación de derechos, desde Europa hasta las guerras independistas en Latinoamérica. Se trató de muchas maneras de consagrar las libertades que constituyen, por ejemplo, un sistema democrático como la libre asociación, el derecho a elegir y ser elegido, a la libertad de prensa, entre otros. La Revolución francesa fue uno de los primeros momentos en los que se buscó consagrar de forma generalizada estos derechos civiles y políticos, pero el proceso para que esto se volviera una realidad tomó mucho tiempo en distintos países, incluida la propia Francia.

Durante décadas, incluso después de la misma Revolución francesa, sucedieron manifestaciones, movimientos y revoluciones para hacer realidad los derechos por primera vez consagrados. Esto nos recuerda que la historia no es lineal, y un logro no significa su realización perfecta. La Revolución francesa de 1789 es la más famosa e icónica porque fue donde por primera vez se establecieron estos conceptos. Pero a ella la siguió una era que enterró muchos de los logros surgidos de este evento. Francia volvió a ser un régimen monárquico bajo Napoleón, que si bien instauró el código de jurisprudencia todavía vigente en muchos países, y su régimen y los monarcas que lo sucedieron restringieron progresivamente los derechos consagrados en 1789. Así, fue necesario gestar nuevos movimientos sociales, nuevas reivindicaciones éticas para garantizar los derechos consagrados en 1789; en este sentido, se tuvo que hacer otra revolución en la misma Francia en 1848, antes de la Revolución francesa de 1971, en la que participó Roberpierre; esta revolución sería una de numerosas que se expandieron por toda Europa durante esas décadas. El siglo XIX es tanto la historia de las independencias latinoamericanas, la expansión colonizadora europea, la formación del Estado-nación, como la de los derechos políticos de los ciudadanos. Esto nos sirve para recordar que la historia de los derechos está llena de avances, luchas y retrocesos, pero que en este proceso gradualmente se vuelven parte de nuestra manera de relacionarnos y entender el mundo.

A finales del siglo XIX comenzó a gestarse la lucha por los derechos laborales ampliando el alcance de lo que significaba la igualdad de las personas. Ya no solo en términos de libertad política sino teniendo en cuenta las condiciones laborales que el sistema industrial generó; en este sentido, el papel del socialismo en esta lucha lo discutimos en el capítulo anterior. Los derechos laborales incluyen el derecho a trabajar en condiciones dignas, al salario, al descanso diario, a la seguridad e higiene en el trabajo, a asociaciones sindicales y a la protección social (salud, pensiones), entre otros. Estos logros pueden parecernos de sentido común, pero no lo eran. Que nos parezca sensato que las empresas otorguen unas condiciones de comodidad y dignidad básicas, y que tengamos en mayor o menor medida descanso en el trabajo, es porque triunfó la lucha que fue gestada por los sindicatos en numerosos países desde finales del siglo XIX y principios del siglo XX. Aunque eso, de nuevo, no significa que no haya excepciones o lugares en el mundo que exploten a sus trabajadores —recordemos a China—, sí ha significado una mejora en las condiciones de trabajo de miles de millones de personas. Nuestra conciencia sobre las condiciones del trabajo se ha visto definitivamente transformada por estos derechos, que son también una herramienta jurídica para garantizarlos allá donde no estén.

Si el siglo XIX y los inicios del XX fueron una era de avances políticos y laborales, el siguiente gran momento que marcó un antes y un después en la historia del mundo fue la Declaración Universal de los Derechos Humanos de 1948. Sobre por qué se llegó a acordar este marco común nos hemos extendido en profundidad. Europa occidental, después de haber vivido siglos de conflicto y de haber sufrido cambios políticos, revoluciones, decapitaciones de los monarcas aquí y allá, logró construir sociedades igualitarias a partir del orden que se creó tras la Segunda Guerra, y ahí es fundamental la figura del Estado benefactor. Ya que estas sociedades son el estándar más alto en cuanto a su garantía de derechos civiles, políticos y laborales. Por eso también, el ataque al Estado benefactor que supuso el neoliberalismo tiene consecuencias más amplias que simplemente privatizar empresas estatales, pues se ponen en riesgo, después de todo, los logros alcanzados por varias generaciones en el pasado. En la actualidad, este modelo de bienestar social está presente en países escandinavos como Suecia, Noruega, Dinamarca, Finlandia e Islandia, que en la actualidad son precisamente los países que han logrado las sociedades más igualitarias, garantizando el bienestar de toda su población como no lo ha hecho ningún otro país.

La tercera generación de derechos se ha vuelto colectiva. Desde los años ochenta, los derechos comenzaron a pensarse no solo como beneficiadores de individuos sino también de colectivos, pueblos, comunidades: así, aparecen el derecho a la paz, al desarrollo económico y a un medioambiente sano y equilibrado. Más adelante entraremos en detalle sobre esta nueva idea de *derechos ya no individuales*, que puede dar cabida a repensar nuestra relación con nuestro entorno, ya que poco a poco se está avanzando en pensar a la naturaleza como sujeto de derechos. La trayectoria de los derechos, que comenzó desde la importancia de la participación política y los derechos jurídicos de cada persona, se transformó también en el derecho a condiciones y un bienestar garantizado en el trabajo, y luego a un bienestar del entorno en su conjunto. Del individuo, que se creó como el centro de la sociedad, se pasó a condiciones conjuntas del trabajo y luego a la comunidad.

Pero esa trayectoria de los derechos siempre se ha caracterizado por ser notoriamente exclusiva de un grupo privilegiado que se beneficia de esos derechos. En la historia occidental, ese grupo privilegiado son los hombres, blancos y adinerados, que se volvió el referente de superioridad durante el siglo XIX. En otros países fuera de ese continente —como en el caso latinoamericano y en los países que comenzaron a estar bajo el yugo de naciones europeas— existió siempre una élite que era masculina y que detentaba derechos con los que no contaba el resto de la población. En principio los derechos eran exclusivos de ellos; recordemos que fue una pequeña fracción la que se benefició indiscutiblemente de la Revolución francesa en su momento: la clase burguesa. Las mujeres, los pobres, los trabajadores, todas las personas de otras culturas, etnias y religiones bajo dominio colonial quedaban afuera. Pero poco a poco, todos los sectores no beneficiados por este nuevo orden que clamaba ser para todos, sin serlo, pudieron comenzar una lucha por la igualdad porque existían las condiciones jurídicas para poder acceder a esos derechos. Así que la historia de los derechos humanos, por un lado, se refiere a cuáles son esos derechos, y por el otro, a la búsqueda por ampliar el concepto de quiénes se benefician de esos derechos. Porque la expansión del alcance de la libertad y de la construcción de la igualdad humana ha sido una lucha de generaciones y de numerosos pueblos.

En ese sentido la Declaración Universal de los Derechos Humanos fue la primera que recogió la igualdad y la no discriminación basada en el sexo, religión o color de piel. Así se abrió la posibilidad de terminar el racismo, el sistema de desigualdad inherente a la expansión europea del siglo XIX. En la lucha por la expansión de derechos se ha logrado combatir la idea de superioridad cultural y étnica del mundo occidental, lo que ha abierto la puerta para poder reconocer la diversidad de numerosas sociedades. Esto les dio un impulso fundamental a las luchas independentistas de los países bajo dominio colonial europeo, ya que el sistema político colonialista se comenzó a echar abajo sobre la base de la destrucción de su legitimidad jurídica, ética y moral. La Declaración, por otro lado, también pavimentó el camino para una nueva era, en donde la lucha por la igualdad femenina dejó de centrarse exclusivamente en los derechos políticos, buscados por las sufragistas desde el siglo XIX, para enfocarse en analizar el papel sistemático de la desigualdad femenina. En el proceso se buscó garantizar derechos laborales, económicos, y la libertad de decisión sobre sus propios cuerpos.

Los avances de la Declaración Universal de los Derechos Humanos se manifestaron casi veinte años después, precisamente en la generación que se crió en un mundo que ya tenía un marco para reconocer la libertad y la igualdad de todos. Ya que la década de los sesenta condensó las luchas por los derechos como ninguna otra época. Este fue un momento en el cual la generación nacida en el Estado de bienestar y criada bajo estándares muy altos de vida material quiso hacer cumplir finalmente, en el seno de sus sociedades, las promesas de igualdad y libertad que habían originado el mundo moderno. El escenario para este cambio generacional de paradigma comenzó en Estados Unidos con el Movimiento por la Libertad contra el sistema de segregación racial Jim Crow; esta fue la chispa que inspiró a los movimientos sociales que caracterizaron la década de los sesenta. Generaciones de afroamericanos en Estados Unidos se movilizaron para terminar con un sistema legal de segregación, en donde las personas de piel negra no podían votar ni compartir los mismos espacios que personas de piel blanca. En el proceso se logró evidenciar la realidad racista de un país supuestamente construido sobre la igualdad de todos los hombres. Fue un movimiento que se inspiró en las teorías de descolonización de países africanos, y a la vez logró ser un precedente fundamental para todas las reivindicaciones de minorías étnicas en distintos países. Esto significó un esfuerzo de organización local para cambiar la mentalidad de los propios afroamericanos después de siglos de esclavitud y desigualdad. Junto con las marchas y manifestaciones lideradas por el reverendo Martin Luther King Jr. se logró el derecho al voto sin restricción alguna, en 1965, y la garantía de los derechos civiles y políticos, en 1964. Sin esta lucha no hubiera sido posible la elección en el 2008 del primer presidente afroamericano en la historia de ese país: Barack Obama. Sin esta lucha no sería posible el debate contra la discriminación notoria del sistema carcelario y policial en ese país. La transformación de las desigualdades históricas que produce el racismo no es una tarea fácil, pero es una empresa en la que hemos avanzado como especie en un tiempo que, de nuevo, es bastante corto para la escala de la humanidad. Como el Movimiento por la Libertad, a lo largo y

Generaciones de afroamericanos en Estados Unidos se movilizaron para terminar con un sistema legal de segregación, en donde las personas de piel negra no podían votar ni compartir los mismos espacios que personas de piel blanca.

ancho del planeta se extendieron movilizaciones en contra de la discriminación y el racismo.

De los años sesenta parte la mayoría de referentes de derechos humanos que nos guían al día de hoy. Fue una época fundamental en nuestra historia reciente porque en varios países se planteó el debate por los derechos de las mujeres y de las minorías, de los afroamericanos, latinos, de las personas LGBTI. Y ahí sí, la historia de la igualdad se volvió universal porque las reivindicaciones adquirieron un carácter global, cada una forjada por movimientos que atienden a las condiciones locales de cada país, pero teniendo a los derechos humanos como la meta en común. Los logros de estos movimientos ayudaron a construir el mundo en el que vivimos, y los avances de ellos son innegables. Esta lucha por los derechos nos ayuda a repensar nuestra relación con el otro y a ampliar nuestra empatía sobre fenómenos diversos. En este sentido, el feminismo, las luchas anticoloniales, antirracistas, y el movimiento LGBTI no solo se basan en lograr los derechos para todos, sino que también ayudaron a analizar la construcción desigual de muchas de nuestras sociedades. Gracias a estos movimientos, podemos repensar la división de los roles de mujeres y hombres, analizar nuestros comportamientos cotidianos y nuestros prejuicios, para así generar una conciencia y reemplazar los hábitos que continúan la discriminación. Estos representan cambios profundos en la manera en que construimos la realidad que nos rodea y cómo nos relacionamos mutuamente. Son transformaciones que se han gestado desde hace apenas cinco décadas, por lo que el cambio de conciencia está dándose en este instante.

El proceso de igualdad mundial ha sido lento y tortuoso. También en los sesenta comenzó el movimiento sudafricano contra el *apartheid*, liderado por el Congreso Nacional Africano, que buscó conseguir los derechos de la población negra sudafricana. Aunque mayoría en ese país, estaba subyugada bajo un elaborado sistema legal que segregaba y mantenía a toda la población en un círculo continuo de miseria. No fue sino hasta la década de los noventa que se logró por fin desmantelar este sistema. En este proceso la presión internacional tuvo un papel fundamental, lo que nos da señales de que para esta década ya había progresado la conciencia colectiva sobre las injusticias de la discriminación racial. Un sistema que había sido aceptado y generalizado en todo el mundo en los cincuenta, para los noventa ya era repudiado internacionalmente.

No es que hayamos erradicado el racismo de la mente humana. Sin duda, hoy la política parece inclinarse hacia la aceptación de discursos discriminatorios una vez más. Pero al menos colectivamente hemos construido y logrado mucho más de lo que era el mundo hace apenas setenta años, cuando los países europeos tenían otros países bajo su dominio colonial, en donde en sus propias naciones millones de personas no gozaban siquiera de derechos. Hoy la noción de *superioridad de unos sobre otros*, justificada por una construcción étnica homogénea, continúa en Birmania, donde en este instante las políticas de persecución a los rohinyá se suman a la crisis de desplazamiento mundial. En Israel, los muros que dividen el país, sumados a la política estatal de favoritismo e identificación nacional exclusiva con el judaísmo, también nos hablan de un sistema basado en la segregación étnica y religiosa de personas musulmanas o de origen árabe dentro del mismo país. Aunque no olvidemos que hace setenta años los mismos ciudadanos judíos en Europa fueron despojados de su derecho más básico: el de la vida. Estos son solo dos casos de sistemas injustos que siguen presentes, pero recordemos que antes la desigualdad era la regla.

La idea de la *no discriminación* también benefició profundamente a los países construidos sobre la diversidad cultural y étnica, ya que ayudó a ampliar sus relatos de identidad nacional. Este es un caso paradigmático en los países latinoamericanos, los derechos han logrado el reconocimiento de las diversas influencias culturales en países que tienen una naturaleza multiétnica. En este sentido, los avances para lograr el respeto y reconocimiento de las comunidades afroamericanas e indígenas no serían posibles sin estos referentes. Gracias a ellos hoy en día estamos avanzando en la búsqueda de garantizar la igualdad de todos los ciudadanos, independientemente de su color de piel, en territorios donde, por el legado colonial español, se daba prelación a la herencia cultural y étnica española. Así, el relato de los derechos humanos nos ha permitido visibilizar y construir sociedades que, como las latinoamericanas, se definen por su carácter multiétnico y multicultural, en detrimento de la costumbre de dar preferencia a la cultura occidental blanca. Los derechos han sido una bandera para construir un relato plural de ciudadanía común, en el caso de Colombia, perfectamente ilustrado en la Constitución de 1991, en donde "el Estado reconoce y protege la diversidad étnica y cultural de la Nación", o la Constitución boliviana del 2009, que reconoce el Estado boliviano como "plurinacional", constituido por las naciones de pueblos indígenas originarios, campesinos, las comunidades interétnicas y los afrobolivianos, por nombrar apenas dos casos. Falta todavía mucho para eliminar las condiciones históricas de desigualdad latinoamericana, para reconocer y, por ende, respetar plenamente las comunidades indígenas y afro, así como la importancia de su legado en nuestra historia. Pero el avance de los derechos y las luchas contra el racismo que han caracterizado la segunda mitad del siglo XX, y que continúan en nuestra era, sí han logrado en muchos aspectos el reconocimiento jurídico de estas raíces culturales. Progresivamente, nuestro imaginario simbólico y colectivo ha sido nutrido por estos logros, así que no olvidemos que los derechos también nos han servido para poder vernos, y que allí radica la clave para construir sociedades más justas.

Por otro lado, la lucha por la igualdad femenina también ha estado en todos los rincones del planeta, y las movilizaciones, las campañas, la enseñanza —todos los pasos tomados dentro de este movimiento—, han transformado nuestras sociedades radicalmente. Hace sesenta años, en muchas partes, las mujeres no podíamos pedir un crédito en un banco sin la aprobación de un marido o padre; la violación dentro del matrimonio no se consideraba ni siquiera un delito y las oportunidades laborales estaban restringidas a la sección de clasificados para mujeres que, en general, anunciaban puestos de secretaria. Por eso el movimiento feminista de la década de los sesenta, que se inspiró en el análisis del Movimiento por la Libertad al indagar el carácter sistémico del machismo, ayudó a cuestionar la construcción del rol femenino en la historia de las sociedades modernas para encontrar un relato más amplio sobre la identidad de la mujer, que no estuviera supeditado a su posición con respecto al hombre. De siglos de sociedades en donde la mujer era la hija, la esposa o la viuda pasamos a la posibilidad de construir una identidad de igualdad, de luchar contra la discriminación, de autorreconocernos en nuestra misma humanidad. Así, en Francia, Italia, España, Estados Unidos, Argentina, Colombia, Brasil, y demás países latinoamericanos, en los últimos años de los sesenta se dieron movilizaciones para garantizar los derechos laborales, para luchar por el derecho a decidir sobre nuestros cuerpos y contra todas las demás formas de discriminación. La transformación del papel de la mujer y su participación política dentro de la sociedad definen nuestra era. La lucha por sensibilizar sobre la violencia contra la mujer y el acoso laboral está presente en movimientos tan recientes como las mujeres de Liberia por la paz, que desembocó en la elección de la primera presidenta en todo el África en el 2005, Ellen Johnson-Sirleaf. También en el #MeToo, que se tomó las redes sociales cuando numerosas celebridades de Hollywood denunciaron el acoso laboral persistente dentro de la industria. Todo esto nos habla de que el mundo en que vivimos está aún plagado de injusticias, discriminación, violencia y prejuicios, pero sin duda es un mundo más igualitario que el de antes. Cada día estamos más cerca de concientizarnos sobre las desigualdades que estructuraron las sociedades y que poco a poco se han ido cuestionando. El debate, las movilizaciones, las leyes y políticas públicas de la mujer dicen más del avance de lo logrado, que de lo terrible de nuestra era. El voto femenino —la primera gran causa política por los derechos de las mujeres— es legal en absolutamente todos los países sobre la Tierra, cuando hace más de cien años solo Nueva Zelanda permitía el voto femenino.

Uno de los temas que también empezó en los años sesenta fue el aborto, basado en el principio de que la mujer decida sobre su propio cuerpo, ya que durante generaciones millones de mujeres han muerto por abortar de manera clandestina. El derecho a abortar es un debate muy polémico que en realidad toca puntos muy sensibles en distintos sectores, pero el derecho a acceder a unas condiciones seguras para interrumpir voluntariamente el embarazo ha logrado ser aprobado en numerosos países. La legislación varía desde considerar la legalidad solo bajo casos específicos, como el embarazo producto de una violación, el riesgo de salud de la madre o el riesgo de anomalías en el feto hasta la interrupción sin restricción alguna. La capacidad de la autonomía sobre el propio cuerpo, un tema fundamental que se planteó durante las luchas de los sesenta, ha sido central para el feminismo porque jurídicamente la mujer fue considerada en muchas sociedades propiedad del hombre. Esta condición de subyugación femenina, que definió sociedades enteras durante milenios, no puede ser olvidada. Que hoy las mujeres ocupen cargos públicos, que sean parte de la fuerza laboral, de la intelectualidad, es un cambio drástico que posibilita lograr un mundo en donde todos gocemos exactamente de los mismos derechos, poniendo fin así a siglos de desigualdad. Era en realidad algo impensable que una mujer fuera elegida presidente, y hoy la participación política femenina es un hecho, aunque la disparidad salarial y el dominio de hombres en la política nos indican que la búsqueda continúa. Pero algo hemos logrado desde la sociedad decimonónica, una perspectiva que muchas veces se pierde dentro del debate por la igualdad y que debería más bien darnos esperanza sobre el futuro, basados en todo lo conseguido hasta ahora.

El movimiento que más logros ha conseguido, en apenas décadas, para garantizar la no discriminación es el movimiento LGBTI. Nacido también de la ola de transformaciones sociales de los sesenta, el movimiento se nutrió dentro del seno del feminismo, con todas las mujeres que comenzaron a expresar de manera abierta su sexualidad, y también a raíz del incendio y acoso policial en el bar Stonewall, en Nueva York, en 1969. Las protestas que este último hecho provocó fueron el inicio de las demostraciones del orgullo gay todos los años para conmemorar esa fecha. Así, la ola de libertad dio origen a un movimiento de personas que durante generaciones habían sido acosadas, discriminadas y privadas de construir con libertad su identidad. Las relaciones entre personas del mismo sexo han sido una práctica común en muchas culturas y épocas, pero desde la creación de nuestras sociedades contemporáneas a la manera occidental se acabó de manera progresiva con las leyes que permitían, por ejemplo, el matrimonio igualitario. En este sentido, el movimiento LGBTI ha logrado tumbar estas leyes represivas. En nuestras sociedades, no hace mucho tiempo, ser homosexual era considerado una enfermedad mental y era castigado por la ley; hoy los países que mantienen esta postura son la excepción, como Arabia Saudita. En cuestión de décadas, las distintas luchas locales e internacionales del movimiento lograron que la homosexualidad fuera retirada del DSM, el Manual Diagnóstico y Estadístico de Trastornos Mentales, que compila la asociación de psiquiatras estadounidenses, una guía fundamental para la práctica de la psiquiatría a nivel global. Este hecho fundamental también nos enseña que las cosas que damos por sentadas no lo son necesariamente, que hay un espacio muy amplio para discutir, debatir, enseñar y crear nuevos significados sobre los otros. En el proceso podemos crear una identidad no excluyente. Al respecto, vemos que la construcción de un relato excluyente es un tema fundamental en el origen de numerosos conflictos que continúan hoy. Como todos los movimientos a favor de los derechos humanos, sus logros impactan a la sociedad en su conjunto, ya que cada avance por la libertad de unos es un paso para lograr ampliar nuestro marco de referencia de lo que es ser humano. Sin duda, hemos avanzado desde los tiempos en que los derechos eran propiedad exclusiva del hombre blanco heterosexual y burgués, el núcleo reducido que tenía el poder dentro de las sociedades occidentales.

El movimiento LGBTI también nos ayuda a construir una identidad que no se reduce solo a ser homosexual o heterosexual, rompiendo la manía binaria de articular la realidad occidental en opuestos —que, como vimos, también está presente en la política—, ya que el transgenerismo y la intersexualidad son definiciones más amplias de lo humano. Como todos los grandes movimientos originarios de los sesenta, el movimiento por la liberación sexual continúa, del mismo modo que se mantiene la discriminación y la violación sistemática de personas lesbianas, gays, transgénero, intersexuales. Pero nuestras sociedades acogen debates y luchas que nuestros abuelos no se podían siquiera imaginar.

Para comprender los alcances de las transformaciones que hemos conquistado no hace falta sino ver los derechos de los niños, la población más vulnerable de la sociedad, ya que no pueden velar por sus propios intereses a nivel público. Los niños pasaron de ser considerados una propiedad de los padres —que podían hacer lo que quisieran con ellos, incluidos la explotación, la venta, el maltrato y el abuso—, a considerarse uno de los ejes más importantes de la sociedad, cuya protección es fundamental. La concepción misma de la niñez como el momento determinante para la formación de una persona es un proceso que se ha ido logrando desde el siglo XVIII, cuando Jean-Jacques Rousseau empezó a aportar a la idea misma de *infancia*. Aunque nos ha tomado siglos garantizar sus derechos. De generaciones en donde los niños fueron explotados laboralmente hemos pasado a sociedades que velan por el derecho a una niñez basada en el juego y el aprendizaje, algo inaudito hace apenas un siglo.

Puede que veamos con frecuencia la frase "construir sociedad" y la demos por sentada, pero realmente la historia de la libertad en las sociedades se ha construido paso a paso. Tenemos la capacidad de construir los marcos de referencia que les dan sentido a nuestra sociedad y a nuestra realidad siguiendo las enseñanzas de trescientos años de luchas políticas y sociales en torno a cómo articular una sociedad de seres iguales y libres. Todo lo anterior sin duda nos invita a reflexionar que las sociedades modernas no son el estado natural de la humanidad, sino que han sido construidas sobre procesos históricos específicos y una desigualdad evidente, pero también fueron el escenario en donde se gestó la posibilidad de alcanzar sociedades igualitarias sin precedentes en la historia.

Como hemos contado, las luchas por la igualdad y libertad de derechos del feminismo, de los movimientos de descolonización, contra el racismo y por los derechos LGBTI, han logrado ampliar las categorías de *igualdad* para que abarquen a toda la sociedad. Así se ha logrado ampliar nuestra conciencia sobre la diversidad de la humanidad en su conjunto. Los abusos a los derechos humanos no terminaron con la Declaración Universal de los Derechos Humanos, pero desde entonces todas las sociedades han logrado construir realidades más igualitarias, porque hemos elevado nuestros estándares de convivencia, dignidad y respeto. Esa es sin duda la característica de los derechos: son logros que se tienen que conquistar, que normalmente toman mucho tiempo, que pueden ser revertidos por gobernantes de turno, pero que a la larga construyen parámetros para relacionarnos. Como vimos, los derechos humanos no solo han beneficiado a los individuos de las distintas sociedades del planeta sino que han modificado nuestros imaginarios colectivos sobre lo que significa *ser humano* y también sobre cómo nos articulamos y cuáles son nuestras aspiraciones como sociedad.

No solo los imaginarios que tenemos sobre la identidad humana han sido transformados por los distintos movimientos que hemos relatado, también hay otros presupuestos que solo se entienden gracias a la noción misma de *derechos humanos*. El XIX fue un siglo de grandes transformaciones en la concepción de la *organización social*. Durante todo este relato hemos visto los cuestionamientos que surgen frente a la figura del *Estado-nación*, pero detengámonos también en sus ventajas, ya que este tipo de organización social está estrechamente vinculado a los derechos de los ciudadanos. Esta figura incorporó por primera vez la idea de que el Estado tenía el deber de garantizar los derechos de los ciudadanos. Y así fue como comenzaron a existir instituciones como las *escuelas* y los *hospitales*. Mencionamos que la escuela cumple un papel fundamental en la noción de *crear una identidad nacional*, pero también recordemos que el acceso a la enseñanza transformó el conocimiento —que antes era un núcleo reservado para las élites— en un derecho. Este también es otro proceso que ha tomado bastante tiempo para que cubra a todos sus ciudadanos, incluso muchos países aún no lo han logrado. Que consideremos el valor de la educación hasta elevarla a categoría de *derecho* está cimentado en la premisa de construir sociedades igualitarias, en donde todos podamos acceder al conocimiento, y con esto, a las mismas oportunidades. Un formato que —repitámoslo— no existía antes.

Por otro lado, la infraestructura para la salud de los ciudadanos es un invento muy reciente. Antes la salud era una tarea de organizaciones religiosas, que lo hacían por caridad, y era más como paliativo para personas en estado de mendicidad o desahuciadas. Hoy, por el contrario, la salud es un derecho y todo un campo de conocimiento que ha transformado nuestras condiciones, logrando incrementar nuestra expectativa de vida. Así hemos logrado erradicar enfermedades que arrasaron con millones de personas, como la viruela, evitando que se repitan las pestes o las hambrunas que asolaron durante milenios a distintas latitudes del planeta. Como *la educación* y *la salud*, varios de los conceptos que existen hoy en día como guías en nuestras sociedades han sido generalizadas y posibles gracias a la noción misma de *derechos humanos*, que tiene la igualdad de todos como su fundamento. Cambios tan fundamentales como que las personas en la pobreza fueran vistas como ciudadanos en igualdad de derechos son conquistas muy recientes. En el régimen aristocrático europeo los pobres no podían aspirar a ninguna reivindicación y su condición era vista como un hecho natural, pero la nueva era de los derechos logró que se repensara esta visión, lo que de hecho llevó a analizar las condiciones que generaban pobreza para poder cambiarlas. Por lo que no perdamos de vista que los derechos no son un marco jurídico que nunca se ha logrado, sino que son una guía que ha logrado transformar la sociedad de diversas maneras y de forma vertiginosa en los últimos dos siglos.

Precisamente lo que nos permite definir un gobierno dictatorial o represivo es su violación de los derechos humanos; esto nos habla de que sí tenemos una guía para interpretar la realidad y lograr un mundo mejor. Nuestras concepciones de lo que es una Estado democrático están a tono con defender y respetar los derechos. En este sentido la democracia sí se ha creado como el sistema que, aunque imperfecto, se constituye sobre la igualdad de sus ciudadanos. Aunque creamos que la democracia es solo nuestro derecho a votar —que fácilmente puede caer en las retóricas populistas de Donald Trump o Viktor Orbán, y hacernos cuestionar el ideal mismo—, la democracia no es solo el voto electoral, sino el reconocimiento jurídico de todos los derechos humanos, o al menos de varios, como la piedra angular de la organización de una sociedad. En la medida que este sistema respeta nuestros derechos jurídicos, libertades políticas y civiles es que hablamos de un *gobierno democrático*. La capacidad de seguir transformando la nación y la posibilidad de luchar por nuestros derechos y gozar de unas instituciones que respeten y garanticen estas libertades son las definiciones de la democracia misma. Ni en el pasado ni en el presente vivimos en un mundo de democracias perfectas o de respeto a los derechos humanos absoluto, y en este relato nos hemos concentrado largamente en las contradicciones que muchos países democráticos albergan. Pero con una perspectiva más amplia que mire dónde comenzamos y a dónde hemos llegado hay razón para tener esperanza.

Es por la era de los derechos humanos que hemos empezado, de manera muy lenta, pero al menos paulatina, a considerar la inviolabilidad de la vida, la preciosidad de la existencia de cada uno de nosotros. Esta es una creación muy reciente que todavía debe recordarse y defenderse, pero sin duda ha logrado elevar nuestras aspiraciones y nuestra manera de relacionarnos con el mundo y los otros. La vida vale en nuestra era como nunca en la historia de la humanidad. Que consideremos la vida como un derecho ha cimentado que lentamente se construya una visión mucho más pacífica y de respeto internacional. Aun cuando la geopolítica es compleja y muchos pueblos han quedado en medio de los intereses de potencias, sin duda hemos logrado que la guerra entre dos Estados sea un asunto muy limitado desde la Segunda Guerra Mundial. La guerra se consideró durante siglos un medio más para hacer política, pero gracias a los derechos humanos, hoy en día el derecho a la vida y a la paz hacen que sea reconsiderado el papel de la guerra. No faltan los fanáticos que defienden la violencia, pero antes de la Primera Guerra los fanáticos eran mayoría. A duras penas existían voces de disenso ante el hecho mismo de cuestionar la violencia o la guerra; al contrario, la guerra era celebrada y vista como algo glorioso. No obstante, *desde la devastación de la Segunda Guerra Mundial el estándar internacional es la paz*. La guerra es de hecho ilegal, y los únicos motivos acogidos por el derecho internacional para entrar en guerra son, o un ataque provocado, o por mandato del Consejo de Seguridad de la ONU. En ese sentido, Europa occidental ha logrado estar setenta años sin una guerra entre países, un período histórico que nos habla de lo importante que es tener estos principios y respetarlos. Aunque vimos ya que la unilateralidad pone en riesgo este sistema y que el Consejo de seguridad no es la "panacea", por ahora, no vivimos en los tiempos de los conflictos frontales entre potencias. Ya cumplimos setenta años desde el fin de la Segunda Guerra Mundial y no se ha desatado otro conflicto de esa magnitud. Incluso, la guerra dejó de ser vista como algo glorioso y pasó a ser considerada una tragedia humanitaria. Que nos podamos conmover hoy por el conflicto en Siria habla de cómo los principios de *la vida* y *la paz* han calado en nuestra mente. Sin duda, el logro mayor de los derechos humanos es que hablan de un modo directo a nuestra compasión, a nuestra empatía, a todo lo que nos permite trascender nuestros odios. En este sentido, toma relevancia la idea de *Ubuntu*, una filosofía sudafricana que ha estado presente en la reconciliación de este país que busca crear una narrativa humana común, una ética de interdependencia entre nosotros. Todo lo que yo hago se refleja en ti; aunque seamos personas diferentes estamos en esencia interconectados.

Aunque esto no significa que se haya logrado detener las cruentas guerras civiles en numerosos países, la visión de salir de los conflictos por medio de la paz es uno de los rasgos más únicos de nuestra era. En las sociedades, la paz fue durante generaciones un asunto limitado a grupos religiosos u organizaciones de mujeres. Pero hoy es el horizonte común de países desangrados por la guerra, en donde cada vez más cede la postura intransigente de acabar el conflicto por medios violentos, y, en cambio, es reemplazada por la visión de *construir una paz duradera atendiendo a las causas del conflicto.* Esta era una visión inimaginable hace tan solo un siglo. Hoy, muchos países sumidos en guerras durante generaciones han salido adelante por reconciliaciones pacíficas. El final de la Guerra Fría también implicó que muchos conflictos que eran atizados y perpetuados por esta bipolaridad pudieran resolverse. Estas lecciones son más que importantes hoy en países como Siria. Es un hecho singular de nuestra era el que conozcamos los procesos y su impacto en otros países, para poder aprender de sus aciertos y de sus errores. En este sentido, vivimos en una era en donde tenemos la capacidad de aprender y construir procesos de paz duraderos. Aunque el siglo XX vio la mayor destrucción de la humanidad —ocasionada por guerras y genocidios—, también vio los mayores esfuerzos concertados para alcanzar la paz en nuestra historia contemporánea. Desde la renuncia a la no agresión, hasta pactos de estabilidad regional, no proliferación de armas, compromiso con el respeto a los derechos humanos, y procesos de paz que dieron fin a conflictos de generaciones, que llegaron a acuerdos que incluyeron comisiones para establecer la verdad de los hechos durante la guerra. En nuestro mundo contemporáneo la paz se considera un horizonte colectivo y es también un derecho fundamental de los humanos. Nuestra era tiene antecedentes de proyectos pacíficos que buscaron lograr el respeto de los derechos de todos: en Sudáfrica —donde el proceso de paz dio fin al *apartheid*—; en Irlanda —donde se acabó con una guerra religiosa y cultural que muchos datan de 500 años de antigüedad—; en Ruanda —que llevó paz a un país después de un genocidio en donde alrededor de 800.000 personas murieron asesinadas con los métodos más crueles—; en Liberia —dando fin a una guerra civil de catorce años—. Y en Colombia —con un proceso que se alimentó de los aprendizajes de los otros acuerdos de paz en el mundo, que ha logrado la desmovilización de la mayor parte del grupo guerrillero más antiguo del planeta—. Este proceso ha abierto la posibilidad de tener debates sobre la sociedad que queremos construir después de décadas en donde no existió un debate público, ya que solo *predominó el discurso de la guerra*. Cada proceso aprende del anterior, y aunque ninguno de esos *proyectos pacíficos* es la fórmula mágica para acabar con todos los problemas de nuestra sociedad, son sin duda el paso fundamental para poder empezar a resolver algunas dificultades que —en medio del conflicto y una mentalidad de odio imperante— nunca llegamos a ver.

Por lo que nunca pasemos por alto la magnitud de las transformaciones que hemos logrado a través de los derechos humanos, ni seamos presa del pesimismo atizado por el sistema noticioso, en donde exclusivamente se cuentan cosas aterradoras. Albergamos en nuestras sociedades todas las contradicciones que hemos visto en nuestro relato, pero también la forma de resolverlas. No olvidemos nuestra capacidad de cambiar el mundo, que se ha transformado en apenas dos siglos, aunque aún falte mucho por hacer. No perdamos de vista este espíritu esperanzador. Hoy —más que nunca— es fundamental, dado que necesitamos estar a la altura de las circunstancias ante el reto más apremiante que hayamos experimentado como especie en toda nuestra historia: el cambio climático.

CO2
El cambio
climático

El desafío de nuestra era

Desde la era en que como especie empezamos a evolucionar y dejamos de ser un primate en un árbol para convertirnos en un bípedo con un pulgar oponible capaz de construir herramientas y comunicar información, nuestra actividad ha modificado el entorno en el que habitamos. Desde los cazadores recolectores que sobreexplotaron especies enteras hace miles de años hasta la aparición de la agricultura y la modificación de los suelos —que vinieron acompañadas con la domesticación de plantas para nuestro consumo exclusivo—, los humanos impactamos de una u otra manera el hábitat. Sin embargo, nunca antes en la historia de nuestra especie habíamos alcanzado el punto de no retorno en el que estamos hoy. Nuestra construcción social alrededor de un sistema económico e industrial específico de pocos siglos ha transformado la Tierra de manera vertiginosa. Esto ha llegado hasta tal punto que la actividad humana es responsable de incidir en los procesos de las temperaturas planetarias, modificándolas de manera tal, que arriesgamos nuestra vida en este planeta y —junto con la nuestra— la de innumerables especies vivas. Hablar del cambio climático representa un desafío inconmensurable para nosotros porque es un reto a nuestra imaginación: resulta de verdad difícil dimensionar la escala y el intrincado sistema de interacciones que nuestros hábitos provocan en el planeta. Es complicado lograr el nivel de abstracción necesario para entender el carácter integral de los procesos de la naturaleza. Entender cómo todo lo que hacemos forma parte de un paradigma de desarrollo insostenible que se alimenta de la explotación de la naturaleza, le añade otra capa de complejidad. Por lo que necesitamos ir uniendo de a pedacitos todas las piezas que nos ayudan a entender el tamaño de nuestro impacto sobre nuestro entorno, las terribles consecuencias que esto nos depara, y, a la vez, la variedad de soluciones que están a nuestro alcance.

Hay unos *supuestos necesarios de los que vamos a partir* para entender el cambio climático. El principal de todos es *pensarnos como especie*. Partamos de que somos una de innumerables especies animales en este planeta, y nuestras aparentes diferencias fundamentales no son tales en la gran escala de la vida. Parece mezquino que se debata sobre el supuesto carácter derrochador de los griegos o sobre quién estaba de primero en un pedacito de desierto en el Máshreq, cuando ampliamos el debate a las dimensiones planetarias: al efecto de una especie animal —nosotros— sobre la intrincada interacción de sistemas naturales y a las consecuencias que este impacto tendrá sobre esta especie bípeda y pensante. Ante esto, el cambio climático también es una oportunidad, porque exige de nuestra parte empezar a dejar las líneas trazadas en papeles que llamamos fronteras y los agrios debates sobre la construcción de una identidad, para pensar en la humanidad en su conjunto. Puede parecer una utopía llegar a esto. Sin duda, después de haberse leído este mismo libro y escuchado estas historias sobre prolongadas e interminables disputas —en donde parece difícil "ponernos de acuerdo para la foto" en el sistema internacional—, a usted, lector, ojalá ya habiendo alcanzado a dimensionar las complejidades de la historia, ahora le venimos a decir que esto no es nada, comparado con lo que se nos viene. Y es verdad. Pero del mismo modo en que tenemos a los derechos humanos como un imaginario colectivo, el *carácter planetario del cambio climático nos demanda pensarnos también como un todo sin diferencias.*

¿Y qué es realmente el cambio climático? ¿Por qué sucede? ¿Qué tan grave es? ¿Qué se puede hacer? Necesitamos entender las respuestas a todas estas preguntas, con el fin de aportar soluciones concretas. Lo que pasa con frecuencia al hablar del cambio climático es que *la gente se siente tan abrumada por el carácter inevitable de la destrucción planetaria que se queda en la inacción*; después de todo, si el mundo se va a acabar, ¿qué puedo hacer yo para remediarlo? Al otro lado del espectro está la postura de "no es tan grave, continuemos con nuestras vidas", lo que de hecho solo precipita la catástrofe que amenaza nuestra especie. Si no hacemos nada, la vida de nuestros hijos puede sinceramente estar en duda, es así de grave. Hasta donde dan nuestros conocimientos de hoy, no podemos revertir el aumento de temperaturas, pero sí podemos disminuir el impacto que este aumento tendrá sobre nosotros, y, de paso, prepararnos bien para cuando llegue ese momento, que los pronósticos ubican más o menos para finales de siglo.

Hablemos entonces un poco de biología, que es bastante más comprensible que la economía, y esa ya la pasamos. La Tierra es un complejo engranaje de sistemas. Para mejorar nuestra comprensión sobre estos sistemas, usualmente los dividimos, pero no porque en la realidad los procesos estén divididos entre sí, sino para poder lograr explicarlos, entenderlos y estudiarlos. Los procesos que nos ayudan a entender el cambio climático son los relativos a la energía solar y su llegada a la Tierra, en donde los distintos tipos de superficies cumplen un papel fundamental, ya que dependiendo de las distintas topografías, la energía solar será absorbida por la Tierra o reflejada, lo que involucra directamente a las temperaturas del planeta. En la llegada de la energía solar a la Tierra están involucrados la fotósfera, la atmósfera, la hidrósfera, la biósfera y la litósfera. La hidrósfera es el agua de la Tierra. Recordemos que, si bien se llama Tierra, nuestro planeta está hecho en un 77% de agua. El papel más importante de la hidrósfera lo cumplen los océanos, que son la mayor parte de las aguas. De la energía solar que reciben dependen las corrientes marinas, que distribuyen el calor por todo el planeta, lo que conforma las características de varias regiones y el hecho de que sean habitables para los animales, como nosotros. Los océanos también se encargan de mandar vapor a la atmósfera, que se convierte en nubes que lo transforman en lluvia, lo que a su vez permite generar la vida en la Tierra. Así que los océanos cumplen el papel de estabilizadores del clima planetario a través de sus corrientes y generando vapor para que existan las lluvias, pero por si no fuera poco absorben mucho dióxido de carbono. Por otro lado está la criósfera —que cubre las superficies de agua congelada sobre la tierra, como los polos, Groenlandia, la Antártida, los glaciares, los nevados, etcétera—. El hielo de estos es fundamental porque refleja el calor del Sol; por eso es blanco y brilla descomunalmente, porque está rechazando parte de la energía solar. Así, la criósfera también funciona estabilizando el clima, y de ahí surge la problemática de que si el hielo se derrite y la criósfera desaparece, toda la energía que se reflejaba empieza a ser absorbida produciendo un cambio drástico de temperaturas. Junto a los mares y los glaciares está la biósfera —que es donde está la vida del planeta en todas sus formas, incluidos nosotros—. La biósfera tiene sus dinámicas y equilibrios propios entre plantas, animales, organismos minúsculos y gigantescos. La biósfera también participa en estabilizar los ciclos climáticos del planeta, ya que las grandes superficies de selvas absorben mucha del agua lluvia en sus suelos, que luego se evapora y genera aún más lluvia. Además, las grandes extensiones selváticas almacenan cantidades de dióxido de carbono que transforman en oxígeno por medio de la fotosíntesis. Por último está la atmósfera, una capa de gases por encima de la superficie terráquea, en donde se encuentra en su mayoría nitrógeno, seguido por oxígeno y otra variedad de gases como el metano, el dióxido de carbono, el ozono y el vapor del agua. Todos estos sistemas están estrechamente relacionados y su escala de acción es planetaria, no está reducida ni a regiones ni mucho menos a inventos de una especie sobre el planeta como los países. Lo que sucede en una región del planeta afecta por igual a todas las demás.

El dióxido de carbono y el metano son los protagonistas de nuestra era, porque cuando se encuentran en altas concentraciones en la atmósfera generan una capa que hace que la energía solar que las superficies reflejan quede atrapada y se produzca lo que llamamos el *efecto invernadero*. Cuando la energía solar se vuelve a reflejar sobre la Tierra se produce un calentamiento que altera todos los procesos, ya que la criósfera comienza a derretirse, lo que a su vez genera que menos energía se refleje y más sea absorbida por la superficie. Por otro lado, el derretimiento generalizado de grandes bloques de hielo —como en el caso de Groenlandia— genera que el nivel del mar aumente. Si las temperaturas suben, los océanos también se ven afectados porque no pueden almacenar dióxido de carbono, por lo que empieza a haber aún más cantidad de estas partículas en la atmósfera. Esto es el *calentamiento global*. ¿Y cuáles son sus consecuencias? La alta concentración de carbono y metano en la atmósfera altera los patrones climáticos de estos sistemas interconectados, por lo que el clima de la Tierra va a modificarse. Si el clima aumenta entre 1 y 4 grados, las sequías van a ser más largas, las lluvias más fuertes, las tormentas tropicales de mayor impacto, y todas las zonas costeras del planeta quedaran bajo el agua —que incluye la desaparición de islas enteras—. La alteración de las lluvias y las sequías va a hacer que tierras que hoy son fértiles en el futuro no sean aptas para la agricultura, y va a convertir en inhabitables regiones del planeta que hoy habitamos los humanos. Cuando la temperatura de los océanos empieza a subir, la composición misma del agua cambia y se vuelve más ácida, generando la extinción de sistemas como los arrecifes corales. Todo esto no hace parte de una distopía lejana, está pasando en este mismo instante. El 2014, el 2015 y el 2016 fueron los años más calientes de los que se tenga registro. En la actualidad, numerosos arrecifes de coral están desapareciendo. La nación de Kiribati, una pequeña isla en el océano Pacífico, incluso ha tomado las medidas de una migración generalizada digna de sus ciudadanos, ya que la isla no existirá durante mucho tiempo. Por otro lado, lo más grave es que Groenlandia parece estar cerca del punto en donde el hielo definitivamente pierde su capacidad de reflejar energía solar y en cambio empieza a absorber energía solar, es decir que llega el punto en donde los sistemas naturales continúan con el calentamiento global por sí solos. Y parece que hemos llegado a ese punto. Estas consecuencias son inevitables porque el cambio climático es un hecho irreversible, no hicimos nada en su momento para detenerlo y todos estos escenarios se harán realidad *sí o sí*. La pregunta es hasta qué punto es mitigable y, sobre todo, cómo evitar que las temperaturas no superen los 2 grados; por arriba de este límite sucederían cambios tan drásticos como que la corriente del Golfo —la cual regula las temperaturas del continente europeo— quedaría tan afectada que el continente entero se volvería como Siberia.

El calentamiento global habla de los efectos del calentamiento, pero no significa que todo vaya a estar más caliente en la Tierra: los patrones climáticos van a ser más drásticos, lo que incluye zonas inhabitables y desérticas, así como también zonas de temperaturas muy bajas, en cierta medida, también inhabitables. Recordemos que los humanos habitamos extensas partes del planeta, y las modificaciones de sus regiones implican cambios fundamentales como el desplazamiento de millones de personas, la migración generalizada, la escasez de recursos y alimentos. Esto podría desatar una tragedia sin precedentes, por lo que es necesario adaptarnos y prepararnos para estos cambios. Todo esto es un escenario posible si se mantienen las temperaturas en cierto margen.

Pero si se aumenta en más de 4 grados se producirían cambios tales en el clima, que no podríamos adaptarnos como especie. Es difícil para nosotros considerar nuestra propia mortalidad, quizás sea más arduo aún dimensionar la posibilidad de que todos dejemos de existir. La buena noticia es que este escenario solo va a suceder si

Si la temperatura de la Tierra aumenta más de 4 grados se producirían cambios en el clima a los cuales no podríamos adaptarnos como especie.

no hacemos nada, la mala noticia es que por lo pronto no hemos hecho mucho, por lo que necesitamos comprender la dimensión de este fenómeno para poder entrar en acción.

¿Y qué causa las altas concentraciones de dióxido de carbono en la atmósfera? Usualmente pensaríamos que son los carros, y sí, ellos contribuyen enormemente al problema, pero la dificultad que nos presenta poder responder al cambio climático es que las causas de la emisión de gases como dióxido de carbono y metano están relacionadas con todo el paradigma de desarrollo y crecimiento económico que tenemos. No se trata solo de una industria en particular. De la misma forma que todos los procesos en la Tierra están relacionados, todos nuestros procesos económicos y productivos están vinculados con la transformación del medioambiente. Por eso, para poder mitigar el cambio climático y evitar que las temperaturas suban más de 2 grados —para poder prepararnos para la transformación de nuestras sociedades a raíz de los desplazamientos masivos que el cambio va a provocar y las crisis de alimentación que seguirán—, *necesitamos replantear la idea misma de desarrollo basada en combustibles fósiles*.

Todas las actividades productivas que nuestras sociedades efectúan y todo lo que se considera desarrollo económico e industrial produce dióxido de carbono. Desde el carro que manejamos hasta la comida que comemos; desde la nueva casa a la que nos mudamos hasta el envío internacional que recibimos, toda nuestra vida como está planteada está generando enormes cantidades de carbono. A esto se lo llama *consumo energético*, que nos habla de la energía que se gasta, en este caso, *energía fósiles*, para producir todos los bienes en nuestras sociedades.

La industria pesada, el suministro eléctrico, el transporte, la construcción, el cambio del uso de la tierra y la ganadería liberan partículas de carbono y metano que van a parar a la atmósfera. Y esto está intrínsecamente relacionado con el petróleo o el carbón como fuente de energía. Hemos visto muchas de las transformaciones políticas y culturales que comenzaron con la Revolución industrial y la nueva era de una definitiva occidentalización del mundo, pues ese desarrollo tecnológico se cimentó sobre el carbón, y, como vimos también, después de la decisión de Winston Churchill, en 1911, el petróleo se volvió la fuente de energía principal. En el segundo capítulo vimos el precio que los pueblos del Máshreq han pagado por ser el lugar de la Tierra donde se encuentran las mayores reservas de petróleo.

El petróleo y el carbón se volvieron la base sobre la cual el mundo occidental inició su conquista planetaria y sus ínfulas de superioridad. Aun a pesar de que nos hemos esmerado en desmitificar muchas narrativas que el paradigma occidental se cuenta de sí mismo; aun cuando hoy el mundo ha cambiado desde el dominio occidental, la Revolución industrial y la expansión colonialista dejaron un legado sobre todas las partes de la Tierra que permanece: una única visión de qué era el desarrollo económico y cómo se podía lograr. Hay un consenso que la mayoría del planeta adoptó siguiendo el modelo occidental sobre el desarrollo, en donde la industrialización se ve como un signo de progreso que todos los países deben alcanzar. A esto se le sumó que el modo de vida que emergió en Estados Unidos —ahora como gran superpotencia tras las Segunda Guerra Mundial— se volvió el estatus al cual todos los otros países aspiran. Pero este es un modelo de vida insostenible. Ya que toda la maquinaria pesada que se alimenta de petróleo, carbón o gas no solo impacta y transforma la naturaleza, sino que el consumo energético de cada individuo es desproporcionado y se aceleró como nunca desde 1945. Desde ese año hasta el 2010 se generó el 75% del dióxido de carbono en la atmósfera producido por la actividad humana. Recordemos que desde la posguerra, a partir de 1945, comenzó la era de la expansión estadounidense a nivel económico y cultural por todo el globo, lo que inauguró una era que llamamos la *sociedad de consumo*.

Antes de 1945 las comodidades que hoy nos parecen obvias no existían o no estaban generalizadas en toda la sociedad. Muchos de los inventos que hacen parte de nuestra cotidianidad existen solo desde la segunda posguerra. De hecho, la misma motivación de gastar el dinero en comodidades es progresiva y viene aumentando en las sociedades a partir del siglo XX. Antes la gente no tenía que gastar tanto porque en principio se vivía dentro de comunidades en mayor o menor grado autosostenibles. Tan solo a finales del siglo XIX y principios del XX, e incluso en épocas mucho más recientes en algunas regiones, las personas no tenían que comprar la mantequilla, la leche, la ropa, las bolsas o la comida porque la mayoría de la población vivía en el campo, donde producían sus propios productos, que también comerciaban. Aunque sin duda había comercio, no existía la dependencia respecto a toda una infraestructura alimenticia nacional o internacional. Las personas mantenían la soberanía sobre sus propios alimentos y los objetos de la vida cotidiana. Aunque también vale la pena decir que esto tomaba muchísimo tiempo, sobre todo para las mujeres, por lo que la pérdida progresiva del autosustento con el cual hemos vivido durante millones de años también ha significado más tiempo libre y una liberación en el rol de la mujer, que generalmente era la que hacía todas las arduas tareas domésticas. Así que las comodidades tienen sus ventajas y sus desventajas.

En las ciudades, que hace tan solo setenta años eran mucho más reducidas —en un mundo que era significativamente rural—, no había una consciencia de trabajar para invertir en comodidades como signo de mejora de los estándares de vida. Este sistema de pensamiento se ha ido forjando poco a poco, y, en ese sentido Henry Ford, el inventor de la cadena de montaje, fue pionero en empezar a volver a sus trabajadores sus propios consumidores. Ford estimuló que los trabajadores tuvieran vacaciones y salarios altos para que fueran los primeros en comprar el modelo T Ford —que existió entre 1908 y 1927—, que se volvió un símbolo de independencia y estatus de vida, el primer carro asequible para la clase media. Así inició la idea de que cada persona tuviera su propio carro. Luego, tras la Segunda Guerra Mundial, la riqueza estadounidense, junto con las innovaciones tecnológicas originadas en la industria militar, fueron la base para la primera sociedad de consumo generalizada. Cada ciudadano estadounidense estaba en condiciones de tener su propio carro, acceso a una miríada de objetos para hacer su vida más cómoda y disfrutar más tiempo libre, que podía usar para seguir consumiendo productos. Así, se introdujeron objetos a la vida cotidiana como las neveras, los televisores, y demás electrodomésticos, y con ellos, el plástico, un material que es derivado del petróleo, que, si bien se puede reciclar, dependiendo de su estructura, tarda entre 10 y 1.000 años en descomponerse. La mayor parte del plástico no se recicla sino que termina en rellenos sanitarios o flotando en el mar. Para colmo, una vez descompuesto, este material libera toxinas que envenenan las especies marinas y otras formas de vida. El plástico se consideró un gran invento que permitió la quimera de la cultura de lo desechable. Toda una industria de desperdicios que implican una producción a gran escala y una contaminación desmesurada.

La cultura de lo desechable deja una profunda estela de desperdicios innecesarios. Por ejemplo, un pitillo. Su producción implica la extracción de petróleo de la Tierra, en donde se liberan altísimas cantidades de carbono; luego, la producción en una fábrica significa más partículas de carbono; después se transporta —de nuevo, mucho carbono—, para que llegue a un restaurante, alguien lo use diez minutos, sea desechado y tarde 200 años en descomponerse. Los pitillos son innecesarios, podemos perfectamente tomar de un vaso como lo hemos hecho desde tiempos inmemoriales, las bolsas son innecesarias: los canastos son la técnica de tejido más antigua de la especie, y son bastante útiles para hacer las compras, y además existen las bolsas de tela. Los cubiertos de plástico son innecesarios, implican un gasto desproporcionado de energía para algo que un tenedor de metal perfectamente puede hacer. Tomar agua embotellada en plástico es innecesario: la mayoría de ciudades tiene agua potable y para eso existen botellas de vidrio, que son más duraderas y que podemos utilizar. Además, una botella tarda 450 años en descomponerse. La sociedad de consumo ha llenado la vida de millones de personas de una cantidad desproporcionada de objetos, muchos de los cuales no están realmente mejorando nuestras condiciones de vida sino empeorándolas. El nivel de emisiones y desperdicio que supone toda la industria de plástico impacta los mares —las aguas— y la biósfera, contaminando nuestras fuentes hídricas y el aire que respiramos, para crear objetos que muchas veces responden a necesidades absolutamente ficticias ¡como tomar una bebida con pitillo!

Con la generalización del consumo a gran escala, y para continuar incentivando las compras de objetos, se creó también la idea de la *obsolescencia programada*: es decir, los objetos electrónicos tienen una vida limitada para que sea necesario comprar una nueva versión cada cierto tiempo. Vivimos en un mundo en donde las cosas están diseñadas a propósito para que se dañen y así podamos comprar la siguiente generación. Hoy en día incluso ni siquiera se tienen que dañar, solamente pasan de moda con el siguiente modelo, como los diseños de celulares. Este modelo de vida se extendió por todo el globo durante las últimas décadas y se volvió la medida según la cual medimos el desarrollo de los países.

Por eso estamos hablando de la necesidad de cambiar un montón de hábitos y paradigmas —desde la compra del último modelo de algo solo como signo de estatus social hasta que las empresas programen la obsolescencia de sus productos—. Ya que todos estos objetos, desde las neveras hasta los *smartphones*, involucran enormes cantidades de partículas de carbono en la atmósfera: desde la explotación de recursos energéticos como el petróleo, carbón o gas para su producción (ya que son elaborados con plástico o materiales similares, y las fábricas en donde se producen implican enormes gastos de energía) hasta la huella que su transporte terrestre, aéreo y marítimo implica para que llegue desde China hasta tus manos. Aunque no podemos dejar de lado las ventajas de las invenciones de la tecnología, como por ejemplo, la capacidad de acceder a la información. Y aunque un celular inteligente se haya vuelto una herramienta de trabajo, es innecesario que cada año o dos se produzca una nueva generación para ser reemplazada. Con la globalización, el carácter transnacional del comercio hace que los bienes presentes en la mayoría de países representen un consumo energético altísimo, ya que se deben tomar en cuenta el transporte y la producción industrial masiva a escalas planetarias. Por eso es que consumir productos locales no solo beneficia directamente a los propietarios de pequeños negocios sino que ayuda a combatir el cambio climático pues un producto local de una compañía independiente implica un menor gasto energético.

La sociedad de consumo —surgida en la misma era del paradigma del Estado benefactor y el keynesianismo— consagró el nivel de vida más alto para las sociedades occidentales, y por ese nivel de vida es que se consideran a sí mismas como sociedades desarrolladas. Ese se volvió el modelo de vida a seguir a lo largo y ancho del planeta. Cuando entró el neoliberalismo y desapareció virtualmente el paradigma de la responsabilidad social del Estado, nos quedamos sin los logros en el avance de derechos e igualdad de las personas, pero con la versión del desarrollo como capacidad de consumo. A estas alturas de la vida, necesitamos comprender que aumentar nuestra capacidad de consumo no es desarrollo, ya que, si todos consumiéramos el mismo nivel de energía de un estadounidense promedio, se calcula que se necesitarían entre cuatro y diez planetas Tierra para abastecernos. Sencillamente nuestro planeta no posee suficientes recursos para darnos el lujo de un modelo de vida así, basado en combustibles fósiles. Además, con el solo gasto energético de hoy estamos alterando de manera irreversible los patrones climáticos y amenazando nuestra propia existencia.

Así que el debate del cambio climático necesariamente implica la discusión sobre lo que se ha considerado hasta aquí *el desarrollo*, y el impacto cultural que tiene el modelo de vida estadounidense sobre las aspiraciones de las sociedades de otros países. Porque el consumo energético mundial es increíblemente desproporcionado. Hay una desigualdad territorial en el consumo de energía: los países de lo que se llama el *Primer Mundo* son los que más consumen y los responsables de emitir mayor cantidad de *gases de efecto invernadero*. La población de Estados Unidos —con solo el 5% de habitantes de todo el mundo— consume el 20% de la energía del mundo, come el 15% de toda la carne producida y genera el 40% de la basura mundial. Recientemente China se volvió el país con más emisiones de gas de efecto invernadero, y ya vimos que esto está intrínsecamente relacionado con su "crecimiento" económico y su posición como fábrica del mundo, pero el consumo energético per cápita sigue siendo muy inferior al estadounidense. Un solo estadounidense consume la energía de 13 chinos o el equivalente de la que consumen 61 nigerianos. Por lo que no podemos perder de vista que *el consumo energético está vinculado con el estilo de vida y el paradigma del desarrollo*, y no es simplemente un efecto colateral de la actividad humana en la Tierra. Tenemos que empezar a pensar en el costo que implican todas nuestras actividades para poder entender hasta qué punto estamos imbricados en un sistema insostenible. Por la misma dinámica de desigualdad que tiene la emisión de gases de efecto invernadero se ha producido un debate en donde de nuevo brillamos por nuestra falta de cooperación y compromiso real. Pero en este caso ya no es con los derechos humanos o con el discurso de la democracia: es la falta de un compromiso real con nosotros mismos porque somos absolutamente todos los afectados.

Aunque nos parezca que es desde hace medianamente poco que nos enteramos del cambio climático, los riesgos que implican las enormes cantidades de carbono que lanzamos a la atmósfera en realidad se conocieron tan pronto como en los años cincuenta del siglo XX. En ese entonces no había una comprensión tan amplia sobre los efectos concretos en las corrientes de aire y patrones climáticos; todo esto ha sido conseguido por las búsquedas de toda la comunidad científica —para entender y proyectar las consecuencias de este fenómeno—, que se han respaldado en los avances tecnológicos y las imágenes satelitales. Pero sí se entendía el principio básico del efecto invernadero. Las primeras voces que se manifestaron sobre la necesidad de cambiar la mentalidad del consumo ante el impacto al medioambiente también surgieron en los sesenta: durante décadas, el movimiento por la conciencia ambiental, presente en varios países, sería el encargado de buscar un cambio de mentalidad. En ese entonces se planteó por primera vez, desde las sociedades industrializadas, la necesidad de reformular nuestra relación con la naturaleza; así, se inició una serie de publicaciones y proyectos comunitarios alternativos a la sociedad de consumo. Más adelante hablaremos sobre cómo esta es una solución real al desafío climático.

Sin embargo, las décadas continuaron sin que se debatiera el tema a nivel público o político. En 1979 el presidente estadounidense Jimmy Carter recibió un informe sobre el cambio ambiental. Sus sucesores, Reagan y Bush padre, simplemente lo ignoraron. Finalmente en 1997 se acordó el Protocolo de Kioto, que reunió las propuestas de la Convención Marco de las Naciones Unidas sobre el Cambio Climático, adoptada en 1992. Allí se estipularon metas para reducir la emisión de gases de efecto invernadero, inicialmente propuestos para el 2008-2012 y luego se extendieron hasta el 2020. Con el Protocolo se buscó que los países desarrollados —que son los que más consumen y los que generan más carbono—, reconocieran su responsabilidad en su papel preponderante como emisores de gases. Sin embargo, Estados Unidos no ratificó el compromiso y varios países se han retirado del Protocolo, por lo que no se cumplieron las metas previstas en 1997, y desde entonces la situación en cuanto a emisión de gases ha empeorado. Entre los debates que han hecho inoperante el Protocolo está una discusión irrelevante a la luz de la magnitud de los acontecimientos, en donde los países desarrollados, sobre todo Estados Unidos, no están dispuestos a ceder ni transformar su consumo energético sin que se les aplique el mismo estándar a los países en desarrollo, a pesar de su responsabilidad evidente como mayores emisores. Y, en ese mismo sentido, los países en desarrollo no están dispuestos a comprometer su industrialización y verse frenados, cuando los países que más consumen energía no hacen nada por su parte. Como nadie cede, no se logra nada, así que estamos realmente ante una situación en donde el mayor problema del desafío climático es la distancia entre las predicciones y recomendaciones de la comunidad científica y el compromiso real de los gobiernos para tomar medidas concretas. Entre lo que sabemos y lo que estamos dispuestos a hacer para remediarlo. El mayor problema que tenemos es la falta de voluntad política en este sentido, y por eso depende de cada uno de nosotros crear la consciencia para que se vuelva una prioridad en la agenda política.

Tampoco ayuda el hecho de que el neoliberalismo ha empoderado a las empresas privadas y las multinacionales de tal forma, que sus intereses pesan demasiado en las políticas gubernamentales. El ejemplo más claro de cómo los intereses empresariales terminan poniéndose por encima de la humanidad misma —aun cuando las empresas son dirigidas por humanos— es la deliberada campaña contra el cambio climático que las empresas fósiles han llevado a cabo en Estados Unidos. Recordemos que la historia del petróleo y la de las políticas estadounidenses de expansión y conquista están íntimamente relacionadas, ya fue allí donde surgió la industria petrolera. La mayoría de las siete hermanas que vimos en nuestro capítulo del Medio Oriente son estadounidenses. No nos sorprende entonces que las políticas públicas estén vinculadas al petróleo. Chevron, Shell, Exxon y BP tienen una macabra política de financiar ONG que sustenten su visión, fundaciones y centros de investigación que producen noticias, publicaciones, y apoyan científicos que hacen *lobby* contra el cambio climático, que niegan que sea una realidad. Esta será sin duda una de las historias más indignas que se contarán sobre nuestra era. Sobra decir que el consenso sobre la realidad del cambio climático es casi absoluto dentro de la comunidad científica, tanto así, que más de 15.000 científicos firmaron en 2017 una advertencia sobre los riesgos inminentes de este fenómeno. No necesitamos publicaciones científicas elaboradas para corroborar la realidad de los cambios climáticos: tanto las comunidades indígenas del Polo Norte como los cuatro pueblos de la Sierra Nevada de Santa Marta nos atestiguan el deshielo acelerado en los últimos cincuenta años.

Sin embargo, como todo en nuestra historia, algo se ha logrado. En el 2015 se llevó a cabo la Cumbre de París, en donde se presentó el Acuerdo de París, que fue firmado por 192 países, incluidos Estados Unidos, con la administración Obama, y los países miembros de la OPEP. Las metas de este acuerdo, a diferencia del Protocolo de Kioto, son específicas. El tema del debate entre países desarrollados y en desarrollo se saldó con la promesa de una asistencia económica a los últimos para implementar el Acuerdo. El tono entre el Protocolo de Kioto y el Acuerdo de París muestra el estado del debate sobre el cambio climático: si el primero hablaba de reducir dentro de lo posible las emisiones, el Acuerdo habla es de mantener las temperaturas por debajo de los 2 grados centígrados y prepararse para la respuesta global a los cambios que se avecinan. De una iniciativa se pasó a un hecho porque en estos veinte años han sucedido muchos avances tecnológicos y científicos sobre nuestra comprensión de este fenómeno que sin embargo arrojan una perspectiva alarmante. En 1997 se creía que el incremento de temperatura tomaría más tiempo, pero el cambio climático ha desafiado las predicciones de científicos; hoy en día hablamos de un hecho irreversible. El Acuerdo implica la reducción de emisiones a cero para el 2050 si queremos mantener el aumento de la temperatura en un nivel al que todavía podamos adaptarnos, en oposición a un cataclismo. Pero el acuerdo no contempla mecanismos de implementación obligatorios o sanciones y seguimos dependiendo de la voluntad política de los países; incluso queda a discreción de cada gobierno en qué medida se van a reducir las emisiones. Al menos, en el 2016 China y Estados Unidos anunciaron su compromiso conjunto de reducir emisiones, mas con la elección de Donald Trump los avances se han visto entorpecidos por ese sector reaccionario negacionista. Vivimos en un mundo a punto de transformarse definitivamente por el cambio climático y el presidente del país que más energía consume no cree en el cambio climático. No obstante, desde los días que se firmó el Protocolo de Kioto los avances y las soluciones han aumentado de manera vertiginosa, por lo que, a diferencia de entonces, hoy podemos decir con certeza que sí podemos solucionar la emisión de gases de efecto invernadero y cambiar nuestro consumo de energía para siempre. Estamos ante un problema solucionable, necesitamos ahora es estar a la altura de las circunstancias, porque las soluciones existen y son muchas.

El cambio de paradigma que se necesita para afrontar y solucionar las transformaciones planetarias que se avecinan va desde lo pequeño hasta lo grande, desde lo local hasta lo internacional. Como todo, comienza en nosotros y se expande si logramos avanzar hacia el imaginario colectivo de superar las energías fósiles como las únicas fuentes de desarrollo y replanteamos la actividad humana basada en la explotación y destrucción de los recursos naturales. No es una tarea fácil, ya que la industrialización misma y el dominio occidental cultural —que es hoy la guía del desarrollo económico— han sido construidos sobre una visión maniquea de la realidad. Pero existe el conocimiento para superar este desafío y desde allí apuntar a un mundo mejor.

Para explicar el mundo en que vivimos, un término que se escucha con frecuencia el día de hoy es *antropoceno*, un nuevo concepto que da cuenta de la dimensión de nuestro impacto sobre la naturaleza. Es decir, se habla de que la actividad humana ha alterado de manera tal el resto de la naturaleza, que este cambio histórico constituye una nueva era geológica en el planeta. Hay discusiones sobre cuándo comenzó esta era, si a partir de la invención de la agricultura —hace 10.000 años— o si con la era de los combustibles fósiles, ya que esta es la causa principal de la liberación de partículas de dióxido de carbono. El concepto *antropoceno* nos ayuda a entender el impacto de nuestras actividades, ya que enfatiza el papel histórico que ha tenido la humanidad en la modificación de su entorno, hasta el extremo tal de poner su propia existencia y la de innumerables especies en peligro de extinción. Podríamos decir entonces que vivimos en el antropoceno, una era completamente distinta de todo lo vivido hasta la fecha y que nos exige reconocer, entender y actuar sobre las transformaciones que hemos ejercido. Ante eso, la explosión demográfica que hemos experimentado —gracias a los avances en tecnología y salud que han permitido ampliar nuestra expectativa de vida—, solo supone un reto mayor, ya que en solo sesenta años la población mundial se duplicó. A partir de la sociedad de consumo, el mundo tiene mucha más población y es cada vez más urbano. En 1950 había 76 ciudades con más de un millón de habitantes, y hoy hay 417. Por primera vez en la historia de los *Homo sapiens sapiens*, el 54% de nosotros vive en ciudades. Todo esto nos advierte que la tendencia a la urbanización va a continuar, y con ella, el impacto ambiental que representa el gasto energético de las ciudades. Por lo que no solo tenemos en cuenta la insostenibilidad de hoy: la situación va a empeorar si continuamos por este rumbo en un país con más personas, más industrias, más construcciones, más consumo.

Sin embargo, una de las problemáticas de utilizar el término *antropoceno* para caracterizar esta era en que vivimos es que sigue suponiendo que naturaleza y humanos somos cosas distintas. Además también supone que la transformación del entorno se ha hecho por toda la humanidad en su conjunto de manera abstracta. No obstante, la historia de la transformación acelerada y vertiginosa del planeta es específica de la historia occidental y el capitalismo. El inicio del sistema económico en el que vivimos, algunos lo ubican en el siglo XIX con la industrialización europea, pero otros lo ubican mucho antes, con los años inmediatamente anteriores a la conquista de América. Ya que desde el siglo XV se cimentó lo que sería el capitalismo mercantil, y su estructura estuvo ligada a la transformación generalizada de la naturaleza. Por lo que el debate no solo debe ser sobre los combustibles fósiles, sino sobre los orígenes del pensamiento que nos rige hasta el día de hoy, en donde la economía se orientó a partir de transformar y de disponer de la naturaleza, y en el proceso cambiaron los términos de la relación entre el humano y su entorno. Aunque las señales más alarmantes y la causa directa del cambio climático son los combustibles fósiles —que pasaron de representar el 50% de nuestra energía en 1900 al 86% en la actualidad—, la industrialización no es la raíz de la explotación radical de la Tierra por la actividad humana. El cambio climático fue solo una consecuencia de un proceso que se inició antes.

Durante el siglo XV los países en Europa comenzaron a agotar sus propios recursos naturales sobre la base del desarrollo económico, y en el proceso se produjo un acercamiento a la naturaleza desde un punto de vista extractivo. Desde la plata de las minas —que se volvió el metal de intercambio— hasta la deforestación generalizada del continente europeo —donde el bosque reemplazado por cultivos—, la explotación ansiosa de excedentes transformó significativamente los paisajes. Aquí se empezó a tomar en cuenta el valor de la fuerza laboral como el principal referente sobre la productividad, sin tomar en cuenta el valor de los recursos mismos que ese trabajo estaba transformando. Durante esos siglos comenzaron los desarrollos e innovaciones tecnológicos, desde diques hasta sistemas de riego para aumentar la productividad de los cultivos. Fue en esta era que empezó la migración rural a las ciudades, también fomentada porque los campos dejaron de ser las unidades autosostenibles de un aristócrata con súbditos explotando la tierra —el sistema feudal— para ser cultivados para una producción internacional incipiente.

Esta era vio una devastación del paisaje fundamental; de hecho, por la deforestación generalizada de las tierras es que Portugal,

España y Holanda trasladaron su producción a América, territorio donde existían los recursos que en Europa ya se habían sobreexplotado. La idea de *productividad a partir una mano de obra barata y una transformación fundamental del paisaje* es también el eje del esclavismo, ya que cientos de miles de personas fueron secuestradas en países africanos y traídas a América para realizar un trabajo forzoso en grandes plantaciones de azúcar y algodón. Así que, si bien la Revolución industrial reemplazó en buena medida la mano de obra por máquinas, la transformación del paisaje y el concepto del *costo de un objeto basado en su mano de obra* —sin incluir el valor del impacto que esta producción tiene sobre la naturaleza— anteceden la era industrial. Por construir la sociedad occidental sobre estas dinámicas se comenzó a dar un cambio de pensamiento que continúa hasta el día de hoy: la separación discursiva (pero no real) entre los humanos y la naturaleza. Este es uno de los rasgos más singulares de la sociedad occidental, que la distanció de innumerables culturas a lo ancho y largo del globo. Muchas culturas han reflexionado sobre el carácter dual de la realidad, pero fue en medio de estas transformaciones en las actividades económicas humanas desde el siglo XV que la sociedad occidental empezó a basar su pensamiento en oposiciones concretas, la más clara de ellas, *hombre/naturaleza*. Hemos reflexionado en profundidad sobre los límites de la visión binaria occidental en la construcción histórica de conflictos y términos políticos, pues en este caso también seguimos enredados en los términos discursivos occidentales. El pensamiento dual hizo que el hombre quedara en oposición a la naturaleza, que el entorno quedara reducido a objetos que podían y debían ser entendidos por la ciencia. Esto desterró del pensamiento la relación de los humanos dentro del *continuum* natural, y por eso mismo hoy en día se nos hace tan difícil dimensionar nuestros efectos sobre el medioambiente porque discursivamente hemos sido separados de este. Desde entonces el dominio de la naturaleza por la "civilización" se volvió el concepto de *desarrollo*. Y este paradigma está relacionado de manera integral con el colonialismo y la conquista de América, ya que, según la visión occidental, todas las otras culturas "salvajes" y "bárbaras" quedaron relegadas a ser parte de la categoría *naturaleza*. Este pensamiento fue ejercido y exportado allá a donde llegaron las potencias europeas a conquistar, pero lo más grave es que la mayoría de las otras culturas dominadas terminaron por creérselo.

Por su lado, el comunismo siguió esta misma línea de pensamiento, por lo que no se trata solo del capitalismo como sistema económico sino que también es fundamental este paradigma occidental de *civilización/naturaleza*, que tenemos que resolver como especie. El comunismo estuvo basado en una industrialización como única vía para el desarrollo social. Sobre las desastrosas políticas que este pensamiento implicó ya hablamos antes. Los proyectos comunistas no tuvieron ningún reparo con el medioambiente y produjeron desastres, tales como la desertificación del mar Aral, entre Kazajistán y Uzbekistán, un lago que fue drenado por el proyecto soviético para la siembra de cereales. Por lo que necesitamos replantear la noción misma de lo que es la *civilización*, ya que esta división entre nosotros y la naturaleza es lo que sustenta un modo de vida autodestructivo.

La meta final en la búsqueda por ampliar la definición de lo humano en las sociedades modernas puede ser romper en definitiva la división entre nosotros y la naturaleza. Por eso es que hablamos de un desafío fundamental en el que podemos no solo replantear nuestros paradigmas de vida y desarrollo que no son sostenibles, sino también crear nuevos imaginarios colectivos que modifiquen en esencia nuestra vida superando los términos divisorios sobre los que se han construido nuestras sociedades a partir de la estela occidental.

Por magníficos que hayan sido los inventos tecnológicos que han logrado aumentar el bienestar en las sociedades, que hoy permiten una innovación permanente y tecnologías tan transformadoras como el internet, en lo que respecta a nuestra organización económica el enfoque ha sido profundamente ignorante, ya que se ha aplicado el mismo concepto de *dominio del hombre sobre la naturaleza* a los recursos energéticos. La visión que ha primado hasta ahora se basa en la fuerza bruta. El petróleo literalmente se saca a la fuerza, y con la crisis energética de 1973, ante la creación de la OPEP, Estados Unidos y otros países comenzaron a buscar formas con nueva tecnología para extraer petróleo de otros lugares. El planteamiento siguió siendo el mismo: a la brava. Así, se empezó a aplicar el desarrollo tecnológico para descubrir nuevas maneras de ejercer la fuerza y corroer el medioambiente, por medio de las arenas bituminosas y el *fracking*, técnicas utilizadas para separar el petróleo de las formaciones rocosas, que antes no se podía extraer porque dichas formaciones no eran lo suficientemente porosas para dejar circular el fluido. El *fracking* es una partición hidráulica de estas rocas para extraer el petróleo, que se efectúa con una mezcla de agua y sustancias tan tóxicas, que hacen que el agua utilizada sea intratable luego. Se corre el riesgo de que la mezcla se filtre subterráneamente y contamine todas las reservas de agua de manera definitiva. Las arenas bituminosas son otra forma heterodoxa de extraer un componente similar al petróleo de la arena, por medio de un proceso que implica la liberación de más dióxido de carbono que la extracción convencional de petróleo y un gasto de agua que supera el gasto de una ciudad entera. Junto con esto, la sobre-explotación de minas subterráneas llevó a la búsqueda de recursos mineros removiendo montañas enteras, acabando con bosques, lo que también libera enormes cantidades de carbono. Todos estos son enfoques que se han exportado como grandes tecnologías que muchos países quieren copiar, en la búsqueda inalcanzable de intentar seguir los parámetros de desarrollo establecidos, pero no son sino nuevas técnicas, cada una más destructiva que la anterior, para ejercer la fuerza bruta sobre la naturaleza. Y si pusiéramos en el precio final la cantidad de energía que gastamos para sacar energía claramente se evidenciaría lo poco inteligente de esta orientación. El dinero que se gasta en investigar cómo seguir extrayendo petróleo —aun a pesar de que sabemos las consecuencias inmediatas de seguir así— se podría invertir en ponerse a pensar creativamente en desarrollos tecnológicos alternativos. Por eso también se habla de que la mejor manera de lograr desincentivar el consumo de objetos y medios de transporte que derrochan demasiada energía es ponerles un impuesto a todas las industrias que generen carbono, y así, el precio de las cosas reflejaría su verdadero costo ambiental. Pero las voces críticas a esta idea señalan que no se está solucionando el problema de fondo, ya que *el cambio de pensamiento es primordial.* A estas alturas del partido ni siquiera sabemos qué es exactamente el petróleo: solo se considera una mezcla de putrefacción orgánica. Por eso la necesidad de reemplazar nuestras fuentes de energía fósiles puede dar paso a pensar con más imaginación, como por ejemplo, preguntarnos qué es el petróleo en sí y cómo podríamos descomponer su estructura básica y recrear esa fuente energética sin que implique la contaminación y devastación planetarias. Así, existe una tendencia que plantea pensar el petróleo no desde la mecánica, como se ha hecho hasta ahora, sino desde la biología. Siguiendo esta idea de transformar la industria petrolera se habla de lograr una tecnología capaz de capturar el carbono y almacenarlo. O también se considera la posibilidad de separar el gas del carbón y convertir ese carbón en combustibles líquidos, que dejan menor huella que el petróleo. Todas estas ideas se quedan en seguir usando de una u otra manera el petróleo o el principio detrás de este, pero con una tecnología ambiental seria.

Ahora pasemos a las soluciones concretas que existen y trastocan toda la dependencia energética fósil. En 1997 el Protocolo de Kioto se firmó sin que hubiera un reemplazo claro frente a las demandas energéticas. Pero tan solo veinte años más tarde las energías solar y eólica se han desarrollado de manera tal, que es posible reemplazar todo el sistema energético por paneles solares y turbinas, los cuales recogen el aire y generan energía limpias: no contaminan el medioambiente ni emiten gases de efecto invernadero. Claro, la infraestructura necesaria para que esto suceda tomaría bastante superficie de la Tierra pero es una posibilidad real que significa la transición a energías limpias y renovables; hablamos de un proceso gradual, pero para lograrlo se necesita comenzar ya. En este sentido, no todo son malas noticias, ya que, si bien las políticas de Trump son desastrosas para el cambio climático, y por extensión, para todos, incluido él mismo, los estados de ese país han ratificado por separado su compromiso con el Acuerdo de París. Así, el estado de California aprobó hace poco una ley en la que se compromete a abastecerse en un 100% de energías limpias para el 2045. Aquí entra una dimensión fundamental a fin de prepararnos ante el cambio climático: la necesidad de políticas públicas inteligentes. Este, sin duda, es el paso necesario para lograr una transición real. No es una idea descabellada, dado que ya hemos logrado avances en este sentido. En China, décadas de protestas generalizadas contra la contaminación producida por la reciente y acelerada industrialización lograron que desde el 2008 el gigante asiático empezara a invertir en energías renovables hasta el punto tal, que el sector de energías renovables hoy está creciendo más que el sector de energías fósiles o nucleares. China busca incrementar a un 20% su consumo total de energía no fósil para el 2030, y, teniendo en cuenta que en la actualidad es el mayor emisor de gases de efecto invernadero, este es un paso importantísimo. En Suecia, también gracias a movilizaciones ciudadanas, el Gobierno comenzó a liderar la transición hacia energías renovables y se propuso la meta de convertirse para el 2040 en el primer país en abandonar por completo toda energía basada en combustibles fósiles: hoy en día la mitad de la energía que produce y el consumo energético de sus ciudadanos provienen de energías renovables. Alemania se abastece en un 30% de energías renovables. Dinamarca en la actualidad se abastece 100% de energía eólica, e incluso, en el 2015, en un día particularmente ventoso, las turbinas produjeron el 140% de las necesidades eléctricas del país, por lo que incluso se compartió energía a otros países como Alemania y Noruega. La energía limpia no es un tema al que solo países ricos europeos pueden acceder, ya que en Costa Rica el 100% de la electricidad del país en los últimos años proviene de energías renovables, principalmente hídricas. Este es un caso ejemplar de cómo un país puede utilizar sus recursos naturales —como la abundancia de agua, viento y sol— para autoabastecer sus necesidades. Una lección que podríamos aprender para el caso de Colombia, un país infinitamente rico por su biodiversidad, pero en donde no existen un debate público ni una consciencia sobre las ventajas de las energías renovables y los beneficios para el desarrollo del país, y en cambio nos volcamos a métodos que destruyen nuestra biodiversidad.

La transición a energías limpias puede también resolver las desigualdades de muchas sociedades, pues los países que no han alcanzado los niveles de industrialización y consumo estadounidenses pueden generar su crecimiento y alcanzar la cobertura de su población creando infraestructuras que den prelación a las energías renovables. Así, el mundo se podría subvertir: los países que hoy son más pobres pueden en cambio ser la vanguardia mundial en el cambio de un paradigma económico más inclusivo. Por eso necesitamos darnos cuenta de las infinitas posibilidades que se nos presentan al cambiar el modelo de energía fósil. En vez de continuar una carrera inalcanzable por el llamado *progreso*, podemos repensar qué es el desarrollo y, en el proceso, construir sociedades igualitarias. El cuestionamiento de muchos de los paradigmas que

En Suecia, también gracias a movilizaciones ciudadanas, el Gobierno comenzó a liderar la transición hacia energías renovables y se propuso la meta de convertirse para el 2040 en el primer país en abandonar por completo toda energía basada en combustibles fósiles.

hoy damos por sentados nos puede llevar a repensar cómo resolver las desigualdades actuales en la transición a una nueva sociedad y un nuevo modo de vida.

Responder al cambio climático implica creatividad en todos los sentidos, como el diseño de ciudades que involucren edificios sostenibles —que, de hecho, ya existen—, en donde una sola construcción genera su propia electricidad, recicla sus aguas y utiliza la luz natural. Necesitamos medios de transporte eléctricos como el metro subterráneo, que sean eficientes y puedan ser alimentados con energías renovables. El uso de sistemas de transporte públicos eficientes disminuye el uso personal de carros que producen una huella de carbono impresionante. Para todos los países que invierten en infraestructura, el camino debe ser un desarrollo basado en energías limpias, y depende de nosotros generar la consciencia colectiva para que estas medidas se adopten.

Hay otras formas a gran escala de combatir el cambio climático y generar una transición energética, aunque ambas no están exentas de controversia: la energía nuclear y la geoingeniería. La energía nuclear es limpia, no genera huella de carbono, pero sí residuos nucleares que necesitan medidas precisas para ser desechados. Sin embargo, el terror nuclear y el miedo a la bomba atómica han generado un movimiento que no sin razones busca la desnuclearización planetaria. Aunque, para ser claros, tener energía nuclear no significa tener armas nucleares. Países como Alemania, Suecia, o hasta Brasil, cuentan con energía nuclear, pero no con bombas atómicas. Sin embargo, los desastres de Chernóbil y Fukushima —ambas plantas de energía nuclear— nos enseñan el peligro que implica la contaminación radioactiva. Por eso, países como Alemania incluso han cerrado progresivamente sus plantas nucleares. Al respecto vale la pena decir que solo ha habido tres grandes accidentes en setenta años de energía nuclear, solo que la escala de esos accidentes es atemorizadora. Los controles y el diseño con medidas de seguridad mejoradas hacen más seguras las plantas nucleares de lo que eran incluso en el 2011, cuando sucedió la tragedia de Fukushima, pero si todos los países usaran energía nuclear, esto supondría riesgos muy graves, ya que no hay garantía de que se atengan a los estándares de seguridad. Incluso Estados Unidos construye reactores nucleares que muchas veces no están a la par con los últimos diseños.

El otro gran tabú al hablar del cambio climático es la geoingeniería. Desde los primeros años en que se planteó la necesidad de la comunidad científica de poder transmitir el nivel de urgencia del cambio climático se volvió controversial hablar de la posibilidad de alterar el clima a través de un sistema deliberado y de gran escala que contrarrestara el efecto invernadero. Esto se conoce como *geoingeniería*. La erupción del volcán Pinatubo, en 1991, en Filipinas, la segunda erupción volcánica de mayor impacto en el siglo, produjo un efecto que no pasó desapercibido en el estudio de los patrones climáticos: durante un período la Tierra se enfrió. Esto demuestra que si liberamos azufre (el componente principal de una explosión volcánica) a la atmósfera se puede frenar por un breve lapso el efecto invernadero. Durante mucho tiempo no se habló de esto en la discusión acerca del cambio climático —sobre el supuesto de que si la gente siente que hay una solución factible y rápida no harán absolutamente nada para solucionar el problema de raíz—. Sin embargo, hoy en día se ha sacado a la luz el debate, ya que la necesidad de soluciones inmediatas se ha vuelto cada vez más apremiante. La geoingeniería implica varias discusiones que tenemos que tener presente para decidir si incluso vale la pena considerarlo como una opción. No solo la intervención deliberada del clima presenta dilemas éticos: el problema mayor de la geoingeniería recae en quién controla el termostato global. Lo que puede beneficiar el clima de un país no necesariamente lo haría en otro y habría una fuente inagotable de conflictos que muy probablemente desencadenarían guerras. Si el mundo que tenemos brilla por la ausencia de una cooperación internacional y el respeto de instituciones internacionales, imaginémonos cómo se decide quién controla cuánto azufre se libera en la atmósfera y dónde.

Este, a grandes rasgos, es el repaso de las soluciones energéticas a gran escala, pero ninguna será efectiva sin la conservación de los bosques y selvas existentes y la reforestación a gran escala, ya que el dióxido que ya está en la atmósfera no va a desaparecer. Por eso es fundamental que entendamos la necesidad de proteger los ecosistemas que cumplen la función natural de captar dióxido de carbono como el mar y las selvas. Hoy solo existen en el planeta tres grandes extensiones de selva tropical y todas están en un inminente peligro: la Amazonía, la cuenca del Congo y la Selva Tropical del Sudeste Asiático. En la deforestación de todas vemos cómo nuestra actividad económica está relacionada con la continuación y perpetuación del problema. Por un lado, la tala indiscriminada de árboles genera enormes cantidades de dióxido de carbono, ya que los árboles almacenan dióxido para convertirlo en oxígeno, por lo que al talarlos liberamos cantidades absurdas de partículas contaminantes. Además, al destruir las selvas estamos afectando directamente los ecosistemas que se encargan de limpiar el aire de carbono, por lo que es un problema que se empeora por donde se mire. El Amazonas es la última selva intacta en el planeta, es el ecosistema más importante en la continuación del ciclo del agua a nivel global y su vegetación produce el 20% del oxígeno de todo el planeta. En Brasil el 18% del bosque ha desaparecido por la ganadería, el cultivo de soya y la tala ilegal, situación similar en todos los países que comparten este ecosistema. Por su lado, las selvas en Indonesia se están destruyendo con el fin de dar paso al cultivo de palma para producir aceite. La manera de extender los cultivos consiste en quemar grandes extensiones selváticas, y así se destruye un ecosistema fundamental para capturar dióxido de carbono, y asimismo, en el proceso se libera todo el dióxido almacenado. Esto se hace con el fin de dar paso al cultivo de un ingrediente presente en innumerables productos que inundan nuestra cotidianidad: desde los Cheetos hasta los labiales. Por eso, desestimular el consumo de productos producidos a una gran escala industrial es una solución concreta para frenar la emisión de los gases de efecto invernadero.

Hay innumerables esfuerzos por reforestar protegiendo las selvas y los bosques existentes. Ahora depende de nosotros valorar y fomentar estas iniciativas, ya que son por el bienestar de todos. Una de las zonas que experimenta la mayor erosión de suelos es el Sahel, que en árabe significa *costa*; este es el nombre de toda la región verde que bordea el desierto del Sahara en su frontera sur, en el continente africano. Por el cambio climático se está produciendo la desertificación del Sahel, y las sequías y la erosión de suelos están haciendo avanzar el desierto. En toda esta región se han producido las primeras migraciones a gran escala debido al cambio climático, ya que innumerables familias tienen que abandonar sus tierras, que dejan de ser aptas para vivir. Por fortuna, los gobiernos de los países que comparten este ecosistema —Senegal, Mauritania, Malí, Burkina Faso, Níger, Nigeria, Chad, Sudán, Etiopía, Eritrea y Yibuti— crearon una coalición para recuperar miles de hectáreas con árboles nativos y recobrar la capacidad que tienen los suelos de absorber agua. Al proyecto se lo llamó la *Gran Muralla Verde*, que tendrá 8.000 kilómetros de largo y 15 kilómetros de ancho. El proyecto además ha revitalizado la economía local dándoles trabajo a numerosas comunidades. Así, vemos que los proyectos que ayudan a reconstruir el planeta en general tienen la capacidad de beneficiar y empoderar directamente a las comunidades.

Así, podemos ver que todo está interrelacionado y que nuestra respuesta a estos dilemas implica varios frentes: desde la concientización, la preservación de ecosistemas, pasando por el fomento y la defensa de políticas públicas en torno a energías limpias, hasta la transformación de nuestros hábitos diarios. Por eso es un tema solucionable y abrumador a la vez, pero tenemos que tener en cuenta que es un hecho que tenemos que afrontar. De cómo respondamos depende la vida de innumerables especies animales, vegetales, y, no sobra recordarlo, de nosotros mismos. Un término que se ha vuelto común para revaluar nuestro comportamiento es la idea de *glocalidad*, la unión de las palabras *global* y *local*. Lo *glocal* se ha establecido como una categoría para entender la conexión entre las dinámicas locales y globales. Para que pensemos en el impacto y las maneras como nuestras acciones en la realidad más cercana tienen un impacto global.

Hay razones para tener esperanza, ya que el desafío del cambio climático en realidad demuestra la creatividad de la mente humana y lo que podemos llegar a hacer si nos lo proponemos. Muchos de los desarrollos tecnológicos actuales que dan salidas al consumo energético y la dependencia fósil, a la vez solucionan problemáticas de los países donde existe mayor desigualdad. Así, en Kenia, una red de emprendedores inventó un inodoro que no usa agua y convierte las heces humanas en fertilizantes, y así, resuelven el problema de acceso a sanitarios en muchos lugares, y a la vez replantean nuestra noción de *desechos* al utilizar los nutrientes que nuestros mismos cuerpos producen. Otro invento similar se está probando en Madagascar, que además de fertilizantes crea energía *in situ* con bacterias anaeróbicas que convierten los desechos en gas. Desde un sistema de monitoreo —para detectar la tala ilegal de árboles en Indonesia usando teléfonos inteligentes reciclados— hasta bolsas biodegradables hechas de yuca nos demuestran que vivimos en una era de invenciones. Existen también soluciones tan sencillas como diseñar edificios con claraboyas y pintarlos de blanco (reflejando de esta manera la luz solar de vuelta a la atmósfera), como hizo Walmart en Estados Unidos, reduciendo la energía consumida en un 20%. Y también contamos con las posibilidades que nos da el internet, con herramientas colaborativas que disminuyen nuestro impacto en el medio ambiente, como compartir viajes en auto. Así que no tenemos que esperar al futuro, las herramientas para construir un mundo nuevo en donde demos soluciones sostenibles a distintas problemáticas están aquí.

No solo se trata de invenciones creativas y políticas públicas a favor de la inversión y construcción de energías renovables, también necesitamos cambiar nuestros hábitos aquí y ahora. Dos de las principales causas del calentamiento global son la industria ganadera y la deforestación, que usualmente vienen de la mano. La ganadería está afectando de manera profunda el Amazonas y otros territorios boscosos que cumplen la misma función de captar dióxido, generar oxígeno y continuar el ciclo del agua. Ya vimos las consecuencias de la deforestación, pero para colmo, las vacas producen cantidades inmensas de gas metano literalmente eructando y tirándose pedos. No suena muy decoroso porque no lo es: el metano es incluso más peligroso para el medioambiente que el dióxido de carbono. Y la ganadería en realidad no es un problema menor, ya que se estima que el gas metano —que también se encuentra en la producción de los combustibles fósiles— cubre el 16% de las emisiones globales de gases de efecto invernadero. Otro problema fundamental es que alimentar a las vacas implica grandes extensiones de tierra para pastoreo (la razón principal detrás de la deforestación generada por esta industria), que podrían utilizarse para cultivos destinados al consumo humano, pero en cambio las usamos para alimentar al ganado vacuno. Por ejemplo, en Estados Unidos el 47% de la tierra del país se usa para la producción de alimentos, y de esos alimentos, el 70% está destinado a alimentar a estos mamíferos. No necesitamos volvernos todos vegetarianos mañana (aunque esto solucionaría las emisiones de gas metano, y además los cultivos para las vacas podrían ser usados para nuestro consumo), pero sí podemos disminuir la frecuencia con la que comemos carne de ganado a pocas veces a la semana, y con esto ya habría cambios significativos a nivel global.

Vemos que en la actualidad contamos con un abanico de alternativas que han aumentado desde que comenzó por primera vez el movimiento de la conciencia ambiental en los sesenta. Este fue el antecedente inmediato que tenemos, cuando dentro del mismo Occidente se planteó la necesidad de reconsiderar la sociedad de consumo y generar comunidades autosostenibles. Durante años los movimientos ambientalistas fueron los únicos con la claridad para dimensionar el tamaño del impacto que nuestro sistema de vida actual genera sobre nuestro entorno. Así, se generaron los primeros esfuerzos por conservar áreas naturales, y a la vez se crearon soluciones creativas y toda una red de comunidades que nos ofrecen un modelo de cómo construir una sociedad comunitaria alternativa. Hoy, más que nunca, estas visiones nos indican el camino que podemos seguir. Desde la era de las comunas en los sesenta se iniciaron proyectos comunitarios que comenzaron a incorporar ideas como la *permacultura*, hacia finales de los años setenta, un concepto que originalmente consistía en la contracción de las palabras *agricultura* y *permanente* (en inglés, *permanent agriculture*), pero que luego pasó a significar la *cultura permanente*. Estas comunidades se basaron en un pensamiento enfocado en pensar el carácter interactivo de sistemas de la naturaleza, tomando en cuenta que en la naturaleza no existe el desperdicio: todo hace parte de un proceso que continúa la vida misma. La permacultura se basa en la observación de la naturaleza y en desarrollar métodos de vida y construcción que se inspiran en el patrón de complejas interacciones que nos ofrecen los ciclos naturales. En contra del desperdicio y de las grandes infraestructuras, la permacultura consiste en aplicar soluciones concretas y pequeñas sin generar residuos, aprovechando los recursos naturales de una manera sostenible. Esta red de proyectos alternativos se ha extendido por doquier. En la actualidad la capacidad que el internet nos ofrece de acceder a información ilimitada nos permite conocer las soluciones concretas a problemas comunes. También el ciberespacio ha generado la interconexión y el diálogo de todo un movimiento de permacultores a nivel global. Ahora estamos en el momento en que colectivamente necesitamos nutrirnos de toda la creatividad, el ingenio y los modelos alternativos de vida que ya existen, para poder fomentar un cambio de pensamiento a nivel personal y a nivel público.

Gracias al movimiento ambientalista, hoy contamos con innumerables áreas protegidas y se ha logrado concientizar sobre la importancia de los ecosistemas. De nuevo, el alcance de la protección no es suficiente para combatir el cambio climático, pero sin duda hemos avanzado lentamente en *construir el paradigma que replantea el valor que nuestra sociedad actual le da a la naturaleza*. Las alternativas frente a esta construcción de pensamiento siempre han existido en nuestras sociedades mismas, ya que las reivindicaciones de los pueblos indígenas en la defensa de sus derechos han contenido siempre la visión de proteger el ecosistema y el equilibrio planetario. Así, por ejemplo, la búsqueda de los pueblos de la Sierra Nevada de Santa Marta por la protección de su territorio ancestral —que cubre la llamada Línea Negra— está directamente relacionada con la necesidad de resguardar los valiosos ecosistemas de la Sierra y el papel de las comunidades como guardianes de esa región, que se extiende más allá de lo que hoy está protegido. Este es el tipo de visión que necesitamos integrar hoy más que nunca, para reconocer al fin la sabiduría presente en nuestras propias sociedades y para darnos cuenta de que son posibles otras maneras de relacionarse con la realidad.

En este sentido, los derechos se presentan también como una guía a seguir, que en su ampliación a todos los sectores de la humanidad incluya y supere la división fundamental con la naturaleza. Hacia allí apunta el reconocimiento de la naturaleza misma como sujeto de derechos. Países como Ecuador, Bolivia y Colombia son pioneros en reconocer los derechos jurídicos de la naturaleza. En el 2008, con la aprobación de su nueva Constitución, Ecuador se convirtió en el primer país del mundo en incluir los Derechos de la Naturaleza en su Carta Magna. En el 2012 Bolivia incluyó los derechos de la Madre Tierra en sus leyes. Ese mismo año, las Naciones Unidas publicaron el documento "El futuro que queremos", en donde se plantea la necesidad de estar en armonía con la naturaleza, y que los derechos de la naturaleza son una herramienta indispensable para conseguirlo. Poco a poco se ha gestado un movimiento en la búsqueda por los Derechos de la Naturaleza, en países como Nueva Zelanda, India, Estados Unidos, la Unión Europea, Ecuador y Colombia, entre otros. En ese sentido, en el 2016 la Corte Constitucional colombiana declaró el río Atrato un sujeto jurídico que posee el derecho a la protección, la conservación, el mantenimiento y la restauración, cuya custodia es garantizada por la nación y los pueblos indígenas que habitan sus aguas. Así que tenemos esperanzas, tenemos los horizontes para habitar un mundo más igualitario, en donde reconsideremos la que hasta ahora ha sido la única vía de desarrollo económico, y, en el proceso, modifiquemos nuestra visión de mundo. Además, el camino para replantear nuestra relación con la naturaleza y nuestro vínculo con ella debe tomar en cuenta la sabiduría de innumerables comunidades indígenas y campesinas que han sido despreciadas como sujetos de conocimiento desde los albores del dominio occidental. Así, podemos ver los paradigmas que ya se encuentran en nuestras sociedades latinoamericanas como la guía para un futuro mejor.

Y así concluye esta travesía que nos llevó por los desiertos del Sahara, la devastación de las guerras mundiales, la esperanza de las primaveras árabes, las muchas caras de Occidente y los discursos de odio, el Reino del Medio y las vicisitudes rusas, el fin de las grandes ideologías del siglo XX y el comienzo de nuevas maneras de habitar el mundo. Y el tema más importante de todos cierra este relato que les contamos para entender el mundo en el que vivimos. El cambio climático es un desafío que implica dejar atrás nuestras incesantes divisiones para construir por primera vez en nuestra historia un proyecto de humanidad común. Tenemos que pensarnos como un todo y actuar en consecuencia. Allí, el término *glocalidad* se vuelve fundamental: pensemos globalmente, actuemos localmente. En la construcción de sociedades autosostenibles —basadas en un nuevo esquema de pensamiento a nivel de comunitario, urbano y nacional— estamos creando un futuro mejor para toda la humanidad. Los problemas que atañen al ecosistema nos afectan a todos por igual. Estamos en un momento en la historia en que las categorías con las que vimos y construimos el mundo durante generaciones necesitan ser replanteadas. Y por esto, no hablamos de una catástrofe inevitable, hablamos de una oportunidad única en donde ampliemos nuestro pensamiento para garantizar el derecho a las generaciones futuras a venir a un mundo mejor. Podemos cambiar el rumbo de nuestras vidas y estar a la altura de lo que se presenta como un desafío generacional, *las soluciones están aquí*. Necesitamos gestionar la voluntad política para que exista una transición hacia energías limpias, cambiar nuestros hábitos, consumir localmente, entender la dimensión del cambio climático. Y en el proceso podemos dar vida a un nuevo tipo de sociedad, a una nueva forma de vivir.

Banda sonora

Letras de canciones

Europa y el paradigma de "Occidente"

Goodbye Blue Sky
Pink Floyd

Look mummy, there's an aeroplane
up in the sky

Ooh
Did you see the frightened ones?
Did you hear the falling bombs?
Did you ever wonder why we had to
run for shelter when the
Promise of a brave new world unfurled
beneath a clear blue
Sky?

Ooh
Did you see the frightened ones?
Did you hear the falling bombs?
The flames are all long gone,
but the pain lingers on

Goodbye, blue sky
Goodbye, blue sky
Goodbye
Goodbye

The eleven fifteen from Newcastle
is now approaching
The eleven eighteen arrival

Winds of Change
Scorpions

I follow the Moskva
Down to Gorky Park
Listening to the wind of change
An August summer night
Soldiers passing by
Listening to the wind of change

The world is closing in
Did you ever think
That we could be so close, like brothers
The future's in the air
I can feel it everywhere
Blowing with the wind of change

Take me to the magic of the moment
On a glory night
Where the children of tomorrow dream
away (dream away)
In the wind of change

Walking down the street
Distant memories
Are buried in the past forever
I follow the Moskva
Down to Gorky Park
Listening to the wind of change

Take me to the magic of the moment
On a glory night
Where the children of tomorrow share
their dreams (share their dreams)
With you and me
Take me to the magic of the moment
On a glory night (the glory night)
Where the children of tomorrow dream
away (dream away)
In the wind of change
(the wind of change)

The wind of change
Blows straight into the face of time
Like a stormwind that will ring the
freedom bell
For peace of mind
Let your balalaika sing
What my guitar wants to say

Take me to the magic of the moment
On a glory night

Where the children of tomorrow share
their dreams (share their dreams)
With you and me (with you and me)
Take me to the magic of the moment
On a glory night
Where the children of tomorrow dream
away (dream away)
In the wind of change
(in the wind of change)

La Medialuna fértil y otros pueblos del "Medio Oriente"

Everybody Knows
Leonard Cohen

Everybody knows that the dice
are loaded
Everybody rolls with their fingers
crossed
Everybody knows the war is over
Everybody knows the good guys lost
Everybody knows the fight was fixed
The poor stay poor, the rich get rich
That's how it goes
Everybody knows

Everybody knows that the boat
is leaking
Everybody knows that the captain lied
Everybody got this broken feeling
Like their father or their dog just died
Everybody talking to their pockets
Everybody wants a box of chocolates
And a long-stem rose
Everybody knows

Everybody knows
that you love me baby
Everybody knows that you really do
Everybody knows that you've been
faithful
Ah, give or take a night or two
Everybody knows you've been discreet
But there were so many people you just
had to meet
Without your clothes
And everybody knows

Everybody knows, everybody knows
That's how it goes
Everybody knows

Everybody knows, everybody knows
That's how it goes
Everybody knows

And everybody knows that it's now or
never
Everybody knows that it's me or you
And everybody knows that you live
forever
Ah, when you've done a line or two
Everybody knows the deal is rotten
Old Black Joe's still pickin' cotton
For your ribbons and bows
And everybody knows

And everybody knows that the Plague
is coming
Everybody knows that it's moving fast
Everybody knows that the naked man
and woman
Are just a shining artifact of the past
Everybody knows the scene is dead
But there's gonna be a meter on your
bed
That will disclose
What everybody knows

And everybody knows that you're in
trouble
Everybody knows what you've been
through
From the bloody cross
on top of Calvary
To the beach of Malibu
Everybody knows it's coming apart
Take one last look at this Sacred Heart
Before it blows
And everybody knows

Everybody knows, everybody knows
That's how it goes
Everybody knows

Everybody knows, everybody knows
That's how it goes
Everybody knows

Everybody knows, everybody knows
That's how it goes
Everybody knows
Everybody knows

War
Bob Marley

Until the philosophy
Which hold one race superior and another
Inferior
Is finally
And permanently
Discredited
And abandoned
Everywhere is war
Me say war

That until there no longer
First class and second class citizens of any nation
Until the color of a man's skin
Is of no more significance than the color of his eyes
Me say war

That until the basic human rights
Are equally guaranteed to all
Without regard to race
Dis a war

That until that day
The dream of lasting peace,
World citizenship
Rule of international morality
Will remain in but a fleeting illusion to be pursued,
But never attained
Now everywhere is war
War

And until the ignoble and unhappy regimes
That hold our brothers in Angola
In Mozambique
South Africa
Sub-human bondage
Have been toppled
Utterly destroyed...

Refugiados

Jamaica Farewell
Harry Belafonte

Down the way where the nights are gay
And the sun shines daily
on the mountain top
I took a trip on a sailing ship
And when I reached Jamaica I made a stop

But I'm sad to say I'm on my way
Won't be back for many a day
My heart is down, my head is turning around
I had to leave a little girl
in Kingston town

Down the market you can hear
Ladies cry out while on their heads they bear
'Akey' rice, salt fish are nice
And the rum is fine any time of year

But I'm sad to say I'm on my way
Won't be back for many a day
My heart is down, my head is turning around
I had to leave a little girl in Kingston town

Sounds of laughter everywhere
And the dancing girls sway to and fro
I must declare my heart is there
Though I've been from Maine to Mexico

But I'm sad to say I'm on my way
Won't be back for many a day
My heart is down, my head is turning around
I had to leave a little girl in Kingston town

Down the way where the nights are gay
And the sun shines daily on the mountain top
I took a trip on a sailing ship
And when I reached Jamaica
I made a stop

But I'm sad to say I'm on my way
Won't be back for many a day
My heart is down, my head is turning around
I had to leave a little girl in Kingston town

Sad to say I'm on my way
Won't be back for many a day
My heart is down, my head is turning around
I had to leave a little girl in Kingston town

Ouvrez les frontières ft. Soprano Tiken Jah Fakoly

Ouvrez les frontières,
ouvrez les frontières
Ouvrez les frontières, ouvrez les frontières

Vous venez chaque année
L'été comme l'hiver
Et nous on vous reçoit
Toujours les bras ouverts
Vous êtes ici chez vous
Après tout, peu importe
On veut partir alors
Ouvrez-nous la porte

Ouvrez les frontières, ouvrez les frontières
Ouvrez les frontières, ouvrez les frontières

Du Cap à Gibraltar
Nous sommes des milliers
A vouloir comme vous
Venir sans rendez-vous
Nous voulons voyager
Et aussi travailler
Mais nous, on vous a pas
Refusé le visa

Ouvrez les frontières,
ouvrez les frontières
Ouvrez les frontières, ouvrez les frontières

Nous aussi on veut connaître la chance d'étudier,
La chance de voir nos rêves se réaliser,
Avoir un beau métier, pouvoir voyager,
Connaître ce que vous appelez liberté.

On veut que nos familles ne manquent plus de rien,
On veut avoir cette vie où l'on mange à sa faim,
On veut quitter cette misère quotidienne pour de bon,
On veut partir d'ici car nous sommes tous en train de péter les plombs !

Ouvrez les frontières, ouvrez les frontières
Laissez-nous passer ...
Ouvrez les frontières, ouvrez les frontières

Y'a plus une goutte d'eau
Pour remplir notre seau
Ni même une goutte de pluie
Tout au fond du puits
Quand le ventre est vide
Sur le chemin de l'école
Un beau jour il décide
De prendre son envol

Ouvrez les frontières, ouvrez les frontières
Laissez-nous passer ...
Ouvrez les frontières, ouvrez les frontières

Ouvrez la porte, ici, on étouffe,
On est plein à vouloir du rêve occidental,
Ouvrez la porte, ici,
la jeunesse s'essouffle,
Ne vois-tu pas que pour nous c'est vital !

Ouvrez les frontières,
ouvrez les frontières
Laissez-nous passer ...
Ouvrez les frontières,
ouvrez les frontières

Vous avez pris nos plages
Et leur sable doré
Mis l'animal en cage

Et battu nos forêts
Qu'est-ce qu'il nous reste
Quand on a les mains vides
On se prépare au voyage
Et on se jette dans le vide

Ouvrez les frontières,
ouvrez les frontières
Laissez-nous passer ...
Ouvrez les frontières,
ouvrez les frontières
Laissez-nous passer ...
Ouvrez les frontières,
ouvrez les frontières
Laissez-nous passer ...
Ouvrez les frontières,
ouvrez les frontières
Laissez-nous passer ...

Wooden Ships
Crosby, Stills, Nash & Young

If you smile at me
I will understand
'Cause that is something
Everybody everywhere does in the same language

I can see by your coat, my friend
You're from the other side
There's just one thing I've got to know
Can you tell me please, who won

Say, can I have some of your purple berries
Yes, I've been eating them for six or seven weeks now
Haven't got sick once
Prob'ly keep us both alive

Wooden ships on the water, very free, and easy
Easy, you know the way it's supposed to be
Silver people on the shoreline let us be
Talk'n 'bout very free, and easy

Horror grips us as we watch you die
All we can do is echo your anguished cries
Stare as all human feelings die
We are leaving, you don't need us

Go take a sister, then, by the hand
Lead her away from this foreign land
Far away, where we might laugh again
We are leaving, you don't need us

And it's a fair wind
Blowin' warm out of the south over my shoulder
Guess I'll set a course and go

Plus rien ne m'etonne - Tiken Jah Fakoly

Ils ont partagé le monde, plus rien ne m'étonne

Si tu me laisses la Tchétchénie,
Moi je te laisse l'Arménie
Si tu me laisses l'Afghanistan
Moi je te laisse le Pakistan
Si tu ne quittes pas Haïti,
Moi je t'embarque pour Bangui
Si tu m'aides à bombarder l'Irak,
Moi je t'arrange le Kurdistan

Ils ont partagé le monde, plus rien ne m'étonne

Si tu me laisses l'uranium
Moi je te laisse l'aluminium
Si tu me laisses tes gisements,
Moi je t'aide à chasser les Talibans
Si tu me donnes beaucoup de blé,
Moi je fais la guerre à tes côtés
Si tu me laisses extraire ton or,
Moi je t'aide à mettre le Général dehors

Ils ont partagé le monde, plus rien ne m'étonne

Ils ont partagé Africa sans nous consulter,
Ils s'étonnent que nous soyons désunis !
Une partie de l'empire Mandingue,
Se trouva chez les Wolofs,
Une partie de l'empire Mossi
Se trouva dans le Ghana,
Une partie de l'empire Soussou
Se trouva dans l'empire Mandingue,
Une partie de l'empire Mandingue
Se trouva chez les Mossis

Ils ont partagé Africa
sans nous consulter,
Sans nous demander, sans nous aviser !

Ils ont partagé le monde,
plus rien ne m'étonne

Viejos y nuevos escenarios

Russians
Sting

In Europe and America there's a growing feeling of hysteria.
Conditioned to respond to all the threats
In the rhetorical speeches of the Soviets.
MIster Krushchev said, "We will bury you."
I don't subscribe to this point of view.
It'd be such an ignorant thing to do
If the Russians love their children too.
How can I save my little boy from Oppenheimer's deadly toy?
There is no monopoly on common sense
On either side of the political fence.
We share the same biology, regardless of ideology.
Believe me when I say to you,
I hope the Russians love their children too

There is no historical precedent
To put the words in the mouth of the president?
There's no such thing as a winnable war,
It's a lie we don't believe anymore.
Mister Reagan says, "We will protect you."
I don't subscribe to this point of view.
Believe me when I say to you,
I hope the Russians love their children too
We share the same biology, regardless of ideology.
But what might save us, me and you,
Is if the Russians love their children too

Horizontes: desafíos y alternativas

Zimbabwe
Bob Marley

Every man gotta right to decide his own destiny
And in this judgment there is no partiality
So arm in arms, with arms
We'll fight this little struggle
'Cause that's the only way
We can overcome our little trouble

Brother you're right, you're right,
You're right, you're right, you're so right
We gon' fight (We gon' fight)
We'll have to fight (We gon' fight)
We gonna fight (We gon' fight)
Fight for our rights!

Natty dread it in-a (Zimbabwe)
Set it up in (Zimbabwe)
Mash it up-a in-a
Zimbabwe (Zimbabwe)
Africans a-liberate (Zimbabwe)

No more internal power struggle
We come together to overcome the little trouble
Soon we'll find out who is the real revolutionary
'Cause I don't want my people to be contrary

And brother you're right, you're right,
You're right, you're right, you're so right
We'll have to fight (We gon' fight)
We gonna fight (We gon' fight)
We'll have to fight (We gon' fight)
Fighting for our rights

Mash it up in-a (Zimbabwe)
Natty trash it in-a (Zimbabwe)
Africans a-liberate

Zimbabwe (Zimbabwe)
I'n'I a-liberate Zimbabwe

Brother you're right, you're right,
You're right, you're right, you're so right
We gon' fight (We gon' fight)
We'll have to fight (We gon' fight)
We gonna fight (We gon' fight)
Fighting for our rights

To divide and rule could only tear us apart
In everyman chest, there beats a heart
So soon we'll find out who is the real revolutionary
And I don't want my people to be tricked by mercenaries

Brother you're right, you're right,
You're right, you're right, you're so right
We'll have to fight (We gon' fight)
We gonna fight (We gon' fight)
We'll have to fight (We gon' fight)
Fighting for our rights

Natty trash it in-a
Zimbabwe (Zimbabwe)
Mash it up in-a Zimbabwe (Zimbabwe)
Set it up in-a Zimbabwe (Zimbabwe)
Africans a-liberate
Zimbabwe (Zimbabwe)
Africans a-liberate
Zimbabwe (Zimbabwe)
Natty dub it in-a
Zimbabwe (Zimbabwe)
Set it up in-a Zimbabwe (Zimbabwe)
Africans a-liberate
Zimbabwe (Zimbabwe)
Every man got a right to decide his own destiny

Where Do the Children Play?
Cat Stevens (Yusuf Islam)

Well I think it's fine, building jumbo planes
Or taking a ride on a cosmic train
Switch on summer from a slot machine
Yes, get what you want to if you want
Cause you can get anything

I know we've come a long way
We're changing day to day
But tell me, where do the children play?

Well you roll on roads over fresh green grass
For your lorry loads pumping petrol gas
And you make them long, and you make them tough
But they just go on and on, and it seems that you can't get off

Oh, I know we've come a long way
We're changing day to day
But tell me, where do the children play?

Well you've cracked the sky, scrapers fill the air
But will you keep on building higher
'Til there's no more room up there?
Will you make us laugh, will you make us cry?
Will you tell us when to live, will you tell us when to die?

I know we've come a long way
We're changing day to day
But tell me, where do the children play?

Pare
Joan Manuel Serrat

(Letra en catalán)

Pare
Digueu-me què
Li han fet al riu
Que ja no canta
Rellisca com un barb
Mort sota un pam

D'escuma blanca
Pare
El riu ja no és el riu
Pare
Abans que torni l'estiu
Amagui tot el que és viu

Pare
Digueu-me què
Li han fet al bosc
Que no hi ha arbres
A l'hivern
No tindrem foc
Ni a l'estiu lloc
On aturar-nos
Pare
El bosc ja no és el bosc
Pare
Abans de que no es faci fosc
Ompliu de vida el rebost

Sense llenya I sense peixos, pare
Ens caldrà cremar la barca
Llaurar el blat per les enrunes, pare
I tancar amb tres panys la casa
I deia vostè

Pare
Si no hi ha pins
No es fan pinyons
Ni cucs, ni ocells
Pare
On no hi ha flors
No es fan abelles
Cera, ni mel
Pare
Que el camp ja no és el camp
Pare
Demà del cel plourà sang
El vent ho canta plorant

Pare
Ja són aquí
Monstres de carn
Amb cucs de ferro
Pare
No, no tingeu por
Digueu que no
Que jo us espero
Pare
Que estan matant la terra
Pare
Deixeu de plorar
Que ens han declarat la guerra

(Letra en español)
Padre

Padre
Decidme qué
Le han hecho al río
Que ya no canta
Resbala como un barbo
Muerto bajo un palmo
De espuma blanca
Padre
Que el río ya no es el río
Padre
Antes de que vuelva el verano
Esconda todo lo que tiene vida
Padre
Decidme qué
Le han hecho al bosque
Que no hay árboles
En invierno
No tendremos fuego
Ni en verano sitio
Donde resguardarnos
Padre
Que el bosque ya no es el bosque
Padre
Antes de que oscurezca
Llenad de vida la despensa

Sin leña y sin peces, padre
Tendremos que quemar la barca
Labrar el trigo entre las ruinas, padre
Y cerrar con tres cerraduras la casa
Y decía usted

Padre
Si no hay pinos
No se hacen piñones
Ni gusanos, ni pájaros
Padre
Donde no hay flores
No hay abejas
Ni cera, ni miel
Padre
Que el campo ya no es el campo

Padre
Mañana del cielo lloverá sangre
El viento lo canta llorando

Padre
Ya están aquí
Monstruos de carne
Con gusanos de hierro
Padre
No tengáis miedo
Decid que no
Que yo os espero
Padre
Que están matando la tierra
Padre
Dejad de llorar
Que nos han declarado la guerra

To the Last Whale
Crosby & Nash

Over the years you have been hunted
by the men who throw harpoons
And in the long run he will kill you
jus to feed the pets we raise,
put the flowers in your vase
and make the lipstick for your face.

Over the years you swam the ocean
Following feelings of your own
Now you are washed up on the sho-
reline
I can see your body lie
It's a shame you have to die
to put the shadow on our eye

Maybe we'll go,
Maybe we'll disappear
It's not that we don't know,
It's just that we don't want to care.
Under the bridge
Over the foam
Wind on the water,
Carry me home

Créditos fragmentos de canciones

INTRODUCCIÓN GENERAL

Música

Tema 1	"Pachamama" Fragmento Instrumental	Inicia en: 00:00
Artista	Nessi Gomez	
Licencia	Standard De Youtube	
Tema 2	"Todo Cambia"	Inicia en: 17:55
Artista	Mercedes Sosa / Julio Numhausser	
Licencia	Umg, Universal Music, Warner Chapell, Ubem, Ascap, CMRRA, PEDL...	

EUROPA

Música

Tema 1	(Opening) Maktub (Fragmento)	Inicia en: 0:0
Artista	Marcus Viana / Egipto	
Licencia	Believe Music En Representación De Sonhos E Sons/ Warner Chapell	
Tema 2	Good By Blue Sky (Fragmento)	Inicia en: 8:12
Artista	Pink Floyd Album The Wall	
Licencia	Umpi, Pink Floyd Music	
Tema 3	Grandula Vila Morena (Fragmento)	Inicia en: 23:54
Artista	Zeca Afonso	
Licencia	Estándar De Youtube	
Tema 4	Window Change (Fragmento)	Inicia en: 28:15
Artista	The Scorpions	
Licencia	Umg En Representación De Island Def Jam / Bmg Rigths	
Tema 5	Himno De La Alegría (Frag)	Inicia en: 38:50
Artista	Barenboin / West Eastern Divan Orchestra – Ludwig Van Beethoven	
Tema 6	Tarkam (Fragmento)	Inicia en: 45:52
Artista	Cd De Turkia Propiedad De D. Uribe	
Tema 7	Kirmizi Biber (Fragmento)	Inicia en: 47:28
Artista	Bendeniz	
Licencia	Yoola Music En Representación De Rizanovauz	
Tema 8	Zorba El Griego (Fragmento)	Inicia en: 49:49
Artista	Musica Popular Griega	
Licencia	Standard De Youtube.	
Tema 9	Indignados	Inicia en: 55:55
Artista	Stephane Hessel	
Licencia	Standard De Youtube	

Tema 10	Europa	Inicia en: 88:57
Artista	Carlos Santana	
Licencia	Sony Bmg Music	

MEDIO ORIENTE 1ª. Parte

Música

Tema 1	(Opening) Maktub (Fragmento)	
Artista	Marcus Viana / Egipto	Inicia en: 0:0
Licencia	Believe Music En Representación De Sonhos E Sons/ Warner Chapell	
Tema 2	Skaba (Pouring Out) (Fragmento)	Inicia en: 12:48
Artista	Hossam Ramzy / Album Zein Al Jundi	
Licencia	Arc Music (Cd D. Uribe)	
Tema 3	Jerusalem (Fragmento)	Inicia en: 42:30
Artista	Alpha Blondy	
Licencia	Wagram Music / Emi Music	
Tema 4	Maktub (Fragmento)	Inicia en: 1:05:35
Artista	Marcus Viana	
Licencia	Believe Music En Representación De Sonhos E Sons/ Warner Chapell	
Tema 5	Havah Nagilah (Frag)	Inicia en: 1:09:34
Artista	D.r.a. / Antología De La Música De Israel	
Licencia	Weton Wesgram B.v. / Cd D.uribe	
Tema 6	Hayyaamatri	Inicia en: 1:26:13
Artista	Cd De Syria Propiedad De D. Uribe	
Licencia	Arc Music	

MEDIO ORIENTE 2ª Parte

Música

Tema 1	Hatkivah (Fragmento)	Inicia en: 0:0
Artista	Antología De La Música De Israel /Cd Israel D.uribe	
Licencia	Weton –Wesgram Music	
Tema 2	Hallelu-Yah (Fragmento)	Inicia en: 17:20
Artista	Antología De La Música De Israel /Cd Israel D.uribe	
Licencia	Arc Music (Cd D. Uribe)	
Tema 3	Anenu (Fragmento)	Inicia en: 18:38
Artista	Festividad Del Yom Kippur	
Licencia	Standard De Youtube – Canto Religioso	
Tema 4	Tel"Et Ya Mahla Noorha (Frag.)	Inicia en 33:03
Artista	Musica Del Libano	
Licencia	Estándar De Youtube	

Tema 5	Bidad (Frag)	Inicia en 56:00
Artista	Zohreh Jooya / Album The Persians Mystics	
Licencia	Naxos America	
Tema 6	El Magam	Inicia en 1:18:49
Artista	Musica Tradicional Iraki	
Licencia	Standard De Youtube	

MEDIO ORIENTE - 3ª Parte

Música

Tema 1	Milonga Moro Judío (Tema Completo)	Inicia en 0:22
Artista	Jorge Drexler	
Licencia	Wmg / Warner Chapell	
Tema 2	Everybody Knows (Fragmen)	Inicia en 7:00
Artista	Leonard Cohen	
Licencia	Sme Music (Columbia Records)	
Tema 3	War (Tema Completo)	Inicia en 41:26
Artista	Bob Marly	
Licencia	Umg - Island Records	
Tema 4	Skab (Frag.)	Inicia en 58:53
Artista	Musica De Syria / Album Zein Al Jundi	
Licencia	Arc Music / Cd . Diana Uribe	
Tema 5	Tradicional (Frag)	Inicia en 1:22:06
Artista	Tradicional / Popular Libia	
Licencia	Standard De Youtube	
Tema 6	Tradicional	Inicia en 1:27:31
Artista	Musica Tradicional Libia	
Licencia	Standard De Youtube	
Tema 7	Improvisacion	Inicia en 1:29:33
Artista	Musica Tradicional Del Kurdistan	
Licencia	Standard De Youtube	
Tema 8	Cawresamin	Inicia en 1:35:00
Artista	Murat Kucukavci	
Licencia	Believe Music	

REFUGIADOS

Música

Tema 1	"Clandestino"	Inicia en: 00:00
Artista	Manu Chau	
Licencia	Standard De Youtube	
Tema 2	"El Emigrante De Europa"	Inicia en: 11:40
Artista	Piero	
Licencia	Sme Columbia / Warner Chapell	

Tema 3	"Jamaica Firewell"	Inicia en: 27:49
Artista	Harry De Laponte	
Licencia	Sme / Wmg – Plg France	
Tema 4	"Ouvre Les Frontieres"	Inicia en: 45:39
Artista	Tiken Joah Fakoly	
Licencia	Standard De Youtube	
Tema 5	"Wooden Ships"	Inicia en: 53:14
Artista	Crosby Still And Nash	
Licencia	Wmg / Atlantic 0191/ Solar Music	
Tema 6	"Emigrantes"	Inicia en: 59:34
Artista	Orishas	
Licencia	Wmg/Umg/Plg Spain	
Tema 7	"Plus Rien Ne M'etonnes"	Inicia en: 1:25:00
Artista	Tiken Joah Fakoly	
Licencia	Umg/ Ubem / Sony Music	
Tema 8	"Pa'l Norte"	Inicia en: 1:43:45
Artista	Calle 13	
Licencia	Sme/Bmg Music	
Tema 9	"Bienvenidos"	Inicia en: 1:49:00
Artista	Sistema Solar	
Licencia	One Rpm / Warner Chapell / Pedl / Ubem	
Tema 10	"Caballo Viejo"	Inicia en: 1:53:00
Artista	Simon Diaz	
Licencia	The Orchard Music / Sony Atv / Umpi / Warner Chapell	
Tema 11	"Punto Y Raya"	Inicia en: 2:09:00
Artista	Soledad Bravo	
Licencia	Standard De Youtube	

VIEJOS Y NUEVOS ESCENARIOS / 1ª. PARTE - RUSIA

Música

Tema 1	"Russians"	Inicia en: 03:19
Artista	Sting	
Licencia		
Tema 2	"Katyusha"	Inicia en: 27:47
Artista	Marina Devyatova Y Katya Rijabova	
Licencia	Adrev For Rights Holder	
Tema 3	"Police State"	Inicia en: 49:25
Artista	Pussy Riot	
Licencia	Merlin / Awal Digital Limited / Nice Life / Ubem	
Tema 4	"Arenas De Soledad"	Inicia en: 1:08:00
Artista	Habana Blues Band	
Licencia	Standard De Youtube	

VIEJOS Y NUEVOS ESCENARIOS / 2ª. PARTE - CUBA

Música

Tema 1	"Guantanamera"	Inicia en: 00:00
Artista	Playing For Change Around The World	
Licencia	Standard De Youtube	
Tema 2	"Rockason"	Inicia en: 18:54
Artista	Habana Abierta	
Licencia	Merlin Altafonte Music - Youtube	

VIEJOS Y NUEVOS ESCENARIOS / 3ª. PARTE - ANTIGUA YUGOSLAVIA

Música

Tema 1	"Teodulija"	Inicia en: 00:00
Artista	Zaigrale Mamo	
Licencia	Standard De Youtube	
Tema 2	"U.S.A."	Inicia en: 29:10
Artista	Dubioza Kolektiv	
Licencia	Koolarrow Records / Youtube	

VIEJOS Y NUEVOS ESCENARIOS / 4ª. PARTE - CHINA

Música

Tema 1	"Musica Clasica China Ii"	Inicia en: 00:00
Artista	Instrumental China Opera Kunqu	
Licencia	Standard De Youtube	
Tema 2	"El Ultimo Emperador"	Inicia en: 16:00
Artista	Banda Sonora	
Licencia	Standard De Youtube	
Tema 3	"Melodia Tradicional China"	Inicia en: 52:30
Artista	Ryuichi Sakamoto	
Licencia	Leader Music Sony / Standard De Youtube	

VIEJOS Y NUEVOS ESCENARIOS / 5ª. PARTE - COREA DEL NORTE

Música

Tema 1	"Musica Tradicional"	Inicia en: 00:00
Artista	Tradicional De Corea	
Licencia	Standard De Youtube	
Tema 2	"Vengo A Decirle Adiós A Los Muchachos"	Inicia en: 08:10
Artista	Daniel Santos	
Licencia	Sme The Orchard Music, Ubem, Peer Music, Ascap...	

HORIZONTES: DESAFÍOS Y ALTERNATIVAS

Música

Tema 1	"Al Otro Lado Del Rio"	Inicia en: 00:00
Artista	Jorge Drexler	
Licencia	Wmg, Warner Chapell, Ascap, Cmrra, Addaf, Ubem…	
Tema 2	"Zimbawe"	Inicia en: 05:51
Artista	Bob Marley	
Licencia	Umg, Umpi, Kobalt Music Publishing, Amra…	
Tema 3	"Where Do The Children Play"	Inicia en: 1:06:00
Artista	Cat Stevens	
Licencia	Umg, A&M, Sony Atv Publishing, Cmrra, Aresa, Bmg Rights	
Tema 4	"Canto De La Mañana"	Inicia en:1:16:00
Artista	Lakota Sioux	
Licencia	Integral Publishing	
Tema 5	"Danza Squaw"	Inicia en: 1:19:00
Artista	Canto Navajo	
Licencia	Integral Publishing	
Tema 6	"Hope Of Deliverance"	Inicia en: 1:50:00
Artista	Paul Mccartney	
Licencia	Umg En Representación De:hear Music, Cmrra, Kobalt Music, Umpi, Amra, Ascap…	

Carta del jefe Seattle

El presidente de los Estados Unidos, Franklin Pierce, envía en 1854 una oferta al jefe Seattle, de la tribu Suwamish, para comprarle los territorios del noroeste de los Estados Unidos que hoy forman el Estado de Wáshington. A cambio, promete crear una "reservación" para el pueblo indígena. El jefe Seattle responde en 1855:

El Gran Jefe Blanco de Washington ha ordenado hacernos saber que nos quiere comprar las tierras. El Gran Jefe Blanco nos ha enviado también palabras de amistad y de buena voluntad. Mucho apreciamos esta gentileza, porque sabemos que poca falta le hace nuestra amistad. Vamos a considerar su oferta pues sabemos que, de no hacerlo, el hombre blanco podrá venir con sus armas de fuego a tomar nuestras tierras. El Gran Jefe Blanco de Washington podrá confiar en la palabra del jefe Seattle con la misma certeza que espera el retorno de las estaciones. Como las estrellas inmutables son mis palabras.

¿Cómo se puede comprar o vender el cielo o el calor de la tierra? Esa es para nosotros una idea extraña.

Si nadie puede poseer la frescura del viento ni el fulgor del agua, ¿cómo es posible que usted se proponga comprarlos?

Cada pedazo de esta tierra es sagrado para mi pueblo. Cada rama brillante de un pino, cada puñado de arena de las playas, la penumbra de la densa selva, cada rayo de luz y el zumbar de los insectos son sagrados en la memoria y vida de mi pueblo. La savia que recorre el cuerpo de los árboles lleva consigo la historia del piel roja.

Los muertos del hombre blanco olvidan su tierra de origen cuando van a caminar entre las estrellas. Nuestros muertos jamás se olvidan de esta bella tierra, pues ella es la madre del hombre piel roja. Somos parte de la tierra y ella es parte de nosotros. Las flores perfumadas son nuestras hermanas; el ciervo, el caballo, el gran águila, son nuestros hermanos. Los picos rocosos, los surcos húmedos de las campiñas, el calor del cuerpo del potro y el hombre, todos pertenecen a la misma familia.

Por esto, cuando el Gran Jefe Blanco en Washington manda decir que desea comprar nuestra tierra, pide mucho de nosotros. El Gran Jefe Blanco dice que nos reservará un lugar donde podamos vivir satisfechos. Él será nuestro padre y nosotros seremos sus hijos. Por lo tanto, nosotros vamos a considerar su oferta de comprar nuestra tierra. Pero eso no será fácil. Esta tierra es sagrada para nosotros. Esta agua brillante que se escurre por los riachuelos y corre por los ríos no es apenas agua, sino la sangre de nuestros antepasados. Si les vendemos la tierra, ustedes deberán recordar que ella es sagrada, y deberán enseñar a sus niños que ella es sagrada y que cada reflejo sobre las aguas limpias de los lagos hablan de acontecimientos y recuerdos de la vida de mi pueblo. El murmullo de los ríos es la voz de mis antepasados.

Los ríos son nuestros hermanos, sacian nuestra sed. Los ríos cargan nuestras canoas y alimentan a nuestros niños. Si les vendemos nuestras tierras, ustedes deben recordar y enseñar a sus hijos que los ríos son nuestros hermanos, y los suyos también. Por lo tanto, ustedes deberán dar a los ríos la bondad que le dedicarían a cualquier hermano.

Sabemos que el hombre blanco no comprende nuestras costumbres. Para él una porción de tierra tiene el mismo significado que cualquier otra, pues es un forastero que llega en la noche y extrae de la tierra aquello que necesita. La tierra no es su hermana sino su enemiga, y cuando ya la conquistó, prosigue su camino. Deja atrás las tumbas de sus antepasados y no se preocupa. Roba de la tierra aquello que sería de sus hijos y no le importa.

La sepultura de su padre y los derechos de sus hijos son olvidados. Trata a su madre, a la tierra, a su hermano y al cielo como cosas que puedan ser compradas, saqueadas, vendidas como carneros o adornos coloridos. Su apetito devorará la tierra, dejando atrás solamente un desierto.

Yo no entiendo, nuestras costumbres son diferentes de las suyas. Tal vez sea porque soy un salvaje y no comprendo.

No hay un lugar quieto en las ciudades del hombre blanco. Ningún lugar donde se pueda oír el florecer de las hojas en la primavera o el batir las alas de un insecto. Mas tal vez sea porque soy un hombre salvaje y no comprendo. El ruido parece solamente insultar los oídos.

¿Qué resta de la vida si un hombre no puede oír el llorar solitario de un ave o el croar nocturno de las ranas alrededor de un lago?. Yo soy un hombre piel roja y no comprendo. El indio prefiere el suave murmullo del viento encrespando la superficie del lago, y el propio viento, limpio por una lluvia diurna o perfumado por los pinos.

El aire es de mucho valor para el hombre piel roja, pues todas las cosas comparten el mismo aire -el animal, el árbol, el hombre- todos comparten el mismo soplo. Parece que el hombre blanco no siente el aire que respira. Como una persona agonizante, es insensible al mal olor. Pero si vendemos nuestra tierra al hombre blanco, él debe recordar que el aire es valioso para nosotros, que el aire comparte su espíritu con la vida que mantiene. El viento que dio a nuestros abuelos su primer respiro, también recibió su último suspiro. Si les vendemos nuestra tierra, ustedes deben mantenerla intacta y sagrada, como un lugar donde hasta el mismo hombre blanco pueda saborear el viento azucarado por las flores de los prados.

Por lo tanto, vamos a meditar sobre la oferta de comprar nuestra tierra. Si decidimos aceptar, impondré una condición: el hombre blanco debe tratar a los animales de esta tierra como a sus hermanos.

Soy un hombre salvaje y no comprendo ninguna otra forma de actuar. Vi un millar de búfalos pudriéndose en la planicie, abandonados por el hombre blanco que los abatió desde un tren al pasar. Yo soy un hombre salvaje y no comprendo cómo es que el caballo humeante de hierro puede ser más importante que el búfalo, que nosotros sacrificamos solamente para sobrevivir.

¿Qué es el hombre sin los animales? Si todos los animales se fuesen, el hombre moriría de una gran soledad de espíritu, pues lo que ocurra con los animales en breve ocurrirá a los hombres. Hay una unión en todo.

Ustedes deben enseñar a sus niños que el suelo bajo sus pies es la ceniza de sus abuelos. Para que respeten la tierra, digan a sus hijos que ella fue enriquecida con las vidas de nuestro pueblo. Enseñen a sus niños lo que enseñamos a los nuestros, que la tierra es nuestra madre. Todo lo que le ocurra a la tierra, le ocurrirá a los hijos de la tierra. Si los hombres escupen en el suelo, están escupiendo en sí mismos.

Esto es lo que sabemos: la tierra no pertenece al hombre; es el hombre el que pertenece a la tierra. Esto es lo que sabemos: todas la cosas están relacionadas como la sangre que une una familia. Hay una unión en todo.

Lo que ocurra con la tierra recaerá sobre los hijos de la tierra. El hombre no tejió el tejido de la vida; él es simplemente uno de sus hilos. Todo lo que hiciere al tejido, lo hará a sí mismo.

Incluso el hombre blanco, cuyo Dios camina y habla como él, de amigo a amigo, no puede estar exento del destino común. Es posible que seamos hermanos, a pesar de todo. Veremos. De una cosa estamos seguros que el hombre blanco llegará a descubrir algún día: nuestro Dios es el mismo Dios.

Ustedes podrán pensar que lo poseen, como desean poseer nuestra tierra; pero no es posible, Él es el Dios del hombre, y su compasión es igual para el hombre piel roja como para el hombre piel blanca.

La tierra es preciosa, y despreciarla es despreciar a su creador. Los blancos también pasarán; tal vez más rápido que todas las otras tribus. Contaminen sus camas y una noche serán sofocados por sus propios desechos.

Cuando nos despojen de esta tierra, ustedes brillarán intensamente iluminados por la fuerza del Dios que los trajo a estas tierras y por alguna razón especial les dio el dominio sobre la tierra y sobre el hombre piel roja.

Este destino es un misterio para nosotros, pues no comprendemos el que los búfalos sean exterminados, los caballos bravíos sean todos domados, los rincones secretos del bosque denso sean impregnados del olor de muchos hombres y la visión de las montañas obstruida por hilos de hablar.

¿Qué ha sucedido con el bosque espeso? Desapareció.

¿Qué ha sucedido con el águila? Desapareció.

La vida ha terminado. Ahora empieza la supervivencia.

Fdo: Noah Seathl, Jefe de la Tribu Suwamisu.

SEATTLE (EE. UU.).

Lista de Tracks

01	Introducción General	00:19:13
02	Capítulo 1 Europa	01:34:17
03	Capítulo 2 Parte 1 - Medio Oriente	01:31:14
04	Capítulo 2 Parte 2 - Medio Oriente	01:42:50
05	Capítulo 2 Parte 3 - Medio Oriente	01:30:35
06	Capítulo 3 Parte 1 - Emigrantes y refugiados	00:56:20
07	Capitulo 3 Parte 2 - Emigrantes y refugiados	01:00:56
08	Capítulo 4 Parte 1 - Rusia	01:16:15
09	Capítulo 4 Parte 2 - Cuba	00:42:38
10	Capítulo 4 Parte 3 - Antigua Yugoslavia	00:30:14
11	Capítulo 4 Parte 4 - China	00:53:25
12	Capítulo 4 Parte 5 - Corea del Norte	00:33:44
13	Capítulo 5 Horizontes: desafíos y alternativas	01:50:51

Referencias

Libros y artículos académicos

Alba Rico, Santiago. *Islamofobia: nosotros, los otros, el miedo*. Icaria, 2015.

Ash, Timothy Garton. «The Crisis of Europe: How the Union Came Together and Why It's Falling Apart». *Foreign Affairs* 91, n.o 5 (2012): 2-15.

Chomsky, Noam. *Hegemonía o supervivencia: La estrategia imperialista de Estados Unidos*. Bogotá: Grupo Editorial Norma, 2005.

Chomsky, Noam y Andre Vitchek. *Sobre el terrorismo occidental: De Hiroshima a la guerra de los*

drones. Bogotá: Icono, 2015.

Chun, Lin. *China y el capitalismo global: Reflexiones sobre marxismo, historia y política*. El Viejo Topo, 2013.

Corm, Georges. *Historia de Oriente Medio: De la Antigüedad a nuestros días*. Ediciones Península, 2009.

De Currea-Lugo, Víctor. *El estado islámico*. Bogotá: Penguin Random House Grupo Editorial Colombia, 2016.

———. *Y la sangre llegó al Nilo: Crónicas desde la guerra*. Bogotá: Penguin Random House Grupo Editorial Colombia, 2017.

Emcke, Carolin. *Contra el odio: Un alegato en defensa de la pluralidad de pensamiento, la tolerancia*
y la libertad. Bogotá: Penguin Random House Grupo Editorial Colombia, 2017.

Engels, Anita. «Understanding How China Is Championing Climate Change Mitigation». *Palgrave Communications* 4, n.o 1 (14 de agosto de 2018): 101

Fazio Vengoa, Hugo. *El mundo después del 11 de septiembre de 2001*. Bogotá: Universidad Nacional de Colombia, IEPRI, 2002.

———. *Rusia, de los zares a Putin (1880-2015)*. Ediciones Uniandes-Universidad de los Andes, 2015.

Fernández Álvarez, Jonás. *Crónicas europeas: Concordias y discordias en la Unión*. Madrid: La Catarata, 2017.

Forrester, Viviane. *El crimen occidental*. Buenos Aires: Fondo De Cultura Económica, 2008.

Gabellini, Giacomo. «Grecia, crónica de un desastre anunciado», julio de 2016. http://rephip.unr.edu.ar/xmlui/handle/2133/6606.

Garrido, Albert. *En nombre de la Yihad*. Barcelona: Yulca editorial, 2016.

Gilbert, Martin. *Atlas del conflicto árabe-israelí*. Jerusalén: La Semana Publicaciones, 1979.

Judt, Tony. *Cuando los hechos cambian*. Bogotá: Penguin Random House Grupo Editorial Colombia, 2015.

Kriesi, Hanspeter. *The Political Consequences of the Economic Crises in Europe : Electoral Punishment and Popular Protest*, 2014

Legendre, Pierre. *Lo que Occidente no ve de Occidente: Conferencias en Japón*. Buenos Aires: Amorrortu, 2008.

Marshall, Tim. *Prisioneros de la geografía: Todo lo que hay que saber sobre política global a partir de diez mapas*. Barcelona: Península, 2017.

Mitzer, Stijn, y Joost Oliemans. *North Korea's Armed Forces: On the Path of Songun*. Helion, Limited, 2015.

Moore, Jason. «The Rise of Cheap Nature». *Sociology Faculty Scholarship*, 1 de enero de 2016.

Núñez Seixas, Xosé M. *Las utopías pendientes: Una breve historia del mundo desde 1945*. Barcelona: Grupo Planeta, 2015.

Pinker, Steven. *En defensa de la Ilustración: Por la razón, la ciencia, el humanismo y el progreso*. Bogotá: Grupo Planeta, 2018.

Ramonet, Ignacio. *Irak: historia de un desastre*. Bogotá: Penguin Random House Grupo Editorial Colombia, 2005.

Seguró, Miquel, y Daniel Innerarity, eds. ¿Dónde vas, Europa? Barcelona: Herder Editorial, 2017.

Seldon, Arthur, y F. G. Pennance. *Diccionario de economía: una exposición alfabética de conceptos económicos y su aplicación*. Barcelona: Oikos-tau, 1995.

Serricchio, Fabio, Myrto Tsakatika, y Lucia Quaglia. «Euroscepticism and the Global Financial Crisis*». *JCMS: Journal of Common Market Studies* 51, n.o 1 (1 de enero de 2013): 51-64.

Shenkar, Oded. *El siglo de China*. Bogotá: Grupo Editorial Norma, 2005.

Snyder, Timothy. *On Tyranny: Twenty Lessons from the Twentieth Century*. Londres: Penguim Random House, 2017.

Steffen, Will, Jacques Grinevald, Paul Crutzen, y John McNeill. «The Anthropocene: Conceptual and Historical Perspectives». *Philosophical Transactions of the Royal Society of London A: Mathematical, Physical and Engineering Sciences* 369, n.o 1938 (13 de marzo de 2011): 842-67.

Tovar Ruiz, Juan Tovar. *La doctrina en la política exterior de Estados Unidos : de Truman a Trump*. Madrid: Catarata, 2017.

Traverso, Enzo. *Las nuevas caras de la derecha*. Siglo XXI Editora Iberoamericana, 2018.

Turzi, Mariano Leonardo. *Todo lo que necesitás saber sobre el (des)orden mundial*. Buenos Aires: Paidós, 2017.

Varoufakis, Yanis. *The Global Minotaur: America, Europe and the Future of the Global Economy*. Londres: Zed Books Ltd., 2015.

Veiga, Francisco. *La fábrica de las fronteras: guerras de secesión yugoslavas, 1991-2001*. Alianza, 2011.

Villares, Ramón, y Ángel Bahamonde. *El mundo contemporáneo: Del siglo XIX al XXI*. Madrid: Santillana, 2012.

Yergin, Daniel. *La historia del petróleo*. Buenos Aires: Javier Vergara, 1992.

Artículos de prensa

Abdessadok, Zineb. «Lybia Today: From Arab Spring to Failed state» Al Jazeera. En línea. 30 de mayo de 2017. Sec. War & Conflict https://www.aljazeera.com/indepth/features/2017/04/happening-libya-today-170418083223563.html

Bartolo, Pietro. «I'm a Doctor in Lampedusa. We Can't Let These Migrant Deaths Go on | Pietro Bartolo». *The Guardian*, 11 de julio de 2018, sec. Opinion. https://www.theguardian.com/commentisfree/2018/jul/11/pietro-bartolo-lampedusa-doctor-migrant-deaths-mediterranean-slaughter-innocents.

Deutsche Welle (www.dw.com). «"Oleada de refugiados": el impacto de ciertas palabras en nuestra mente». *dw.com*, 19 de junio de 2018. https://www.dw.com/es/oleada-de-refugiados-el-impacto-de-ciertas-palabras-en-nuestra-mente/a-44300231.

«"Esto es un campo de concentración": el drama de los yemeníes varados en Panamá después de atravesar el Tapón del Darién desde Colombia», *BBC mundo*, 30 de enero de 2018, sec. América Latina. https://www.bbc.com/mundo/noticias-america-latina-41640489.

Monbiot, George. «Neoliberalism – the Ideology at the Root of All Our Problems». *The Guardian*, 15 de abril de 2016, sec. Books. https://www.theguardian.com/books/2016/apr/15/neoliberalism-ideology-problem-george-monbiot.

«¿Por Qué Se Está Construyendo "La Gran Muralla Verde", El Muro de Árboles Que Cruzará 11 Países de África?», *BBC mundo*,9 de octubre de 2017,. https://www.bbc.com/mundo/media-41556397.

«3 Historias Para Entender La Nueva Ruta de La Seda, El Ambicioso Proyecto Con El Que China Quiere Cambiar El Comercio Mundial y Dejar Su Marca En El Siglo XXI», *BBC mundo*,18 de julio de 2017, sec. Internacional. https://www.bbc.com/mundo/noticias-internacional-40636053.

«Qué Es La Generación Windrush, Los Caribeños Que Llegaron Para Reconstruir Reino Unido Tras La Segunda Guerra Mundial y a Quienes El Gobierno Británico Pide Ahora Disculpas», *BBC mundo*,18 de abril de 2018, sec. Internacional. https://www.bbc.com/mundo/noticias-internacional-43802982.

Documentos

General Assembly Resolution 66/288. "The Future We Want." 27 Julio 2012. United Nations. 2018 <undocs.org/A/RES/66/288>.

IPCC. Climate Change 2013: The physical science basis, contribution of working group I to the Fifth Assement Report of the Intergovermental Panel on Climate Change. NY: Cambridge University Press, 2013.

Contradictions and Limits of Neoliberal European Governance -From Lisbon to Lisbon | J. Drahokoupil | Palgrave Macmillan. Accedido 18 de junio de 2018. //www.palgrave.com/gb/book/9780230537095.

Documentales

Afineevsky, Evgeny. Winter on Fire: Ukraine's Fight for Freedom. Documental, 2015.

Stevens, Fisher. Before the Flood. Documental, 2016.

Weiwei, Ai. Human Flow. Documental, 2017.

Podcasts y videos

Alexander Ruth. "Do we need a plan B for climate change?" The Inquiry. BBC World Service, Marzo 30 de 2017.

Alexander, Ruth. "What happened to Europe's migrant crisis?" The inquiry. BBC World Service, Febrero 28 de 2017.

Alexander, Ruth. "Why Does China want to Revive the Silk Road?" The Inquiry. BBC World Service, Junio 25 de 2017.

Ambrosetti, Gianluca. "A local, sustainable solution to the energy crisis." Ted Talks. Ted.com, 2014. Doerr, John. "Salvation (and profit) in greentech." Ted Talks. Ted.com, 2007.

Dreasen, Yochi, Williams Jennifer, Zach Beauchamp. "A Saudi-Iran proxy war has torn Yemen apart– and America is fanning the flames." Wordly. Vox Media, 18 01 2018.

Dreasen, Yochi, Williams Jennifer, Zach Beauchamp. "How scare should we be of North Korea's Nukes?" Wordly. Vox Media, 03 Aug 2017.

Dreasen, Yochi, Williams Jennifer, Zach Beauchamp. "Why Xi Jinping's power grab is dangerous to China– and the world." Wordly. Vox Media, 03 Jan 2018.

Gore, Al. "The case for optimism on climate change." Ted Talk. Ted.com, 2016.

Keith, David. "A critical look at geoengineering against climate change." Ted Talks. www.ted.com, 2007.

Magic markers. "Corea del Norte: ¿Qué onda con ellos?". Canal de Magic Markers en Youtube, 2018.

Magic markers. "¿Usted es de izquierda o derecha?". Canal de Magic Markers en Youtube, 2018.

Schmidt, Gavin. "The Emergent Patterns of Climate Change." Ted Talks. www.ted.com, 2014.

Steffen, Alex. "The route to a sustainable future." Ted Talk. www.ted.com, 2005.

Stern, Lord Nicholas. "The state of the climate–and what we might do about it." Ted Talks. www.ted.com, 2014.

White, Topher. "What can save the rainforest? Your used cell phone." Ted Talks. www.ted.com, 2014.

THE AMERICA
ВЫ ВЫЕЗЖ
АМЕРИКАНСКО
Vientiene, Laos
WELCOME TO INDIA
GENOVA
AMERICA
UNITED STATES
BUDAPEST
Vietnam
FEDERAL REPUBLIC OF GERMANY
Vahe Shahinian